肇恒玉 黄殿礼 编著

魅力东北话

赵本山题

辽宁民族出版社

ⓒ 肇恒玉，黄殿礼 2010

图书在版编目（CIP）数据

魅力东北话／肇恒玉，黄殿礼编著．—沈阳：辽宁民族出版社，2010.12
ISBN 978-7-5497-0068-4

Ⅰ.①魅… Ⅱ.①肇… ②黄… Ⅲ.①北方方言—东北地区—方言词典 Ⅳ.①H172.1-61

中国版本图书馆CIP数据核字（2010）第243754号

出版发行者：	辽宁民族出版社
地　　　址：	沈阳市和平区十一纬路25号　邮编：110003
印　刷　者：	沈阳新华印刷厂
幅面尺寸：	185mm×245mm
印　　张：	20
字　　数：	340千字
插　　图：	64幅
印　　数：	1-50 000
出版时间：	2010年12月第1版
印刷时间：	2010年12月第1次印刷
责任编辑：	吴昕阳　佟　强
封面设计：	杜　江
版式设计：	李　辉　刘玉晗
图片提供：	马　刚
责任校对：	陈　松
标准书号：	ISBN 978-7-5497-0068-4
定　　价：	58.00元

联系电话：024-23284336　　　邮购热线：024-23284335
http://www.lnmzcbs.com

声明：本山传媒集团具有本书图片最终版权，并具有图片最终解释权和修改权。未经本山传媒集团的书面许可，任何人不得以任何形式进行转载。一经发现，将追究法律责任。

肇恒玉 1963年出生，满族，研究生学历。恒生集团董事长、本山传媒副董事长。长江商学院EMBA十二期学员。曾参与创办《辽宁法制报》，主持《经济与法》的编辑工作。编辑出版过《民事经济诉讼指南》《行政法教程》等图书。

黄殿礼 1962年出生，满族，本科学历。1984年毕业于辽宁省政法干部学校后，曾从事公安一线工作，现供职于辽宁省凤城市检察院，为四级高级检察官。爱好文学写作，结合司法实践曾撰写多篇论文、调查报告等在中央、省、市级刊物发表。

留住我们的根

(签名)

我生在辽北，长在辽北。真正引领我走上喜剧艺术道路的是我的那些头上顶着高粱花子的父老乡亲，他们正直、善良、乐观又通情达理。我从他们身上学会了怎样做人、做事，也学会了怎样把快乐送给别人自己也快乐着。要说东北话有魅力，主要还是人的魅力，话是人说的，人的性格决定了话的风格。

东北人的性格是在大山、大河、大风、大雪，在开荒创业和经受战乱中形成的，有着豪爽、直率甚至带些野性的品格。特别是东北农民身上带着永远快乐的天性。这种快乐不需要理由，富也快乐，穷也快乐（叫穷欢乐），就是遇到了天大困难，也不会愁眉苦脸。他们有句名言，据说是在日伪时期流传下来的："东北人死都不怕，还怕活着吗！"这也算是一种人生态度吧！正是有了这种豁达的人生态度，才有了快乐的东北大秧歌、东北二人转和后来的东北喜剧小品和喜剧电影、电视剧。我把大量的东北话原汁原味地用在了喜剧艺术中，收到了出乎意料的效果。

我不懂什么语言学，也没认真研究过喜剧理论。可我太爱这块黑土地了，更爱东北人。当然，我特别感谢我的爹妈把我生在了这块土地上，让我掌握了中国人大部分都能听明白的语言。也就是说，东北话总体上是最接近普通话的一种方言，和各地方人群的交流都没有太多的障碍。因此，我很同情南方一些使用本地方言的同道们，他们许多人都有很高超的演技，在当地也有很大名气，就是受语言的局限，总也成不了"全国粮票"。其实，东北语言的主要特点不是书面语言，而是流传在群众中的日常使用的口头语言。这种群众性的日常用语，有着鲜活、生动、简洁、明快的特点。尤其是直截了当地表达情感，用东北话说叫"不装"，往往用不着什么"三番四抖"，说出来就有喜剧效果。在我看来，语言就是人和人之间的一种交流的工具，要交流的明白就是用这种

直来直去、明明白白、痛痛快快的东北话表达最好，谁听了也不用费心琢磨。当然，要是和外国人交流还是别用东北话，容易造成误会。

多少年来，我和我的创作群体（他们也都是使用东北话的高手）坚持用东北话创作和表演喜剧，得到了全国大多数观众的认可。但是，严格说，在我表演和导演的作品中，使用的还不是纯粹的东北方言，只是带着东北韵味的基本接近普通话的地方语言。真正的东北方言，外地人也听不懂。因为东北方言和土语形成的因素比较复杂，里边有从满族、蒙古族语言里演化过来的东西，也有"协和语"的东西，还有"闯关东"等移民带来的地方母语。就是东北人之间说话，如果使用方言，也有听不明白的时候。比如辽宁省也有好几种方言，大连、丹东地区话里带有山东话的成分；辽西锦州地区的话里有部分河北方言的味道；朝阳地区的方言又受蒙古语的影响；辽东和辽北的土语里还残留着部分满语成分。

我的好朋友肇恒玉与他的同学黄殿礼多年从事法制新闻和司法工作，在采访和办案时，经常遇到一些当事人说方言土语，许多话听不懂，影响到办案和新闻采访的准确性。于是他们开始收集和研究东北方言。二十几年来，积攒下上万句东北话，并都作了注解，拿给我看，我很受感动。且不说他们付出的心血和劳动，单就是把这些流传民间的大量的群众语言归纳出来，就是一件了不起的工程。这些鲜活的语言既包含着东北的民风民俗，也是东北地域文化中的宝贵财富。特别是其中有些快要失传的民间语言，能够记录和保留下来，就是研究东北文化的珍贵资料。地方语言也是我们的根，也应该列入到文化遗产保护中去。我们这些搞艺术创作的人好好看看这本《魅力东北话》，一定会使我们的作品语言更加生动，更容易贴近群众，因此也会更有魅力。东北人看看这本书会感到十分亲切；外地的朋友要来东北投资、做买卖、走亲访友或者旅游，看看这本书，学点东北话，你会很快成为东北人的朋友，也会更喜欢东北二人转。

好啦！就此打住吧！我这个义务广告做的有点大发了。但是，我绝不是"忽悠"读者朋友都来买这本书看，我真的是很喜欢这个《魅力东北话》。祝愿我的"母语"——东北话越说越好听！

绘声色而尽其神

少年时代曾有一位挚友，是东北人。我很喜欢听她说话，她生动的语言总让我的心里有一种喜悦，一种被安然表达的喜悦。事物被还原成它本来的样子，鲜活的在我眼前铺展开来。那时我们常常一起聊天，往往回过神的时候才发现时间已经过了许久，夏夜的微风里，不知名的野花散发着令人陶醉的香气。多年以后她的电话由大洋彼岸打来，依然是再熟悉不过的东北口音，那一种热情与活力好像青春从未曾踏上列车远去，随时像夏夜带着花香的微风将我们吹拂。

这就是语言的魅力吧。都说东北人爱交朋友，也擅交朋友。东北人留下痕迹的地方，总有友情的气息。这或许与他们那生动的语言有着天然的联系。丰富而鲜活的表达易于理解也总能使人感到亲切，缩短人们之间的距离。而语言特点来源于生活环境，当东北寒冷的冬天到来，零下几十度的田地里已无农事可忙，坐在热炕上"唠嗑"恐怕就是最惬意的消遣了。或许正是这每一次"唠嗑"，这一份顽强而热情的生命力，在不经意间发展了东北语言，成就了今天的这一份生动与丰富。

语言总有它生根的土壤。追根溯源，"闯关东"后，东北各民族文化在三百多年的历史长河中不断互相融合，逐渐形成了具有当地民族风俗文化的语言，今天的东北话中，很多常用词汇就是满语或其他少数民族语言的音译。这也使东北话呈现出别具一格的样貌，有着一份独特的魅力。

近年来，以赵本山作品为代表的东北话小品风靡全国。从这些作品中不难体会到，东北话的魅力还表现在表达风格的夸张所带来的幽默。当绘声绘色的表达被夸张，达到一种极致，那它所带给人们的，就不再仅仅是一种喜悦，而是笑声，一种可以"言传"的快乐。

读《魅力东北话》，使我明白了多年前爱听那位挚友说话的原因。每一个词汇背后的故事像历史的小溪在我心上流淌而过，那一份沉甸甸的情怀让我再听到东北话时心中多了一份感动。这片土地上生长出来的语言使我的人生又重新获得体验，"坐在热炕头上唠嗑"是给心灵做一次温暖的旅行，那份乐观与热情也让我瞬间豁达。《魅力东北话》即将面世，其中包含了肇恒玉和黄殿礼先生经二十多年收集的3000余个东北方言词条。我们为能有这样一本阐释东北话的读物而感到欣喜，同时也不得不为作者的用心感动。

是为序。

前　言

　　东北话简洁、生动、诙谐、幽默，富于节奏感，这与东北这方黑土地养育的东北人豁达、豪放、直率和幽默的性格是分不开的，同时东北话也借鉴了其他地区精华语言的要素。正如余秋雨先生在《流放者的土地》一书中所描述的那样，早在明朝时期，就有文化层次较高的官宦人家被流放到此，他们把中原文化带到白山黑水，给这片荒蛮土地带来文化启蒙，流放的人与东北原始土著相融合，又变成了新的东北土著人。加之近代几次大移民（也称闯关东）和现代建国后军垦等相融合，又把东北地域文化推向新的高潮，给东北话注入了新的活力。特别是近二十多年来，以赵本山为代表的东北喜剧小品让全国人民笑声不断，快乐无限。他的春晚小品已成为年俗的一部分，并成为中国人年夜饭中不可或缺的一道"大餐"，从而带动东北文化的厚积薄发，使得东北话热席卷全国乃至世界。

　　东北话与普通话接近，在赵本山等艺术家的作品走向全国后，深受大江南北观众的喜爱。东北话一时间成为全国众多方言中的佼佼者而异军突起，并作为强势语言之一，在走向全国的同时，也深受热爱汉语的外国朋友的欢迎。许多外国朋友称，学好东北话，可以一步到位，直接与中国任何地区的人交流。

　　早在上世纪八十年代初，我与同学黄殿礼在辽宁政法干校毕业后，在政法部门实习时，由于当事人通常所说语言多为方言、俗语，很难记录下来，所以我们就萌生了收集和整理东北方言、俗语的念头，目的是为了将来在司法工作中更好地运用。走上工作岗位后，特别是我被分配到刚刚创刊不久的《辽宁法制报》工作后，更有许多机会和渠道，广泛收集、潜心研究东北方言、俗语的特点和规律，并萌生了将收集的东北方言、俗语整理出版的想法。经过二十多年的积累，终于完成了3000多个词条的收集和释义，并融入了赵本山先生创作和表演的小品及影视作品的语言为例句，使读者能够身临其境的感受东北话的魅力之所在。我的这个想法得到本山董事长、于丹老师的大力支持，本山听到要出版《魅力东北话》消息后，非常高兴，称："这是东北人、东北地域文

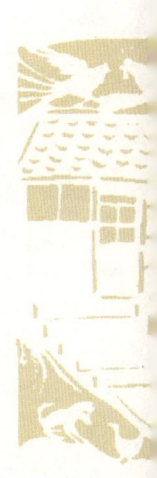

化一大幸事!"并在看完书稿后亲自题写书名并撰写序文。于丹老师更是在百忙之中亲自为此书作序,并对此书给予高度评价和大力支持。这些都使我和殿礼深受感动和鼓舞,更加激发了我们把这本书推出的自信心,并以此来回报两位大师和东北父老乡亲的厚爱。崔凯、林和平、白岩松老师听说要出版《魅力东北话》这本书时,欣然为该书题写了推荐语。在此,我非常感谢本山董事长、于丹老师的大力支持,感谢崔凯、林和平、白岩松老师的大力推荐,同时也非常感谢辽宁政法干校、长江商学院同学们的鼎力相助,是你们的支持使得《魅力东北话》一书得以面世。

　　由于我们的学识所限,本书所收录的词条和释义难免有疏漏和不准确之处,敬请读者批评指正。

肇恒玉

2010年7月15日

凡 例

一、收词

本书为东北方言的收录与整理，同时还收录了东北地区部分俗语、俚语等词汇。本书收录以东北生活类、民俗习俗类、地理类、服饰类、语言文化和体育、游戏等类（也可分为动词、名词和形容词种类）方言。全书共收录词条3000余个。

二、词条内容

词条大致由以下几部分组成：1. 方言、俗语词条；2. 注音；3. 释义、解释；4. 溯源和举例、引用、引证；5. 知识链接；6. 近义词、反义词。

三、排列顺序

1. 为查阅方便，故以音序排列。

2. 首字读音相同则以词组音序排列。

四、注音

1. 词条均以汉语拼音标注发音，考虑到东北地方词汇读音的连贯性，注音没有按字节分写。

2. 部分词条读轻音，在汉语拼音注音中"·"的后面均为轻音。

3. 词条中的儿化音均以"r"标注。

4. 对于词条中个别字的地方习惯性读音，在该词条后予以标注。如，暖（nǎo）和、脊梁（niang）、棉（niáo）花、尾（yǐ）巴等。

五、释义

1. 多义词的解释、注释以①②③……标出。

2. 本书将词义相近的词条予以合并，以其中一个词条加以解释、举例、引证，其余不另做解释，如词条中出现反义词将其给予解释。

3. 本书词条解释范围仅限于东北地区。

4. 本书部分词条解释以《现代汉语词典》为标准。

六、溯源和引证

1. 词条中例句多出自赵本山先生的作品和《红楼梦》等，以及其他东北"二人转"演员作品中的台词。

2. 书中引用均为摘录原文作品中涉及本书收录词条的段落。

七、对部分有音无字的词汇，作者参考东北各个县、市的地方志，结合权威的字、词典，对词汇最接近的文字予以确定。其中部分生僻的字、词在《现代汉语字词典》中无法找到，难免造字代替。如："汢 tǔ"、"邋 tèng"、"层 xíng"等。

目 录

A

哀咕 —— 001
挨 —— 001
挨摆儿 —— 001
挨边儿 —— 001
挨个儿 —— 001
挨 —— 001
挨呲儿 —— 001
挨剋儿 —— 001
挨挺 —— 001
矮趴趴 —— 001
爱小儿 —— 002
爱咋咋地 —— 002
埯儿 —— 002
熬糟 —— 002
嗷嗷 —— 002
嗷嗷叫 —— 002

B

八 —— 003
八辈儿 —— 003
八成儿 —— 003
八杆子打不着 —— 003
八股牛 —— 003
巴不得 —— 003

巴及 —— 003
巴锔子 —— 003
巴涩 —— 003
扒扯 —— 004
扒瘩 —— 004
扒拉脚 —— 004
扒瞎 —— 004
扒小肠 —— 004
叭叭 —— 004
吧嗒 —— 004
疤疤痢痢 —— 004
笆篱子 —— 004
拔拔凉 —— 004
拔火罐儿 —— 004
拔尖儿 —— 004
拔犟眼子 —— 004
拔橛子 —— 005
拔凉 —— 005
拔筲子 —— 005
跋扯 —— 005
把不过来麻 —— 005
把势 —— 005
把头 —— 005
把兄弟 —— 005
罢园 —— 005
掰不开栓 —— 005
掰扯 —— 005
掰生 —— 005

白醭 —— 006
白不呲咧 —— 006
白扯 —— 006
白吃饱儿 —— 006
白费 —— 006
白话 —— 006
白净 —— 006
白愣 —— 006
白亮亮 —— 006
白帽子 —— 007
白挠毛 —— 007
白忙活 —— 007
白片肉 —— 007
白事情 —— 007
白瞎 —— 007
百天 —— 007
摆浪子 —— 007
摆门面 —— 007
摆平 —— 007
败扯 —— 007
拜把子 —— 007
拜年嗑 —— 007
扳下巴颏 —— 008
般儿大般儿 —— 008
板 —— 008
板板正正 —— 008
板不住 —— 008
板脚 —— 008

板人 —— 008	保不住 —— 011	编花篮儿 —— 015
板儿上钉钉 —— 008	保靠 —— 011	编排 —— 015
办嚼裹儿 —— 008	保媒拉线儿 —— 011	编瞎话 —— 015
办人儿 —— 008	抱膀 —— 012	扁乎 —— 015
办事情 —— 008	抱鸡仔 —— 012	变着法儿 —— 015
半半颠 —— 008	抱团儿 —— 012	便当 —— 015
半彪 —— 008	抱窝 —— 012	标杆溜直 —— 015
半潮烂架 —— 009	暴皮 —— 012	彪 —— 015
半达子 —— 009	卑服 —— 012	膘 —— 015
半截喽嗖 —— 009	背包捋伞 —— 012	摽劲儿 —— 016
半截腰儿 —— 009	备不住 —— 012	瘪瘪 —— 016
半拉 —— 009	背 —— 012	憋屈 —— 016
半拉半儿 —— 009	背道儿 —— 012	别价 —— 016
半拉昏 —— 009	背风 —— 012	瘪咕 —— 016
半拉架 —— 009	背旮旯儿 —— 013	瘪哄哄 —— 016
半拉咔叽 —— 009	背静 —— 013	瘪茄子 —— 016
半瓶醋 —— 009	背阴带 —— 013	瘪样 —— 016
半死不拉活 —— 009	被垛 —— 013	别 —— 016
半语子 —— 009	被驴踢 —— 013	别脚 —— 017
样子 —— 010	奔儿髅头 —— 013	别劲 —— 017
帮腔 —— 010	本当儿 —— 013	宾服 —— 017
膀 —— 010	本乡本土 —— 013	冰碴儿 —— 017
棒槌 —— 010	笨 —— 013	冰杂 —— 017
棒硬 —— 010	笨笨咔咔 —— 013	冰溜子 —— 017
棒子 —— 010	崩 —— 013	冰蹲子 —— 017
棒子手 —— 010	崩了 —— 014	病包 —— 017
傍儿拉 —— 010	崩子 —— 014	病根儿 —— 017
傍响 —— 010	绷 —— 014	病歪歪的 —— 017
包了儿 —— 010	镚子儿 —— 014	波勒盖儿 —— 017
包绫 —— 010	蹦高儿 —— 014	脖儿梗 —— 017
包屈 —— 010	鼻不鼻，脸不脸 —— 014	脖梗梗 —— 017
包圆儿 —— 010	鼻涕嘎渣 —— 014	簸簸其 —— 018
苞米 —— 010	鼻涕来噻 —— 014	补面 —— 018
苞米面糊嘟 —— 011	比划 —— 014	不趁 —— 018
薄拉 —— 011	比量 —— 014	不凑手 —— 018
薄拉地 —— 011	毕勾 —— 014	不打奔儿 —— 018
薄拉儿片 —— 011	避猫鼠 —— 015	不大离儿 —— 018
薄拉烟 —— 011	边儿拉 —— 015	不带 —— 018
保不齐 —— 011	编扒 —— 015	不担事儿 —— 018

不铠刀 —— 018	不兴 —— 022	嚓嚓 —— 025
不道 —— 018	不信劲儿 —— 022	茬口 —— 025
不得劲儿 —— 018	不行事儿 —— 022	茬子 —— 026
不得烟儿抽 —— 019	不稀得 —— 022	楂子 —— 026
不得眼儿 —— 019	不下蛋 —— 022	岔换 —— 026
不迭当 —— 019	不许乎 —— 022	岔劈 —— 026
不顶楞 —— 019	不眼馋 —— 023	岔气儿 —— 026
不定 —— 019	不远遐 —— 023	差辈儿 —— 026
不定性 —— 019	不咋的 —— 023	差不离儿 —— 026
不对劲儿 —— 019	不着调 —— 023	差老成色了 —— 027
不防头 —— 019	不值当 —— 023	柴垛 —— 027
不服劲儿 —— 019	不周不便儿 —— 023	掺兑 —— 027
不服天朝管 —— 019	布鸽 —— 023	掺乎 —— 027
不隔乙 —— 019		掺和 —— 027
不哼不哈 —— 020		馋吃水 —— 027
不会说话 —— 020		馋虫 —— 027
不夹咯 —— 020	礤板儿 —— 024	馋痨 —— 027
不见起 —— 020	猜闷儿 —— 024	颤巍巍儿 —— 027
不近儿不离儿 —— 020	猜摸 —— 024	颤悠 —— 027
不开面儿 —— 020	才刚 —— 024	长脖老等 —— 027
不空 —— 020	采参 —— 024	长虫 —— 027
不赖 —— 020	踩肩膀头 —— 024	长劲儿 —— 027
不喽嗖 —— 020	踩蚂蚁 —— 024	长脱脱 —— 027
不捋会儿 —— 020	踩盘子 —— 024	长仙 —— 027
不捋那份儿胡子 —— 020	菜饽饽 —— 024	场院 —— 028
不年不节 —— 020	菜饺子 —— 024	场面人儿 —— 028
不起眼儿 —— 020	蚕蛾 —— 025	敞开儿 —— 028
不善 —— 021	藏猫乎 —— 025	敞亮 —— 028
不上讲 —— 021	藏掖 —— 025	唱蹦蹦 —— 028
不上数 —— 021	槽子糕 —— 025	唱喜歌 —— 028
不上线儿 —— 021	草鸡 —— 025	吵吵 —— 028
不适闲儿 —— 021	草窠子 —— 025	吵吵把火 —— 028
不识数 —— 021	草爬子 —— 025	超容 —— 028
不是个儿 —— 021	层 —— 025	焯 —— 028
不是味儿 —— 022	蹭饭 —— 025	朝面儿 —— 029
不是物 —— 022	插佛朵 —— 025	潮白 —— 029
不吐口儿 —— 022	插花 —— 025	潮得乎的 —— 029
不玩儿活儿 —— 022	插伙儿 —— 025	潮乎土 —— 029
不显山不露水儿 —— 022	碴 —— 025	潮了巴唧 —— 029

车轱辘话 —— 029	吃锅烙儿 —— 032	出门儿 —— 035
车脚钱 —— 029	吃劲 —— 032	出事儿 —— 035
车老板子 —— 029	吃亏占香香 —— 032	出息个暴 —— 035
扯 —— 029	吃粮不管穿 —— 032	出外头 —— 035
扯鳖犊子 —— 029	吃晌儿 —— 032	出五服 —— 036
扯大彪 —— 029	吃现成 —— 032	杵 —— 036
扯蛋 —— 029	吃香 —— 033	杵打 —— 036
扯老婆舌 —— 029	吃小灶 —— 033	杵蹶横上 —— 036
扯哩哏儿楞 —— 030	吃一百个豆不嫌腥 —— 033	杵杆儿 —— 036
扯溜儿 —— 030	吃咂儿 —— 033	杵子 —— 036
扯王八蛋 —— 030	哧 —— 033	处对象 —— 036
扯闲白儿 —— 030	哧溜 —— 033	触胡子 —— 036
撤嘴巴子 —— 030	眵毛撅腔 —— 033	欻欻 —— 036
抻拉 —— 030	眵目糊 —— 033	欻咕 —— 036
抻头 —— 030	冲 —— 033	欻拉 —— 036
抻悠 —— 030	充容 —— 033	揣崽儿 —— 036
抻直 —— 030	重茬兄弟 —— 033	嘬 —— 036
陈芝麻烂谷子 —— 030	冲 —— 033	嘬白 —— 037
趁 —— 030	抽巴 —— 034	嘬尖儿 —— 037
趁钱 —— 030	抽抽儿 —— 034	嘬空 —— 037
撑得慌 —— 030	抽搭 —— 034	踹 —— 037
撑腰 —— 030	抽裆 —— 034	穿连裆裤 —— 037
成得 —— 031	抽风 —— 034	传瞎话 —— 037
成精 —— 031	抽空 —— 034	串爸 —— 037
成年六辈 —— 031	抽冷子 —— 034	串换 —— 037
成人儿 —— 031	抽青 —— 034	串门子 —— 037
成天儿 —— 031	愁肠子 —— 034	串味儿 —— 037
成心 —— 031	瞅空 —— 034	串游 —— 037
成衣铺 —— 031	瞅笑声 —— 034	闯 —— 037
成整儿 —— 031	臭白 —— 034	闯堆儿 —— 037
吃饱了撑的 —— 031	臭不要脸 —— 034	吹灯拔蜡 —— 037
吃不服 —— 032	臭油子 —— 034	吹脖 —— 038
吃不开 —— 032	出菜 —— 035	吹儿 —— 038
吃不住劲 —— 032	出饭 —— 035	捶驴 —— 038
吃苍蝇 —— 032	出飞儿 —— 035	槌儿 —— 038
吃得开 —— 032	出活 —— 035	春脖子 —— 038
吃独食儿 —— 032	出圈 —— 035	春景天 —— 038
吃官司 —— 032	出溜 —— 035	纯牌儿 —— 038
吃惯嘴儿 —— 032	出娄子 —— 035	戳咕 —— 038

戳儿 —— 038	搭茬儿 —— 041	打食儿 —— 045
刺棱 —— 038	搭咯 —— 041	打挺 —— 045
呲达 —— 038	搭伙 —— 041	打下手儿 —— 045
呲牙 —— 038	搭脚儿 —— 041	打小儿 —— 045
跐溜 —— 038	搭影 —— 042	打哑巴缠 —— 045
跐溜冰 —— 038	答对 —— 042	打眼儿 —— 045
跐悠 —— 038	打 —— 042	打样儿 —— 045
刺风头 —— 038	打八刀 —— 042	打腰 —— 045
刺拐棒 —— 039	打帮槌儿 —— 042	打圆场 —— 045
刺棘 —— 039	打不开点儿 —— 042	打杂儿 —— 045
刺挠 —— 039	打岔儿 —— 043	大伯子 —— 045
刺儿头 —— 039	打出溜 —— 043	大鼻子 —— 045
从头到稍 —— 039	打怵 —— 043	大车 —— 046
凑搭 —— 039	打单儿 —— 043	大车小辆 —— 046
凑付 —— 039	打提溜儿 —— 043	大扯 —— 046
凑合事儿 —— 039	打短儿 —— 043	大大咧咧 —— 046
凑趣儿 —— 039	打发 —— 043	大发 —— 046
凑手 —— 039	打饭碗 —— 043	大发劲儿 —— 046
粗拉 —— 039	打哈哈 —— 043	大风刮来,海水潮来 —— 047
撺弄 —— 039	打横 —— 043	大概齐 —— 047
蹿稀 —— 039	打圈 —— 043	大工匠 —— 047
蹿血 —— 040	打了 —— 043	大轱辘车 —— 047
攒拢 —— 040	打赖 —— 043	大估摸 —— 047
寸 —— 040	打狼 —— 044	大估影 —— 047
寸劲儿 —— 040	打脸 —— 044	大乎乎 —— 047
搓贱 —— 040	打恋恋 —— 044	大荒儿 —— 047
撮火 —— 040	打零杂 —— 044	大家贼 —— 047
撮弄 —— 040	打遛荡 —— 044	大炕 —— 047
矬子 —— 040	打溜须 —— 044	大溜儿 —— 047
错非 —— 040	打绺儿 —— 044	大面儿 —— 047
错个主儿 —— 040	打马瞎子 —— 044	大拿 —— 047
	打冒支 —— 044	大脑袋 —— 048
D	打鸣儿 —— 044	大炮石 —— 048
	打腻 —— 044	大气儿不敢喘 —— 048
耷拉 —— 041	打蔫儿 —— 044	大声嚎气 —— 048
搭 —— 041	打耙 —— 044	大头 —— 048
搭把手儿 —— 041	打破锣 —— 044	大卸八块 —— 048
搭帮 —— 041	打扑搂造 —— 044	大眼皮 —— 048
搭边儿 —— 041	打圈围 —— 045	大爷 —— 048

大油 —— 049	倒个儿 —— 051	嘀溜蒜挂 —— 054
大约摸 —— 049	倒嚼 —— 052	滴溜摆当 —— 054
大杂烩 —— 049	倒弄买卖儿 —— 052	滴溜嘟噜 —— 054
呆呵呵 —— 049	倒饯刺儿 —— 052	滴溜儿圆 —— 055
呆儿 —— 049	倒台子 —— 052	滴流儿 —— 055
呔 —— 049	倒腾 —— 052	滴台 —— 055
逮着 —— 049	倒贴 —— 052	底包天儿 —— 055
代客儿的 —— 049	倒头瘟 —— 052	底儿朝天 —— 055
代头儿子 —— 049	倒血霉 —— 052	地出溜 —— 055
代头姑娘 —— 049	倒栽葱 —— 052	地蛋儿 —— 055
带把儿 —— 049	盗灰 —— 052	地动 —— 055
带刺儿 —— 049	道眼子 —— 052	地根儿 —— 055
带价儿 —— 049	得瑟 —— 052	地喇蛄 —— 055
带劲 —— 049	得把 —— 052	地雷蜂子 —— 055
带崽儿 —— 049	得便 —— 052	地力 —— 055
单薄 —— 050	得济 —— 053	掂对 —— 055
单蹦儿 —— 050	得空 —— 053	掂量 —— 055
单调儿 —— 050	得啦 —— 053	颠倒个儿 —— 055
胆儿肥 —— 050	得脸 —— 053	点儿背 —— 055
胆儿突 —— 050	得劲儿 —— 053	点儿正 —— 055
当间儿 —— 050	得儿 —— 053	踮脚 —— 056
当捎 —— 050	德行 —— 053	电驴子 —— 056
当腰 —— 050	嘚嘚 —— 053	电匣子 —— 056
铛锒 —— 050	嘚嘚儿肥 —— 053	垫背 —— 056
裆浪 —— 050	嘚嘚嗦嗦 —— 053	垫补 —— 056
挡害 —— 050	嘚儿 —— 053	垫底儿 —— 056
刀螂 —— 050	嘚嗦 —— 053	垫牙巴叉 —— 056
叨叨 —— 050	扽 —— 053	吊膀子 —— 057
叨人 —— 051	灯官儿 —— 053	吊儿各 —— 057
叨菜 —— 051	登登的 —— 054	吊儿郎当 —— 057
叨扯 —— 051	登硬 —— 054	吊远 —— 057
叨登 —— 051	蹬腿儿 —— 054	掉腔 —— 057
叨咕 —— 051	戥子 —— 054	掉个儿 —— 057
叨木冠子 —— 051	澄清 —— 054	掉价儿 —— 057
捯扯 —— 051	瞪眼扒皮 —— 054	掉脸子 —— 057
捯饬 —— 051	瞪眼儿瞎 —— 054	掉链子 —— 057
捯气儿 —— 051	蹬筋 —— 054	掉色儿 —— 057
倒插门 —— 051	提溜 —— 054	掉崽儿 —— 057
倒粪 —— 051	提漏儿 —— 054	掉渣儿 —— 057

丁价儿 —— 058	对眼儿 —— 061	**F**
顶梁柱 —— 058	碓 —— 061	
顶牛 —— 058	碓咕 —— 061	
顶烟儿上 —— 058	蹾人 —— 061	发贱 —— 065
定砣 —— 058	蹲坑儿 —— 061	发苶 —— 065
腚沟 —— 058	多会儿 —— 061	发送 —— 065
丢当 —— 058	多前儿 —— 061	发轴 —— 065
丢碜 —— 058	躲清静儿 —— 061	乏乏的 —— 065
东扯葫芦西扯瓢 —— 058		翻白儿 —— 065
东一榔头西一棒子 —— 058	**E**	翻盖子 —— 065
动武把捎 —— 058		翻脸花 —— 065
动真章 —— 058	讹人 —— 062	翻烧儿 —— 065
动嘴 —— 058	蛾烂 —— 062	翻小肠儿 —— 065
兜底儿 —— 059	恶心人 —— 062	烦恶 —— 065
兜肚 —— 059	恶臭 —— 062	反桄 —— 065
兜圈子 —— 059	饿皮虮 —— 062	反碱 —— 066
兜嘴 —— 059	恩呢 —— 062	反来覆，覆来反 —— 066
抖 —— 059	摁下葫芦瓢起来 —— 062	反卤 —— 066
抖搂 —— 059	耳套儿 —— 062	反门 —— 066
逗摆 —— 059	二 —— 062	反毯 —— 066
嘟噜 —— 059	二八扣 —— 062	犯不上 —— 066
独食儿 —— 059	二百五 —— 063	犯膈应 —— 066
犊子 —— 059	二半破子 —— 063	犯讲究 —— 067
堵心 —— 059	二茬子 —— 063	犯邪 —— 067
堵嘴 —— 059	二串子 —— 063	房笆开门 —— 067
端相 —— 059	二大神 —— 063	房山头 —— 067
断溜儿 —— 059	二乎 —— 063	放北声哭 —— 067
断捻儿 —— 060	二乎赖 —— 063	放杵 —— 067
断条 —— 060	二虎 —— 063	放荒 —— 067
堆褙 —— 060	二虎巴唧 —— 063	放牛场 —— 067
堆儿砬儿 —— 060	二话 —— 063	放血 —— 067
堆歪 —— 060	二婚头 —— 063	飞眼儿 —— 067
对半儿劈 —— 060	二赖子 —— 063	非得 —— 067
对茬儿 —— 060	二愣子 —— 063	肥耷耷 —— 067
对缝儿 —— 061	二皮脸 —— 063	肥嘟嘟 —— 067
对付 —— 061	二五眼 —— 063	费劲儿 —— 067
对过儿 —— 061	二五子 —— 064	分窝 —— 067
对路 —— 061	二倚子 —— 064	坟圈 —— 067
对撇子 —— 061		粉了 —— 067

份儿 ——— 068	干巴 ——— 072	岗烟儿起 ——— 075
疯疯扯扯 ——— 068	干巴拉瞎 ——— 072	高低 ——— 075
服伏在地 ——— 068	干柴棒子 ——— 072	高枝儿 ——— 075
服软儿 ——— 068	干打垒 ——— 072	羔子 ——— 075
浮皮儿 ——— 068	干的 ——— 072	搞 ——— 075
浮上 ——— 068	干锅 ——— 072	搞对象 ——— 075
副 ——— 068	干糊糊 ——— 072	搞破鞋 ——— 075
富态 ——— 068	干靠 ——— 072	圪挠 ——— 075
	干拉儿 ——— 072	疙不溜秋 ——— 075
	干冷 ——— 072	疙瘩 ——— 075
	干粮 ——— 072	疙瘩白 ——— 076
旮旯儿 ——— 069	干气猴儿 ——— 072	疙瘩鬏儿 ——— 076
胳肢窝 ——— 069	干亲 ——— 072	疙瘩块儿 ——— 076
嘎巴 ——— 069	干擎 ——— 072	疙瘩汤 ——— 076
嘎巴溜丢脆 ——— 069	干儿瘦 ——— 073	疙瘩头儿 ——— 076
嘎巴嘴 ——— 069	干剩 ——— 073	饹馇 ——— 076
嘎嗒牙 ——— 069	干腿棒子 ——— 073	饹子 ——— 076
嘎赌 ——— 069	干啰 ——— 073	胳肢 ——— 076
嘎嘎儿 ——— 069	干站子 ——— 073	袼褙 ——— 076
嘎吗 ——— 069	泔水 ——— 073	搁 ——— 076
轧 ——— 070	杆儿 ——— 073	搁嘞 ——— 076
轧连襟 ——— 070	赶倒儿 ——— 073	割把草晾着 ——— 077
轧邻居 ——— 070	赶点儿 ——— 073	格当儿子 ——— 077
轧亲家 ——— 070	赶饭碗 ——— 073	蛤蜊儿 ——— 077
轧误 ——— 070	赶慌 ——— 073	隔凉 ——— 077
轧悠 ——— 070	赶明儿个 ——— 073	隔路 ——— 077
轧伙 ——— 070	赶巧 ——— 073	隔膜 ——— 077
乍 ——— 070	赶上 ——— 074	隔三差五 ——— 077
乍古 ——— 070	赶趟儿 ——— 074	隔眼 ——— 077
乍古话 ——— 070	赶粘 ——— 074	膈痒 ——— 077
乍失 ——— 070	敢是 ——— 074	各个儿 ——— 077
该 ——— 070	干 ——— 074	各事各码 ——— 077
该言 ——— 071	干仗 ——— 074	虼蚤 ——— 077
改茬 ——— 071	刚 ——— 074	硌叽 ——— 077
改肠子 ——— 071	钢镚儿 ——— 074	跟脚 ——— 078
改口 ——— 071	钢钢的 ——— 074	跟前儿 ——— 078
改样 ——— 071	钢口儿 ——— 074	跟头把式 ——— 078
盖帘儿 ——— 071	岗尖 ——— 074	哏儿 ——— 078
盖帽 ——— 071	岗口儿甜 ——— 074	哏儿嘎 ——— 078

艮鳖肉	078	辜废	081	鬼头蛤蟆眼	084
艮刺	078	箍眼	081	鬼子姜	084
艮揪揪	078	蛊动心	081	鬼子溜	084
梗耿	078	鼓包	082	滚瓜溜圆	084
梗梗迟迟	078	鼓槽子	082	滚热	084
工夫劲儿	078	鼓捣	082	锅台转儿	084
拱	079	鼓火疖	082	啯	084
勾搭连环	079	顾家	082	过	084
勾连	079	呱哒板儿	082	过不上溜儿	085
沟满壕平	079	呱唧	082	过房	085
沟膛	079	挂	082	过河钱	085
狗不闻,鸡不钳	079	挂不住	082	过家家儿	085
狗吃草,驴心思	079	挂锄	082	过节儿	085
狗尿苔	079	挂连	082	过劲儿	085
狗气	079	挂掌	082	过料了	085
狗抢屎	079	乖子	082	过年话	085
狗食	079	拐	082	过去了	085
狗熊	079	拐带	082	过晌	085
狗咬纹儿	079	拐弯儿抹角	083	过水面	085
够	079	拐子炕	083	过阴	085
够不上	079	棺材本儿	083		
够过	080	棺材瓢子	083		
够溜儿	080	管得宽	083		
够呛	080	管多	083	哈	086
够性	080	冠子	083	哈唤	086
够意思	080	灌尿	083	哈拉	086
够油儿	080	光不出溜	083	哈拉巴	086
估堆儿	080	光腚	083	哈喇子	086
咕嘟	080	光杆儿	083	哈喇	086
咕堆	080	光脊杆	083	哈捧	086
咕蛹	080	光溜	083	哈人	086
孤拐	080	光锹	083	哈汤	086
孤老棒子	080	逛荡	084	蛤蟆	086
孤子	080	归拢	084	蛤蟆咕嘟	087
姑舅	080	归齐	084	蛤蟆镜儿	087
姑娘	081	规整	084	挼	087
骨节	081	闺女儿	084	海海的	087
骨碌	081	鬼画弧	084	海了去了	087
骨碌运	081	鬼了巴唧	084	害口	087

害事 —— 087	狠呆呆 —— 090	烀 —— 093
害眼 —— 087	狠得 —— 090	囫囵半片 —— 094
憨搭忽 —— 087	哼哈 —— 091	囫囵觉 —— 094
含着骨头露着肉 —— 087	横扒拉竖挡 —— 091	胡扯六拉 —— 094
寒碜 —— 087	横草不拿竖棍儿 —— 091	胡打海摔 —— 094
汗衫儿 —— 087	横是 —— 091	胡勒 —— 094
汗腥味儿 —— 087	横踢乱蹬 —— 091	胡子 —— 094
汗珠摔八瓣儿 —— 087	横 —— 091	胡子拉茬 —— 094
绗 —— 088	横事 —— 091	胡诌 —— 094
薅 —— 088	横死 —— 091	捐搂 —— 094
豪横 —— 088	哄扬 —— 091	葫芦搅茄子 —— 094
壕沟 —— 088	哄孙子 —— 091	煳巴烂唶 —— 094
嚎 —— 088	红白喜事 —— 091	煳拦 —— 094
嚎嚎儿 —— 088	红菇娘 —— 091	虎 —— 094
好吃不撂筷儿 —— 088	红脸儿 —— 091	虎劲儿 —— 095
好大显示 —— 088	红蘑菇 —— 091	虎了巴唧 —— 095
好好赖赖 —— 088	红眼 —— 092	唬 —— 095
好好儿的 —— 088	红眼巴嚓 —— 092	唬人 —— 095
好赖不济 —— 088	红嘴白牙 —— 092	护犊子 —— 095
好生 —— 088	齁巴 —— 092	护食 —— 095
好使 —— 088	齁痨气喘 —— 092	糊弄 —— 095
好下水 —— 089	齁人 —— 092	花大姐 —— 095
好养活 —— 089	猴精百怪 —— 092	花达 —— 096
好信儿 —— 089	猴头巴相 —— 092	花花搭搭 —— 096
呵哧带喘 —— 089	犼候 —— 092	花花儿 —— 096
喝咧 —— 089	后儿个 —— 092	花里呼哨 —— 096
喝卤水 —— 089	后脊梁 —— 092	花子 —— 096
合该 —— 089	后劲儿 —— 092	华堂 —— 096
合睞 —— 089	后脸儿 —— 092	划拉 —— 096
合炉 —— 089	后妈养的 —— 093	滑不唧溜 —— 096
合身儿 —— 089	后脑勺儿 —— 093	滑课 —— 096
合适 —— 089	后鞧 —— 093	画魂儿 —— 096
合牙 —— 089	后尾儿 —— 093	画龙 —— 096
饸饹话 —— 089	后账 —— 093	画弧 —— 097
核 —— 090	呼 —— 093	话把儿 —— 097
黑灯瞎火 —— 090	呼嗒 —— 093	话赶话 —— 097
黑黢燎光 —— 090	呼咧 —— 093	话痨子 —— 097
黑瞎子 —— 090	忽忽悠悠 —— 093	话匣子 —— 097
黑瞎子掰苞米 —— 090	忽悠 —— 093	坏菜 —— 097

坏水儿 —— 097	火上房 —— 100	家当 —— 103
欢实 —— 097	火炭 —— 100	家的 —— 103
缓空儿 —— 097	火匣子 —— 100	家底儿 —— 103
缓气儿 —— 097	和 —— 100	家伙 —— 103
缓阳 —— 097	和稀泥 —— 100	家雀儿 —— 104
荒信儿 —— 097	货郎鼓 —— 100	夹 —— 104
黄了 —— 097	祸害 —— 100	夹板儿 —— 104
黄狼 —— 097	祸祸 —— 100	夹咯 —— 104
黄铺 —— 097		夹剪儿 —— 104
恍儿忽 —— 097		夹生 —— 104
晃人儿 —— 098		夹当儿 —— 104
晃常儿 —— 098	叽咯 —— 101	假古山子 —— 104
晃荡 —— 098	叽咯浪 —— 101	假假咕咕 —— 104
幌子 —— 098	叽咕 —— 101	假装相 —— 104
回锅 —— 098	叽里格生 —— 101	驾驭 —— 104
回笼觉 —— 098	叽里逛荡 —— 101	架不住 —— 105
回门儿 —— 098	饥荒 —— 101	架拦 —— 105
回楦 —— 098	鸡架门 —— 101	架弄 —— 105
毁 —— 098	鸡子儿 —— 101	尖溜儿 —— 105
毁了 —— 098	犄角旮旯 —— 102	奸馋 —— 105
会来事儿 —— 098	畸里拐弯儿 —— 102	间壁 —— 105
贿拢 —— 098	激猴儿 —— 102	间量儿 —— 105
荤的 —— 098	激溜 —— 102	肩膀头 —— 105
浑叽叽 —— 099	激着了 —— 102	毽子 —— 105
魂儿画儿 —— 099	激皮酸脸 —— 102	捡漏儿 —— 105
劐 —— 099	激眼 —— 102	捡着 —— 105
豁儿 —— 099	急茬 —— 102	简便道 —— 105
豁上 —— 099	急忙五四 —— 102	简直杆儿 —— 105
豁牙狼齿 —— 099	急头掰脸 —— 102	见亮儿 —— 105
豁嘴子 —— 099	急歪 —— 102	见外 —— 105
豁亮 —— 099	挤挤插插 —— 102	贱不喽嗖 —— 105
攉拢 —— 099	挤对 —— 102	贱扯扯 —— 105
活裆儿裤 —— 099	挤咕眼 —— 102	贱皮子 —— 106
活汉妻 —— 099	剂子 —— 103	贱嘴巴舌 —— 106
活腻歪 —— 099	既好个 —— 103	将打将 —— 106
活冉 —— 099	鲫瓜子 —— 103	将供嘴儿 —— 106
火刺棱的 —— 099	加码儿 —— 103	将就 —— 106
火龙 —— 099	加钢 —— 103	讲古 —— 106
火蒙眼 —— 100	加塞儿 —— 103	讲儿 —— 106

膙子	106	街坊辈儿	109	撅	112
犟犟	106	街溜子	109	撅达撅达	112
犟驴	106	劫杠子	109	撅撅	112
犟眼子	106	结疙瘩	109	撅嘴骡子	112
糨子	106	解谗	109	噘骂嚎声	112
交人儿	106	解刺挠	109	绝毙	112
焦黄	106	解乏	109	绝根儿	112
焦粘	106	解恨	109	绝户	113
嚼裹儿	107	芥菜疙瘩	110	绝了	113
嚼舌根	107	界壁儿	110	倔巴头	113
嚼嘴磨牙	107	借光	110		
嚼子	107	借宿儿	110	**K**	
角孤	107	借引子	110		
角儿	107	借由儿	110	咔嚓	114
绞牙	107	金贵	110	咔哧	114
脚打后脑勺	107	金镏子	110	咔咔的	114
脚前脚后	107	筋道	110	卡	114
脚钱	107	筋筋	111	卡巴拉	114
脚丫子	107	筋筋拉拉	111	卡脖子	114
搅和	107	紧巴	111	卡戳儿	114
搅局儿	107	紧称	111	卡裆	114
叫	108	进项	111	卡壳	115
叫号儿	108	近便	111	开板儿	115
叫花子	108	近枝儿	111	开化	115
叫唤	108	劲儿劲儿地	111	开豁儿	115
叫魂	108	经管	111	开脸	115
叫叫儿	108	精儿	111	开瓢儿	115
叫劲儿	108	精神头	111	开腔	115
叫鸯子	108	净	111	开席	115
叫油	108	净泡	111	开咋儿	116
叫真章儿	108	纠儿	111	看摊儿	116
叫准儿	108	揪巴	111	坎肩儿	116
觉警儿	108	揪揪	112	坎儿	116
节骨眼	108	就便儿	112	看对象	116
节子	109	就饭吃	112	看人家	116
疖子	109	就付	112	扛不住	116
接茬儿	109	就手	112	抗风	116
揭老底儿	109	卷面子	112	扛杠儿	116
街坊	109	蹽	112	扛活	116

抗造 —— 116	空膛儿 —— 120	拉倒 —— 123
扛住 —— 116	控干 —— 120	拉花 —— 123
炕 —— 116	控水 —— 120	拉家带口 —— 123
炕角儿孤 —— 117	抠 —— 120	拉架 —— 123
炕脚儿底 —— 117	抠根儿 —— 120	拉架儿 —— 123
炕琴 —— 117	抠嗖 —— 120	拉脚 —— 124
炕头 —— 117	眍䁖 —— 120	拉近乎 —— 124
炕头汉子 —— 117	口布 —— 120	拉平 —— 124
炕沿 —— 117	口福 —— 120	拉屎往回坐 —— 124
靠裉儿 —— 117	口紧 —— 120	拉线儿 —— 124
靠谱 —— 117	口挪肚攒 —— 120	拉硬屎 —— 124
靠色 —— 117	口轻 —— 120	拉嚓 —— 124
苛痨 —— 117	口头汇齐 —— 121	拉咕 —— 124
砢碜 —— 118	口重 —— 121	拉呱儿 —— 124
疴疴够够 —— 118	口壮 —— 121	拉锯 —— 124
嗑杈 —— 118	扣大棚 —— 121	拉啦 —— 124
嗑儿 —— 118	哭罢咧 —— 121	拉嗓子 —— 124
磕巴 —— 118	哭不上溜儿 —— 121	拉忽 —— 124
磕打 —— 118	哭叽赖尿 —— 121	拉 —— 124
磕磕碰碰 —— 118	哭穷 —— 121	砬子 —— 125
可 —— 118	哭眼抹泪儿 —— 122	喇叭匠 —— 125
可脚儿 —— 118	窟窿八眼 —— 122	拉卡 —— 125
可劲儿造 —— 118	苦巴苦业 —— 122	拉拉壳儿 —— 125
可怜不识见儿的 —— 118	侉 —— 122	拉拉腰 —— 125
可了儿 —— 119	挎 —— 122	落下 —— 125
可模可准儿 —— 119	扝 —— 122	落渣儿 —— 125
可哪 —— 119	快当快当嘴 —— 122	腊根儿 —— 125
可心儿 —— 119	快嘴 —— 122	蜡黄肌瘦 —— 125
客儿 —— 119	亏得 —— 122	蜊迷 —— 125
客套话 —— 119	裤 —— 122	来 —— 125
剋 —— 119	裤钱 —— 122	来火杆子 —— 125
啃脚后跟儿 —— 119	困 —— 122	来钱道 —— 125
啃青儿 —— 119		来人去客儿 —— 125
揯 —— 119		来事儿 —— 125
揯劲儿 —— 119		赖色 —— 126
坑人 —— 119	拉巴 —— 123	赖搭儿 —— 126
坑嘴 —— 119	拉帮 —— 123	赖嚎子 —— 126
吭哧瘪肚 —— 119	拉帮套 —— 123	赖乎情 —— 126
空落落儿 —— 119	拉扯 —— 123	赖叽毛子 —— 126

赖皮赖脸 —— 126	老了 —— 129	勒大脖子 —— 132
癞眼儿球眵 —— 126	老脸 —— 129	勒壳儿 —— 132
拦 —— 126	老毛子 —— 129	擂 —— 132
烂糊 —— 126	老末 —— 129	累 —— 132
烂木箱子 —— 126	老目卡眵眼 —— 129	肋巴 —— 132
烂眼枯瞎 —— 126	老蔫儿 —— 129	冷不丁 —— 132
烂眼儿招苍蝇 —— 127	老年间 —— 129	愣势 —— 132
烂嘴巴 —— 127	老娘 —— 129	愣是 —— 132
郎当 —— 127	老娘们儿 —— 129	愣头虎眼 —— 132
郎当二怔 —— 127	老娘婆 —— 129	愣头青儿 —— 132
狼贝 —— 127	老牛赶山 —— 129	愣怔 —— 132
狼掏狗捋 —— 127	老实巴交 —— 129	哩哩拉拉 —— 132
狼言 —— 127	老畲儿 —— 130	哩哩啰啰 —— 133
锒铛 —— 127	老天拔地 —— 130	离杂儿 —— 133
浪 —— 127	老鸹 —— 130	离格儿 —— 133
浪摆 —— 127	老洋上 —— 130	离了歪斜 —— 133
浪汉 —— 127	老鹞鹰 —— 130	梨糕 —— 133
捞着 —— 127	老寓了 —— 130	犁趟 —— 133
捞干的 —— 127	老早 —— 130	里出外进 —— 133
捞梢 —— 127	唠扯 —— 130	里挑外撅 —— 133
捞不动腿儿 —— 127	唠嗑 —— 130	里外里 —— 133
劳忙的 —— 127	涝涝儿 —— 131	力巴 —— 133
牢绷 —— 128	涝洼塘 —— 131	立陡石崖 —— 133
牢靠 —— 128	落地 —— 131	立马 —— 133
唠叨 —— 128	落架 —— 131	立事 —— 133
老八板儿 —— 128	落脚 —— 131	利整 —— 133
老半天 —— 128	落炉 —— 131	连裆裤 —— 133
老抱子 —— 128	落埋怨 —— 131	连锅端 —— 134
老鼻子 —— 128	落下病 —— 131	连襟 —— 134
老鳖 —— 128	嘞嘞 —— 131	连筋 —— 134
老鳖进灶坑,憋气又	嘞了巴唧 —— 131	连蒙带唬 —— 134
窝火 —— 128	嘞得 —— 131	连向 —— 134
老粗 —— 128	乐不得 —— 131	连宿搭夜 —— 134
老底儿 —— 128	乐颠馅儿 —— 131	连轴转 —— 134
老掉牙 —— 128	乐和 —— 132	联像 —— 134
老疙瘩 —— 128	乐儿 —— 132	脸红脖子粗 —— 134
老赶 —— 128	乐滋儿滋儿 —— 132	脸盘儿 —— 134
老皇历 —— 128	了巴叽 —— 132	脸儿大 —— 134
老抓 —— 129	勒 —— 132	脸子 —— 134

练糊	134	临了	137	露青	140
凉瓦瓦	134	灵巧	137	露馅儿	141
量炕沿儿	134	零揪	137	撸	141
两掺儿	135	零碎儿把五	137	撸胳膊挽袖	141
两顶	135	领净	138	撸生子	141
两将就	135	溜边儿	138	撸着造	141
两路	135	溜边儿打蹿	138	卤汲汲	141
两码事	135	溜干净儿	138	鲁叽叽	141
两说着	135	溜光	138	驴年马月	141
两窝	135	溜光水滑	138	驴性八道	141
两眼摸黑	135	溜滑	138	捋	141
两姨	135	溜尖儿	138	捋扯	141
亮底儿	135	溜溜儿的	138	捋出头	141
亮事儿	136	溜须	138	捋捋呱呱	141
蹽	136	溜须舔腚	138	滤滤行行	141
撩	136	溜严	138	滤涟	142
撩扯	136	蹓跶	138	滤粪	142
撩汉	136	蹓食狗	138	滤种子	142
燎泡	136	留后手	139	乱炖	142
燎锅底儿	136	柳	139	乱炝汤	142
了局	136	柳柳狗	139	乱糟糟	142
了了	136	绺	139	乱子	142
了账	136	六	139	抡圈儿	142
尥蹶子	136	遛道	139	捋来的	142
撂倒	136	遛墙根儿	140	罗锅巴唧	142
撂荒	136	遛腿儿	140	罗乱	142
撂跤	136	馏	140	箩圈腿	142
撂手	136	溜	140	撂撂儿	142
撂挑子	136	溜缝儿	140		
咧咧	137	溜儿	140		
咧咧嘴儿	137	龙兴	140		
咧歪	137	拢火	140	妈妈儿叫	143
裂	137	搂	140	抹不下脸	143
裂大彪	137	搂钱耙子	140	抹搽	143
裂裂怀儿	137	娄子	140	抹搭	143
裂噻	137	漏底儿	140	摩挲	143
裂歪	137	漏兜	140	麻达山	143
裂玄	137	漏空	140	麻麻黑	143
拎风	137	露脸	140	麻麻亮	143

麻大烦	144	铆	147	弥了磨儿的	149
麻杆儿	144	铆进	147	迷糊	149
麻经儿	144	铆劲儿	147	米糁	150
麻利	144	冒话儿	147	米汤	150
麻脸	144	冒尖儿	147	密实	150
麻溜儿	144	冒蒙儿	147	眠儿	150
麻挠	144	冒头儿	147	棉花	150
麻痒	144	冒漾子	147	棉手闷子	150
麻爪	145	没成想	147	面	150
马路牙子	145	没多大来稀	147	面包	150
马趴	145	没抗儿	147	面乎	150
马勺子	145	没脸没皮	148	面愰愰	150
马蛇子	145	没量	148	面起子	150
马蹄袖	145	没缕乎儿	148	面儿上	150
马杌子	145	没冒儿	148	面团儿	150
马尾儿	145	没跑儿	148	面子	150
码	145	没深没浅	148	面子矮	150
码拢	145	没水先别坝	148	瞄上	150
骂街	145	没挑儿	148	渺目	150
埋汰	145	没牙唂	148	抿裆裤	150
卖呆儿	145	没着没落	148	抿子	151
卖乖	145	没辙	148	明镜儿	151
满登登	146	没治	148	明面儿	151
满口	146	没咒念	148	明儿个	151
牤牛蛋	146	没准儿	148	明眼人	151
忙叨	146	谜儿	148	明睁眼漏	151
忙乎	146	闷呲	149	明子	151
忙活	146	闷得乎	149	摸黑	151
猫	146	闷头	149	摸瞎乎	152
猫盖屎	146	闷一觉	149	磨咕	152
猫食儿	146	闷着	149	磨人	152
猫一天，狗一天	146	蒙瞪	149	抹脖	152
毛糙	146	蒙门儿	149	末了	152
毛干爪净	146	朦眼儿	149	没脖	152
毛嗑	147	猛	149	抹不开	152
毛了	147	猛劲儿	149	墨黑儿	152
毛赖	147	猛子	149	磨叨	152
毛愣	147	眯缝	149	磨叽	152
茅楼儿	147	眯着	149	磨儿	152

磨帐 —— 153	闹心 —— 156	纽襻儿 —— 160
木枘枘 —— 153	闹玄儿 —— 156	弄 —— 160
木个张的 —— 153	闹眼睛 —— 156	暖呼呼 —— 160
	闹着玩儿 —— 157	挪窝儿 —— 160

N

	能掐会算 —— 157	
	能盛 —— 157	### O
拿把 —— 154	能水儿 —— 157	
拿棒 —— 154	泥糊千球 —— 157	
拿不出手 —— 154	泥胎 —— 157	沤 —— 161
拿手 —— 154	倪 —— 157	怄 —— 161
拿下 —— 154	匿 —— 157	沤肥 —— 161
拿载儿 —— 154	腻歪 —— 157	
拿住 —— 154	蔫了巴叽 —— 157	### P
哪说哪了 —— 154	蔫淘 —— 157	
哪门子 —— 155	年吃年用 —— 157	
那疙瘩儿 —— 155	年根儿 —— 157	趴架 —— 162
那疙瘩溜儿 —— 155	粘套 —— 158	趴趴鼻子 —— 162
耐心烦儿 —— 155	粘汤狗不捞 —— 158	趴拉 —— 162
囊 —— 155	粘牙 —— 158	趴窝 —— 162
囊膪 —— 155	黏儿 —— 158	啪儿啪儿 —— 162
囊劲儿 —— 155	黏糊 —— 158	啪 —— 162
嚷人 —— 155	撵 —— 158	啪击 —— 162
嚷熊话 —— 155	念叨 —— 158	扒拉 —— 162
攮 —— 155	念好儿 —— 158	扒子 —— 162
馕 —— 155	念想儿 —— 158	爬扯 —— 162
馕食饱儿 —— 155	念秧儿 —— 158	爬虫 —— 163
齉齉鼻儿 —— 155	娘家客儿 —— 158	爬灰 —— 163
挠儿挠儿 —— 155	娘们儿 —— 158	排子 —— 163
挠刺挠 —— 155	鸟儿悄儿 —— 159	盘腿大坐 —— 163
挠地垄沟 —— 155	尿炕 —— 159	螃嘴笨腮 —— 163
挠岗 —— 155	尿裤子 —— 159	嗙嗙 —— 163
挠头 —— 156	尿性 —— 159	耪地 —— 163
桡子 —— 156	捏咕 —— 159	胖 —— 163
脑袋进水 —— 156	拧劲儿 —— 159	胖揍 —— 163
脑皮薄 —— 156	泞 —— 159	泡 —— 163
闹闹 —— 156	牛 —— 159	刨除 —— 163
闹腾 —— 156	牛头鳖棒 —— 160	刨根儿问底儿 —— 163
闹天儿 —— 156	牛鞅子 —— 160	刨食儿 —— 163
闹笑话儿 —— 156	扭搭 —— 160	跑肚 —— 163
		跑风 —— 164
		跑惯腿儿 —— 164

跑偏 —— 164	偏心眼儿 —— 167	喊哩喀喳 —— 171
跑破鞋 —— 164	片儿汤 —— 167	喊喊喳喳 —— 171
跑赛 —— 164	片腿 —— 167	齐边齐沿儿 —— 171
跑腿儿 —— 164	漂儿轻 —— 167	齐整 —— 171
跑腿学舌 —— 165	飘悠 —— 167	起包 —— 171
跑外 —— 165	瓢棱 —— 167	起刺儿 —— 171
跑运动会 —— 165	瓢瓢 —— 167	起哈子 —— 171
泡 —— 165	瞟着 —— 167	起贱 —— 171
泡蘑菇 —— 165	撇 —— 167	起圈 —— 171
泡汤 —— 165	撇家舍业 —— 168	起炕 —— 171
炮筒子 —— 165	撇嘴 —— 168	起先 —— 172
配搭 —— 165	贫了巴唧 —— 168	起小儿 —— 172
配药儿 —— 165	贫嘴 —— 168	气不打一处来 —— 172
喷粪 —— 165	贫嘴嘎嗒舌 —— 168	气不公 —— 172
捧 —— 165	平辈儿 —— 168	气脉 —— 172
捧臭脚 —— 165	平槽 —— 168	气嗓儿 —— 172
碰一鼻子灰 —— 165	平杵 —— 168	气头上 —— 172
批八字 —— 165	平整 —— 168	气性 —— 172
批儿片儿 —— 166	泼汼水 —— 168	气仰卡 —— 172
皮了尕叽 —— 166	泼凉水 —— 168	掐 —— 172
皮脸 —— 166	泼实 —— 168	掐点儿 —— 172
皮实 —— 166	泼水 —— 168	掐尖儿 —— 172
皮塌 —— 166	婆婆丁 —— 169	掐算 —— 172
皮条 —— 166	破关 —— 169	卡脖旱 —— 172
皮箱 —— 166	破烂儿 —— 169	卡脖子 —— 173
脾性 —— 166	破狼破虎 —— 169	千层底儿 —— 173
痞子 —— 166	破马张飞 —— 169	牵肠挂肚 —— 173
劈 —— 166	破闷儿 —— 169	牵着不走打倒退 —— 173
屁扯扯 —— 166	破鞋烂袜儿 —— 169	前房 —— 173
屁溜溜 —— 166	扑 —— 170	前拉后捎 —— 173
屁呲功夫 —— 166	扑拉 —— 170	前儿 —— 173
屁颠儿 —— 166	扑搂 —— 170	钱包脑袋 —— 173
屁股垫儿 —— 166	扑腾 —— 170	钱串子 —— 173
屁股蹲儿 —— 166	铺衬 —— 170	钱紧 —— 173
屁嗑儿 —— 166	铺铺腾腾 —— 170	钳巴 —— 173
屁了 —— 167		欠 —— 173
屁驴子 —— 167		欠火 —— 173
偏厦 —— 167		呛呛 —— 174
偏晌 —— 167	七两参八两宝 —— 171	呛着 —— 174

呛 —— 174	穷得瑟 —— 177	饶着 —— 181
呛嗓子 —— 174	穷鬼 —— 177	绕扯 —— 181
戗碴 —— 174	穷急迫赖 —— 177	绕划 —— 181
戗人 —— 174	穷精神 —— 177	绕脚儿 —— 181
强 —— 174	穷嗖嗖 —— 177	绕儿子 —— 181
强死八活 —— 174	穷折腾 —— 177	惹祸精 —— 181
抢不上槽儿 —— 174	穷作 —— 177	惹碴子 —— 181
抢嘴 —— 175	秋半季儿 —— 177	热乎 —— 182
戗 —— 175	秋傻子 —— 178	热乎劲儿 —— 182
戗不犯 —— 175	秋头子 —— 178	人脑袋打成狗脑袋 —— 182
戗面馒头 —— 175	求爷爷告奶奶 —— 178	人生地不熟 —— 182
炝汤 —— 175	糗 —— 178	人味儿 —— 182
悄默声儿 —— 175	区 —— 178	人心隔肚皮 —— 182
悄悄点儿 —— 175	曲里拐弯 —— 178	人缘儿 —— 182
翘棱 —— 175	屈才 —— 178	刃 —— 183
雀盲眼 —— 175	觑觑眼儿 —— 178	认步 —— 183
俏皮话 —— 175	黢黑 —— 178	认可 —— 183
撬杠 —— 175	黢绿 —— 178	认门儿 —— 183
撬行 —— 175	黢青 —— 178	认命 —— 183
茄子色 —— 175	苣荬菜 —— 178	认头 —— 183
趄歪 —— 175	取 —— 178	认账 —— 183
亲戚里道 —— 176	去根儿 —— 178	扔 —— 183
吣 —— 176	圈拢 —— 179	扔大个 —— 183
沁沁头 —— 176	全毙 —— 179	日头洋洋 —— 183
青苞米 —— 176	全带挂儿 —— 179	容空 —— 183
青草队 —— 176	全乎儿 —— 179	容许 —— 183
青草没棵 —— 176	全克 —— 179	揉耐 —— 183
青筋 —— 176	全科人儿 —— 179	肉哏哏的 —— 183
青头愣子 —— 176	缺边少沿儿 —— 180	肉乎 —— 184
轻快活儿 —— 176	缺德带冒烟儿 —— 180	肉头 —— 184
轻飘儿的 —— 176	缺弦儿 —— 180	肉赘儿 —— 184
清不清浑不浑 —— 176	缺心眼儿 —— 180	乳牛 —— 184
清水罐子 —— 176	缺嘴 —— 180	软丢当 —— 184
清汤儿 —— 177	瘸了巴唧 —— 180	软咕囔的 —— 184
晴天漏 —— 177		软乎 —— 184
擎等 —— 177	**R**	软乎话 —— 184
擎着 —— 177		软磨硬泡 —— 184
穷吃涨嚷 —— 177	瓢子 —— 181	软枣儿 —— 184
穷得叮当响 —— 177	让服 —— 181	

S

仨 —— 185
仨多俩少 —— 185
撒寒碜 —— 185
撒欢尥蹶 —— 185
撒谎撂屁儿 —— 185
撒欢儿 —— 185
撒酒疯 —— 185
撒口 —— 185
撒眸 —— 185
撒尿和泥玩儿 —— 185
撒气 —— 186
撒群 —— 186
撒丫子 —— 186
撒羊 —— 186
鳃帮子 —— 186
三瓣嘴儿 —— 186
三不知 —— 186
三棱八角 —— 186
三轮儿 —— 186
三七疙瘩话 —— 186
三孙子 —— 186
三天两头 —— 187
散放 —— 187
散花儿 —— 187
丧门 —— 187
丧丧 —— 187
丧梆 —— 187
丧老良心 —— 187
丧门星 —— 187
骚卡子 —— 187
涩人 —— 187
沙半鸡儿 —— 187
沙鳖 —— 187
沙肝 —— 187
沙楞 —— 187
煞冷 —— 188

啥 —— 188
傻得呵的 —— 188
傻了巴唧 —— 188
傻冒 —— 188
傻狍子 —— 188
傻透腔 —— 188
傻眼 —— 188
傻样 —— 188
傻柱子 —— 188
沙 —— 188
厦子 —— 188
筛箩 —— 188
色树 —— 188
晒眵毛乎 —— 189
晒干儿 —— 189
晒日阳儿 —— 189
山货 —— 189
山猫野兽 —— 189
山炮 —— 189
煽乎 —— 189
闪人 —— 189
闪腰 —— 189
讪白白 —— 189
讪脸 —— 189
苫房子 —— 189
善茬子 —— 189
骗子 —— 190
商量 —— 190
垧 —— 190
晌午头 —— 190
赏钱 —— 190
上坟 —— 190
上赶着 —— 190
上火 —— 190
上祭 —— 190
上脸 —— 190
上亲客儿 —— 190
上色儿 —— 190
上套儿 —— 190

上听 —— 190
上相 —— 191
上心 —— 191
上牙膛 —— 191
上眼皮 —— 191
上真章儿 —— 191
捎脚儿 —— 192
烧包 —— 192
烧百日 —— 192
烧大腿 —— 192
烧高香 —— 192
烧荒 —— 192
烧盘缠 —— 192
烧七 —— 192
烧人 —— 192
烧息黯儿火 —— 192
烧心 —— 192
烧周年 —— 193
筲 —— 193
鞘儿 —— 193
少面 —— 193
捎 —— 193
捎色 —— 193
捎子 —— 193
潲风雨 —— 193
潲脸子 —— 193
舍手 —— 193
身板儿 —— 193
身后 —— 193
身量 —— 193
神道儿的 —— 193
瘆得慌 —— 194
生凑 —— 194
生臭 —— 194
生怕 —— 194
盛脸 —— 194
湿涞涞 —— 194
十冬腊月 —— 194
十个头儿的 —— 194

石砬子 —— 194	鼠迷 —— 197	顺道 —— 200
石窠砬缝儿 —— 194	数叨 —— 197	顺竿爬 —— 200
时会儿 —— 194	数得着 —— 197	顺拐 —— 200
时兴 —— 194	树挂 —— 197	顺口溜 —— 200
实诚 —— 194	树趟子 —— 197	顺溜 —— 200
实打实着 —— 194	竖桩桩 —— 197	顺毛驴 —— 200
实惠 —— 194	刷刷 —— 198	顺手儿 —— 200
实在亲戚 —— 195	刷帚 —— 198	顺嘴 —— 200
拾掇 —— 195	耍把子 —— 198	说道 —— 201
使绊儿 —— 195	耍大刀 —— 198	说过撂过 —— 201
使坏儿 —— 195	耍单帮 —— 198	说破 —— 201
使唤 —— 195	耍猴儿 —— 198	说头儿 —— 201
使性子 —— 195	耍滑 —— 198	说媳妇 —— 201
屎壳郎 —— 195	耍家答子 —— 198	说笑儿 —— 201
式儿 —— 195	耍钱 —— 198	丝拉皮 —— 201
事儿事儿 —— 195	耍心眼儿 —— 198	丝丝拉拉 —— 201
莳弄 —— 195	耍熊 —— 198	撕巴 —— 201
收礼 —— 195	耍嘴皮子 —— 198	撕罗 —— 201
收秋 —— 195	刷 —— 198	死 —— 201
收拾 —— 195	刷白 —— 199	死倒 —— 202
收心 —— 195	刷溜 —— 199	死皮赖脸 —— 202
手把脚环 —— 196	摔打 —— 199	死乞白咧 —— 202
手戳儿 —— 196	摔脸子 —— 199	死死的 —— 202
手法 —— 196	摔耙子 —— 199	四脚落地 —— 202
手脚不适闲儿 —— 196	甩打 —— 199	四眼儿齐 —— 202
手拿把掐 —— 196	甩剂子 —— 199	松明子 —— 203
手气 —— 196	甩手当家 —— 199	怂达 —— 203
手欠 —— 196	甩袖汤 —— 199	送空人情 —— 203
手散 —— 196	拴住 —— 199	酸溜溜 —— 203
手头紧 —— 197	涮 —— 199	酸枣 —— 203
手指盖儿 —— 197	双棒儿 —— 199	尿泡 —— 203
寿路 —— 197	双条 —— 199	随 —— 203
瘦猴儿 —— 197	双眼包皮儿 —— 199	随帮唱影 —— 203
瘦了巴唧 —— 197	霜打似的 —— 199	随大溜 —— 203
瘦溜儿 —— 197	水饭 —— 200	随风倒 —— 203
受气包 —— 197	水了巴唧 —— 200	随根儿 —— 203
瘦驴拉硬屎 —— 197	水汤 —— 200	随礼 —— 203
叔伯 —— 197	睡惺醒 —— 200	随群儿 —— 203
熟皮子 —— 197	顺便儿 —— 200	碎嘴子 —— 203

孙男弟女	204	提另儿	208	秃老亮	211
损	204	体根儿	208	秃噜	211
损到家	204	体念	208	秃噜翻张	212
损样	204	体性	208	秃噜扣子	212

T

趿拉	205	天盯天儿	208	秃噜皮	212
塌底	205	天养活	208	秃舌子	212
塔灰	205	甜嘴巴舌	208	图希	212
胎儿带	205	填房	208	涂噜	212
胎儿瞎	205	填平	208	土包子	212
胎歪	205	填馅儿	208	土鳖	212
抬杠	205	觍脸	209	土癀	212
抬轿子	205	舔腚	209	土鳖财主	213
抬款	206	挑刺儿	209	土豆子	213
抬人	206	挑拣	209	土了巴唧	213
抬头纹	206	挑筐	209	土腥味儿	213
太爷	206	挑理儿	209	汢	213
泰和	206	挑字眼儿	209	吐噜口	213
贪黑	206	调理	209	吐沫儿	213
弹弄	206	跳槽	209	吐沫	213
蹚道	206	贴边儿	210	吐人	213
堂郎	206	贴乎	210	吐血	213
淌流儿	206	贴谱	210	推饸饹船儿	213
掏兜儿	206	铁活儿	210	腿打摽儿	213
掏上了	206	铁了心	210	腿肚转筋	213
淘	206	铁姊妹儿	210	腿脚	214
淘换	206	铁子	210	屯子	214
淘弄	206	汀	210	褪	214
套包	206	听喝	210	褪旧	214
套近乎	207	听声	210	托盘儿	214
特勒	207	捅咕	210	脱空	214
特性	207	偷儿摸地	210	脱相	214
特意儿	207	头拱地	210	妥活儿	214
煺	207	头年	211	妥妥儿的	214
遛	208	头晌	211	庹	214
体己	208	头停	211
踢蹬	208	头一磨儿	211
		投	211	**W**
		透	211	挖眍	215
		透溜	211	挖门盗洞	215

挖墙脚 —— 215	齆齆鼻儿 —— 219	焐被窝 —— 222
瓦 —— 215	窝巴 —— 219	雾拉毛子 —— 222
瓦凉 —— 215	窝风 —— 219	
歪 —— 215	窝工 —— 219	
歪打正着 —— 215	窝瓜 —— 219	X
歪了巴唧 —— 215	窝火 —— 219	西葫芦 —— 223
歪歪 —— 216	窝拉兜 —— 219	息黯儿 —— 223
歪歪腔 —— 216	窝里反 —— 219	稀巴烂 —— 223
歪歪心儿 —— 216	窝里横 —— 219	稀得 —— 223
搲 —— 216	窝囊废 —— 219	稀罕 —— 223
崴 —— 216	窝囊人 —— 219	稀客儿 —— 223
外道 —— 216	窝棚 —— 219	稀烂贱 —— 223
外捞 —— 216	窝儿 —— 219	稀愣 —— 223
外一 —— 216	窝窝儿头儿 —— 220	稀里哈摔 —— 224
弯着转着 —— 216	窝住了 —— 220	稀里马哈 —— 224
剜筐是菜 —— 216	卧车 —— 220	稀溜 —— 224
剜愣 —— 216	卧鸡蛋 —— 220	稀嫩 —— 224
剜弄 —— 216	乌了巴涂 —— 220	稀泞 —— 224
完蛋 —— 217	乌七糟八 —— 220	稀软 —— 224
完犊子 —— 217	乌压压 —— 220	稀松 —— 224
玩儿 —— 217	乌眼儿青 —— 220	稀碎 —— 224
玩儿轮子 —— 217	诬赖 —— 220	稀汤 —— 224
玩儿飘 —— 217	屋里的 —— 220	稀喧 —— 224
玩儿深沉 —— 217	五更半夜 —— 220	稀渣 —— 224
玩儿完 —— 218	五迷三道 —— 220	稀糟 —— 224
玩意儿 —— 218	武把操 —— 220	嬉皮笑脸 —— 224
绾疙塔 —— 218	捂了 —— 221	席外 —— 225
枉活 —— 218	捂溜严儿 —— 221	喜幸嗑 —— 225
忘混脑子 —— 218	捂着盖着 —— 221	嬉蛛 —— 225
忘性 —— 218	舞马长枪 —— 221	戏痒 —— 225
偎偎 —— 218	舞弄 —— 221	细发 —— 225
搣 —— 218	舞舞咋咋 —— 221	细高挑儿 —— 225
微微了了 —— 218	舞咋 —— 221	细参 —— 225
围脖儿 —— 218	抠鱼 —— 221	虾米稀 —— 225
围裙 —— 218	抠子 —— 221	虾皮蟹盖 —— 225
温乎 —— 218	杌子 —— 221	瞎 —— 225
瘟大头 —— 218	误车 —— 222	瞎掰 —— 225
稳当 —— 218	焐 —— 222	瞎扯 —— 225
稳当客儿 —— 219	焐被 —— 222	瞎疙瘩 —— 225

瞎哄哄 —— 226	显摆 —— 229	卸磨杀驴 —— 232
瞎话 —— 226	显怀 —— 229	心急吃不了热豆腐 — 232
瞎火 —— 226	现成 —— 229	心急火燎 —— 232
瞎嘞嘞 —— 226	现眼 —— 229	心里突突 —— 233
瞎忙乎 —— 226	线桄子 —— 229	心凉半截 —— 233
瞎目糊眼 —— 226	陷进去 —— 229	心眼儿 —— 233
瞎唠唠 —— 226	相目 —— 230	信他任儿 —— 233
瞎眼儿蒙 —— 226	香饽饽 —— 230	信瓢儿 —— 233
辖唤 —— 226	香滋辣味儿 —— 230	兴许 —— 233
下巴长 —— 226	镶金边 —— 230	兴扬 —— 233
下巴颏 —— 226	响鼻儿 —— 230	腥嚎嚎 —— 233
下半晌 —— 227	响晴天 —— 230	饧 —— 233
下绊子 —— 227	向着 —— 230	饧汤寡水 —— 233
下辈子 —— 227	像模像样儿 —— 230	醒腔 —— 233
下不得眼儿 —— 227	削 —— 230	擤鼻涕 —— 233
下不来台 —— 227	销息儿 —— 230	杏条 —— 234
下道 —— 227	小辫子 —— 230	凶了巴唧 —— 234
下脚 —— 227	小菜儿一碟 —— 230	胸坎儿 —— 234
下炕 —— 227	小店儿 —— 230	熊 —— 234
下力 —— 227	小肚鸡肠 —— 230	熊蛋包 —— 234
下蛆 —— 227	小灰 —— 231	熊到家 —— 234
下舌 —— 227	小抠儿 —— 231	熊样 —— 234
下生 —— 227	小脸子 —— 231	修理 —— 234
下食赖儿 —— 227	小名儿 —— 231	羞咪 —— 234
下水 —— 228	小样儿 —— 231	羞臊 —— 234
下台阶儿 —— 228	小鱼串大串儿 —— 231	宿 —— 234
下眼皮儿 —— 228	小崽儿 —— 231	绣篮 —— 234
下崽儿 —— 228	孝心 —— 231	虚头巴脑 —— 234
吓人道怪 —— 228	笑话 —— 231	嘘唬 —— 235
先头 —— 228	歇咧 —— 231	絮叨 —— 235
闲（咸）吃萝卜淡	歇晌 —— 231	絮烦 —— 235
操（糙）心 —— 228	邪乎 —— 232	絮窝 —— 235
闲嘎达牙 —— 229	邪魔鬼道儿 —— 232	玄乎 —— 235
闲唠嗑 —— 229	斜楞 —— 232	玄头巴脑 —— 235
闲莫见儿 —— 229	鞋壳篓 —— 232	悬 —— 235
咸菜疙瘩 —— 229	血 —— 232	楦 —— 235
咸淡儿 —— 229	血咪糊拉 —— 232	穴 —— 235
咸盐 —— 229	血精儿 —— 232	踅 —— 235
嫌恶 —— 229	血招没有 —— 232	踅摸 —— 235

噱了 —— 235	眼呆 —— 240	窑坑 —— 243
雪凇 —— 235	眼尖 —— 240	窑子 —— 243
雪窝 —— 236	眼泪巴喳 —— 240	遥车大辆 —— 243
寻思 —— 236	眼力价儿 —— 240	遥哪 —— 243
寻思过味儿 —— 236	眼亮 —— 240	咬尖儿 —— 244
寻死上吊 —— 236	眼目前儿 —— 240	咬群 —— 244
	眼皮耷拉 —— 240	咬头 —— 244
Y	眼皮夹你 —— 240	舀子 —— 244
	眼皮浅 —— 240	药人 —— 244
丫蛋儿 —— 237	眼气 —— 240	要饭花子 —— 244
丫头 —— 237	眼罩儿 —— 241	要紧忙儿 —— 244
压秤 —— 237	演蓝 —— 241	要脸儿 —— 244
压茬 —— 237	演人儿 —— 241	掖藏 —— 244
压服 —— 237	魇着了 —— 241	爷儿 —— 244
压事儿 —— 237	厌 —— 241	也不当 —— 244
鸦默雀动 —— 237	燕蝙虎子 —— 241	野乎乎 —— 244
桠杈 —— 238	殃子 —— 241	夜儿个 —— 244
鸭蛋儿 —— 238	扬棒 —— 241	夜猫子 —— 244
鸭子儿 —— 238	扬场五道 —— 241	一把一吱嘎 —— 244
牙巴叉 —— 238	扬当二怔 —— 241	一边儿 —— 245
牙狗 —— 238	扬芡 —— 241	一扁担擂不出屁 —— 245
牙花子 —— 238	羊羔风 —— 242	一锛子一斧 —— 245
牙口 —— 238	羊眼睛 —— 242	一崩子 —— 245
哑巴吃饺子，心里	佯死不拉活 —— 242	一冲劲儿 —— 245
有数 —— 238	洋辣子 —— 242	一出一出的 —— 245
哑巴亏 —— 238	仰八叉 —— 242	一大爬拉 —— 245
哑巴冷 —— 238	仰壳儿 —— 242	一担挑 —— 245
压根儿 —— 238	仰天儿 —— 242	一道号儿 —— 245
压马路 —— 238	养大爷 —— 242	一丁点儿 —— 245
压悠儿 —— 238	养汉 —— 242	一冬带八夏 —— 245
烟房 —— 239	养活 —— 242	一动（就）—— 245
烟屁股 —— 239	漾 —— 242	一堆儿 —— 245
烟笸箩 —— 239	漾奶 —— 242	一堆儿一块儿 —— 246
严实 —— 239	约 —— 242	一对双儿 —— 246
严丝合缝 —— 239	妖道 —— 242	一顿把 —— 246
言语 —— 239	妖蛾子 —— 243	一杆儿 —— 246
掩 —— 239	腰板儿 —— 243	一个锅里搅马勺 —— 246
眼巴巴 —— 240	腰包 —— 243	一个劲儿 —— 246
眼谗肚饱 —— 240	爻卦 —— 243	一个味儿 —— 246

一股脑儿 —— 246	硬菜 —— 249	遇事巴伍 —— 252
一连串儿 —— 246	硬茬 —— 249	圆鼓隆的 —— 252
一溜气儿 —— 246	硬撅撅 —— 249	圆乎 —— 253
一溜儿 —— 246	硬气 —— 249	圆桌酒 —— 253
一溜邪气 —— 246	硬掐硬 —— 250	辕子 —— 253
一码 —— 246	硬实 —— 250	远点儿扇 —— 253
一门儿 —— 247	硬式呼啦 —— 250	怨 —— 253
一名二声 —— 247	硬正 —— 250	约摸 —— 253
一勺烩 —— 247	拥误 —— 250	唠 —— 253
一时半会儿 —— 247	用项 —— 250	月黑头儿 —— 254
一天到晚 —— 247	悠荡 —— 250	月科儿 —— 254
一条道跑到黑 —— 247	悠儿 —— 250	月亮地儿 —— 254
一推六二五 —— 247	悠摇车 —— 250	云山雾罩 —— 254
一小儿 —— 247	悠悠儿 —— 250	匀空 —— 254
一阵儿 —— 247	油乎乎 —— 250	匀溜 —— 254
一准 —— 247	油叽嗝奈 —— 250	
依足 —— 247	油水 —— 251	
倚老卖老 —— 247	油渍麻花 —— 251	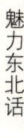
意意思思 —— 248	有鼻子有眼儿 —— 251	咂人 —— 255
阴兹兹 —— 248	有的是 —— 251	咂儿咂儿 —— 255
阴兹乎拉 —— 248	有号 —— 251	砸巴 —— 255
阴乎天 —— 248	有红似白的 —— 251	砸杠 —— 255
阴凉 —— 248	有会儿了 —— 251	砸锅 —— 255
瘾头 —— 248	有嚼头儿 —— 251	砸锅卖铁 —— 255
印 —— 248	有靠儿 —— 251	砸死坑儿 —— 255
饮 —— 248	有门儿 —— 251	咋 —— 255
窨 —— 248	有年头 —— 251	咋的 —— 255
应当 —— 248	有尿 —— 251	咋整 —— 255
应该应分 —— 248	有人缘儿 —— 252	栽歪 —— 255
应名儿 —— 248	有日子 —— 252	咱 —— 256
应验 —— 248	有时有晌 —— 252	暂 —— 256
应许 —— 248	有一搭没一搭 —— 252	脏了巴唧 —— 256
迎面骨 —— 248	有滋有味儿 —— 252	遭老罪了 —— 256
茔地 —— 249	揄褶 —— 252	糟贱 —— 256
营生 —— 249	愉心 —— 252	糟心 —— 256
营子 —— 249	榆树钱儿 —— 252	早不离儿 —— 256
影乎 —— 249	愚道 —— 252	早年 —— 256
影人 —— 249	愚弄 —— 252	灶坑 —— 256
硬棒 —— 249	预备 —— 252	造 —— 256

造个老满 —— 256	张张罗罗 —— 260	整个儿浪 —— 263
贼 —— 256	张嘴 —— 260	整景儿 —— 263
贼毙 —— 256	长记性 —— 260	整庄儿 —— 263
贼拉 —— 257	长脸 —— 260	正当央 —— 263
怎的 —— 257	长毛 —— 260	正道 —— 263
铮明瓦亮 —— 257	长眼神儿 —— 260	正经八北 —— 263
扎 —— 257	掌灯 —— 260	正式八经儿 —— 263
扎脖儿 —— 257	仗侬 —— 261	正相应 —— 264
扎咕 —— 257	杖子 —— 261	正型 —— 264
扎枪 —— 257	招儿 —— 261	挣达 —— 264
扎猛子 —— 257	招摸 —— 261	挣命 —— 264
扎嘴儿 —— 257	招人稀罕 —— 261	支黄瓜架 —— 264
咋呼雀 —— 257	招笑儿 —— 261	支楞 —— 265
咋唠 —— 257	招养老女婿 —— 261	支楞八角 —— 265
拃 —— 257	着急忙慌 —— 261	支招儿 —— 265
诈唬 —— 258	找病 —— 261	支嘴儿 —— 265
诈庙 —— 258	找不着北 —— 261	吱声 —— 265
夵刺儿 —— 258	找不自在 —— 261	直不隆通 —— 265
夵胆儿 —— 258	找碴儿 —— 261	直溜儿 —— 265
夵毛 —— 258	找后账 —— 261	直门儿 —— 265
夵撒 —— 258	找人家 —— 261	值个儿 —— 265
炸刺棘 —— 258	找事儿 —— 262	纸儿包纸儿裹 —— 266
炸赌 —— 258	召唤 —— 262	纸棚 —— 266
炸锅 —— 258	笊篱 —— 262	指肚轧亲 —— 266
炸叽叽 —— 258	照量着 —— 262	指项 —— 266
炸窝 —— 258	照直 —— 262	指准 —— 266
择 —— 258	遮绺儿 —— 262	治气 —— 266
择不开 —— 258	辙扭 —— 262	滞扭 —— 266
择日子 —— 258	辙儿 —— 262	中溜溜 —— 266
沾包儿 —— 259	针鼻儿 —— 262	周正 —— 266
沾边儿 —— 259	真格的 —— 262	㨄 —— 266
沾边儿就赖 —— 259	真嗑儿 —— 262	㨄尿 —— 266
沾光 —— 259	真切 —— 262	㨄桌子 —— 266
沾火就着 —— 259	真章 —— 263	轴 —— 267
沾亲带故 —— 259	真真儿 —— 263	轴溜 —— 267
展洋 —— 260	榛子 —— 263	咒败 —— 267
占窝儿 —— 260	阵儿 —— 263	猪秧儿 —— 267
张罗命 —— 260	挣口袋 —— 263	猪尾巴 —— 267
张罗人 —— 260	整 —— 263	拄地 —— 267

住露天地	267	撞大运	269	嘴快	272
抓辫子	267	准保	269	嘴头	272
抓膘	267	准成	269	嘴头会齐儿	272
抓唬	267	滋滋	270	嘴丫子	272
抓阄儿	267	仔细	270	左	272
抓挠	267	紫豆	270	左溜儿	272
抓涩	268	自打	270	左撇溜儿子	272
抓手	268	自个儿	270	作	272
抓瞎	268	自己个儿	270	作耗儿	272
抓	268	自来	270	作祸	272
拽子	268	自来熟	270	作贱	272
跩	268	自悠儿	271	作人	273
拽	268	走道儿了	271	作死	273
转文嚼字	268	走了	271	坐病	273
转筋	268	走脸	271	坐蹭车	273
转劲儿	268	走嘴	271	坐地	273
转圈丢人	268	族妹儿	271	坐地户	273
装	268	祖坟冒青烟	271	坐蜡	273
装大尾巴狼	269	钻牛角尖儿	271	坐醒	273
装疯卖傻	269	钻钱眼儿	271	坐夜	273
装人	269	攥出水	271	做	273
装蒜	269	嘴巴长	271	做伴儿	273
装相	269	嘴巴嘟叽儿	271	做鬼儿	273
装熊	269	嘴笨	271	做扣儿	273
装样子	269	嘴打摽	271		
壮胆儿	269	嘴黑	272	后记	274

哀咕 āi·gu 低声地央求，恳求。[例]他老这么哀咕我要跟我一起去三亚旅游……

挨 āi ①依次序；按顺序；逐一。[例]站排我挨在老李后面。②接近；接触；紧接着。[例]他太能打了，谁挨着谁完。

挨摆儿 āibǎir 接连着，紧挨着。[例]他们进来后，挨摆儿坐在会场前排……

挨边儿 āibiānr 接近，涉及。[例]人家大伙卖苹果，管你啥事呀？还非得上你这来买鸡，那根本不挨边儿的事！（《乡村名流》第1集）

挨个儿 āigèr 顺次，逐个。[例]他给我们下了最后通牒，说啥不让我俩养鳖，说是不答应就把王八捞出来挨个儿放血。（赵本山小品《拜年》）

挨 ái 也作"干挨"。①艰难地度过。[例]看到判决书后，他无奈地摇摇头说："都是我自作自受，这三年刑期我就得在监狱里干挨了。"②磨洋工。[例]别人都很快把活儿干完了，就你们几个还在这干挨，捱到天黑也没人帮你们干。③等死。

挨呲儿 áicīr 挨训斥。[例]快把作业写完再玩，不然你妈回来又要挨呲儿了。

挨剋儿 áikēir 挨骂；挨训斥。[例]快点干活，别到时干不完挨剋儿，那可不合算。

挨挺 áitǐng 挨打、挨揍。[例]这孩子要是不挨挺，是一点儿也不会老实的。

矮趴趴 ǎipāpā 很矮，矮而壮实。[例]这棵小树长得矮趴趴、绿油油的，十分可爱。

爱小儿 àixiǎor 贪小便宜，图小利。[例] 他这个人就是爱小儿，见到什么拿什么。

爱咋咋地 àizǎzǎdì 愿意怎样就怎样，无所谓的意思。[例] 反正我现在兜里没钱，你爱咋咋地！（赵本山小品《儿子大了》）

埯儿 ǎnr 量词，指点种的植物或点种时挖的小坑。[例] 一埯儿花生。引申为空缺的意思。[例] 他从乡镇调回来，那都有埯儿了，说是准备到某某局当局长。

熬糟 āozāo 因事不顺心而发愁、苦闷。[例] 自从她的钱被人骗走后，整天不吃饭，人都熬糟完了，身体瘦下去一圈儿了。

嗷嗷 áoáo 嗷，在此发"āo"音。非常的意思。[例] 汽车跑得嗷嗷快。

嗷嗷叫 áoáojiào 象声词。嗷，在此发"gǎo"音。形容嘈杂声，喊叫声，哀鸣声（常叠用）。

知识链接

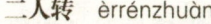

二人转 èrrénzhuàn

"二人转"亦称"蹦蹦"，"地蹦子"。

"二人转"起源并流行于东北三省，是东北地区喜闻乐见、具有浓郁地方色彩的民间艺术，至今已有300多年的发展历史。中华人民共和国成立后，"二人转"的叫法才得以流传。

"二人转"的唱本语言通俗易懂，幽默风趣，充满生活气息。最初的"二人转"，是由白天扭秧歌的艺人在晚间演唱东北民歌小调（俗称"小秧歌"），后来，随着关内居民的增多，加之长期以来各地文化的交流，大大丰富了"二人转"的内涵。在原来的东北秧歌、东北民歌的基础上，又吸收了"莲花落"、"东北大鼓"、"太平鼓"、"霸王鞭"、"河北梆子"、"驴皮影"以及民间笑话等多种艺术形式逐渐演变而成。在民间流传着"宁舍一顿饭，不舍二人传"的说法，由此可见"二人转"在群众中的影响之深。

改革开放以后，"二人转"曲牌又不断推陈出新，辽宁省铁岭市民间艺术团的"二人转"演员赵本山先生，立志要将"二人转"这个在东北有广泛群众基础的地方戏发扬光大，使其再现辉煌。2001年，由赵本山发起组办的"赵本山杯二人转"大奖赛，为"二人转"在新世纪的发展注入了新的活力。特别是赵本山倡导的绿色"二人转"，使得"二人转"这一民间艺术更具生命力，得以发扬光大。

八 bā 东北一般用"八"来形容数目多。平时说话、唠嗑等也常用"八"字。[例]李秀莲说:"我跟你说了八百遍了……你也不听话呀!"(《乡村爱情故事》第31集)

八辈儿 bābèir 好几辈子,形容事情过去或即将延续很长时间。[例]丫蛋儿说:"如果你真正给我领上道了,我代表八辈儿祖宗感谢你。"(赵本山小品《不差钱》)

八成儿 bāchéngr 表示估量,差不多,基本上;又有不确定的意思。[例]今儿呀,八成儿是个好日子,我一盆水泼出个算命的。(赵本山小品《摔三弦》)

八杆子打不着 bāgān·zidǎbùzháo 也作"八杆子拨拉不着"。比喻事情互不相干,毫无联系。[例]长贵说:"谁知道啊!连点影儿都没有,八杆子打不着的事。"(《乡村爱情故事》第32集)

八股牛 bāgǔniú 农村常用药材,学名白藓皮。其根叫"八股牛根儿"。

巴不得 bā·bu·de 满汉合并词。指迫切盼望。[例]你们巴不得二奶奶死了,你们就好为王了。(《红楼梦》第一百一十四回)

巴及 bā·ji 也作"巴结"。[例]刘能说:"我在大街上溜达一圈,和以前没当主任一模一样,也没人巴及我,也没人找我吃饭。"(《乡村爱情故事》第16集)

巴锔子 bājú·zi 即锔子,是一种用于连接和固定的工具。[例]青砖面的锅台,秫秸穿的锅盖,打了三个巴锔子的水缸……(《回头草》)

巴涩 bāsè 巴,在此发"bà"音。原指不光滑,摩擦力大的意思。[例1]

桌面不刷漆巴涩的。引申为咀嚼食物口感非常涩的感觉。[例2]这山梨没熟，吃一口巴涩的。

扒扯 bā·che 述说以前的事情或虚构事实。[例]你以前是对我挺好的，但咱们就事论事，你也不要扒扯了，就说现在怎么办吧？

扒痨 bāláo 过去指痨病，光吃不饱。现多指饥不择食的样子。[例]你慢点吃，别像个扒痨似地狼吞虎咽。

扒拉脚 bā·lajiǎo 扒，在此发"bū"音。"扒拉"bū·la同"扒拉"bā·la的意思是完全相同。意指代替父母从事简单劳动或打下手的小孩子。

扒瞎 bāxiā 也作"说谎"、"胡说"、"瞎说"，即毫无根据乱说。[例]二老歪，你寻思我扒瞎哪！（《风雨月亮泡》）

扒小肠 bāxiǎocháng 提起对他人施过的好处。[例]我不是扒小肠，我以前对你怎么样你心里清楚，你现在恩将仇报，对得起自己良心吗？

叭叭 bābā 指嘴不停连续地说。形容口齿伶俐或不服气的样子。[例]赵大宝说："我还在这叭叭说人家呢，那是我媳妇儿！"（赵本山小品《心病》）

吧嗒 bā·da 象声词，物体坠地或人和动物进食时嘴里发出的声音。[例]玉兰看他蹲在那端着饭碗吧嗒吧嗒吃饭，一声不吭，气就不打一处来。（《乡邻之间》）

疤疤痢痢 bā·balā·la 形容物体表面凸凹不平的样子。[例]这块儿木头疤疤痢痢的……

笆篱子 bālí·zi 俄语"监狱"的谐音，指监狱。东北人多读"笆驴子"，蹲监狱叫"蹲笆篱子"或"蹲笆驴子"。[例]大前年，他躲劳工，藏在松木林子里，韩老六告了状，他被抓去蹲了三个月笆篱子，完了送到进寿当劳工。（《暴风骤雨》）

拔拔凉 bá·baliáng 形容非常凉。[例]春天刚开化，那河里的水还带着冰碴儿，穿着水靴子过河，感觉拔拔凉。

拔火罐儿 báhuǒguànr 也作"拔罐子"。东北的火罐儿一般用牛角做成。在小罐内点火燃烧片刻，把罐口扣在皮肤上，造成局部充血，以治疗感冒、头痛、腰背疼痛等疾病。

拔尖儿 bájiānr ①成绩等突出。[例]他在这批学员里，成绩是最拔尖儿的。②出风头，显示自己，压倒旁人。[例]王二嫂这辈子一贯这样，什么事都要拔尖儿。

拔犟眼子 bájiàngyǎn·zi 脾气执拗；说话极端；不服劲儿。[例]他说话就爱拔犟眼子。

拔橛子 bájué·zi 原指一个小偷见到一头驴拴在橛子上在那吃草，便见财起意偷着把驴牵走，仅把拴驴的橛子留在那。而后，又来一小偷，见到拴驴的橛子，虽然仅仅是拴驴的木橛子，但他也不放过，想把它拔出据为己有，结果在拔橛子时被人抓个现行，挨顿打不说，还得承担偷驴的责任。比喻让别人得到了好处，而自己却替别人受过。[例] 不能好事都是你自己的，你干坏事，让我们给你拔橛子。

拔凉 báliáng ①动词，把东西放在水里使之降温、变凉。[例] 把啤酒放水桶里拔拔凉。②感觉很凉。[例] 赵大宝说："把这火炉拿下来。"（范伟扮演的）病人说："不行啊，我这心呐，拔凉拔凉的，我拿着㸌㸌。"（赵本山小品《心病》）

拔筲子 báshāo·zi 东北地区对直接从井里汲水使用的水桶称水筲；将锥形水桶放入深井汲水，然后用辘轳绞上来的水桶称拔筲子。

跋扯 bá·che 跋，在此发"bà"音。也作"跋踏"。乱踩；践踏。[例] 你家的牲口把我家苞米地都跋扯完了，你也不管一管。

把不过来麻 bǎbùguòláimá 指顾及不过来。[例] 我自己在家要看四个孩子，这个要撒尿，那个要拉屎，我自己确实把不过来麻。

把势 bǎ·shi 也作"把式"。①指武术。[例] 他会两下把势。②有专门技术的人。[例] 车把势。

把头 bǎtóu 原指旧社会垄断或把持某种行业从中谋利的人，比喻有专门技术的人。[例] 烤烟的叫烟把头，放蚕的叫蚕把头。

把兄弟 bǎxiōngdì 通过结拜而结为非同胞兄弟。[例] 我俩是把兄弟，他有什么困难我能不帮吗？

罢园 bàyuán 一般指瓜园、菜园里的瓜、菜等快要采摘完了，行将弃之不用或另作他用。[例] 等瓜园罢园后，我们再种点白菜、萝卜。

掰不开栓 bāibùkāishuān 也作"别不开劲儿"。指没有完全领会和掌握意图、要领，导致无法解决问题。[例] 他平时看着别人干，这次让他亲自上机床操作，结果掰不开栓了。

掰扯 bāi·che ①剖析、分析，计算。[例] 我有件事始终搞不明白，你给我掰扯掰扯。②说道。[例] 杨大叔让我把破沙发拉回家去，掰扯掰扯看到底是谁跟我过不去。（《北方曲艺》）

掰生 bāi·sheng 存在隔阂。[例] 永强妈说："你这么一掺和，给两口子整

掰生了咋整啊?"(《乡村爱情故事》第4集)

白醭 báibú 醋、酱油等由于时间久了,表面长的白色霉菌。[例]看见酱块子上长了白醭,奶奶心疼地说,再不做大酱,酱块子就生蛆了。

白不呲咧 bái·bucīliē 颜色不正,白又不完全白的颜色。[例]衣服洗了几回就掉色了,白不呲咧的真难看。

白扯 báichě 白搭,白费劲,没有效果地说和做。[例]徐会计说:"长贵一般都向镇上争取。"刘能说:"那这回白扯了,镇上让咱们自己解决。"(《乡村爱情故事》第32集)

白吃饱儿 báichībǎor 原指饭量大不能干活的人,即指好吃懒做,无所事事,无能的人。[例]都这么大的人了,也不知出去打工挣钱,就养活你这个白吃饱儿的。

白费 báifèi 白搭;没用。[例]现在的人喝酒都能喝醉,我喝酒干喝不醉,喝多少都白费——不醉。(赵本山小品《牛大叔提干》)

白话 bái·hua 话,在此发"huo"音。也作"白唬"。指能说(通常指瞎说)。①不求实际或没有根据地胡说。[例]赵本山说:"你别臭白话了,这个电话绝对不是那个内容,我去找了你们头儿去。"(《年前年后》)②能侃会说。[例]你真能白话,死人都能让你说活了。

白净 bái·jing 形容皮肤等白而且洁净。[例]……又出来一位姑娘,年纪约十八九岁……瓜子脸,白净面皮。(《老残游记》第二回)

白愣 bái·leng (用眼睛)瞪(程度较轻)。[例]我刚要吱声,她在前面白愣我一眼。

白亮亮 báiliàng·liang 形容干净明亮。[例]她穿的衣服白亮亮的,很好看。

你这么一掺和,给两口子整掰生了咋整啊

白帽子 báimào·zi　文盲或外行人。[例]他纯是白帽子，让他领导技术科，肯定不行。

白挠毛 báináomáo　白费力气，什么也得不到。[例]干了一年连工钱都没得到，白挠毛。

白忙活 báimáng·huo　劳而无功，即指做了些无用的工作。[例]谢大脚说："我呀，这辈子就这命了，白忙活。"（《乡村爱情故事》第27集）

白片肉 báipiànròu　满族风味菜肴，又称"白煮肉"。祭祀及平时常食之。先将猪肉切成大块，入锅煮熟，泡于汤中，待凉捞出，用刀切成薄片装入盘中，佐以蒜泥、酱油、韭菜花、辣椒油等食之。

白事情 báishì·qing　指丧事。[例]他可是个大忙人，在我们这一带没人不认识他，谁家有个红、白事情都少不了他。

白瞎 báixiā　可惜、白费、浪费。[例1]他媳妇长得真漂亮，白瞎这个姑娘了，嫁给这么个人。[例2]我说那意思，这不白瞎了吗，我就尝一口……（赵本山小品《生日快乐》）

百天 bǎitiān　满族人为了庆贺孩子出生，在孩子生下后一百天时摆下酒席答谢前来祝贺的客人。[例]老张家孩子伺候百天，我们去赶礼。

摆浪子 bǎilàng·zi　故意打扮给人看。[例]你穿那么好，摆浪子给谁看。

摆门面 bǎimén·miàn　讲究排场。[例]为了摆门面也不用花那么多钱啊。

摆平 bǎipíng　①放平，比喻公平处理以使各方面平衡。[例]摆平关系；两边要摆平。②惩治；收拾。[例1]具体的事我已经跟玉田交待完了，就看你能不能把这事给爹摆平了。（《乡村爱情故事》）[例2]那次卖拐把他忽悠瘸了，那次卖车把他忽悠蔫（nié）了，今天在十分钟之内我要不把他摆平，我就没法给你们俩当教师爷了！（赵本山小品《功夫》）

败扯 bài·che　使财产或家业败落、损失殆尽。[例]家里就剩下这些钱，也都叫你败扯了。

拜把子 bàibǎ·zi　通过歃血为盟结为兄弟。旧时东北地区多以行业为载体，从事同一种行业的人为了生存和更加有战斗力，一般都结成同盟。其行业的龙头老大被称为把头，次之为二把头、三把头等，等同于南方的大哥、二哥、三哥。所以结成的同盟叫做"拜把子"。

拜年嗑 bàiniánkē　也作"过年话"。指说恭维人的话，即说好听的话。[例]你听我的，进屋咱别着急说事，铆劲儿给他戴高帽，唱赞歌，多说几句拜年嗑，只要乡长心一乐，保证沟通差不多。（赵本山小品《拜年》）

扳下巴颏 bānxià·baké 乞求。[例]无论你有多大能耐，我才不扳你下巴颏。

般儿大般儿 bānrdàbānr 也作"般儿大般儿小"。指年龄接近相仿的人。[例]我家孩子和他家孩子般儿大般儿的，从小就在一起玩儿。又作"班儿对班儿"。[例]那张大发是多好的孩子呀，从小和桃花班儿对班儿一块玩。（《愁女难嫁》）

板 bǎn 改正，抑制。[例]你就不能把你晚上不爱洗脚的毛病板一板哪？

板板正正 bǎnbǎnzhēngzhēng 也作"板板整整"。①行为非常规矩，不越轨。[例]他这个人，无论干什么事情，历来都是板板整整，从不出任何差错。②衣物叠放或穿戴都整齐的意思。[例]老曾在我们单位可是非常讲究的人，从来衣服都是板板整整的。

板不住 bǎnbùzhù 不，在此发"bú"音。约束，控制不住。[例]你那么大的人了，成年六辈老酗酒的毛病，怎么就板不住呢？

板脚 bǎnjiǎo 因为鞋不合适，或鞋底太硬，脚在鞋子里面不舒服。[例]这只皮鞋我穿着挺板脚，再给我换一双。

板人 bǎnrén 约束，使人觉得不自在、不舒服。[例]你家这么些规矩，到你家来我觉得太板人啦。

板儿上钉钉 bǎnrshàngdìngdīng 不容改变的事实。[例]他当局长已经定了，是板儿上钉钉的事。

办嚼裹儿 bànjiáo·guor 操办做好吃的。[例]明天孩子放假回来，我得给他办嚼裹儿，弄些好吃的。

办人儿 bànrénr 一般指老年人或年龄大的男子娶妻。[例]老李打光棍五十多年了，一直娶不上媳妇，这几年出去打工挣了不少钱，去年回来把老房子重新翻修，还办人儿了。

办事情 bànshì·qing 一般指家里举办需亲朋好友前往赶礼比较隆重的事情。如红、白喜事、上梁、乔迁、生孩子、坐月子、升学、祝寿等统称为办事情。[例]问："你干什么去？"答："老张家今天办事情，我去帮忙。"问："老张家办什么事情？"答："老张太太今天过生日。"

半半颤 bàn·banchàn 不完整。[例]干什么工作都应有始有终，不能干到半半颤就拉倒不干了。

半彪 bànbiāo 满汉杂居使用语言中，互相渗透，互相吸收，形成的诸多方言。指形容不太精明、缺心眼、智能低下的人。也作"半拉彪子"，即没傻透的人。[例]他就是那么个半彪不傻的人，你别和他一般见识。歇后语：一斗豆子没吃饱——半彪（半膘）。

半潮烂架 bàncháolànjià ①也作"半彪"。[例]我看他这个女婿半潮烂架的，说话一点儿也不着调。②一半的意思。[例]这个工程，干到半潮烂架你就把它停了不干了，这个工程款我怎么给你结算？③快要达到某种程度。[例]我看他酒喝得都半潮烂架快要醉了，你们就别再劝他喝啦。

半达子 bàndá·zi 不大不小，刚刚或接近长成。[例]半达子小伙儿；半达子牛；半达孩子（未成年的男孩，一般指十五六岁的男孩）。

半截喽嗖 bànjiélōusōu 不完整，不全面，不彻底。[例]你说话就说全了，别说半截喽嗖的，还让人家听不懂。

半截腰儿 bànjiéyāor 指中间，二分之一，一半的意思。[例]到学校就得好好学点技术，家里供你不容易，你不能学到半截腰儿就跑回来。

半拉 bànlā 半块；半个；半边。[例]玉田说："这半拉西瓜不就切这些吗？"（《乡村爱情故事》第11集）

半拉半儿 bànlābànr 半个（猪），二分之一的意思。[例]年底杀猪请客，一顿至少要吃掉半拉半儿猪，客人走时还得捎点熟肉回去，给家里没来的人吃。

半拉昏 bànlāhūn 昏过去，接近死亡的程度。[例]没有冬季野外路宿经验的人，心想不冻死，也得冻个半拉昏，不然还不得冻掉几个脚趾头。

半拉架 bànlājià ①技术不够熟练。[例]沈风，我豁出这条命，跟你到外头闯荡，火里来、火里去。踢开头三脚，就有了半拉架。（《马加文集》）②事情正在进行中。[例]这戏才开始彩排，你怎么能干到半拉架就撂挑子不干了呢？我们可是有合同的呀！③指事情成功了一半，做得已经差不多了。[例]房子盖到半拉架快要完工，他钱也花完了，没办法只好停工。

半拉咔叽 bànlākǎjī ①指已吃了一半，剩下残缺的一半。[例]这苹果让你咬得半拉咔叽，剩下的给谁吃啊？②未完成的活计。[例]办公楼盖到一半，你扔下这半拉咔叽工程就走了，我怎么给你结算工程款？

半瓶醋 bànpíngcù 学而无成。[例]让我给大家讲课？我上学时就学点皮毛，是个半瓶醋，还是让我师傅给大家讲吧。

半死不拉活 bànsǐbùlāhuó 也作"半死不活"。①昏迷的样子。[例]他偷东西被人发现好顿打，打得半死不拉活，最后送医院去了。②没有精神，萎靡不振，懒洋洋或不景气的样子。[例]家里庄稼活你一点儿也不干，整天半死不拉活的，这日子可怎么过呀！

半语子 bànyǔ·zi 说话发音不全，有语言障碍的人。[例]他从小就是个半语子，到现在已经四十多快五十岁了还没成家。

梆子　bàn·zi　指块头较大一些的劈柴。[例]黑龙江那边木柴就是多，老百姓家的院墙都是用木头梆子垛成的。

帮腔　bāngqiāng　①戏曲中帮助主唱人和唱。②比喻帮别人说话。[例]我俩吵架，你不要在那帮腔。

膀　bǎng　指身体魁梧、健壮。[例]他个头高大，身体也很膀，扛两个麻袋一点儿也没问题。

棒槌　bàng·chui　①指捶打用的木棒。[例]洗衣棒槌。②人参的俗称。[例]他挖过棒槌，淘过砂金，也在冬天下夹子打猎。(《伐木人传》)③骂人话，暗指像男性生殖器，比喻白痴、无能、无用的人。[例]你纯是个棒槌，这么简单的骗人招数你都看不出来。

棒硬　bàngyìng　也叫"棒棒硬""绷硬"或"绷绷硬"。指非常硬的意思。[例]馒头棒硬的，让我怎么吃？

棒子　bàng·zi　指玉米。[例]今年天旱，棒子都结不大点儿。

棒子手　bàng·zishǒu　指旧时在山岗、路旁蹲守打劫的人，他们一般打劫过往路人，打劫工具非常简单，就是手持木棒子袭击路人，将其打倒后实施抢劫。俗称"棒子手"。

傍儿拉　bàngrlǎ　傍，在此发"bàn"音。旁边；附近。[例]我家可好找了，就住在工人文化宫傍儿拉。

傍晌　bàngshǎng　也作"傍晌头"。即接近中午的时候。[例]没等天傍晌，地里的活就干完了。

包了儿　bāoliǎor　把某种东西全部买下或全要了或全吃掉。[例]老大生气地对媳妇说："就这点儿饭哪够吃？我自己就能包了儿！"

包绫　bāo·ling　绫，在此发"léng"音。即包袱。[例]那些不用的衣服，我就放在那个红包绫里了，怎么找不到了呢？包袱皮称为"包绫皮儿"。[例]那个花包绫皮儿，是我当姑娘时娘家陪送给我的，我一直没舍得用，你上学住宿能用得着。

包屈　bāoqū　也作"抱屈"，心里怀有委屈，不舒畅。[例]放学不回家，骂你两句就包屈了？

包圆儿　bāoyuánr　原意指把货全部买下，引申为全部承揽过来。[例]小银子也过来低低的说道："大爷，二爷！您两位多抱屈，让我们姊儿俩得二百银子。"(《老残游记》第二十回)

苞米　bāomǐ　玉米的俗称。[例]他躺在苞米地头，仰脸看着天上的云彩。(《柳二爷和他的老花镜》)

苞米面糊嘟 bāomǐmiànhú·du 也作"面糊嘟"。用苞米面做的粥。[例]过去困难时期,我们家连面糊嘟都喝不上溜儿。

薄拉 báo·la 很少,很差。多用于自谦。[例]过年了,我这有点薄拉礼,请你务必收下。

薄拉地 báo·ladì 指贫瘠,不肥沃,腐殖质少的土地。[例]我家现在就两亩薄拉地,租出去也不几个钱儿……

薄拉儿片 báo·larpiàn 也叫"薄拉拉儿片"。指不能贪多,逐渐地、一点一点地获取。有时也含贬义。[例]做生意不能贪多,得薄拉儿片,薄利多销嘛。

薄拉烟 báo·layān 指不是很昂贵、价钱不是很高的香烟,有时也用于自谦。[例]二牛掏出一盒烟,举到头顶对大家说,我这有薄拉烟,谁要是不嫌恶就来一根。

保不齐 bǎobùqí 说不定,不能保证、不能确定。[例]别和孩子怄气,你老骂他没出息,保不齐这孩子将来能出息,当父母的也跟着沾光。

保不住 bǎobùzhù 不,在此发"bú"音。难免,可能。[例]他一气之下走了,保不住一会儿还能回来。

保靠 bǎokào ①稳妥可靠。[例]老班长这个人,工作谨慎,办事保靠。②保险。[例]老队长担心地说:"今年苗子不好,每穴应该多插几棵,这样保靠。"(《目标》)

保媒拉线儿 bǎoméilāxiànr 线,在此发"qiàn"音。撮合男女婚事。[例]

谢大脚说:"你这孩子咋那么急呢……就我给人家保媒拉线儿都这么多年了,我还头一回看见你这么急的,猴急猴急的。"(《乡村爱情故事》第31集)

抱膀 bàobǎng 袖手旁观,不闻不问,熟视无睹。[例]别人都忙得脚打后脑勺,他可倒好!整天抱膀,什么也不管。

抱鸡仔 bàojīzǎi 本意一是指母鸡孵蛋,二是指母鸡领着鸡仔四处觅食。引申用来形容父母对孩子的过分呵护。[例]她对孩子就像老抱子抱鸡仔似的,哪也不让去。结果现在她那些孩子,一个也没有出息的。

抱团儿 bàotuánr 形成合力,形成一个团体。[例]有一回……九路联军从三面围过来,老罕王带领将士先抱成团儿,一股一股地吃掉敌人。(《火石嘴子》)

抱窝 bàowō ①禽鸟孵化雏鸟。[例]原指望这个老母鸡再多下些蛋,没想到它又抱窝不下蛋了。②引申为分娩。[例]老李太太家这回可抱窝了,生了个大胖小子!

暴皮 bàopí 由于曝晒或因病等造成脱皮。[例]大热天去河里洗澡,让太阳一晒,肯定会暴一层皮。

卑服 bēifú 从心里佩服。[例]刘能说:"还群架?小样,就赵四一个人都能收拾你卑服的,你知道不?"(《乡村爱情故事》第9集)

背包捋伞 bēibāoluōsǎn 形容携带的东西很多,且不整齐。[例]沿路上,步行的、推车的,背包捋伞、携男抱女,西的西、东的东,轧面似的,可道都是人。(《老铁哥》)

备不住 bèibùzhù 不,在此发"bú"音。猜测、预料的结果,说不定,不一定,也可能,不好确定。[例]赵四说:"刘能那小子太歪了……你去明明是告诉他、提醒他,他备不住整你一身不是。"(《乡村爱情故事》第3集)

背 bèi ①运气不好。[例]王秀美说:"太背了!"赵四:"咋的点儿背?"(《乡村爱情故事》第14集)②听觉不灵敏。[例]他岁数大了,耳朵有点儿背,说话声音小了听不见。③"背"读一声时,意指承担、分担、分摊一部分。[例]两个买卖这么一背,就看不出怎么挣钱了。

背道儿 bèidàor 行人稀少、偏僻的小路。[例]夜晚那条路是背道儿,她一个人走路不安全。

背风 bèifēng ①风不能直接吹到,避风。[例]尔为背风鸟,我为涸辙鱼。(王绩《薛记室见寻题古意以赠》)②躲避(劳动、工作或其他事务)。[例]你这个工作挺好,也不累,那是黑瞎子掉井里,到哪不是背风。

背旮旯儿 bèigālár 也作"背静旮旯儿"。指偏僻、狭小，不易找到、发现的角落。[例] 你把东西藏哪背旮旯儿去了，我怎么找了老半天也没找到？

背静 bèi·jing 地方偏僻，清静无干扰。[例] 那丫头跟着黛玉到那犄角儿上葬桃花的去处，那里背静。(《红楼梦》第九十六回)

背阴带 bèiyīndài 阳光照射不到的地方，多指山的阴面。[例] 背阴带的雪不容易化，开车要小心。

被垛 bèiduò 满族人在起床后，把所铺盖的被子折叠堆放在炕琴柜、米柜子等上面，多床被子堆在一起形成垛。[例] 他看看被垛上的闪着红光的大花被……(《洮河飞浪》)

被驴踢 bèilǘtī 由于驴踢的动作力大且猝不及防，故往往导致身体某部位伤残，留下残疾。①形容人脑子不正常，办事出乎常人预料而做傻事。[例] 你脑袋被驴踢了？这明显是个骗人的圈套你都看不出来？②由于驴腿后踢动作往往击中人的裆部，所以，一般暗指男人失去性生活或生育的能力。[例] 龙三儿……小时候还被驴踢过，基本上算是个废人。(赵本山小品《过年了》)

奔儿髅头 bēnr·loutóu 奔，在此发"bén"音。前额突起部分。[例] 他长个奔儿髅头、地包天儿、两个大眼珠子。

本当儿 běn·dangr 稳重，朴实，正派，举止文雅得体的人。[例] 他家大姑娘可本当儿了，谁见着谁夸。

本乡本土 běnxiāngběntǔ 家乡的，当地的。[例] 我们都是本乡本土的，各方面都要互相照顾。

笨 bèn 东北人对笨有延伸理解，意指原生态、原始、传统的方法。如用传统方法饲养鸡、鸭、猪等，叫笨养活。所饲养的鸡、鸭、猪等叫笨鸡、笨鸡蛋，笨鸭、笨鸭蛋，笨猪、笨猪肉等。[例] 赵本山："……再来个笨蛋。"小沈阳："骂谁呢，谁是笨蛋？"赵本山："我没说你，我是说再来个笨鸡蛋。"(赵本山小品《不差钱》)

笨笨咔咔 bèn·benkā·ka 也作"笨笨嗑嗑"。说话不流利、手脚拙笨的样子。[例1] 两个人说话笨笨咔咔，一句话没完，把脖子、脸儿都卡红了……(《草帽歌》)[例2] 你看秦木匠……家里两个大学生，你再看看你家大鹏，就初中都笨笨嗑嗑强念完，你怎么比？(《乡村名流》第1集)

崩 bēng ①被弹射出来或炸裂的东西突然击中。[例] 干活时，我眼睛被石头崩着了，所以现在看东西模糊。②骗。[例] 这回去南方做生意，没挣着钱不说，还让人家给崩去五万多块钱。

崩了　bēng·le　①枪毙。[例]我一枪崩了你。②破裂。[例]开始他们谈得好好的，后来不知怎么就谈崩了，动手打起来了。

崩子　bēng·zi　量词，特指某段时间。[例]这崩子我没时间去，等我忙完，过一崩子我再去你家看你。

绷　bēng　①拉紧，不放松。[例]他一天到晚把脸绷得登登的，让人感觉很严肃。②针脚较长的缝纫或用针别上。[例]把褥单绷在褥子上。③刀、斧、剪子等利器的刃被其他物体磕伤后变钝。[例]斧子砍到石头，刃都绷了，需要再磨一磨才能用。

镚子儿　bèngzǐr　少量硬币，指余下的钱数极少。[例]我这次打工回来，买了很多东西，回到家就剩几个镚子儿了。

蹦高儿　bènggāor　①跳高。[例]她在学校体育队，是练蹦高儿的。②人激动、生气或恼羞成怒的样子。[例]……再看他那一马三箭的绝招，将士们也都来了精神，蹦高儿叫好。(《火石嘴子》)

鼻不鼻，脸不脸　bíbùbí, liǎnbùliǎn　也作"鼻子不是鼻子，脸不是脸"。态度不好，恼怒生气的样子。[例]我刚和他说几句话，你看他，鼻子不是鼻子，脸不是脸的，有什么了不起的?

鼻涕嘎渣　bítìgā·zha　涕，在此发"tīng"音。也叫做"鼻嘎巴"。①鼻屎的意思。[例]都十几岁了，自己鼻涕嘎巴还擦不净。②引申为少量钱财。[例]有了几十万就了不起了，就你那点鼻涕嘎渣我还没看上眼呢!

鼻涕来噻　bítìlái·sai　也作"鼻涕拉瞎"。形容小孩儿小时候从不注意个人卫生的样子。[例]王云说："这孩子呀，心里还有那陈艳南，昨天晚上唱歌……哭得鼻涕来噻的。"(《乡村爱情故事》第21集)

比划　bǐ·hua　也作"比画"。①用手势或肢体动作来代替语言。[例]行，到时候来的时候你比划一下，也是白比划。(赵本山小品《就差钱》)②比试，较量。[例]谢广坤说："哎呀，别说跑到山庄，你就是跑到开原我都敢跟你比划。"(《乡村爱情故事》第35集)

比量　bǐ·liang　①不用尺子而是粗略地比较、衡量。[例]你俩比量一下，看谁个头高。②比试，较量。[例]你说你能摔跤，没有对手，有能耐现在咱俩比量一下。

毙勾　bì·gou　毙，在此发"bí"音。也作"毙儿咕"，"毙嘎"。指死、完蛋的意思。[例1]他从医院回家没几天就毙勾了。[例2]那老家伙，干了一辈子坏事,这不报应来了,昨天得了急病没等送医院去就毙儿咕了。[例3]如果你把资金撤出来,他的企业立刻毙嘎,马上就得停产倒闭。

避猫鼠 bìmāoshǔ 原指老鼠见到猫非常害怕的样子。形容胆小、惧怕(某人)的样子。[例]这孩子,你别看他在家天不怕地不怕的,到学校看见老师,那就像避猫鼠似的,老老实实的。

边儿拉 biānrlǎ 物体周围的部分,即旁边的意思。[例1]桌子边儿拉也要刷上油漆。[例2]赵四说:"你看主任都看出来了,你不是告状的料。"刘能说:"你快一边儿拉去。"(《乡村爱情故事》第12集)

编扒 biānbā 也作"编色"。指无中生有,胡乱捏造。[例]你真能编扒,出事时我出门去北京了,也没在家呀!

编花篮儿 biānhuālánr 满族儿童传统游戏。多人分别把一只脚搭在后面的人腿上,围成圈状,一脚着地,边跳边拍手唱:编花篮哪,编花篮哪,花篮里面坐小孩儿……直到有人坚持不住掉下来,其他人补上空缺继续跳、唱下去,以此类推。

编排 biānpái ①胡乱捏造。[例]他到处编排别人,传播是非。②组织安排。[例]你把每个人需要做什么工作都给编排一下。

编瞎话 biānxiāhuà 原指讲故事叫编瞎话,现比喻胡乱捏造谎言。[例]她在全堡子是出名的,最能编瞎话。

扁乎 biǎn·hu ①形容特别扁平。[例]地里的西瓜被车压得都扁乎了。②比喻人服服帖帖或振作不起来。[例]那几个小痞子,让他一顿棒揍,从那以后给打扁乎,就再也不敢到市场向商贩勒索要钱了。

变着法儿 biàn·zhefǎr 想尽变换各种方式、手段。[例]他老母亲过生日都要收礼,是变着法儿敛财。

便当 biàn·dang 方便;顺便;容易。[例]菜市场就在我家楼下,买菜很便当。

标杆溜直 biāogǎnliūzhí 形容长得特别标准,健壮挺直。[例]这小伙儿!长得标杆溜直,真是一表人才。

彪 biāo 也作"彪乎乎","彪得乎"。①傻,理智不健全。[例]这孩子从小就有点彪,现在长大了还强一点,能数几个数。②做事不精明,欠考虑,说话办事不着边际。[例]我从小就是个大胆儿,不知什么是害怕,人家都说我彪。(《为了幸福的明天》)

膘 biāo 肥肉。[例]这匹马膘真好,你出个价,价钱合适我买。

擵劲儿 biàojìnr ①比赛；表面或者暗地里较量。[例]为了这个月生产任务上去，几个班组擵着劲儿往前赶任务。②对着干。[例]"兴风作浪，谁能和国家擵得起劲儿？"贺青不太相信地摇一摇头。(《洮河飞浪》)

瘪瘪 biē·bie ①不饱满。[例]种子都瘪瘪了。②饿。[例]走了一天没吃饭，肚子都瘪瘪了。

憋屈 biē·qu 感到委屈和烦闷，心里不痛快却难以发泄。[例]赵玉田说："那咱家也太憋屈了！"赵四说："你不憋屈，你说你还能怎么的吧？"(《乡村爱情故事》第16集)

别价 bié·jie 不要那样。[例]别价，……我树不起来，人家社员背后都骂我，他们都拿我吓唬孩子。(《东北相声选集》)

瘪咕 biě·gu ①情绪低落，萎靡不振。[例]二驴子媳妇自从让他丈夫揍完后，这几天瘪咕没动静了，再也不敢骂街了。②泄气、变形。[例]走到半道儿，车胎让钉子扎瘪咕没气儿了。

瘪哄哄 biěhōng·hong 吝啬，不大方。[例]他处事儿瘪哄哄的，你说请吃顿饭能花几个钱？

瘪茄子 biěqié·zi 茄子因被霜打或日晒而呈现出来的蔫巴状。引申为因无言以对而不做声，或变得老实、蔫巴、不张扬、没有话说。[例]说人家时，她小嘴叭叭的，说什么出义务工是公民的义务，等让她家出人时，她瘪茄子了。

瘪样 biěyàng 骂人话。①吝啬。[例]你瞅他那瘪样，孩子吃根冰棍都舍不得花钱。②窝囊、受气的样子。

别 biè ①转变；转动。[例]我就别不开这个劲儿，怎么我说的话都不对呢？②撬、压。[例]用撬棍别一

我老家可别脚了，回去一趟真不容易。

下。③改变别人的意见。[例]马丫说:"都怪我妈,你说她硬说咱俩属相不合,把咱俩给别开了,要不……"(赵本山小品《相亲》)④倔强的意思。[例]他这人真别,别人说什么都听不进去。

别脚 bièjiǎo 交通不方便,行走出入困难。[例]我老家可别脚了,回去一趟真不容易。

别劲 biéjìn 与别人的意见或习惯不同。[例]马丫说:"看见没,这从打下车就跟我别劲。"(小品《老蔫完婚》)

宾服 bīn·fu 恭敬地顺从;佩服。[例]我真宾服你,他对你意见老大了,你还这么对他好。

冰碴儿 bīngchár 刚在水面上结的一层薄冰。[例]这两个人回来禀报罕王说:那儿有三个大泡子,都汪着水,一点儿冰碴儿都没有。(《三宝汤》)

冰岔 bīnggá 也作"冰陀螺"。打冰岔,是东北民间的一种冰上儿童游戏,流行于北方地区。

冰溜子 bīngliū·zi 雪后房檐滴水冻结成条状的冰。[例]孩子们用杆子将屋檐下的冰溜子捅下来,捡起含在嘴里吃,大人们发现了就追打,让把冰溜子吐出来,说吃冰溜子长气脖子。

冰蹿子 bīngzuānzi 也作"冰镩子"。坐冰车向前运动时的工具,是将铁钉钉在木棒下头,铁钉露出部分,是为了扎向冰面,增加阻力。东北小孩玩时,一般用黄柏树做冰蹿子,因为黄柏树皮保暖,冬天滑冰时手握不冻手。

病包 bìngbāo 多病、经常闹病的人。[例]他可是病包出身,一年到头离不开打针吃药。

病根儿 bìnggēnr 不能彻底根治的旧病。[例]莺儿听见这话似乎又是疯话了,恐怕自己招出宝玉的病根儿来,打算着要走。(《红楼梦》第一百十八回)

病歪歪的 bìngwāiwāi·de 也作"病病歪歪的","病快快的"。[例]他这段时间病病歪歪的,一口饭也没吃,光喝点水。

波勒盖儿 bō·legàir 膝盖。[例]我这老寒腿,一到下雨天波勒盖儿就疼。有句典型的东北话:我波勒盖儿卡秃噜皮了。

脖儿梗 bórgěng 也作"脖梗子"。脖子的俗称。[例]我这几天受风了,脖儿梗子疼。

脖梗梗 bógěng·geng 梗,在此发"gèng"音。挺着脖子不服气的样子。[例]我批评他,他还脖梗梗不服。

簸簸箕 bǒbò·ji "簸"为动词,即用簸(bò)箕上下振动粮食等,以扬去其中杂物的动作叫"簸簸箕"。

补面 bǔ·mian 补,在此发"bù"音。制作饺子等食品时,为防止面食品被粘住而撒在其下部、周围的干面。[例]擀饺子皮时,你得多撒点补面,要不饺子皮就都粘一起了。

不趁 bùchèn 不,在此发"bú"音。即没有。[例]你跟我借二十把锄头,我家可不趁,哪有那么多锄头。

不凑手 bùcòushǒu 不,在此发"bú"音。钱或东西不够用。[例]那放债地说道:"晁爷新选了官,只怕一时银子不凑手。"(《醒世姻缘传》第一回)

不打奔儿 bùdǎbēnr ①说话很流畅。[例1]再说铁男他母亲为了老儿子真攒了不少钱,背着铁男,用什么买什么,要说花钱那真是连奔儿都不打……(《幸福属于谁》)②比喻做事当机立断,毫不犹豫。[例]我和她借东西,她从来不打奔儿。

不大离儿 bùdàlír 不,在此发"bú"音。不错,差不多。[例]我都寻思好几年了,这次来要账,应该不大离儿,该还我钱了吧。没想到你还是不还。

不带 bùdài 不,在此发"bú"音。①就是不准干什么事情。[例]大妈说:"不带这样的,我都准备多长时间了……礼我都收了。"(赵本山、宋丹丹小品《火炬手》)②不准备或不打算。[例]赵四说:"就是跑,我也不带跑第一的……我自个儿应该知道怎么办。"(《乡村爱情故事》第35集)

不担事儿 bùdānshìr ①心理承受能力差。[例]你妈有病,咱领她上医院看看不就得了吗,有什么大不了的,你看你哭哭啼啼的,真是一点儿也不担事儿。②把握不住自己,到处讲。[例]你一点儿也不担事儿,人事变动的事我就先跟你讲了,怎么第二天就弄得满城风雨。

不铛刀 bùdāngdāo 铛刀,即指在缸沿儿简单地磨几下刀。俗语说,磨刀不误砍柴工。不铛刀,就是指刀已不能再连续进行砍柴等工作,就连简单的铛刀都不去做,还让刀怎么继续干下去。比喻没有把人当回事的意思。[例]你别支使人不铛刀,我忙活一天都没休息,怎么还让我干啊。

不道 bùdào 不知道。[例]小沈阳:"老板出去了。"赵本山:"上哪去了?"小沈阳:"我不道哇?"(赵本山小品《不差钱》)

不得劲儿 bùdéjìnr 得,在此发"děi"音。反义词"得劲儿",指畅快,舒服,舒适;如意,合适。不得劲儿,是指:①不顺手;使不上劲儿。[例]

林先生苦着脸,踱回到账台里,浑身不得劲儿。(茅盾《林家铺子》)②身体不舒服的感觉。[例]王小蒙说:"你这干活也不得劲儿呀?"永强妈说:"可不不得劲儿咋的,那我脱了?"(《乡村爱情故事》第16集)③心理别扭,不好意思的感觉。[例]你这一哭我心里也怪不得劲儿的。(赵本山小品《相亲》)

不得烟儿抽 bùdéyānrchōu 不得志,不受赏识。另一种说法叫"不得眼儿瞅"。[例]他在单位辛辛苦苦干了十几年了,就是因为太直太倔不得烟儿抽。

不得眼儿 bùdéyǎnr 看着不得劲儿、不舒服。[例]趁天黑前还行,天黑后开车有点不得眼儿。

不迭当 bùdié·dang 不恰当,不适当。[例]这次事情如果办不迭当,那咱们以后生意就谈不成了。

不顶楞 bùdǐnglèng 不起作用,不中用。[例]站起来差点儿一米八的大小伙子,一点儿也不顶楞,连一百斤大米都扛不起来。

不定 bùdìng 不,在此发"bú"音。表示不一定,不肯定的意思。[例]赵本山说:"我一听萨马兰奇说'不定',给我吓一跳,怎么还没定下来……"(赵本山小品)

不定性 bùdìngxìng 不,在此发"bú"音。人的性格等与年龄不符,还没完全成熟。[例]你都这么大了,怎么还跟小孩子似的,一点儿也不定性呢?

不对劲儿 bùduìjìnr 不,在此发"bú"音。不符合;异常。[例]刘能说:"不是,主任,你这不对劲儿呀,我们都是一票啊?"(《乡村爱情故事》第13集)

不防头 bùfángtóu 说话、做事冒失、粗心,无所顾忌。[例]秦氏一面张罗……一面忙进来嘱宝玉道:"宝玉,你侄儿倘或言语不防头,你千万看着我,不要理他。"(《红楼梦》第七回)

不服劲儿 bùfújìnr ①不服输;不服气。[例]不服劲儿你去试试。②药物、食物对身体产生不良反应或副作用。[例]大夫,你给我开这副药,我回去吃了怎么不服劲儿呀?越吃身子越难受。

不服天朝管 bùfútiāncháoguǎn 老天都管不了,意思指谁也管不了。[例]你想不上学就不上学,想不念书就不念书,还不服天朝管呢?

不隔乙 bùgéyǐ 彼此很熟悉,毫不客气;不分彼此,彼此间没有隔阂。[例]你家孩子在外面闯祸了,我是觉得咱俩不隔乙我才说的,换个人,求我

都不说。

不哼不哈 bùhēngbùhā 不吭声；不搭理。[例] 你别看他整天不哼不哈的，人家考试，哪次没拿第一？

不会说话 bùhuìshuōhuà 不，在此发"bú"音。原指由于年幼或语言障碍而失去语言功能。后引申指交谈时，用语不会婉转，出语伤人。[例] 同志，他脾气不好，他不会说话，你不要跟他见怪。(赵本山小品《卖梨》)

不夹咯 bùjá·ge 不理会。[例] 他在单位人缘可不好了，领导和同事从来不夹咯他。

不见起 bùjiànqǐ 不，在此发"bú"音。也作"不见得"，不一定的意思。[例1] 这次比赛，别看中国队球员受伤的多，我看不见起能输。[例2] 老残道："若照佛家戒经科罪，某某之罪恐怕擢发难数了。"阎罗天子道："也不见起，我且问你，犯杀律吗？"(《老残游记续集》第七回)

不近儿不离儿 bùjìnrbùlír 不，在此发"bú"音。差不多；一点点；或多或少。[例] 别光顾工作，不近儿不离儿常回家看看孩子和老人。

不开面儿 bùkāimiànr 不讲情面。[例] 张希才一看这姑娘一点儿不开面儿，忙说："这可是你们老队长开的例啊！"(《窦迎春》)

不空 bùkòng 不，在此发"bú"音。说话做事周到，心中有礼数。[例] 你以前帮助过我，我心里不空。

不赖 bùlài 不，在此发"bú"音。①不耍赖。[例] 他打麻将，输了就上钱，一点儿也不赖。②赞许口吻，不错，不坏，挺好。[例] 老胡头说起来人也不赖，大伙儿都爱和他逗个笑话。(《竞赛中的片断》)

不喽嗖 bùlóu·sou 也作"不太喽嗖"。没有完全满足，东西不够用的意思。[例] 就给我拿一千元钱，让我买电视，又叫我买年货，我看这些钱也不喽嗖呀。

不捋会儿 bùlǔhuìr 也作"不缕会儿"。指不在意，没在意。[例] 他什么时候走的，我光在那看书一点儿也不捋会儿。

不捋那份儿胡子 bùlǔnàfènrhú·zi 对某事毫不在意，刻意不去做。[例] 让我给他打溜须？我才不捋那份儿胡子呢。

不年不节 bùniánbùjié 不是过年也不是过节的时候。[例] 刘能说："这是谁家放鞭炮呢？不年不节的。"(《乡村爱情故事》)

不起眼儿 bùqǐyǎnr ①微不足道、不引人注意或瞧不起。[例] 你别看他长得不起眼儿，挣钱可是把好手。②无法或不易引起别人注意或重视的小事情。

[例] 他做事非常认真，不起眼儿的小事都能做得井井有条。

不善 bùshàn 不，在此发"bú"音。指擅长或本领不一般，多用来称赞某人有能力、了不起，不寻常；有能耐，精明强干。[例] 你家儿媳妇真不善，老婆婆瘫炕上，她都伺候十几年了，从来没一句怨言。

不上讲 bùshàngjiǎng 不，在此发"bú"音。意思指不上档次或不太讲究，上不了台面的意思。[例] 我家装修得太简单了，一点儿也不上讲，你们别笑话。

不上数 bùshàngshǔ 不，在此发"bú"音。数不上，占不上前列。[例] 我在单位平平淡淡，碌碌无为，从来也不上数。

不上线儿 bùshàngxiànr 不，在此发"bú"音。原指木匠对不成材的木头无法使其加工为可用之材，引申为指人性格乖张，蛮不讲理，不可理喻。[例] 这人太不上线儿了，明明是他的不对，还在那胡搅蛮缠。

不适闲儿 bùshìxiánr 也叫"不识闲儿"。不闲着，闲不住的意思。[例] 我们正在看电视，你怎么这么手脚不适闲儿，干什么老换台。

不识数 bùshíshù ①没文化。[例] 他从小没念过书，一点儿也不识数。②不懂。[例] 刘喜富："我他妈刘哆嗦就值一毛钱，哄小孩咋的，别拿谁不识数，我知道仨多俩少！"（《风雨月亮泡》）

不是个儿 bùshìgèr 不，在此发"bú"音。不是对手。[例] 赵四说："就咱

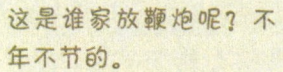
这是谁家放鞭炮呢？不年不节的。

俩真要干起来,你还不一定是个儿。"(《乡村爱情故事》第9集)

不是味儿 bùshìwèir 不,在此发"bú"音。①味道不好,不合乎口味(一般指饭、菜发霉变味儿)。[例]菜放的时间有点长,都不是味儿了。②也叫"不是滋味儿",指由于遇到尴尬的事情而恼火或不自在。[例]大家都这么证实说是他的不对,他才觉得不是味儿,再也不吱声了。

不是物 bùshìwù 不,在此发"bú"音。指人品行不端。[例]老张家那家人,都不是物,一个个驴性八道的。

不吐口儿 bùtùkǒur 不,在此发"bú"音。不答应。[例]让他媳妇去做节育,他媳妇思想工作都做通了,就他已经做了三天工作,到现在也不吐口儿。

不玩儿活儿 bùwánrhuór 不,在此发"bú"音。不作为。[例]他也不玩儿活儿呀!那么点地儿还得大伙帮他铲。

不显山不露水儿 bùxiǎnshānbúlòushuǐr 不显露出来,悄悄地去做。[例]一辈子忍气吞声,不显山不露水儿地过日子。(《殷赵村疑案》)

不兴 bùxīng 兴:①流行,盛行。②准许。不兴:①不允许。[例]胡说!我这里断不兴说神说鬼,我从来不信这些个话。(《红楼梦》第八十八回)②不合时尚,不时兴。[例]现在不兴穿喇叭裤。③用于反问句,表示不能,不允许的意思。[例]咋的?不考大学就不兴看书了?(《乡村名流》第2集)

不信劲儿 bùxìnjìnr 不,在此发"bú"音。不服输。[例]我就不信劲儿,他能上去我怎么就上不去。

不行事儿 bùxíngshìr 不,在此发"bú"音。①不中用;不好。[例]马丫:"我看你也没咋变样。"徐老蔫儿:"我不行,不行事儿了,就这样啦。"(赵本山小品《相亲》)②不可以,不允许。[例]你要自己一个人去提审,那可不行事儿,那是违反法律程序的。③指人或物等生命即将结束。[例]后院老大媳妇说,她老公公快不行事儿了,让我们过去看看。

不稀得 bùxī·de 没瞧起,看不上。[例]王云说:"还就刘英怀孕了,好像咱俩不能怀似的,就是不稀(得)怀。"谢大脚说:"是呀,那不稀(得)怀,想怀早怀上了。"(《乡村爱情故事》第2集)

不下蛋 bùxiàdàn 不,在此发"bú"音。东北多暗指女人不生育。[例]人家和她同岁的,孩子都可哪跑了,俺家儿媳妇结婚三四年也不下蛋。

不许乎 bùxǔ·hu 也作"不缕会儿","不捋会儿","不耳乎"。即指没留意,不专心,没在意的意思。[例1]护士不许乎,把药给拿错了。[例2]我

说了这么些好话，你怎一点也不耳乎呢？

不眼馋 bùyǎnchán 眼馋，是指对自己没有而他人拥有的东西非常渴望得到。[例]别人挣那么多钱，你别看着眼馋，有能耐自己挣去。不眼馋也叫"不眼气"。指心态好，对别人拥有的东西不嫉妒、不眼红。[例1]你说得天花乱坠我也不眼馋，不是我的东西我坚决不要。[例2]虽然说你丈夫一个月能挣一万多元，但俺不眼气，我们挣的钱够年吃年用就行。

不远遐 bùyuǎn·xia 也作"不远下儿"。指不太远（一般指空间上的距离）。[例]在我们家山后不远遐有个小庙儿，里边住个老道。

不咋的 bùzǎdì 也作"不咋样"。不太好；不怎么样。[例]我看这人不咋的，做买卖从来都不讲信誉。

不着调 bùzháodiào ①说话、做事不认真，不切合实际或离题太远。②不正经，不正派，不务正业。[例]隔壁的二小子有些不着调，整天跟一些不三不四的人一块儿鬼混，早晚要出事。（《洮河飞浪》）

不值当 bùzhí·dang 也作"不值得"。犯不着，没有价值或意义。[例1]因为赌博而失去家庭，一点也不值当。[例2]刘英说："妈，你别这么说了，我不值当你们对我这么好，你们别对我这么好了。"（《乡村爱情故事》第31集）

不周不便儿 bùzhōubúbiànr 不周到的地方。[例]我孩子不懂事，有不周不便儿的地方，还请您多原谅。

布鸽 bùgē 鸽子。布，在此发"bǔ"音。[例]我家刚种下萝卜，过几天一看，地里的萝卜籽将全让他家养的布鸽给扒拉吃了。

C

礤板儿 cǎbǎnr　把萝卜、瓜等擦成丝的工具,即礤床。

猜闷儿 cāimènr　也作"猜谜儿"。①猜谜底;琢磨谜底的答案。[例]他像猜闷儿似的想了一天,也没想明白。②猜测别人说话的真正含义。[例]你有话直说,别让我们猜闷儿似的。

猜摸 cāi·mo　猜测,捉摸。[例]我猜摸他们今晚还能过岭来偷草,咱们安排人在草场那抓他们。

才刚 cáigāng　刚才,方才。[例]才刚你说什么了?我没听清楚。

采参 cǎishēn　也作"挖参"或"挖棒槌"。满族社会早期的主要经济来源之一。人参为长白山和鸭绿江一带的特产,每年农历三月至五月、七月至十月为采参季节。

踩肩膀头 cǎijiānbǎngtóu　为了自己的升迁而作践别人。[例]那小子没别个能耐,就会踩人肩膀头进步。

踩蚂蚁 cǎimǎyǐ　形容走路非常慢,像在对蚂蚁挨个踩踏一样慢慢腾腾。[例]你走道快点,别像老太太踩蚂蚁似的。

踩盘子 cǎipán·zi　一般指犯罪分子事先对作案地点、路线等进行熟悉、观察和选择。[例]这些犯罪分子分工明确,而且事先对金柜存放地点周围进行踩盘子,详细计划后才下的手。

菜饽饽 càibō·bo　将菜剁碎后,与面和在一起烙或蒸熟的食物。[例]好容易盼到七月初一,小老板儿带了几个菜饽饽,就顺原道找干哥哥去了。(《小老板的生意经》)

菜饺子 càijiǎo·zi　用蔬菜做馅儿,用粗粮面包的,个头较大的饺子。[例]

砍了一天柴禾，也饿了一天，哥俩回来进屋就掀锅，一口气把蒸的一锅菜饺子都吃了。

蚕蛾　cán'é　蚕的虫蛾，白色，触角羽毛状。[例]大梨树的雄蚕蛾酒具有保健效果，所以非常畅销。

藏猫乎　cángmāohū　也作"藏猫猫"，"抓瞎乎"。游戏规则是，一个人先把脸背过去，在数到一定的数目之后才可以转过脸来，开始找人。其他的人在此期间躲藏起来，如果被抓到，那么被抓到的人就充当下次找人的人，以此类推。[例]长贵说："玩啥呢？"刘能说："藏猫猫。"长贵说："你自己也能藏猫猫？"（《乡村爱情故事》第10集）

藏掖　cángyē　"藏着掖着"的简称。掩藏，掩盖；遮掩缺陷、毛病。[例]王云说："你说咱都这岁数了，你还有必要藏着掖着的吗？"（《乡村爱情》）

槽子糕　cáo·zigāo　槽糕，即蛋糕。用各种模子制作的形状不同的蛋糕。

草鸡　cǎo·ji　原为山东胶东半岛地区的方言，后传到东北沿黄海及周边地区。也可说"草计"，意思就是不行了，受不了了。例如，某人干一个活又脏又累，他就说：这个活可草鸡死我了。

草窠子　cǎokē·zi　也作"草窠垃"，"草棵子"。草丛。[例]佛尔赫在石缝子和草窠子里钻来钻去……（《佛尔赫》）

草爬子　cǎopá·zi　一种寄生在动物身上光吃不拉的吸血昆虫，也叫扁虱。[例]你别像草爬子似的光吃不拉。

层　céng　层，在此发"xíng"音。即层的意思。[例]早上起来一看缸，里面的鱼都翻白儿了，在水浮上漂了一层！

蹭饭　cèngfàn　不花钱，借他人的光白吃白喝。[例]今天谁请客？我可是来蹭饭的啊。

插佛朵　chāfóduǒ　满族人不同于汉族，清明上坟不烧纸，而是在上坟时将佛朵（在柳条上端用纸条扎成似人脸形状）插在坟头上，以此祭奠先人。

插花　chāhuā　一般指种地时不是一个品种，而是夹杂、掺杂多个品种耕种。

插伙儿　chāhuǒr　①搭伙；合到一起搞营生。[例]今年种地，咱们插伙儿一起种，行不行？②加入另一帮人。[例]我到你们那儿插伙儿行不？

馇　chā　馇，在此发"chǎ"音。①边拌边煮（猪、狗的饲料）。[例]馇猪食。②熬（粥）。[例]馇粥。

嚓嚓　chāchā　①小声说话的声音。②小声说话。[例]开会时不要在下面嚓嚓话。

茬口　chá·kou　①轮作作物的种类和轮作的次序。②某种收割作物以后的土

坏。③喻指某件、某类事情。[例] 遇到他这个茬口，你真不好对付。

茬子 chá·zi ①轮作作物的种类和轮作的次序。[例] 头茬子地种……，二茬子地种……②对手或不好惹的人。[例] 她整天骂街谁也不敢惹，今天可遇到茬子了，让二愣子媳妇两句话就给说得再也不敢吱声了。

楂子 chá·zi 玉米等磨成的碎粒儿。如楂子粥。[例] 赵本山说："听说，城里的菜吃够了，专爱吃农村的咸菜条干辣椒，苞米楂子粘豆包。"（《年前年后》）

岔换 chà·huān 岔，在此发"chǎ"音。也作"插换"。指变换、调换。[例] 车间工具不够，大家岔换着用。

岔劈 chà·pi 岔，在此发"chǎ"音。①差错。[例] 我可是娶姑爷，你可千万跟男方说好，要不，到时候弄岔劈了，麻烦事。（《"二八月"传闻》）②误会。[例] 大长脸说："大爷，你弄岔劈了，搜狗是个输入法。"（赵本山小品《捐助》）

岔气儿 chàqir 喘气、呼吸时两肋觉得不舒服或疼痛。[例] 马丫说："哎呀，岔气儿啦！"（赵本山小品《相亲》）

差辈儿 chàbèir 辈分的长幼出现混乱。[例] 徐老蔫儿说："这年轻人搞对象，闹也没这么闹的，这不差辈儿了吗？"（赵本山小品《相亲》）

差不离儿 chàbùlír 差不多；相近。[例] 屋里装修差不离儿就行了，别弄那

么豪华。

差老成色了 chàlǎochéngsè·le 色，在此读"shǎi"音。相差得很多。[例]往年和今年一比那可差老成色了，家家的底垫也觉得厚实了。(《生活散记·两件大事》)

柴垛 cháiduò 也作"柴禾垛"，集中放置的柴禾堆成的垛。[例]皮长山说："你干什么玩意儿啊，这（头发）就跟柴垛似的，什么好啊？"(《乡村爱情故事》第18集)

掺兑 chān·dui 把不同成分的东西混合在一起。[例]两个菜一掺兑，就不觉得咸了。

掺乎 chān·hu 也作"掺和"。使掺杂混合在一起。[例]赵本山："谁掺乎谁呀哥们儿，这是我媳妇儿是你媳妇儿？"(赵本山小品《卖梨》)

掺和 chān·huo 也作"掺混"。①把不同的东西混在一起。[例]猪食太稀，里面掺和点糠就行了。②参预他人的事情。[例]甲问：你掺和什么呀！乙：替你高兴呀！(《黑龙江艺术》)

馋吃水 chánchī·shui 馋涎。[例]看见好吃的，他的馋吃水都出来了。

馋虫 chánchóng 引起食欲的东西。[例]看见好吃的，他的馋虫都要出来了。

馋痨 chánláo 嘴馋贪吃的人。[例]……省得你馋痨饿眼。(《红楼梦》第八十回)

颤巍巍儿 chànwēiwēir 形容颤抖摇晃、动作不准确的样子，多用来形容老年人的某些动作。[例]那黛玉此时心里竟是油儿酱儿糖儿醋儿倒在一处的一般，竟说不上什么味儿来了。停了一会儿，颤巍巍儿地说道："你别混说了……"(《红楼梦》第九十六回)

颤悠 chàn·you 颤动或摇晃。[例]梯子颤悠，我没法站稳。

长脖老等 chángbólǎoděng 学名"白鹳"，由于该鸟在河边或浅水中觅食鱼时，长时间等待鱼进入其攻击范围才捕食，故称"长脖老等"。有的地区也叫"穷等"。[例]长脖老等从河沿飞起，向高空翔去，转一个圈又转回来，停在河沿。(《暴风骤雨》)

长虫 cháng·chong 蛇的通称。

长劲儿 chángjìnr 有耐力。[例]一瞅你就是小毛驴拉车，没长劲儿。(赵本山小品《如此竞争》)

长脱脱 chángtuōtuō 全身完全放松，或失去控制意识地躺着。[例]半斤酒下肚，就醉得不省人事了，长脱脱地躺在那一动不动。

长仙 chángxiān 指蛇经多年修炼而成仙后的称谓。在拟人化时也写作

"常仙"。

场院 chángyuàn 平坦的空地，农家打场和晒粮食的地方。[例]秋天苞米用大马车拉回场院后，堆在场院中间一溜儿排开。

场面人儿 chǎngmiànrénr ①体面人物。[例]四凤跟我有吃有穿，见的是场面人。你带着她，活受罪，干什么？（《雷雨》第三幕）②在东北地区，场面人儿还可作"直率人""有风度""有能耐""有说服力"等意思。[例]刘能说："你得去呀，全村都去了，你是个场面人儿，你要不到位，那对你影响多不好。"（《乡村爱情故事》第4集）

敞开儿 chǎngkāir 满汉合并词。敞开的本意是动词，即大开、打开的意思。如敞开心扉，房门敞开等。而敞开儿，仅仅比敞开多个"儿"，则变成儿化音，意义就有所不同，变成了尽量、只管、任意、随便、不限的意思。[例]今天我请客，酒敞开儿喝，你们可劲儿造。

敞亮 chǎngliàng 原指房间大，给人带来的开阔感和舒畅感，即明亮宽敞的意思。引申意思：①形容人品好，说话做事不藏心眼儿，爽快、大方。[例]小沈阳说："哎呀妈呀，大爷你真敞亮儿，你太帅了。"（赵本山小品《不差钱》）②形容心情开阔、舒畅。[例]你把话说开了，你我之间的误会解除了，我的心情也敞亮多了。

唱蹦蹦 chàngbèng·beng 唱"二人转"（地方戏）。[例]他爸以前就是唱蹦蹦的，现在他子承父业也唱起"二人转"了。

唱喜歌 chàngxǐgē 原是东北地方戏的一种。现指只说好话。[例]我们今天开会的目的，就是总结这次活动存在的问题和不足，你们怎么能只唱喜歌呢？

吵吵 chāo·chao ①吵架。[例]小九说："说！你到底说不说！"老乐说："你看你，有事慢慢说，吵吵啥呀。"（小品《小九老乐》）②形容许多人大声说话、乱糟糟的样子。

吵吵巴火 chāo·chaobāhuǒ 也作"吵儿巴火"。许多人在吵杂，像或近似打架的样子。[例]他吵儿巴火地推着石祥走进屋里。（《亲仇》）

超容 chāo·rong 也作"超超容容"。①很简单，很容易。[例]就这点事，太超容了，我肯定给你办好。②绰绰有余。[例]这点活儿，我自己一个人超超容容就能干完，你们都回去吧。

焯 chāo 把蔬菜放进开水里略煮一下就捞出。[例]把采来的山野菜用开水焯一下捞出来，然后蘸酱吃，那味道，美极了！

朝面儿 cháomiànr 露面。[例] 我找你好几天，你都不朝面儿。

潮白 cháo·bai 也作"潮白白的"。指不精明，很傻的样子。[例] 你不帮助自己家人，却帮着外人说话，你是不是有点潮白。

潮得乎的 cháo·dehū·de ①发傻的样子。[例] 让你去蹲市场你偏上收购部，真有点阴天晾柴禾——潮得乎的。(《专业人家》)②潮湿。[例] 这屋潮得乎的，看来好长时间没有住人啦。

潮乎土 cháo·hutǔ ①略湿的土。[例] 天旱得太厉害了，我们爷俩挖了一上午井，也没见到潮乎土。②刚刚达到。[例] 我酒量大，喝二两酒才够到潮乎土。

潮了巴唧 cháo·lebājī ①地下潮湿。[例] 下雨天，炕上的褥子、被服都潮了巴唧的，快拿外面晒一晒。②形容人心眼不多、傻乎乎的样子。[例] 老张家的二小子，从小就潮了巴唧的，要给你当女婿，你可得好好考虑考虑。

车轱辘话 chēgū·luhuà 说话翻来覆去，多次重复，来回絮叨。[例] 老头继续絮叨着："爷们，我这人性子急、脾气躁，不爱说车轱辘话。"(《山神》)

车脚钱 chējiǎoqián 运费。[例] 你把这些货物拉到我家，车脚钱多少都可以。

车老板子 chēlǎobǎn·zi 也作"车老板儿"，"车伙子"。指赶大马车的人。[例] 你不就是开车的吗？我是赶车的，咱俩同行，统称都是车老板子。(赵本山小品《三鞭子》)

扯 chě 闲谈。[例1] 干啥呀，你别扯，我还寻思谁唱歌？(赵本山小品《相亲》) [例2] 钱大爷说："就美国都牛成啥样了，不也上这来借钱吗？扯啥玩意儿！"(赵本山小品《捐助》)

扯鳖犊子 chěbiēdú·zi 骂人话，也作"扯王八犊子"。指胡扯，说不着边际的话，做不切合实际的事。

扯大彪 chědàbiāo 也作"咧(lǎi)大彪"。指说一些带野味的、黄色的话。[例] 妇女们到一块儿，除了爱说爱笑扯大彪，拣土豆也净爱挑大个的。(《收获》)

扯蛋 chědàn 也作"扯淡"。闲聊说的不实之话。[例] 哎，这扯蛋，扯蛋，是不是搁这来的……拿它干啥，我回去有个解释呀，我在这玻璃没办成，搁这学会扯蛋了。(赵本山小品《牛大叔提干》)

扯老婆舌 chělǎo·poshé 像女人一样说不着边际或没有用的话。也指背后传瞎话，搬弄是非，讲他人坏话。[例] 大伙都说我爱扯老婆舌，可肚子里有

话不能不说。(《两张分家单》)

扯哩哏儿楞　chěligēnrlēng　说没有用的话或做没有用的事。[例] 你说点正事儿，别跟我扯哩哏儿楞。

扯溜儿　chěliūr　找借口；借故离开。[例] 他们议论别人时，小王他每次都扯溜儿离开。

扯王八蛋　chěwáng·badàn　骂人话。指说或做一些没有用的事情。[例] 秘书说："公安不抓，法院不判。"刘父说："纯扯王八蛋，东风吹，战鼓擂，共产党怕过谁？"（赵本山小品《儿子大了》）

扯闲白儿　chěxiánbáir　也作"扯闲篇儿"。指没事闲扯。[例] 大酒壶："这是啥节骨眼儿呀，你们还有心扯闲白儿！"（《龙王庙风波》）

撤嘴巴子　chèzuǐ·ba·zi　打耳刮子。[例] 好扯老婆舌的人，撤嘴巴子也不多。

抻拉　chēn·la　形容磨蹭，非常慢的意思。[例] 你干活可别抻拉的，必须今天完成。

C

抻头　chēn·tou　①很有弹性。[例] 皮筋儿很有抻头。②比喻人遇事不慌；性格慢，不着急。[例] 他这人可有抻头了，事情不逼到眼前他是不着急。③头读二声时，则为动词，即牵头的意思。[例] 现在大家都没主意了，这事还得你抻头（tóu）去办。

抻悠　chēn·you　磨蹭；一点一点地。比喻人性格慢，做事慢慢地去做，不着急。有磨洋工的意思。[例] 我们这第二垄地都铲完了，他第一垄地还没铲到头，还在后面抻悠。

抻直　chēnzhí　使比原来直或大。[例] 小沈阳说："程程，你打多大的？"沈春阳说："我打两块五的，抻直了好几十呢！"（小沈阳、沈春阳小品《阳仔演唱会》）

陈芝麻烂谷子　chénzhī·malàngǔ·zi　积累多年的不好处理的琐碎事情。[例] 他俩开始唠得挺好，后来酒喝多了，就把以前的陈芝麻烂谷子事儿唠出来了，老张越讲越生气，就和老李吵吵起来了。

趁　chèn　拥有很多。[例] 你家真趁呐，养活好几头大肥猪。

趁钱　chènqián　非常有钱。[例] 他家可趁钱了！买个百八十万的小汽车不成问题。

撑得慌　chēng·dehuang　①吃得太多，胃感觉非常胀。[例] 今天吃得太多，肚子觉得撑得慌。②形容贪多消化不了。[例] 这些活都让你一人揽去，你不觉得撑得慌？③比喻不愿意管闲事。[例] 我撑得慌，管你那些闲事儿。

撑腰　chēngyāo　给予支持，做后台。[例] 有政府给咱撑腰，怕啥呀！（赵

你说你不闲的吗？你给人家驴放跑了干啥呀，你吃饱了撑的你呀

本山、宋丹丹小品《火炬手》）

成得 chéng·de 表示加重语气，有特别、非常的意思。[例]王秀美说："你说的成得简单了，还发扬点风格……咱们干，行不？"（《乡村爱情故事》第23集）

成精 chéngjīng 原意指变成妖精。[例]你五更半夜不睡觉，你想成精啊？引申为在某事或某方面非常精明。多形容老年人活得寿命长或打扮显得年轻时的自嘲。[例]老王头平时就爱穿着大红大绿衣服，怕是要成精了。

成年六辈 chéngniánliùbèi 一年到头；多年一直如此。[例]我都这么大岁数了，还得成年六辈给你家看孩子、洗衣服，你们良心上能过去吗？

成人儿 chéngrénr 指小女孩性发育成熟。

成天儿 chéngtiānr 整天，整日。[例]徐会计说："我见你，我成天儿见你……"（《乡村爱情故事》第5集）

成心 chéngxīn 故意，心存有意而为之。[例]王云说："这老刘，成心想把我饿死。"（《乡村爱情故事》第13集）

成衣铺 chéngyīpù 裁缝店。[例]他小时候在成衣铺干过学徒，后来就自己租个门市房给人家裁剪衣服。

成整儿 chéngzhěngr 以整数计算。[例]我一年给他许多次钱了，光一千元成整儿的就给过他三次。

吃饱了撑的 chībǎo·lechēng·di 指没事找事。[例]李秀莲说："你说你不闲的吗？你给人家驴放跑了干啥呀，你吃饱了撑的你呀？"（《乡村爱情故事》

第7集)

吃不服 chībùfú 也作"吃不来"。指对某种饮食不爱吃,吃不习惯。[例]南方的一些饭菜,咱东北人就是吃不服。

吃不开 chībùkāi 实行不通;不受欢迎。[例]他那套打法在这吃不开。

吃不住劲 chībùzhùjìn 承受不住。[例]你那么严厉地批评他,他真有点吃不住劲了。

吃苍蝇 chīcāng·ying 东北流行的口头语。原意指恶心难耐,后来演变为主动去做某件事时,不慎犯了本可以避免的错误,引火烧身,且心情懊恼至极,叫"吃苍蝇"。[例]不请示局长,让我肖科长自己决定这事,到时候让我吃苍蝇啊?我才不干呢。

吃得开 chī·dekāi 受欢迎;行得通。"吃不开"的反义词。[例]周立波的清口在上海地区很吃得开。

吃独食儿 chīdúshír 自私,好东西独自享用。[例]这些东西大伙一人分几样带回家,我可不是吃独食儿的人。

吃官司 chīguān·si 古时指被控告受处罚或关在监狱里。[例]他那年因为吃官司,把家里的地都荒废了,老婆也跟人跑了。

吃惯嘴儿 chīguànzuǐr 也作"吃惯饱儿"。原意指吃的口味已经习惯了,后来形容人做某事已经习以为常,成为习惯性动作或行为。"吃惯嘴儿"往往与"跑惯腿儿"结合起来用。[例]你都借好几回钱了,真是吃惯嘴儿、跑惯腿儿,以后你再别上我家借钱了,借也没有。

吃锅烙儿 chīguōlàor 受牵连。[例]他作为会计,平时不坚持原则,结果这次财务大检查查出毛病来了,他也跟着吃锅烙了。

吃劲 chījìn ①费力;吃力。[例]让他一人去干这活,他有点吃劲。②也作"吃上劲"。指能承受力量。[例]这根木头顶在这能吃上劲,这个棚子就不会倒啦。

吃亏占香香 chīkuīzhànxiāng·xiang 也作"吃亏占便宜"。指无论受损失或得到好处都去做某事。[例]不管吃亏占香香我都认啦,这个房子我买定了!

吃粮不管穿 chīliángbùguǎnchuān 指在家里坐享其成,不操心家里其他任何事情。[例]他这人心可宽了,在家吃粮不管穿,什么都得我操心。

吃晌儿 chīshǎngr 吃午饭。[例]快上地里喊你爸回来吃晌儿。

吃现成 chīxiànchéng 原意指吃事先做好的,不用再动手去做的东西。引申为坐享其成。[例]你一天到晚家里活一点儿也不干,就知道吃现成的。

C

吃香　chīxiāng　受欢迎；被人看重。[例]她从大学毕业到单位，一直很吃香。

吃小灶　chīxiǎozào　单独享受优厚待遇。如老师单独给学生补课，叫吃小灶；单位领导搞福利时，给某人福利多于其他人，也叫吃小灶；单独叫去批评也叫吃小灶。

吃一百个豆不嫌腥　chīyìbǎigèdòubùxiánxīng　比喻某人记性太差、悟性不强，从来不吸取以往的教训。[例]王老七说："吃一百个豆不嫌腥，一点记性也不长，上回因为'燕南飞'那事，那闹得还轻啊？"（《乡村爱情故事》第12集）

吃咂儿　chīzār　吃奶。

哧　chī　动词，液体在高压下喷射出。[例]玉田说："她呀，刚才浇花没整明白，让水管子给哧了！"（《乡村爱情故事》第7集）

哧溜　chī·liu　①在另一物体上滑动，不稳固。[例]脚没站稳，一不小心哧溜到坡下面。②比喻某事没把握，不准成。[例]申请专项贷款的事市里领导不同意，哧溜了。

眵毛撅腚　chīmáojuēdìng　①也作"眵棱"。[例]你头发弄得眵毛撅腚的，就不能好好梳一下？②比喻人不服从管理。[例]说你几句，你就眵毛撅腚，以后怎么管你？

眵目糊　chī·muhū　也作"眵毛乎"。眼屎。[例]熬了几天几夜，上老火了，两眼都是眵目糊。引申为故意挑剔、找毛病。[例]你怎么就看我长眵目糊了？

冲　chōng　迷信认为人有病是鬼神作祟或属相犯克所致，而采取相反的手段把作祟的鬼神等冲走。[例]凤姐低了半日头，说道："这实在没法了。你也该将一应的后事用的东西给他料理料理，冲一冲也好。"（《红楼梦》第十一回）

充容　chōng·rong　①时间从容。即"从容"的误读。[例]火车来之前时间还充容，咱们再玩几把扑克。②经济富富有余。[例]这几年孩子都大了，有的出去打工，日子过得还算充容。

重茬兄弟　chóngcháxiōngdì　重新组合的同父异母或同母异父的弟兄。重新组合的同父异母或同母异父的姐妹叫重茬姊妹。

冲　chòng　①猛劲大，态度蛮横。[例]哼！原来是一个吃生葱生蒜的人，说话这么冲……（《小白玫》）②好。[例]这孩子学习真冲，回回考试都答满

分。③酒等气味浓烈，刺激性强。[例]二锅头这酒挺冲。

抽巴 chōu·ba 可叠成"抽抽巴巴"。收缩。[例]现在一瞅她好像是抽抽巴巴的大地瓜。（《花好月圆》）

抽抽儿 chōu·chour ①收缩，缩小。[例]这衣服没穿几天，怎么就抽抽儿穿不了？②干瘪；萎缩。[例]苹果放得时间太长，都抽抽儿了。

抽搭 chōu·da 痉挛；一吸一顿地哭泣。[例]王秀美说："可不是咋的，右边儿抽搭上了……这右边咋还抽搭上了呢？"（《乡村爱情故事》第27集）

抽裆 chōudāng 比喻身体虚弱、无力。[例]这几天给我忙得，都给我累抽裆了。

抽风 chōufēng 也作"惊风"。一种儿童病症，主要表现为手脚痉挛、口眼歪斜的症状。引申比喻胡搅蛮缠。[例]那个妇人道："看着是抽风的来头，只是还没抽出来呢。"（《红楼梦》第八十四回）

抽空 chōukòng 抽出时间。[例]刘能说："村委会大印在哪？抽空给我拿来。"（《乡村爱情故事》第16集）

抽冷子 chōulěng·zi 突然，趁人不备。[例]逼她跪在地当央，又把一盆新从灶坑扒来的红火炭，抽冷子扬到她身上，长长的头发，粉嫩的脸，都烧焦啦。（《蚕姑姑》）

抽青 chōuqīng （草、木）发芽变绿。[例]春天来了，柳树都抽青了。

愁肠子 chóucháng·zi 满肚子忧虑、郁结愁闷的心绪。[例]这孩子这么大岁数还没成家，成了我的愁肠子了。

瞅空 chǒukòng 伺机；乘隙；有机会。[例]贾母道："我的事情他还想着一点子，该要去的，他就要了来，该添什么，他就瞅空儿告诉他们添了。"（《红楼梦》）

瞅笑声 chǒuxiàoshēng 看人家笑话。[例]赵四妻说："那你这么整，不是瞅人笑声了吗？"（《乡村爱情故事》第3集）

臭白 chòu·bai 到处散布和说别人坏话。[例]你得罪他干什么，他如果以后到处臭白你，那对你影响多不好！

臭不要脸 chòubúyàoliǎn 也作"不要脸"。指不知羞耻。如小沈阳在表演节目时，常用此口头语："臭不要脸的。"[例]谢广坤说："你干啥刘能？我们家新楼落成了，你上来晃悠啥来？"刘能说："不是，什么你家新楼？你咋那么臭不要脸呢？这是人家王小蒙的。"（《乡村爱情故事》第14集）

臭油子 chòuyóu·zi 沥青的俗称。[例]这天气热得，连马路上的臭油子都化得稀囊囊的。

出菜 chūcài 出力。[例] 白毛："你是首席辩论，大家都等你出菜呢！"（《市委书记》）

出饭 chūfàn 同样的米做出来很多的饭。[例] 苞米就比大米出饭。

出飞儿 chúfēir ①鸟等禽类孵化后，成长到可以自行飞出巢穴的时候。②比喻人已经立事，可以单独做事情。[例] 孩子考上大学就属于出飞儿了。

出活 chūhuó 单位时间内能干出较多的活。如这个工程很出活，我们几天就能干完。

出圈 chūjuàn ①指把猪圈、羊圈、牛圈、马圈等里面的粪肥和垫的草、土等清理出来，用做积肥。也叫"起圈"。[例] 出猪圈粪。②出栏的意思，指猪达到可以出售的标准。

出溜 chū·liu ①下滑，滑出。[例] 车停在坡上，自己就往下出溜。②量词，往返的一半。[例] 到城里，一出溜就得半个小时，来回得一个小时。③形容词，快的意思。[例] 到他家不远，一出溜就到了。

出娄子 chūlóu·zi 也作"出漏子"，"出楼子"。即指出乱子。[例] 上边把坑口封闭了不让干，他们晚上偷着干，一下子冒顶砸死三个人，这回矿山可出娄子了。

出门儿 chūménr 也作"出门子"。①外出，离家远行。②出阁、出嫁。[例] ……这还是她出门子时，老马德亲手做了给她的。（《双喜临门》）

出事儿 chūshìr 也作"处事"。做事，行事。[例] 他出事儿真不让人佩服。

出息个暴 chū·xigèbào 出息过头。含贬义。[例] 他出去几年没回家，现在挣着大钱了，老年人的话都不听了，出息个暴。

出外头 chūwài·tou 按字的本义是出屋到外头。也作"上外头"。满族人对一些忌讳、避讳的词句，会很婉转地去说或做。所以"出外头"，就是隐指到屋子外面上厕所，

> 到他家不远，一出溜就到了。

去方便的意思。[例]我去出趟外头,你在屋先自己坐一会儿。

出五服 chūwǔfú 亲属关系超过五代,不再为之服丧,叫作"出服",也作"出五服"。在婚嫁中出五服即可通婚。生活中血亲、姻亲关系超出四亲等的,称出五服。[例]我到传达室一看,这哪是我亲叔叔,是我一个已经出五服的远房叔叔。

杵 chǔ ①用拳头或物体捅对方。[例]郭二说:"你这是刚才在外边被揽杵着了。"(《乡村爱情故事》第23集)②呆站。[例]丁占元杵在过道里,木然地想着,心中好不烦闷。(《拜早年》)③孤零零站立在那,显得尴尬或不知如何是好的样子。[例]老师质问他,他就杵在那,一句话也说不上来。

杵打 chǔ·da 用拳头或物体不停地捅击对方。[例]我也没使劲儿呀,就那么杵打他一下,他就倒地上了。

杵蹶横上 chǔjuěhèngshàng 态度蛮横、脾气暴躁、性格倔强。[例]他在单位,平时对待同志,态度就是杵蹶横上的。

杵杆儿 chǔgǎnr 也作"触杆儿"。即显得难堪。[例]这一答老财东和歪脖管账先生都触杆了,气得一句话也说不出来。(《棒槌赴宴》)

杵子 chǔ·zi 拳头。[例]躺在旁边的老伴恶声恶气地骂了一句,又狠狠地照着老振太的肩膀头儿给了一杵子。(《金子,在这里闪光》)

处对象 chùduìxiàng 东北人称年轻人谈恋爱、交朋友的为"处对象"。指男女结婚之前相互了解的过程。[例]问:"小二,你结婚了吗?"小二回答:"结什么婚,还没处对象呢。"

触胡子 chùhú·zi 触,在此发"chǔ"音。碰壁;无所适从。[例]我说找他办事肯定不行,你非得去找他,怎么样,触胡子了吧?

欻欻 chuā·chua 象声词。①表示急促的声音。[例]子弹欻欻地飞过。②形容步伐整齐。[例]一看他们就是当兵的,走路欻欻的。

欻咕 chuā·gu ①议论,谈论。[例]这事大家伙欻咕欻咕,别总是我个人说。②也作"欻达"。到处联系、寻找。[例]你真想要这本书,我就给你欻咕欻咕,看看别的书店有没有。

欻拉 chuālā 象声词。[例]欻拉一下,把菜倒进油锅里。

揣崽儿 chuāizǎir 指动物怀孕。[例]我家老母牛,已经揣崽儿了,不能借给你家拉犁杖蹚地。

嘬 chuài 嘬,在此发"chuǎ"音。咬;吃;大口大口地吞咽。[例]他看见西瓜,上去就嘬一口。

嘬白　chuài·bai　嘬，在此发"chuǎ"音。训斥。［例］我这么大的人，让一个小媳妇儿给嘬白一顿，真窝火。

嘬尖儿　chuàijiānr　嘬，在此发"chuǎ"音。咬、吃食物上部最好的部分。比喻处处抢先。［例］她在姊妹几个里处处嘬尖儿，什么好吃的、好穿的，都尽她先吃先穿。

嘬空　chuàikòng　嘬，在此发"chuǎ"音。寻找空闲时间。［例］这件事你别急，等我嘬空给你办。

踹　chuài　东北民间口头流行语言，除"打""揍"外，还有不要、炒鱿鱼的意思。①如小孩不听话，大人说：你再不听话，我踹你。就是指揍他的意思。②恋人之间谈恋爱、处对象，说把对方给踹了，就是指不要了的意思。③两个人合伙做某事，把合伙人踹了，就是指把对方给抛弃的意思。

穿连裆裤　chuānliándāngkù　比喻相互勾结和包庇。［例］甲和乙是穿连裆裤，你说甲，乙能高兴吗？

传瞎话　chuánxiāhuà　也作"传闲话"。把一方的话传给另一方，并且添枝加叶、搬弄是非。［例］那婆娘最能传瞎话，你可千万不要相信。

串笆　chuànbā　也作"串皮子"。事情阴差阳错地出现张冠李戴的现象。［例］你把他俩给弄串笆啦，她不是他媳妇，是他小姨子。

串换　chuànhuàn　也作"穿换"。指互通有无。［例］春天种地的时候，农村各家的牛不够用，邻居们就把牛相互串换使用。

串门子　chuànmén·zi　也作"串门儿"。到邻居家闲聊或到亲友家小住。［例］正月初二姑爷就得到老丈人家串门，这是规矩。

串味儿　chuànwèir　食品、饮料等同其他有特殊气味的物品混放在一起，染上特殊气味。

串游　chuàn·you　四处闲溜达，散步。［例］你整天到处串游什么？

闯　chuǎng　竖放。［例］他铲地回来，把锄头闯到墙根儿那，然后进屋吃饭。

闯堆儿　chuǎngduīr　①把散落的东西归拢成堆。［例］把扫的雪闯堆儿，一会儿环卫处来车拉走。引申为形态的大小。［例］这孩子个头太小，站在人群里太不闯堆儿。②引申为捧场，帮助造声势。［例］老张孩子明天结婚，大家都去，给老张闯闯堆儿。

吹灯拔蜡　chuīdēngbálà　原意把灯熄灭，把蜡烛拔下结束一切。比喻事情到此终结。［例］这女人蛮不讲理打了我俩嘴巴，吹灯拔蜡离婚分了家。(《慈母心》)

吹脬 chuī·pao 又称猪吹脬。即猪膀胱的俗称。农村也有叫作"小肚"。

吹儿 chuīr 吹鼓手的俗称。[例]我孩子结婚,光雇吹儿就花了500多元钱。

捶驴 chuílǘ 即打驴。打驴时一般下手狠,所以多用于形容打人挺狠,像打驴一样。

槌儿 chuír 敲打鼓、锣等的木槌。[例]听见台下有人骂他,他把槌儿一扔,说:"这鼓我不打了,谁爱打谁打。"

春脖子 chūnbó·zi 指从立春到春季结束这段时间。[例]今年春脖子短,得抓紧时间种地。

春景天 chūn·jǐngtiān 春天。[例]席上苗后,等春景天地瓜芽子就发齐了,那时就得赶紧移苗栽到地里才行。

纯牌儿 chúnpáir 纯真、真正的意思。[例]徐老蔫儿说:"这事儿你说不想,那纯牌儿唬人。"(赵本山小品《相亲》)

戳咕 chuō·gu 挑唆。[例]我明白了,准是你戳咕那混小子打媳妇啦。(《八出戏》)

戳儿 chuōr 也作"戳子"。图章,印章。[例]我不会写字,盖个戳儿行不行?

刺棱 cī·leng ①象声词,形容动作迅速。[例]他挣脱抓住他的手,刺棱一下跑了。②东西堆放杂乱、不规则。[例]头发都刺棱起来了。③不服气的样子。[例]批评你几句,你还刺棱不服啊。

呲达 cī·da 训斥,呵斥。又作"呲歹""斥达"。[例]我卖力干活,从来没偷懒,凭什么挨你呲达?

呲牙 cīyá ①因笑或疼痛而露出牙齿。引申为开口发言,表示因不满而发表议论或提出不同意见。[例]赵嬷嬷道:"我也老了,你就另眼照看他们些,别人也不敢呲牙儿的。"(《红楼梦》第十六回)②讪笑的样子。[例]多次和你提这事,你一呲牙就搪塞过去了。

跐溜 cī·liu ①脚下滑动。[例]孙二雷腿一软,又跐溜坐那了。(《八出戏》)②事情半途而废、没有办成。[例]这个买卖我都张罗好几个月了,没想到让他给办跐溜了。

跐溜冰 cī·liubīng 滑冰。[例]大冬天的,傻柱子光脚不穿鞋跐溜冰,他也冻不坏,你说那不是天养活的吗?

跐悠 cīyōu ①荡秋千。[例]每到黄昏时候,孩子们都跑到小区秋千上跐悠、嬉闹。②荡秋千的感觉。

刺风头 cìfēngtóu 处在迎风、经常刮风的位置。[例]盖房子不能盖在刺风

头的地方；睡觉不能睡在刺风头的地方。

刺拐棒 cìguǎibàng　学名"刺五加"的俗称。[例] 今年春节市场上卖的刺拐棒，都是大棚里扣得，赶不上春天野生的好吃。

刺棘 cìjí　长有刺的树棵子。农村一般多用这种树棵子横在院子、菜园子等地边上，起栅栏作用，以防止人、畜等进入。如歇后语：老道砍刺棘——紫（诈）庙。

刺挠 cì·nao　①皮肤瘙痒。[例] 赵四说："老伴儿啊，我这脸有点刺挠。"王秀美说："刺挠？刺挠严重吗？"（《乡村爱情故事》第25集）②蠢蠢欲动。[例] 看见别人开矿挣大钱，他也刺挠想借钱开矿。

刺儿头 cìrtóu　刁钻，难以对付的人。[例] 小李子在单位是个刺儿头，谁都管不了。

从头到梢 cóngtóudàoshāo　也作"从头到脚"，"从头到尾儿"。指从开始到结束。[例] 这个动作你怎么老练不会，现在从头到梢再练习一遍。

凑搭 còu·da　拼凑，凑合。[例] 他们俩人没事经常凑搭在一块儿，形影不离。

凑付 còu·fu　①聚集，拼凑；往前上。[例] 我刚说他两句，他就直往前凑付，边骂边要准备打我。②将就；应付。[例] 白云说："……我们生活上互相帮助，怎么跟你形容呢？"黑土说："凑付过呗，还能离了咋的。"（赵本山小品《说事儿》）

凑合事儿 còu·heshìr　也作"凑合"。将就；对付。[例] 咱们全局的公路就修了那么一小段，不都是凑合事儿?（《伐木人传》）

凑趣儿 còuqùr　凑热闹。[例] 人家女同志在那谈正事，你个大老爷们儿去凑什么趣儿。

凑手 còushǒu　①指经济方便；宽裕。[例] 我现在有点不凑手，等过几天货款回来了，再还贷款，行不？②凑数。[例] 就我们三个人也玩不起来呀，你过来凑个手吧。

粗拉 cū·la　粗糙，细致的反义词。[例] 我这人干活就是粗拉。

撺弄 cuān·nong　①撺掇。[例] 王天来说："以后我不再骚扰香秀，完事你也别撺弄秋歌跟我俩这那的，好不好？"（《乡村爱情故事》第29集）②相互借用。[例] 近日手头紧，和你撺弄两个钱儿借我用一用。

蹿稀 cuānxī　拉肚子，腹泻。[例] 咱肚子承受不了油水大的东西，吃点猪肉就蹿稀。

蹿血 cuānxiě　血喷射而出。[例] 孩子复习考试上火了，那天早上鼻子直蹿血，没办法请了一天假。

攒拢 cuán·long　往一起聚拢。[例] 把羊群攒拢一起。

寸 cùn　凑巧。[例] 你说怎么那么巧，怎么那么寸，就在这些人当中，有个检修厂的女团干部……（《幸福属于谁》）

寸劲儿 cùnjìnr　巧劲儿。[例] 大酒壶："噢，这个寸劲儿，赶上了。"（《龙王庙风波》）

搓贱 cuō·jian　①（用手）揉搓。[例] 这柿子让他搓贱的，都快熟汤了。②折腾、虐待。[例] 好孩子都让他给搓贱完了。

撮火 cuō·huo　从中教唆；怂恿；煽动。[例] 他俩闹矛盾都是她从中撮火。

撮弄 cuō·nong　也作"搓弄"。①戏弄；捉弄。[例] 孩子还小，你别撮弄他。②教唆；怂恿；煽动。[例] 你怎么撮弄他去干这事呢？

矬子 cuó·zi　也叫"矬把子"。矮个；矮个的人。

错非 cuòfēi　除了；除非。[例] 让我认错？错非下辈子吧！

错个主儿 cuò·gezhǔr　换做别人。[例] ……王麻子虽然好耍奸头，但一想错个主儿还有谁呢？（《墓地》）

知识链接

踩高跷 cǎigāoqiāo
满族民间舞蹈之一。踩高跷俗称缚柴脚，亦称"踏高跷"、"扎高脚"。其用1至3尺长的条木制成，上有木托。表演的人将双脚分别绑在木棍上，化装成各种人物，一人或多人来往逗舞，由唢呐伴奏，表演有趣的动作或故事。

吃火盆儿 chīhuǒpénr
满族人在年底杀年猪后，邀请亲朋好友前来吃猪肉，来人很多，大家围成圈状坐在炕上，不放桌子，吃简易火锅，也叫土火锅。吃火盆儿，也叫吃火锅，是沿袭满族家祭的老规矩。

耷拉 dā·la　东西下垂。[例] 天旱得黄瓜秧子都耷拉下来了。

搭 dā　赔，亏本的意思。[例1] 谢广坤说："我不但没借着光，我在你身上搭多少？"（《乡村爱情故事》第16集）[例2] 小沈阳说："大爷，你可真抠，你一个菜没点，我们还得搭一个，嚎？"（赵本山小品《不差钱》）

搭把手儿 dābǎshǒur　协助，帮帮忙。[例] 我什么都不熟悉，希望你搭把手儿，帮助我尽快进入角色。

搭帮 dābāng　①许多人结伙。②托福；依靠；多亏。[例] 自从他母亲去世后，他完全靠邻居搭帮着才上完大学。

搭边儿 dābiānr　也作"打边儿"。反义词"不搭边儿"。①仅仅能靠上、接触上。[例] 王大拿说："哎呀，你可别说了……靠不上边儿，你也只能拽一拽，打打边儿而已，往那上想，有用吗？"（《乡村爱情故事》第35集）②比喻两者有关联、有点联系。[例] 这件事跟我一点也不搭边儿呀，怎么能怨我呢？

搭茬儿 dāchár　接别人的话茬儿说话。[例] 李卫兵咧咧了一阵儿，见张明垂着眼皮打瞌睡，顾雷又不搭茬儿，自觉没趣，告辞了。（《死案》）

搭咯 dā·ge　也作"搭估"。①答理；理睬。[例] 老乐说："我不稀搭估她，等一会她消气了，我还收拾不了她呀。"（赵本山小品《小九老乐》）②到处寻找，联系。[例] 我给你搭咯搭咯，看有没有人买你的东西。

搭伙 dāhuǒ　①成群结伙、结为一伙。[例] 过完春节，咱们俩搭伙一起去南方打工。②加入伙食单位。[例] 出门打工，我们几个搭伙一起做饭吃，能省下不少钱啊！③也作"打伙儿"。意指离异的人再婚或同居。

搭脚儿 dājiǎor　因便利免费乘坐车、船。也作"搭个脚儿"。[例] 你的车明天去城里，搭个脚儿捎我一段儿。

搭影 dāyǐng　也作"一搭影"。指刚刚看到踪影、身影的意思。[例]于是大家暗中在脚力加上一把劲儿，不大工夫就搭着前边几个人的踪影，一搭影，大伙跑得更快，不到一袋烟的工夫就追上了。

答对 dá·dui　①拜谢。②应付，对付。[例]去年，你上东北大学，一时缴不起学费，从大德堂那里借了60元高利贷，才勉强答对你上了学。（《马加文集》）

打 dǎ　当"从"讲，即开始的意思。[例1]马丫说："看见没，这打下车就跟我别劲。"（赵本山小品《老蔫完婚》）[例2]自打下了蛋以后，走道这样啦，咔，咔，咔。（赵本山小品《策划》）

打八刀 dǎbādāo　也作"打罢刀"。"八"加"刀"为分，"打八刀"暗指分手之意，即指离婚的意思。

打帮槌儿 dǎbāngchuír　协助、帮助别人做某事。类似敲边鼓。[例]到他家后，我出面要钱，你在旁边打帮槌儿。

打不开点儿 dǎbùkāidiǎnr　打开点儿：安排开。[例]等我资金能打开点时，我一定把欠你的钱如数还上。"打不开点儿"是指：①时间紧忙不过来。[例]我最近活忙，打不开点儿，等我有时间，打开点儿了，我就抽空上你家去一趟，把电视修好。②也作"打不开捻儿"。指钱、物一时紧张，周转不过来。[例]孩子要上学缴学费，商店还要进货，钱确实打不开点儿，过一段时间，我钱打开点儿了，你想借多少都行。

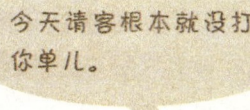

今天请客根本就没打你单儿。

打岔儿 dǎchàr ①岔开话题。[例]我家邻居王大爷听力不好，一说话就打岔儿。②用言行中断别人的说话或工作。[例]"你别给我打岔儿，我问你，出门咋的？"皮长山说："我不是打岔，关键这水真凉了。"（《乡村爱情故事》第17集）

打出溜 dǎchū·liu 动词，（物体）向下滑动。[例]汽车在上坡路上抛锚，你得赶紧找石头把车轱辘掩上，要不汽车就打出溜滚到山沟里。

打怵 dǎchù 意指恐惧、害怕或一种怯懦的心态。[例]这个孩子可顽皮了，不管多么厉害的老师，他一点儿也不打怵。

打单儿 dǎdānr 列为考虑范围之内。[例]今天请客根本就没打你单儿。

打提溜儿 dǎdī·liur 也作"打滴溜儿"。抓住某物，身体悬空。[例]他连个单杠都撑不上去，只能在那打提溜儿，干蹬腿儿。

打短儿 dǎduǎnr ①短时间休息或过渡一下。[例]我干了一天活很累，你让我打个短儿休息一下。②短时间帮助、代替他人过渡一下。[例]老张今天请病假，他的岗位你替他打个短儿。

打发 dǎ·fa 发，在此发"fu"音。①派出去。[例]打发小姐送进来。（满族儿歌《跑马城》）②使离去。[例]他在我们厂子要账，已经呆好几天了，你赶快儿给他点钱打发他走得了。③消磨，消耗时间、日子。

打饭碗 dǎfànwǎn 比喻把赖以生存的工作丢掉了。

打哈哈 dǎhā·ha 开玩笑，凑趣；指说笑话。引申为办事不认真，像逗着玩儿似的。[例]我和你说，房价这几天还要往上涨，这都是真的，我可不是跟你打哈哈。

打横 dǎhéng ①围着方形桌子坐时，坐在末座的叫打横。②汽车等横向运动。③对某件事不作为或阻拦干涉。[例]这件事就是他从中打横，不做好他的工作，我看这合同没法签。

打圈 dǎjuàn 也作"猪打圈"。指母猪发情。[例]我家老母猪又打圈了！到年底又能下一窝猪崽子。也作"猪跳圈"，指猪发情时，跳出猪圈寻找配偶的行为。[例]赵老阔问："什么动静，猪跳圈啦？"（赵本山小品《生日快乐》）

打了 dǎ·la ①玻璃、陶器之类的东西由于摔、碰等造成破碎、损坏。[例]一不小心，把玻璃花瓶打了。②引申为失去或丢掉。[例]他不好好珍惜这份工作，经常迟到早退，结果去年底把这个好工作给打了，被人家给辞退了。

打赖 dǎlài 耍赖、放赖。[例]东家放心吧，谁也不带打赖的。（《黑龙江民间文学》）

打狼 dǎláng 最后一名。[例] 人家孩子一考试就在前几名，你怎么老落在后面，打狼啊？

打脸 dǎliǎn "打脸"的本义是演员按照脸谱勾脸。东北地区所说的打脸，是指丧失体面。也说给某人丢面子、丢丑、丢人。[例] 李秀莲说："你要不给报，她回去咋跟老赵家说呀，你可别干打脸的事儿，快报了。"（《乡村爱情故事》第24集）

打恋恋 dǎliàn·lian 也作"打连连"。指意气相投、经常来往有接触。[例] 他俩整天在一起打恋恋，准没有好事。

打零杂 dǎlíngzá 打零工，干杂活。[例] ……他也不吃闲饭，就跟着挖人参的把头帮上山打零杂，在临时马架子里给把头帮做饭。（《梭龙棍》）

打遛荡 dǎliū·dang 到处闲逛。[例] 他也没个正经工作，就整天打遛荡。

打溜须 dǎliūxū 巴结、讨好。[例] 这本是将心换心、知情知意，怎能算请客送礼打溜须？（《妯娌会》）

打绺儿 dǎliǔr ①植物叶子由于脱水而卷曲。[例] 那年天大旱，地里的庄稼都打绺儿了，一点就能着火。②由于掺杂灰尘、油污等使毛发成绺儿梳洗不开。[例] 连续熬了三天三夜没洗脸，头发都打绺儿了。

打马瞎子 dǎmǎxiā·zi ①给人打零工。[例] 我毕业以后一直想自己开公司，这么些年来就给人家打马瞎子，挣工资糊口。②没有正当职业或营生，一无所成或无所事事。[例] 啃老族就是好活捞不着干，赖活不愿意干，整天打马瞎子，靠老人来养活自己。

打冒支 dǎmàozhī 打着别人旗号，假借他人的名义做事。[例] 我的欠款已经在上个月偿还给你爸了，你怎么还打冒支来要钱呢？

打鸣儿 dǎmíngr 公鸡啼叫。[例] 咋还打鸣了呢？（赵本山小品《策划》）

打腻 dǎnì 猪等动物在泥水里趴伏或打滚儿。

打蔫儿 dǎniānr ①植物的花、叶或水果等因缺乏水分而发软、萎缩。[例] 庄稼旱得都打蔫儿了。②指人或动物精神萎靡不振。[例] 输一场比赛你们怎么就打蔫儿呢？后面我们还有机会。

打耙 dǎpá 定下来的事又推翻了。[例] 柳启江："……今天，瓜子拿来了，他又要打耙，这哪还有一点儿贫下中农的样子。"（《西瓜今日甜》）

打破锣 dǎpòluó 意为态度消极，不积极配合，但并没有恶意。[例] 我们原计划"五一"放假去凤凰山玩儿，他打破锣，结果没去成。

打扑搂造 dǎpū·louzào 鸡、鸟等为了去掉身上寄生虫而拍打、抖动翅膀。

引申指某人随意、任意去做某事，或者随意、任意使用、利用什么东西。[例] 国家经费也不是大水潮来的，我们做为管理者不能打扑搂随便造，该省还得省。

打圈围 dǎquānwéi 也作"大圈儿围"。指多人围成圈状。[例] 满族人家在年底杀年猪时来人很多，坐在炕上，不放桌子，大家打圈围"吃火盆"（简易火锅，也叫土火锅）。

打食儿 dǎshír ①鸟兽到外面寻找食物。②比喻人自食其力，做力所能及的事情来养活自己。

打挺 dǎtǐng ①头颈用力向后仰，胸部和腹部挺起。多指小孩哭闹的动作。[例] 这孩子，不答应给他买东西，他就躺在地上打挺不起来。②意指停下不干活。[例] 原材料供应不上来，厂子就得打挺。③死了的意思。[例] 在医院抢救了一整天，看看没救了，只好把人抬回家去，当天晚上半夜老㞎头就打挺儿了，急忙通知亲友和左邻右舍。

打下手儿 dǎxiàshǒur 协助他人做一些辅助性的事情。[例] 从小跟老沙金把式打下手儿，煞腰做活计。（《马蹄金搬家》）

打小儿 dǎxiǎor 从小。[例] 这孩子打小儿就十分聪明。

打哑巴缠 dǎyǎ·bachán 故意装做不懂，一再纠缠。[例] 真够呛！啥节骨眼上还敢跟咱打哑巴缠！（《深巷锤声》）

打眼儿 dǎyǎnr ①钻孔。②惹人注意。[例] 你穿这件衣服很打眼儿。③开始看。[例] 生晒得人参打眼儿一看折纹多，水分跑得快。（《罕王红参》）

打样儿 dǎyàng 原意指做出样本。引申为做出榜样，以此为标准，经常用于酒桌。[例] 大家把酒干了，我先打个样儿。

打腰 dǎyāo 也作"搭腰"。①得势，吃香，吃得开。[例] 她自从生个大胖小子后，在婆家可打腰了，成天闲着什么活也不干。②有权有势，有头有脸。

打圆场 dǎyuánchǎng 打破尴尬局面，收场。[例] 他俩争得面红耳赤，我只好出来打圆场。

打杂儿 dǎzár 做零活的小工。[例] 我没什么能耐，就是个打杂儿的。

大伯子 dàbāi·zi 丈夫的哥哥。

大鼻子 dàbí·zi 旧指俄国人。东北黑龙江和辽宁大连地区根据俄国人的体貌特征，称俄国人为"大鼻子"。[例] 四十年前，闺女，你没摊上那个世道，城里尽大鼻子打腰啊。（《北方曲艺》）

> 他哈时候都是大大咧咧,那些小事从不放在心上。

D

大车 dàchē 大马车。"大车"是旧时东北城乡最普遍的交通运输工具。按照通常习惯,畜力车分为三种:一是"大车",又称马车,用马和骡子牵引;二是"牛车",用牛有时还加上驴牵引;三是"驴车",体重比前两种小,用驴牵引。

大车小辆 dàchēxiǎoliàng 指大大小小很多车辆。[例] 白闹说:"我就说你捐三千块钱,不至于大车小辆上家采访来了,这都不够油钱呢。"(赵本山、王小利小品《捐助》)

大扯 dà·che 更甚,越发厉害了。[例1] 柳启江:"……像王显富这样的户,有了一万奔两万,越干越大扯。"(《西瓜今日甜》)[例2] 老同学嘛,整得老大扯了。(赵本山、范伟小品《同学会》)

大大咧咧 dàdàliēliē 也作"大咧咧","大大乎乎"。形容随随便便,粗心大意,满不在乎,不拘小节的样子。[例] 他哈时候都是大大咧咧,那些小事从不放在心上。

大发 dà·fa ①超过一定程度。[例] 赵四说:"整不好刘能这回可要赔大发了。"(《乡村爱情故事》第3集)②一般指疾病严重了。[例] 天一冷,他的气管痨病又大发了。

大发劲儿 dà·fajìnr 发,在此发"fu"音。也写作"大幅劲儿"。指过分、过头,超过一定程度。[例] 谢广坤说:"做人得低调,别太张扬了,张扬大发劲儿了,容易出事!"(《乡村爱情故事》第22集)

大风刮来，海水潮来 dàfēngguālái, hǎishuǐcháolái 指劳动成果不是靠人的主观辛苦劳动得到的，而是不用费力如大风随意刮来，海水随意涨潮就唾手可得。[例] 王师傅出去打工干瓦匠活儿，挣那几个钱不是大风刮来，海水潮来的，那是靠一勺灰一勺灰抹出来的。

大概齐 dàgàiqí 也作"大概其"。大概，差不多。[例] 徐占河："不过经过了解嘛，这庙是谁修的，我也摸出个大概齐了。"（《龙王庙风波》）

大工匠 dàgōngjiàng 也作"大工"。相对小工而言。指具有一定专业技能的人。[例] 她丈夫在外打工是大工匠，一天不少挣钱。

大轱辘车 dàgū·luchē 用木辐条做成的，用马、牛拉的车。[例] 过去农村娶媳妇，就是用大轱辘车拉新娘，不像现在都坐小轿车。

大估摸 dàgū·mo 大约、估计。[例] 不用着急，我大估摸他这几天就能回来。

大估影 dàgūyǐng 也作"大乎影"，大约、隐约、粗略估计。[例] 几十年过去了，他长什么样，我大估影还记得。

大乎乎 dàhū·hu 也作"大大乎乎"。毫不在意，随随便便的样子。[例] 坐在炕梢的何石头，梗起又粗又红的脖子，大乎乎地说："我就不赞成这一套，干部吃点贫下中农的东西，有什么了不起的！"（《亲仇》）

大荒儿 dàhuāngr ①大概情况。[例] 我就知道个大荒儿，具体怎么个情况还真不清楚。②简单、粗略地做一下。[例] 室内卫生我就扫了个大荒儿，那些犄角旮旯你们再好好收拾收拾。

大家贼 dàjiāzéi 也作"老家贼"。即麻雀。[例] 画眉、百灵就在画布上绣，再绣上大家贼直劲抖搂毛。（《北曲史料》）

大炕 dàkàng 北方人睡觉用的较长的台子。用土坯或砖等砌成，下面有洞，连着烟囱，可以烧火取暖。炕的长度可跨两个甚至三个房间，因此叫大炕。

大溜儿 dàliùr 原指河心速度非常大的水流。借指主要的、大多数、大部分。[例] 等到正月十五，返城的农民工大溜儿都过去了，这时坐火车一点儿也不挤。

大面儿 dàmiànr ①表面。[例] 这个工程快要结束了，大面儿上的活都干完了，就差里面装修还没完事儿。②面子。[例] 你不能这么批评人，怎么也得让人家大面儿上过得去，下得了台呀。

大拿 dàná 北方方言，指特别精通于某一领域，技术超群或办事独当一面的人。类似"专家""权威"，但稍带有戏谑意味。[例] 他在基建方面那可是个大拿。另外一种解释是：凡是"大"事，都由他"拿"主意，简称大拿。东

北话，"大拿"这个词表达的意思并非说话者在真正夸奖对方在某方面很行，很有权威，而是一种不那么服气的、看不上、半挑衅的语气。朋友之间可以用来开玩笑。"耍大拿"，表达的意思有贬低但无侮辱性（朋友间开玩笑），说对方正在炫耀某方面独特、出色。还有等对方下次出丑的意思。[例]王大拿说："你搁哪整的，你装啥大拿，你呀？"刘大脑袋说："你是大拿呀，我不是。"（《乡村爱情故事》第3集）

大脑袋 dànǎo·dai 原意指人的头长得大，后引申为：①人的智力、智商低，不精明的意思。[例]你真是个大脑袋，这么明显的圈套你都看不出来。②当做被人欺骗的对象讲。[例]说好是大家都去，结果就你自己在那干活，这不是抓你大脑袋吗？

大炮石 dàpàoshí 大块的石头。

大气儿不敢喘 dàqìrbùgǎnchuǎn 不敢大声呼吸。比喻由于害怕而不敢言语。[例]哎呀，下来了……这大气儿都没敢喘……（赵本山小品《拜年》）

大声嚎气 dàshēngháoqì 说话语调粗放，不柔和。[例]你和孩子谈话不能这么大声嚎气的，要和他心平气和地谈。

大头 dàtóu ①指被欺骗、耍弄或被利用的人。[例]刘能说："你瞅瞅你吃得可桌子都是……哎呀呀，你吃大头呢搁这？"（《乡村爱情故事》第4集）②"大头"加上儿化音"大头儿"，就变为另一种意思，即得到大部分的、多的那部分。[例]咱俩合伙做生意，你比我多操心，分红时你得大头儿，我得小头儿。

大卸八块 dàxièbākuài 指把完整的事物分成若干小块。[例]王大拿说："按你这一说，这谁谢我，我就往出掏钱，几年把我谢完了，这不大卸八块吗？"（《乡村爱情故事》第2集）

大眼皮 dàyǎnpí 指没把他人放在眼里的人。[例]人家主动和你说话，你不能大眼皮，不搭理人家。

大爷 dà·ye 现多用来讥讽挥霍、任性的人。①是对男性老年长辈的尊称，[例]黑土："小崔，你大妈已经不是你六年前的大妈，你大爷永远是你大爷。"（赵本山小品《说事儿》）②在东北包括北方方言中，"大爷"用来称呼父亲的哥哥，即伯父。③大爷（dàyé）指社会地位较高，惯于指手画脚的男性。此处，重音在"爷"字。[例]别跟养大爷似的，来，帮我摘豆角。（《乡村爱情故事》）④旧时大户人家仆役称排行居长的少主。[例]这里凤姐忽又想起一事来，便向窗外叫："蓉哥回来。"外面几个人接声说："蓉大爷快回来。"（《红楼梦》第六回）

大油 dàyóu　猪油。[例]炒这个菜不能放大油，否则味道就变了。

大约摸 dàyuē·mo　大约，大概，粗略地估计。[例]你告诉我，大约摸有多少人来开会。

大杂烩 dàzáhuì　把许多种菜合在一起烩成的菜。比喻把许多种不同的事物胡乱拼凑在一起的混合体，含贬义。[例]这次抽调普查的人要精挑细选，不能像上次一样，找了一些大杂烩什么也不懂的人来。

呆呵呵 dāihē·he　痴迷、傻气，不机敏的样子。[例]看完电影，其他人都离开电影院，就他一个人呆呵呵还坐在那儿，不知寻思什么。

呆儿 dāir　热闹。[例]你在那看什么，那有什么呆儿可卖的？

呔 dāi　呔，在此发"dǎi"音。吃。[例1]呔饭、呔东西等。[例2]你真能呔，一顿能呔八个馒头。

逮着 dǎizháo　抓着；得到。[例]逮着机会就上。

代客儿的 dàikěr·de　在东北，称婚丧嫁娶活动中的主持人为"代客儿的"，也作"司仪"。

代头儿子 dàitóuér·zi　继子。继子的媳妇叫代头儿媳妇。[例]老张还是有福啊，别看他自己没留下一男半女，可那两个代头儿子对他像自己亲爹一样，可孝顺啦。

代头姑娘 dàitóugū·niang　继女。继女的丈夫叫代头女婿。[例]他可得那个代头姑娘的济了，每次回来都给他买酒喝。

带把儿 dàibàr　①指男孩儿。[例]你家儿媳妇生个带把儿的，这回你满意了吧！②稳操胜券，十拿九稳。[例]这事就交给我吧，我拿他带把儿的，我说什么他都得听我的。

带刺儿 dàicìr　①指动植物身上长的刺。[例]这个花带刺儿，摘时小心别扎着。②比喻说话不直接说，有意见时绕弯讽刺、挖苦。[例]你说话怎么老带刺儿，有意见就不能好好说？③比喻人浑身毛病，谁都惹不起。[例]他这个人身上带刺儿，谁都不跟他来往。

带价儿 dàijiàr　很像样，很有气质。[例]小伙长得真带价儿。

带劲 dàijìn　①也作"带价儿"。[例]徐老蔫说："一到深圳，啥都兴奋了，再这么一捯饬，看我就有点不带劲了。"（小品《老蔫完婚》）②非常好的意思。[例]我正搁街上溜达，哎呀，有个小老妹儿，长得可带劲了，长得老漂亮了。（小沈阳小品《2009北京春晚》）

带崽儿 dàizǎir　①一般指哺乳类动物怀孕。[例]他家老母猪带崽儿了。②

指领着幼小的孩子（动物）。

单薄 dānbó　①穿的衣服薄而且少。②身体瘦弱。[例] 你看他体格，太单薄了，也不能干力气活啊。(《乡村爱情故事》第32集) ③不充实，不强大。[例] 他们这个办案组力量很单薄。

单蹦儿 dānbēngr　独自一个或一个一个地出现。[例] 办案纪律要求，办案须两个人以上，不能耍单蹦儿一个人去，否则，那是违反办案纪律的。

单调儿 dāndiàor　原意是指与"双调"相对，只是单方面调动工作。引申为单独找某人、单独与某人谈话。[例] 王云说："你出来，我跟你说点事……"王天来说："单调儿……怎的了大姑，还单调儿呢？"(《乡村爱情故事》第32集)

胆儿肥 dǎnrféi　指人胆子大。[例] 胆儿肥的人无非有以下几种：一是以身试法；二是敢于冒险；三是艺高人胆大。

胆儿突 dǎnrtū　形容胆战心惊害怕的样子。[例] 一个人走夜道，搁谁都胆儿突的。

当间儿 dāngjiànr　也作"当目间儿""当中间儿""当央"，即中间、中央的意思。[例] 王大拿说："这两口子打仗把我夹当间儿干啥玩意儿？他踩蹭我干啥？"(《乡村爱情故事》第19集)

当捎 dāngshāo　顺便带着。[例] 我去市里开会，当捎把材料捎去。

当腰 dāngyāo　也作"正当腰"。①也作"当间儿"，中间的意思。[例] 这个豁口在刀的正当腰。②一半或接近左右的时候。[例] 我们开会正开在正当腰，他就进来闹会场。

铛锒 dāng·lang　指牲口身上配带的响铃。

裆浪 dāng·lang　①下垂。[例] 谢广坤说："你看人那头型，全都往后梳，后边还攥成一个团儿，完了还裆浪一嘟噜，那老好看了！"(《乡村爱情故事》第16集) ②多余的部分、不利索。[例] 货车上绑货的绳子都裆浪拖地了。

挡害 dǎnghài　挡道、碍事。[例1] 别人正忙得要命，你却不长眼神看不出火候，那还能不说你挡害吗？[例2] 煤气罐放在走廊过道，对邻居来回走道来说，确实有点挡害。

刀螂 dāo·lang　学名螳螂。[例] 小沈阳："我唱首刀郎的歌吧。"赵本山："别刀螂了，还屎壳郎呢。"毕福剑："刀郎不是一个昆虫的名字，而是一个歌手的名字。"(赵本山小品《不差钱》)

叨叨 dāo·dao　唠叨、啰嗦。[例] 裴南垂手站立，听那个女人叨叨，他不

理解，也不反驳。(《人民文学》)

叨人 dāo rén 鸡等禽类用喙啄的动作。[例]他家大公鸡就爱叨人，谁家小孩儿看见都绕道走。

叨菜 dáocài ①用筷子夹菜。[例]李二嫂热心劲儿上来了，直往三柱子对象碗里叨菜，嘴还不停地说：多吃点，多吃点。②鸡等禽类啄菜。[例]你看见那么多鸡在菜园子叨菜，也不起身赶一赶。

叨扯 dáo·che 说。[例]别看他平时挺老实，还真能叨扯几句呢！

叨登 dáo·deng ①倒腾，往外挪、移。[例]如今厨房在里头，保不住屋里的人不去叨登，一盐一酱，那不是钱买的……你拿着这个钱，全当还了他们素日叨登的东西窝儿。(《红楼梦》)②旧事重提。[例]这事都过去这么多年了，你还叨登它干什么。

叨咕 dáogū 小声嘟囔，议论。[例]王天来说："我想你了姑父……我妈那天还叨咕你呢，叨咕你怎么样了……"(《乡村爱情故事》第17集)

叨木冠子 dáomùguān·zi 啄木鸟。[例]……天色快要黑下来，叨木冠子"达达达"敲打树桩子的声音特别瘆人。

捯扯 dáo·che 互相不停地捅咕。[例]两个人在那互相捯扯玩，后来就翻脸了。

捯饬 dáo·chi 也作"捣饬"。指修饰、打扮的意思。[例]徐老蔫说："一到深圳，啥都兴奋了，再这么一捯饬，看我就有点不带劲了。"(赵本山小品《老蔫完婚》)

捯气儿 dáoqìr ①指临死前急促、断续地呼吸。②形容上气不接下气。[例]上山累得我直捯气儿。

倒插门 dàochāmén 男女结婚时，男方落户到女方家。[例]王大拿说："……最好是行，不行我也可以去上海倒插门儿，没啥问题这事。"(《乡村爱情故事》第36集)

倒粪 dàofèn 指说脏话。[例]你说话嘴干净点儿，别没修养似的满嘴倒粪。

倒个儿 dàogèr 颠倒过来，转换位子。[例]把桌子倒个儿放，屋子不就

别看他平时挺老实，还真能叨扯几句呢！

显得宽敞了吗?

倒嚼 dǎojiào 反刍的通称。

倒弄买卖儿 dǎo·nongmǎi·mair ①做生意。[例] 问: 你近几年干什么了? 答: 我上南方倒弄买卖儿了。②比喻把正经的事情当成买卖来做。[例] 我们公务人员不能利用职权进行权钱交易,不能拿手中的职权倒弄买卖儿,亵渎党和人民赋予的权力。

倒戗刺儿 dàoqiāngcìr ①逆向多出或横出的刺。②手指甲两侧及下端因干裂而翘起,形状如刺的小片表皮。

倒台子 dǎotái·zi ①垮台。[例] 光复那年,小日本倒台子了。②牛等大牲畜因病、老而死去。[例] 我家那个大牤牛去年倒台子了,给我心疼完了。

倒腾 dǎo·teng ①翻腾,移动;物品交换位置。[例] 把房间里的东西倒腾出来好住人。②买进卖出;贩卖。[例] 我这几年倒腾买卖是挣了几个钱,但那钱是我汗珠儿掉地摔八瓣辛苦挣来的!

倒贴 dàotiē 违反常理反过来给对方钱物。[例] 我嫁到你家,你家没给彩礼不说,我们娘家还得倒贴,这大彩电不就是我娘家给买的吗?

倒头瘟 dǎotóuwēn 指人得瘟病而死,俗称"倒头瘟"。常用于诅咒骂人。

倒血霉 dǎoxiěméi 非常倒霉的意思。[例] 反正我今天遇见你是倒了血霉了。(赵本山小品《如此竞争》)

倒栽葱 dàozāicōng 头朝地摔倒。[例] 他一个倒栽葱从房子上掉下来。

盗灰 dàohuī 也作"扒灰"。指公爹与儿媳妇有不正当关系。[例] 桂花掐腰站在院门口骂道:"说我家不好,我家老公公可没盗灰。"(《乡邻之间》)

道眼子 dàoyǎn·zi 心眼;办法;主意;心计。[例] 还是大姑娘有道眼子,她和二姑娘一合计,就仔细观察老人,发现老人病得已经快到寿禄了。(《前仓后仓哈达营》)

得瑟 dēsè 满语词汇,也作"嘚嗖"。①指轻佻、不稳重;大事小事少不了,毫不掩饰,到处张扬,处处出风头的人。[例] 有了几个钱,你就到处得瑟。②也叫"得瑟""巴叽"。臭美,显摆,卖弄,可以表现的意思。[例] 人家铁岭台等咱俩小时,这中央台,得瑟的。(赵本山小品《说事儿》)③哆嗦。[例] 那边枪声一响,把她吓得一得瑟。

得把 débǎ 得到机会或有机会占有的意思。[例] 媳妇出门没在家,这回你可得把了,在家喝酒可没人管了。

得便 débiàn 得,在此发"děi"音。碰到或遇到方便的机会。[例] 你得便

把书还给人家。

得济 déjì 得到好处，特指从亲属、晚辈那里得到的好处或回报。[例]这孩子我从小就对他好，现在出息了，我也得济了。

得空 dékòng 有空闲的时间。[例]当晚得空，我就对老太太说了个大概。(《老残游记续集》第三回)

得啦 dé·la 结束、终止、罢了。[例]你可得啦，这回我可不再上你当了。

得脸 déliǎn 吃香、得势的意思。[例]自从她生了个儿子以后，这回可得脸了，横草不拿竖棍儿的，家里什么活都不伸手。

得劲儿 děijìner 得，在此发"dé"或"dě"音。指畅快，如意；舒适，舒服、合适的意思。[例]刘能说："你看，那你俩要真那样事儿了，你们心能得劲儿吗？"(《乡村爱情故事》第2集)

得儿 děr 满意；舒服，自在。[例]老两口闲着没事抽着旱烟喝点茶水儿，扯个闲皮儿嗑点瓜子，又说又笑那有多得儿。(赵本山小品《相亲》)

德行 dé·xing 也写作"德性"。为人和品德较差。贬义词。[例]刘能说："但是谢广坤有的我没有，我比死还难受。"刘能媳妇说："看你这德行！"(《乡村爱情故事》)

嘚嘚 dē·de 也作"嘚啵"，"嘚咕"。说话絮叨、唠叨，到处不停地讲。[例]人一老，嘴就好嘚嘚。(《外姓人》)

嘚嘚儿肥 dēdērféi 形容词，非常肥的意思。[例]我家这头猪养的，那是嘚嘚儿肥。

嘚嘚嗦嗦 dē·desuō·suo 形容人的举止轻浮，不稳重。[例]谁像你嘚嘚嗦嗦，蹿蹿达达……(《新村佳话》)

嘚儿 dēr 赶骡马驴等牲口时的吆喝声。[例]嘚儿！驾！

嘚嗦 dē·suo 也作"得嗖"，"得瑟"。①显摆，抖擞。[例]那么大岁数的人，还好得嗦。②为讨好他人而奔走效劳。[例]白儒群：……就为这顿饭，他就得嘚嗦瘦了。(《高粱红了》)③颤抖、抖动的意思。[例]那吴老二是脑血栓，见谁都得瑟。(赵本山小品《昨天、今天、明天》)

扽 dèn ①两头同时用力拉，或固定一头，再用力猛拉另一头。②拉紧。[例]把绳子扽紧。

灯官儿 dēngguānr 灯官儿权限仅三天，只享受三天官瘾，过后即逝。所以讥讽某人为了显示自己有能力或出面做某事时，说他是"装灯官儿"，再演变就变成"装灯"、"装相"、"装人"，乃至更简省直接称"装"了。除上述意思

外，又演变成没有能力，没有能耐。[例] 珍哥笑道："我的不在行的哥儿！穿着厂衣去打围，装老儿灯哩！"（《醒世姻缘传》第一回）

登登的 dēngdēng·de 形容很多、很紧，无间隙。[例] 刘能说："谢广坤他要见着我，你说他不得把尾巴给夹登登的吗？"（《乡村爱情故事》第12集）

登硬 dēngyìng 非常坚硬。[例] 这馒头都好几天了，登硬的怎么吃？

蹬腿儿 dēngtuǐr 人死时因肌肉松弛使腿伸直，似蹬腿动作。蹬腿儿即指人或动物死了。[例] 老太太说："我老头子呀，他早就蹬腿儿了，扔下我们娘仨，日子就别提了。"（赵本山小品《摔三弦》）

戥子 děng·zi 称贵重物品或药品用的一种小型秤。

澄清 dèngqīng ①使杂质沉淀，液体变清。②把液体倒出，留下杂质。[例] 把水澄清后，才能看见金子。

瞪眼扒皮 dèngyǎnbāpí 表情凶恶，态度蛮横。[例] 我就欠你几个钱呗，你看你，瞪眼扒皮的天天来要。

瞪眼儿瞎 dèngyǎnrxiā ①从外观看眼睛正常没什么毛病，但实际上眼睛已经瞎了看不见东西。②指文盲。

蹬筋 dèngjīn 像牛拉重车把牛脖筋都蹬紧的样子。形容办事缓慢、磨蹭不着急。[例] 你别像老牛蹬筋似的，赶快把活干完！

提溜 dī·liu ①手提。[例1] 东北有句俗语："笑话人，不如人，提溜裤子撑不上人。"[例2] 谢广坤问："那你，你这提溜东西干啥啊？"（《乡村爱情故事》第20集）② 悬挂。[例] 看样子屋子很久没有住人了，到处是灰尘，蜘蛛网在半空中提溜儿着。③量词，以手所能拎的少量东西。[例] 一提溜水果能值多少钱？④提拔的意思。[例] 谢广坤说："你怎么一点儿上进心都没有，我就这么提溜都提溜不起来你。"（《乡村爱情故事》第16集）

提漏儿 dīlòur 称量酒等液体的量具。[例] 酒提漏儿、酱油提漏儿等。

嘀溜蒜挂 dī·liusuànguà 形容散乱，不规整。[例1] 迎风一找，寻到一棵爬蔓的青瓜秧，上面嘀溜蒜挂地结着一串顶心甜瓜。（《炸海干石》）[例2] 王天来说："披头散发的，完了戴俩嘀溜蒜挂的，那叫什么耳环子什么玩意儿的。"（《乡村爱情故事》第21集）

滴溜摆当 dī·liubǎidàng 参差不齐地下垂。[例] 房间里小饰物挂的到处都是，滴溜摆当的，确实难看。

滴溜嘟噜 dī·liudū·lu 形容很多成串儿的东西。[例] 秋收季节，山里的野葡萄滴溜嘟噜的，到处都是。

滴溜儿圆 dīliūryuán　形容非常圆。[例] 十五的月亮滴溜儿圆。

滴流儿 dīliúr　生病时输液的俗称。[例] 孩子感冒了，赶快去医院打滴流儿。

滴台 dī·tái　也作"滴带"。指滴水砬子。[例] 妈妈说："再坚持一下，过了这个鹰嘴滴台，就能看见大姨家啦。"

底包天儿 dǐbāotiānr　也作"地包天儿"。指人的长相下颌上翘。[例] 我那时候吧，我长得确实挺漂亮，比你媳妇漂亮，现在完了，现在有点底包天儿。（小品《城市打工妹》）

底儿朝天 dǐrcháotiān　底部朝上。形容极乱或变化极大。[例] 他把家里闹个底儿朝天。

地出溜 dìchūliū　①指在地上快速奔跑的小动物。②形容某人个头小而且跑得快。

地蛋儿 dìdànr　也作"土豆""地豆""地包"。学名马铃薯。[例] 你家猪跑我家地里，把我家地里的地蛋儿都给拱吃了。

地动 dìdòng　地震的俗称。[例] 那年海城闹地动，我们这边听见碗架柜里的碗，呱哒哒直响。

地根儿 dìgēnr　也作"坐地根儿"。从前，过去；根本；原来。[例] 地根儿这房子就是我们家的，怎么现在说成是你家的房子了呢？

地蝲蛄 dìlà·gu　蝼蛄。一种常年生活于地下，以植物根茎为食的昆虫。对庄稼不利，属害虫。[例] 要听地蝲蛄叫，还不用种黄豆。

地雷蜂子 dìléifēng·zi　一种在树根部及地下做窝的蜂子。[例] 大黄狗……用嘴牵着主人绕过地雷蜂子来到树下。（《义犬寻宝记》）

地力 dìlì　土壤肥沃的程度。[例] 后山那块漏风地，要是多上点儿农家肥，来年地力肯定好。

掂对 diān·dui　①调换。[例] 人手不够，我再掂对人。②斟酌。[例] 我的意见和你说了，怎么去做，你再掂对掂对。

掂量 diānliáng　①斟酌。[例] 大家到外面打工是冲你才去的，有些事情你们自己掂量着办。②估量。[例] 我掂量一下，这些鸡蛋有三斤多。

颠倒个儿 diāndǎogèr　翻转颠倒过来。[例] 这幅画挂颠倒个儿了。

点儿背 diǎnrbèi　东北流行用语，指机遇不好，运气坏的意思。如打麻将抓到好牌叫点兴，总抓不到好牌，还总点炮，就叫点儿背。遇到不吉利的事情，也称点儿背。[例] 他去年点儿可背了，投资三十多万元，一分钱也没挣回来。

点儿正 diǎnrzhèng　也作"点儿兴"。指运气好。[例] 刘能说："这个事要

是真的，咱那点儿可正透了，这一步一步全按着咱们的想法来的。"（《乡村爱情故事》第11集）

踮脚 diǎnjiǎo ①提起脚跟；用脚尖点地走路或只是脚尖着地。②指腿脚有毛病的人走路的姿势。意指瘸子。[例]她是个踮脚，到现在也没找到对象。

电驴子 diànlǘ·zi 摩托。[例]现在新农村有了新变化，农民生活条件好了，铲地都骑电驴子去。

电匣子 diànxiá·zi 也作"戏匣子""匣子"。指收音机。[例]名牌挂钟叮当响，新式电匣子带唱片。

垫背 diànbèi 比喻让别人为自己分担过失或罪责。[例]官面上交代不下去，要不把你垫了背才怪。（《骆驼祥子》）

垫补 diànbǔ ①也作"垫吧"。指吃少许食物补充。[例]刘英说："你寻思我吃呢？……我不是合计给咱儿子垫吧垫吧嘛。"（《乡村爱情故事》第11集）②暂时挪用别的款项或借用别人的钱。[例]我做买卖赔了，寻思拿公款先垫补一下，等挣到钱再还也不迟，没想到触犯了法律。

垫底儿 diàndǐr 最基础的准备和铺垫。[例]有你大老板给我垫底儿，多大工程我都敢接。

垫牙巴叉 diànyá·bachà 牙巴叉是牙和下巴的俗称。垫牙巴叉，即指给人做谈笑的话柄。[例]他喝酒在高速上开车被拘那点事就给大家垫牙巴叉了，想起来就说说。

这个事要是真的，咱那点儿可正透了，这一步一步全按着咱们的想法来的。

吊膀子　diàobǎng·zi　①习武的一种操练方式。[例] 东北满族男子从小都练吊膀子。②调情。[例] 三年前他和一个妇人吊膀子，那妇人背弃了他，还带走了他半生所积下的那点钱财，因此一下而成了个半疯。(《呼兰河传》)

吊儿各　diàorgè　贬义词，不屑搭理。[例] 他考上公务员后，就不吊儿各咱哥们啦。

吊儿郎当　diào'érlāngdāng　①做事不认真，随随便便，游手好闲的人。[例] 你说你吊儿郎当的，揣盒好烟……（赵本山、范伟小品《同学会》）②轻松。[例] 我以为多大的事，就这点小事儿我吊儿郎当就办了。

吊远　diàoyuǎn　也作"吊脚"。指路途偏远，所要达到的地方比较麻烦、别扭，很不方便。[例] 他家搬到河对面去，这要是去趟他家太吊远了，还得过河。

掉腚　diàodìng　也作"调腚"。①雌性动物在发情期主动找雄性交配。如东北俗语讲：母狗不掉腚，牙狗不上前。②指车辆等快速行驶时，由于路滑等原因造成原地旋转180度，或旋转角度较大。③由于对事情持不同意见和看法而耍态度。[例] 咱俩都是班子成员，如果研究事时意见老不统一，经常调腚，那工作还怎么往下部署。

掉个儿　diàogèr　也作"掉过儿"。指头和尾掉换了位子。[例] 你打小儿归爹妈管，到老了你还掉个儿了，归儿女管。你啥前儿能个儿人承包，自己说了算呢？（赵本山小品《相亲》）

掉价儿　diàojiàr　①价格降低。②也作"掉份子"。比喻身份、排场降低，有失体面。

掉脸子　diàoliǎn·zi　也作"吊脸子"。指生气；脸色难看。[例] 刚说她两句，她就掉脸子不高兴。

掉链子　diàoliàn·zi　①掉价儿。[例] 姜鹏大哥有才……粤语歌曲啥歌都会，但有时候他也掉链子，有时也忘词儿，蒙。（小沈阳小品二人转《东方斯卡拉》）②在关键时刻犯错误，出纰漏，把事情办砸了的意思。[例] 谢广坤说："刘能啊，你咋一到关键时候就掉链子呢？"刘能说："……我就是掉链子了，你能不能想办法把这链子给接上？"（《乡村爱情故事》第35集）

掉色儿　diàosèr　色，在此发"shǎi"音。褪色。[例] 衣服放在太阳下面直晒不好，那样容易掉色儿。

掉崽儿　diàozǎir　也作"掉崽子"。指动物（哺乳类）流产。[例] 你一棒子把我家老母猪打掉崽儿了，你得赔我钱。

掉渣儿　diàozhār　①原指脱落下碎片。[例] 墙皮受潮，时间长了就掉渣。

后来夸张形容女人搽脂抹粉涂得太多，称掉渣了，或者说快要掉渣了。②比喻人吝啬、抠门。如形容某某人吝啬说他（她）"一个渣儿也不掉"。再如让某人掏钱、出钱做某事时说，你得掉点儿渣儿。

丁价儿 dīngjiàr　一直盯住，不间断地。[例]他丁价儿上小卖店儿来，我就看出他没安好心。

顶梁柱 dǐngliángzhù　指起非常重要作用的人或事物。[例]谢广坤说："她是咱们老谢家的顶梁柱啊，你们得好好维护，听着没有？"（《乡村爱情故事》第23集）

顶牛 dǐngniú　也作"顶架"。原指公牛之间用角逐的方式打斗。①比喻互相冲突并争执不下。[例]你在单位做什么事怎么老和同志们顶牛呢？这样对你将来的前途可不利呀！②比喻所需处理的几个事情之间发生冲突。[例]这次表彰大会，与上级来检查验收活动顶牛了。

顶烟儿上 dǐngyānrshàng　不顺从，逆流而上。[例]上级正在整风，你还顶烟儿上。

定砣 dìngtuó　原指冬天把东西冻成死心儿，冻成固态不再变化而形成砣状。引申为事情已成定局，不再变化。[例]原来我们两家孩子的婚事已经定砣了，谁知道他家姑娘出门打工一年，回来就不干了，硬要退婚。

腚沟 dìnggōu　腚；后股沟。如东北俗话：獐子别笑话狍子白腚沟。

丢当 diū·dang　摇摆下垂。比喻人闲置无工作干。[例]自从回城后就没给安排工作，他一直在人事局那丢当着。

丢砢碜 diūkē·chen　丢脸的意思。[例]王秀美说："你干啥呀，给人打电话啊？别丢砢碜了，拉倒吧。"（《乡村爱情故事》第16集）

东扯葫芦西扯瓢 dōngchěhú·luxīchěpiáo　毫无边际地瞎扯。[例]亲家母看出他是来打听儿子的底细的，她偏东扯葫芦西扯瓢地唠家常……（《私访》）

东一榔头西一棒子 dōngyīláng·touxīyībàng·zi　也作"东一榔头西一杠子"。比喻说话、做事跳跃式的，没有中心，抓不住重点。[例]你不是让我谈正事吗？那也不能东一榔头西一棒子的。（《祝你成功》）

动武把捎 dòngwǔbǎshāo　也作"动武把操"。指动手打架。[例]有话好好说，别动不动就动武把捎。

动真章 dòngzhēnzhāng　也作"动真格""上真章""较真章"。指来实在的，动真的。[例]咳，哪曾想，一动真章，两个都吹了！（《招亲记》）

动嘴 dòngzuǐ　指仅说话而不做其他的。[例]别光动嘴指使别人，你自己也得亲自干。

兜底儿 dōudǐr ①把余下的部分全部承担、接收过来。[例]这次捐款还差多少钱？剩下的由我兜底儿。②也作"兜老底儿"。比喻把底细全部揭露出来，多指隐私、隐讳的事。[例]我们是老乡，你在老家那些事，我不能给你兜老底儿。

兜肚 dōudù 也作"兜兜儿"。一种贴着护在胸部和腹部的像菱形的布，用带子套在脖子上，左右两角钉带自束在背后。

兜圈子 dōuquān·zi 绕圈儿，有话拐弯抹角不直接说。[例]你别跟我兜圈子了，你到底想借钱呐，还是干什么就直接跟我说。

兜嘴 dōuzuǐ 也作"笼嘴"。用布缝制或竹藤、金属丝等编制的套带在牲口嘴上的，以防止牲口偷吃庄稼等食物的器具。[例]驴兜嘴、牛兜嘴。

抖 dǒu 得意。[例]一下子中了十万元大奖，这回我可抖起来了。

抖搂 dǒu·lou ①振动衣、被、包袱等，使附着物落下来。[例]把衣服上的雪抖搂一下。②全部倒出或说出；揭露。[例]他把我俩的事全部给抖搂出去了。③浪费；胡乱用（钱财）。[例]别把老本都抖搂光了。④挣脱。[例]同她的关系，我是抖搂不掉的。

逗摆 dòu·bāi 挑逗。[例]小孩子你逗摆他干什么，一会儿就哭了。

嘟噜 dū·lu ①量词，成群、成堆、成串的。[例]一嘟噜葡萄；一嘟噜香蕉。②动词，阴沉着脸，绷着脸。[例]翻译官嘟噜着黄白镜子脸，翻楞着眼问："什么时候过去的？有多少人？"（《火堆》）③连续颤舌头或小舌发音。[例]外国人说话，小嘴一个劲儿嘟噜嘟噜，咱听不懂。

独食儿 dúshír 独自进食。形容自私，容不得他人。[例]上边发奖金，我们大家都有份，你不能自己吃独食儿。

犊子 dú·zi 原指小牛。比喻没有用的东西或事物。[例]长贵说："我也没昏过去，掐啥人中啊？"谢大脚说："那你在这给我装啥犊子啊。"（《乡村爱情故事》第27集）

堵心 dǔxīn 心里憋闷。[例]谢兰说："这几天我老堵心了，你说我看见你头发立起来怎么就堵心呢？"（《乡村爱情故事》第24集）

堵嘴 dǔzuǐ 不让人说话或使人无法开口说话。[例]你给我好处就是为了堵我嘴，不让我向领导反映那件事呗。

端相 duān·xiang 仔细地观看；打量。[例]我端相半天才认出是你。

断溜儿 duànliùr 中断，接续不上。[例]游行的队伍不断溜儿一队接一队

儿。(《大喜事儿》)

断捻儿 duànniànr 原指纺线时的"线捻儿"断了。引申为：①正燃的爆竹捻子中途熄灭。[例] 他以为小鞭儿断捻儿，就捡起来看，结果"啪"的一下响了，把眼睛崩了。②彻底结束，接续不上。[例] 他不拿钱，老人生活费用就断捻儿没人管了。

断条 duàntiáo 中断，没有连续性。[例] 老张调走了，工作不能断条，得马上安排人去做。

堆褂 duīguà 支撑不起来；精神彻底垮了的意思。[例] 听见母亲去世，他一下就堆褂了。

堆儿砬儿 duīrlár 形容东西多且堆放得很零乱。[例] 场院里堆儿砬儿的，满哪儿都是苞米棒子。

堆歪 duī·wai ①摆放不正。[例] 箱子放堆歪了，扶正。②指受到打击、刺激而精神崩溃。[例] 听说是绝症后，他就堆歪了。

对半儿劈 duìbànrpī 各分得一半的意思。[例] 咱俩合伙干，我出资，你管理，挣到钱咱俩对半儿劈怎么样？

对茬儿 duìchár 符合，适合，结合严密的意思。反义词是"对不上茬儿"。[例] 你的话和他说的也不对茬呀？

对缝儿 duìfèngr 原为木匠做家具时，把隼卯结合称对缝。后演变为不用资本，通过介绍、撮合双方达成买卖协议而从中获取差价的商业行为。[例] 有人发财靠劳动，有人发财靠对缝儿，有人发财靠撒谎，有人发财靠做梦。（赵本山小品《有钱了》）

对付 duì·fu ①合得来。[例] 他和她老不对付，到一起就吵架。②敷衍、应付。[例] 最近日子过得还对付，家里没什么事。③将就。[例] 病人说："假如苍天再给我一次机会，再给我对付几年，我一定把感情放在第一位。"（赵本山小品《心病》）

对过儿 duìguòr 又称"对个儿"。对面的意思。

对路 duìlù ①合乎需要；合乎要求。[例] 你这个方案很对路。②彼此情投意合，有共同语言和兴趣。[例] 我俩对路，所以才交往这么多年。

对撇子 duìpiě·zi 相处或办事合得来，对劲儿。[例] 这新来的书记如果对撇子，当然没什么说的。（《伐木人传》）

对眼儿 duìyǎnr ①合乎自己的眼光；满意。[例] 他看她很对眼，见一次面马上就处上对象了。②内斜视的通称。也作"斗鸡眼儿"。

碓 duǐ 碓，在此发"duǐ"音。握拳头直击打，与"杵"意同。[例] 胖丫问："怎么了？"小沈阳说："我就欠碓。"（《乡村爱情故事》剧组在辽台联欢会）

碓咕 duǐ·gu 碓，在此发"duǐ"音。①触动。[例] 老太太连推带搡地碓咕，二雷由后院跳出去，走了。（《八出戏》）②比喻用话顶撞人。[例] 几句话就把他碓咕回去了。

蹾人 dūnrén 物体上下颤动使乘坐的人产生难受感觉。[例] 汽车在土路上行驶，非常蹾人。

蹲坑儿 dūnkēngr 待在一个地方监视某人（多指坏人）的活动。[例] 今晚是年三十儿，犯罪嫌疑人很有可能回家过年，我们就在他家附近蹲坑儿，一旦发现踪迹立即抓捕。

多会儿 duō·huir 什么时候；多长时间；几时。

多前儿 duō·qianr 也作"多暂"。什么时候。[例] 我多前儿答应给你涨工资了？

躲清静儿 duǒqīngjìngr 躲避劳动或推脱需承担的责任。[例] 人家都在那干活，就你躲清静儿跑这自己喝酒。

E

讹人　érén　也作"放讹"。敲诈；强行向人索取财物或其他权利。[例]王大拿说："就不利它能不利到哪去，咱们怕他啥玩意儿，是不是？那不让人讹去了吗？"(《乡村爱情故事》第18集)

蛾烂　é·lan　又作"蛾淋"。被褥、衣服、纸张等表面形成的污渍。[例]孩子尿炕，把被子造得哪都是蛾烂，得天天洗。

恶心人　ě·xinrén　①令人感到厌恶。[例]发霉的食物实在恶心人。②使人难堪；揭人短处。[例]你这么恶心人，是何居心？

恶臭　èchòu　①非常难闻的气味。[例]坏鸡蛋的味恶臭。②指人的名声不好。[例]他这个人道德差，在单位名声恶臭。

饿皮虱　èpísī　指在皮上吸血叮住不放的虱子。引申为比喻纠缠住不放的人。[例]你别像个饿皮虱似的老跟着我。

恩呢　ēn·na　是的意思。[例]问：你吃饭啦吗？答：恩呢。

摁下葫芦瓢起来　ènxiàhú·lupiáoqǐlái　形容忙于应付接二连三出现的事情（一般指不好的事情）。[例]这几个孩子把我忙得，刚把这俩打仗孩子处理完，摁下葫芦瓢起来那边儿又打起来了啦。

耳套儿　ěrtàor　用皮（或毛线）做的套在耳朵上的帽儿。[例]大冬天的，他不戴棉帽，只戴个耳套儿，他也不嫌冷。

二　èr　除代表数字外，在东北"二"还有不精明、鲁莽、傻的意思。[例]你说你连二三都不分了，你都二到啥程度啦！(赵本山小品《卖车》)

二八扣　èrbākòu　意指打二八折都难以确定事实的真伪程度。比喻说话、办事虚夸，水分太大，不可信。[例]他这人没人相信他，说话历来都是二八扣。

二百五 èrbǎiwǔ 头脑简单，什么也不懂，没有本事的人。[例]谁要不会享这福，纯牌儿二百五。（赵本山小品《相亲》）

二半破子 èrbànpò·zi 也作"二把刀"。对某项工作知识不足、技术不高，一知半解的人。[例]他才学徒干瓦匠，是个二半破子，你怎么能叫他负责工程呢？

二茬子 èrchá·zi 原指第二茬庄稼。引申为比喻重新崛起的一代。[例]我们单位这些二茬子太厉害了，他们都是大学生，业务样样精通，比我们那一代强多了。

二串子 èrchuàn·zi 指杂交后血统不纯的下一代。[例]野猪和家猪交配后，生的二串子猪市场前景非常好。

二大神 èrdàshén 在大神儿跳神祈福时，一旁一个边敲着腰铃鼓边扭着腰铃与大神一同互相搭话，协助请神祈福、算命的帮手，称为二大神。

二乎 èr·hu 心里犹疑，不能确定。[例]你说是他捐的钱，我心里就二乎了，他哪来这么多钱？

二乎赖 èr·hulài 也作"二乎赖子"。①智力差的人滥竽充数。[例]他就是个二乎赖子，还上场打球呢！②左也行、右也可，似懂非懂，似像非像的意思。[例]原来我以为人妖是非男非女的二乎赖子，现在弄明白了，实际上他从小就是男的！

二虎 èrhǔ 也作"二虎子"。指头脑简单，不精明，鲁莽的人。[例]这孩子真二虎，跟你爸说话怎么能带脏字。

二虎巴唧 èrhǔbā·ji 也作"虎了巴唧"。不精明，傻乎乎的样子。[例]你看他二虎巴唧的样子，到多暂也娶不上媳妇。

二话 èrhuà 其他的话；不同的意见。[例]你决定的事我没二话，坚决执行。

二婚头 èrhūntóu 称再嫁的妇女。[例]她是二婚头，还带个孩子。

二赖子 èrlài·zi 不务正业，游手好闲的人。[例]在这个小区里，小张就是个二赖子，谁都不愿意搭理他。

二愣子 èrlèng·zi 也作"愣头青"。指做事冲动，不计后果；性格直而不知变通，办事莽撞却不乏可爱的人。

二皮脸 èrpíliǎn 也作"二皮脸子"。指厚脸皮、不知羞耻的人。[例]陈佩斯说："那这半拉脸呢？"朱时茂说："不要了。"陈佩斯说："这可就是二皮脸了。"（陈佩斯、朱时茂小品《主角与配角》）

二五眼 èrwǔyǎn ①物品质量差。[例]这周出厂的仪器一点也不二五眼。②能力差的人。[例]这孩子可不二五眼，靠自己的努力考上了重点大学。

二五子 èrwǔ·zi 指稀里糊涂的人。[例]你真是个二五子，这个买卖到底挣钱还是赔钱，这么简单的账你都算不明白。

二倚子 èryǐ·zi 不男不女的人，指阴阳两性的人。[例]他说话娘娘腔，像二倚子似的。

知识链接

八大怪 bādàguài

一怪，窗户纸糊在外

由于屋内火炕都是靠窗子，与窗外有较大的温差，如果把窗户纸糊在里边，就容易缓霜，如果太阳一晒，窗户纸容易脱落。东北人把窗户纸糊在外，就是出于为了使室内火炕发出的热气得以保持，并与寒冷的外面形成温差，使屋里保持暖和而窗纸又不至于损坏的缘故。

二怪，大姑娘叼烟袋

东北的各族先民及在大山里淘金、放排、挖参、狩猎的人们，劳作歇息时抽烟，吐出的烟雾能使毒蛇惧怕，不敢靠近人。同时，烟袋油子——一种积存在烟杆和烟锅里的"膏"，也能放出强烈的气味，使毒蛇闻而生畏。

三怪，不吃鲜菜吃酸菜

东北冬天白菜不易储存，在冬长夏短生产力低下的年代，青菜无法得到食用，聪明的东北人就想出将白菜腌制起来，从而解决了人们一冬的蔬菜问题。

四怪，养活孩子吊起来

把孩子放在"摇车子"里，让孩子好好地睡觉。摇车子也叫"悠车子"、"腰车子"，还有的地区叫"炕车子"、"晃车子"的，其实就是满族的"摇篮"。

五怪，冬包豆包讲鬼怪

在关东的民间一进入腊月就开始包黏豆包。一般白天干活夜晚包豆包。包豆包是个累活，而且单调乏味，为了打发包豆包的漫漫长夜，往往请一个会讲故事的老奶奶来，专门给包豆包的大姑娘、小媳妇们讲"瞎话"，防止大伙发困打瞌睡。

六怪，欻"嘎拉哈"决胜败

欻（chuǎ）嘎拉哈是北方民族的一项古老游戏。在古代，嘎拉哈曾被用作军事战术上模拟演习的棋子，如今已成为一项休闲娱乐的健身活动。

七怪，降妖捉怪神仙舞

源于满族的萨满教。

八怪，棉靰鞡脚上踹

棉靰鞡是冬季北方外出必穿的一种鞋。靰鞡中所垫的靰鞡草是东北三宝"人参、貂皮、靰鞡草"中的一宝。

发贱 fājiàn 不自重而做出让人看不起的举动。[例]要不是你发贱，你俩能吵起来吗？

发苶 fānié 精神不振。[例]大热的天儿，人和牲口都有点发苶。

发送 fā·sòng 指对死者进行安葬，并处理其后事的过程。[例]别担心，我就像你的亲儿子一样，等你老了那天，我发送你。

发轴 fāzhóu ①转动阻力大；运动不畅。[例]自行车轮子发轴。②比喻做事不机敏，不灵活。[例]你怎么这么发轴呢？喊你几声都不动弹！

乏乏的 fáfá·de 很疲劳、疲惫。[例]我今天累得乏乏的，想早点儿休息。

翻白儿 fānbáir 鱼死后白肚子向上。[例]我早上起来一看，缸里的鱼都翻白儿了，水面上漂一层。

翻盖子 fāngài·zi 翻脸。[例]原来讲得好好的，现在你怎么说翻盖子就不承认了呢？

翻脸花 fānliǎnhuā 反手打耳光。[例]他一个翻脸花，打得老张两眼冒金花，口鼻都流血了。

翻烧儿 fānshāor 捞回成本。也有东山再起的含义。如东北老话讲：驴粑粑蛋翻烧。以前做买卖赔了，或赔个精光，这次做，把以前赔进去的捞回来不说，还挣钱了，叫翻烧儿。

翻小肠儿 fānxiǎochángr 也作"扒小肠"。意图提醒对方报答自己。[例]你别在那翻小肠儿啦，你在困难时期是帮过我，我不会忘记的。

烦恶 fán·wù 使人厌恶或心烦。[例]他真烦恶人，人家走到哪儿他跟到哪儿。

反桄 fǎnguàng 反悔，推翻原来的观点。[例]我们原来讲得好好的，你怎

么现在突然反桄了？

反碱 fǎnjiǎn ①地层中被水溶解的盐分，因毛细管的作用而上升到地面表层。亦说泛碱地。②由于身体各部位出汗将盐分带到衣物表面，待水分蒸发后留下白色状物质。也称汗碱。

反来覆，覆来反 fǎnláifù，fùláifǎn 反反复复，反复无常。[例]到底是怎么个情况你必须说清楚，别老这么反来覆，覆来反的，否则要追究你伪证责任的。

反卤 fǎnlǔ 也作"反潮"。指空气中湿度大，使水分附着在物体表面上。[例]一到下雨天，水缸外边就反卤，水汲汲的。

反门 fǎnmén 也作"反盆"。指相反的方向；事情朝另一方向发展。[例]让你把东西取回来，你却送给人家，这不整反门了吗？

反毬 fǎn·qiu 不停地絮叨以前的事。[例]你老反毬以前的事干什么？

犯不上 fànbùshàng 不，在此读"bú"音。犯不着、不值得。[例]刘大脑袋说："所以说，既然咱已经都做到了这一步了，咱就别让人说出点儿别的闲话来，犯不上啊，到时候。"（《乡村爱情故事》第4集）

犯膈应 fàngè·ying ①厌烦。[例]我看见他，就从心里犯膈应。②触犯禁

所以说，既然咱已经都做到了这一步了，咱就别让人说出点儿别的闲话来，犯不上啊，到时候。

忌。[例] 大过年的，你上人家门口烧纸，谁不犯膈应。

犯讲究 fànjiǎng·jiu 有讲究。[例] 领导在开会时怎么排座位，那是犯讲究的。

犯邪 fànxié 出现或发生意外或离奇的事情。[例] 我最近犯邪了，打麻将老输钱。

房笆开门 fángbākāimén 房顶上开门。比喻自顾自己，不管他人，鸡犬相闻，老死不相往来。[例] 过日子不能房笆开门，灶坑打井，用不着别人。

房山头 fángshāntóu 山墙底部。[例] 房山头那坐着几个妇女，有的纳鞋底，有的缝衣服……（《房山头那块阴凉地》）

放北声哭 fàngběishēngkū 大声哭喊。形容极其悲痛、愤怒。[例] 听到母亲去世了，她放北声哭，边哭边念叨没赶上送终。

放杵 fàngchǔ 发呆，没办法。[例] 难题解决不了，他放杵了。

放荒 fànghuāng 为了利于来年草木很好地生长，把山野的草木放火烧掉。

放牛场 fàngniúchǎng 在放牛的场所，牛四处乱跑、乱串，加之吆喝、呵斥、怒骂和殴打等，故多以放牛场来比喻不文明的或秩序混乱的地方或场所。[例] 这会场成什么样子了？简直就是个放牛场！

放血 fàngxiě ①指将动物杀死。[例] 他给我们下了最后通牒，说啥不让我俩养鳖，说是不答应就把王八捞出来挨个放血。（赵本山小品《拜年》）②比喻使其遭受损失。[例] 他要是不答应我们的条件，今晚就给他放血。

飞眼儿 fēiyǎnr 以目传情。[例] 长贵对谢大脚说：“你是瞪我呢，还是跟我飞眼儿呢？”（《乡村爱情故事》）

非得 fēiděi 指"非得……不可"的简略，即必须的意思。[例] 我自己去就行，非得你也去呀？

肥耷耷 féidā·da 形容肥胖的样子。[例] 这块猪肉肥耷耷的。

肥嘟嘟 féidū·du 肥胖的样子。[例] 孩子小腿儿肥嘟嘟的，真招人稀罕。

费劲儿 fèijìnr 费事，费力气。[例] 你说不说，你再不说我可走啦，你看你这费劲劲儿的。（赵本山、黄晓娟小品《相亲》）

分窝 fēnwō 也作"分群"。将原有的小动物从窝（群）分离出来。一般指达到脱离母乳喂养能自行进食的时候称分窝。[例] 猪崽到分窝时，你再来买。

坟圈 fénquān 也作"坟圈子"。指埋葬死人的地方。[例] 小沈阳说：我走到一个坟圈子那，我蹲在坟头说："我，到家了。"（小沈阳小品《2009年北京春晚》）

粉了 fěn·le 也叫"粉籽儿"。种子播种后，由于雨水长时间浸泡而导致种子霉烂，而无法发芽生长。

份儿 fènr ①派头；气势。[例]摆份儿；跌份儿。②程度；地步。[例]谢兰说："长山，既然咱俩话都说到这个份儿上了，我也跟你说点实话。"（《乡村爱情故事》第30集）

疯疯扯扯 fēng·fengchē·che 形容疯疯癫癫，不稳重的样子。[例]你一个大姑娘，应该稳当点，不能整天疯疯扯扯的。

服伏在地 fú·fuzàidì 也作"俯伏在地"。形容极其佩服，五体投地的意思。[例]程二婶对老头子领导生产的本领是服伏在地的。（《断案》）

服软儿 fúruǎnr 服输，认错。[例]刘能说："赵四这不是也服软儿了嘛，那个亲戚里道的，我也不能太不给他面子了……"（《乡村爱情故事》第14集）

浮皮儿 fúpír 表层、表面。[例]涨水时，河浮皮都是杂物。

浮上 fúshàng 也作"浮头儿"。指最上面的部分。[例]我记得钱包就放在柜子浮上，怎么就找不到了呢？

副 fù 形状；情形。[例]哪有像你这副的，到处跟人家借钱。

富态 fù·tai 体态丰满，褒义。[例]他很有福气，长得也很富态。

知识链接

佛托妈妈 fō·tuomā·ma
又称"佛头妈妈"、"佛朵妈妈"、"完立妈妈"、"万历妈妈"、"歪里妈妈"或"喜兰妈妈"、"喜勒妈妈"，清代满族朝野上下普遍祭祀的女神。传说：李成梁总兵因其小妾喜兰帮助努尔哈赤躲避杀害逃回建州，遂将喜兰剥光衣服活活杖死。努尔哈赤为报喜兰救命之恩而奉其为"万佛之首的佛头妈妈"而为其祭祀。故满族人在大祭祀和清明上坟祭祀先人时，在柳条上端用纸条扎成似人脸形状，然后将其插在坟头上。

旮旯儿 gālár 角落。[例]犄角旮旯儿。也可叠加为"旮旮旯旯儿",指所有的角落。[例]东西怎么就找不到呢?你把屋里旮旮旯旯儿再重找一遍。

胳肢窝 gā·zhiwō 也作"夹肢窝",腋窝的俗称。[例]孩子的小手儿伸进我胳肢窝挠我。

嘎巴 gā·ba ①附着在器物上的黏东西干后形成的块状物。[例]锅嘎巴。②伤口上结的痂。[例]王老七说:"我估计你和陈艳南的事啊,可能也就是刚定上嘎巴儿,你瞅你,个人接个新茬儿,又来接了,你这自己不找难受吗?"(《乡村爱情故事》第22集)

嘎巴溜丢脆 gā·baliū·diūcuì 也作"嘎巴溜脆"。言谈举止利落爽快,不拖泥带水。[例]有话就嘎巴溜丢脆直说吧,你到底同意不同意?(《征途》)

嘎巴嘴 gā·bazuǐ 也作"干嘎巴嘴儿"。张口结舌,无言以对的意思。形容有话说不出口或着急说不出话的样子。[例]让我一追问,他就嘎巴嘴了,答不上来。

嘎嗒牙 gā·dayá 也作"闲嘎嗒牙"。①吃零食的意思。[例]躺在大队炕上,我吃着爆米花嘎嗒牙。(《乡村笔记》)②闲扯。[例]黄掌柜看苗三絮絮叨叨地说个没完,不满意地说:"有事你就痛快说得了,别在这闲嘎嗒牙,耽误我们做生意。"

嘎赌 gàdǔ 也叫"挂赌",即打赌且约定赌注的意思。[例]我和你嘎赌,这次世界杯巴西队肯定得冠军,谁输了谁晚上请客。

嘎嘎儿 gāgār 形容词,特别(好、新)的意思。[例]钱嘎嘎新;她对儿媳妇可好了,那是嘎嘎的。

嘎吗 gá·ma 指什么东西或不确定的事和物。[例]这天刚立秋,里金布阿

玛为了抢秋膘儿,就背起弓箭拿起猎叉上山要打个嘎吗的。(《火石嘴子》)

轧　gá　轧,在此发"gà"音。①阻挡某人做事。[例]他打篮球虽然投篮不准,但轧人儿行。②超过,比下去。[例]这次运动会,我们单位轧过三四个单位,肯定能拿到奖。

轧连襟　gáliánjīn　结成连襟关系的姻亲。[例]我小姨子长得漂亮,人品也不错,我看你俩挺般配,咱俩轧连襟得了。

轧邻居　gálínjū　做邻居或与邻居相处。[例]轧邻居得以诚相待,有个大事小情的要互相帮忙。

轧亲家　gáqìng·jia　结成儿女亲家。[例]你家姑娘真不错,长得好看又善良,这么地吧,咱两家轧亲家,让你姑娘给我当儿媳妇。

轧误　gáwù　轧,在此发"gà"音。也作"打误"。车等受到阻力不能前进。[例1]马车走到河中间就轧误走不动了。[例2]这条路,真难修,全是坎儿,净是沟,汽车到这就打误,全靠毛驴儿往出捯(zhōu)哇。(赵本山小品《三鞭子》)

轧悠　gá·you　轧,在此发"gà"音。做事慢慢腾腾地,磨洋工的意思。[例]你快点走,别再后面轧悠。

轧伙　gáhuǒ　也作"轧伙计"。①泛指合伙做某事。[例]咱俩轧伙做买卖儿,你看行不行。②指鳏寡孤独上岁数男女结合一同生活。[例]老李头从老伴儿死后,就一个人过日子,前几年和一个要饭的老太太轧伙住在一起。

乍　gǎ　残留的满语词汇。①乖僻;脾气不好。②痞、调皮。③忍受疼痛和抗打击能力强,痛阈值低的意思。[例]他这人真乍,流了这么多血也没吭一声。④小气,吝啬。[例]你也太乍了吧,就跟你借点儿咸盐都不借。

乍古　gǎ·gu　残留的满语词汇。①多指人的脾气古怪,不好相处。[例]他这人就是乍古,处事和别人不一样。②人不常见的、稀奇古怪、独特的东西。[例]你从哪弄的那些乍古词?③坏的花样多。[例]这老东西鬼招太多,是一个杀穷人不见血,吃穷人不吐骨头的乍古地主。(《征途》)

乍古话　gǎ·guhuà　也作"乍古词儿"。残留的满语与汉语结合的词汇。指幽默俏皮的语言。[例]马丫说:"好啥呀,他这个人呐,你别瞅他蔫了吧唧的,那一肚子乍古词儿,心眼小得像针鼻儿。"(小品《老蔫完婚》)

乍失　gǎ·shi　也作"割什"。残留的满语词汇。舍得的意思。其反义词是不乍失、不舍得。[例]这么一桌好菜,我自己都不乍失吃,还送给你吃?

该　gāi　①欠。[例]人家该咱们的,咱们该人家的……算一算,看看还有几

个钱没有。(《红楼梦》)②表示应该这样，一点儿也不委屈（有不值得怜惜的意思）。[例] 该，活该呀，你说人家买辆小汽车，你到那看看你就回来得了呗……（《乡村爱情故事》）

该言 gāiyán 指命运注定，避免不了，活该的意思。[例1] 我要是不去买烟，怎么兜里有零钱买彩票？今天该言我中大奖。[例2] 这次的事你谁也别埋怨了，该言你倒霉。

改茬 gǎichá 原指轮换耕种农作物。引申为改变对象。[例] 你们俩吵架也不管我的事呀，怎么现在改茬针对我来了呢？

改肠子 gǎicháng·zi 一反常态的意思。[例] 他现在真是改肠子了，别人说什么都听不进去。

改口 gǎikǒu ①改变原先自己表达的意思或决定。[例] 我原先都说好跟他们一起出去旅游，现在说不去，我没法改口啊。②改变称呼。[例] 你都结婚两年多了，你得改口叫公婆爸妈呀!

改样 gǎiyàng 改变原来的模样；变样。[例] 真是女大十八变，这孩子现在长得都改样了。

盖帘儿 gàiliánr 一种炊具，用高粱秆、细秫秸等串成的上下两层圆形用具，多用来盖在水缸、锅、盆等上面，或托放物品用。[例] 那些年，咱农村的政策就像盖帘儿似的，翻过来是"道儿"，调过来还是"道儿"……（《田野又是青纱帐》)

盖帽 gàimào 指非常棒，在一定范围内超过了其他的意思。[例] 这次技术

大比赛，他拿了三个第一，把其他人全盖帽了。

干巴　gān·ba　也可叠加"干巴巴"。①指失去水分而干枯或干燥。[例] 快给弄点水，这嗓子都干了。(赵本山小品《拜年》) ②文章或讲话内容等贫乏、枯燥，语言不生动、不丰富。[例] 写文章要贴近生活，否则写出来的东西干巴巴的。

干巴拉瞎　gān·balāxiā　①指食物等缺乏水分干巴的样子。[例] 你在这吃呀？……光吃这麻花干巴拉瞎的哪行呢。(《夜幕下的哈尔滨》) ②(人或动物)瘦弱，干瘪。[例] 别看他长得干巴拉瞎的，但很有干巴劲儿，一般人干活比不过他。

干柴棒子　gāncháibàng·zi　劈开后用于烧火的柴禾。[例] 大李子跑到外面，不一会儿抱回一大抱干柴棒子，哗啦一下扔到地上。

干打垒　gāndǎlěi　用土垒起的没有柱脚的房子。[例] 话说公元1973年，在大庆油田的一栋干打垒里，住着一对夫妻。(《黑龙江艺术》)

干的　gān·de　比喻实实在在的东西或内容。[例] 赵会计："对付你们这些妇女，没有两套设备不行。"马莲芬："来点儿干的。"(赵本山小品《过年了》)

干锅　gānguō　原指锅中水由于受热蒸发干了。比喻彻底没有了的意思。[例] 我们厂子原材料没有了，这批产品出厂后，厂子就得干锅停产。

干糊糊　gānhū·hu　粥、菜等非常稠。引申为形容特别多的意思。[例] 这一网下去，干糊糊的那么多鱼。

干靠　gānkào　①锅等器皿里的水分完全蒸发后，仍在加热。[例] 别让锅在那干靠，往锅里添点水。②捱，消磨时间。[例] 这些儿女纯牌儿不逆不孝，就兴他年轻人打情骂俏，连搂带抱，老年人就得一个人干靠？(赵本山小品《相亲》)

干拉儿　gānlár　指没有菜只喝酒。[例] 整二两花生米也能喝半斤白酒，要不就得干拉儿。

干冷　gānlěng　也作"干巴冷"。干燥而且寒冷的意思。[例] 好长时间没下雪了，天气干冷，这时最容易得感冒和上呼吸道感染等疾病。

干粮　gān·liang　预先做好供外出时食用的主食。东北地区也指在家食用的面食，如馒头等。

干气猴儿　gānqìhóur　骂人话，让人无奈、干生气。[例] 巩汉林："上税你也不敢吹呀。"赵本山："干气猴儿。"(赵本山小品《如此竞争》)

干亲　gānqīn　没有任何血缘或婚姻关系或亲缘关系（包括法定关系）而结成的亲戚，如干爸、干儿子等。

干擎　gānqíng　毫不费力，没有附加条件地自然而然就得到。[例] 老头子一死，那点家产他全部干擎了。

干儿瘦　gānrshòu　（人或动物）瘦弱，干瘪。[例] 自从他手术后，身体一直干儿瘦，需要多吃点营养东西。

干剩　gānshèng　去除其他净剩下的。[例] 除了吃饭，我的两千元工资干剩。

干腿棒子　gāntuǐbàng·zi　即大腿。[例] 你个大老爷们不上山砍柴，让我在家烧干腿棒子呀？

干哕　gānyuě　因恶心要呕吐又吐不出来。[例] 二丫蹲在灶坑门那干哕也吐不出来，二婶儿在旁边看出门道来，说："二丫这是有喜啦！"

干站子　gānzhàn·zi　已枯萎死亡但尚未倒下的枯树。[例] 王福友说："湿木头不好烧，那后山林子里就有干站子，放倒几棵拽回来就能烧。"（《死火盆儿》）

泔水　gānshuǐ　也作"泔水角子"。即淘米、洗菜、刷锅等用过的脏水，农村一般留作做猪食用。装泔水用的缸叫"泔水缸"。[例] 她回屋舀了一瓢泔水，一下子倒在二小子的头上，二小子火了。

杆儿　gǎnr　也作"赶儿"。比喻一段儿接着一段儿。[例] 昨天夜里停水，今天早上就来这么一杆儿水，也不够用啊。

赶倒儿　gǎndàor　也作"赶劲儿"。①痛快、有力度；说话一语中的、恰到好处。[例] 你说话真赶倒儿，一句话就让他折服了。②做事精彩、以一顶十、一步到位。[例] 你们刑警二中队这次真赶倒儿，一下破获三个案子。

赶点儿　gǎndiǎnr　①（车船等）晚点后加快速度，争取正点到达。②赶上时机。[例] 跟着柳，瞎猫撞死耗子兴许也得赶点儿。（《黑龙江艺术》）③掷色子赌博时在一旁叫喊，希望出现超过别人掷的点数，叫做赶点儿。

赶饭碗　gǎnfànwǎn　也作"赶嘴"。指不合时宜地在人家吃饭或正吃东西时候出现，也参加同吃的意思。[例] 我上你家来老赶饭碗。

赶慌　gǎnhuāng　①乘人不备而取得。[例] 我们正在说话，谁也没注意，让他赶慌把东西拿走了。②坐享其成而取得的。[例] 我们找了几天也没找到山参，让他赶慌放牛时发现了。

赶明儿个　gǎnmíngr·ge　"明儿个"是明天的意思，"赶明儿个"意思就转变了，是指明天或不确定的以后某一天，即以后的意思。[例] 永强妈说："行了，没要就没要吧，再赶明儿个做事用点脑子，就那么盲目地送出去了……"（《乡村爱情故事》第19集）

赶巧　gǎnqiǎo　凑巧；碰巧。[例1] 这事吧这玩意儿也赶巧，俺们老总下乡演出，道边不是有卖水果的吗？（小沈阳小品二人转《东方斯卡拉》）［例2］李秀莲说："没完能咋的，再说亲家也不是故意的，赶巧碰上了，你说咋整。"（《乡村爱情故事》第14集）

赶上 gǎnshàng ①比得上。［例］看你家，冰箱、彩电样样俱全，现在又有了小汽车，谁能赶上你家？②遇到；碰着。［例］谢广坤说："快，坐坐坐。正赶上了，你看你们俩也是，这肯定没吃，没吃饭就一起吃得了呗。"（《乡村爱情故事》第31集）

赶趟儿 gǎntàngr 也作"跟趟儿"，来得及的意思。［例］谢广坤说："小蒙啊，抓紧时间，别误了飞机……"小蒙说："爹，没事儿，赶趟儿。"（《乡村爱情故事》第8集）

赶粘 gǎnzhān （毛发等）粘在一起，梳理不开。［例］熬夜熬了好几天，脸都没洗，头发都赶粘梳不开了。

敢是 gǎn·shi 莫非；怕是；一种表示怀疑的用词。［例］我说这几天你不上我家看电视去，敢是你家也买电视了！

干 gàn 在东北话中有一些动词，可以说是万能动词，也可以叫代动词，就是可以代替很多动作、行为。其中最典型的就有"干"，即做的意思。比如干啥，干买卖儿等。但由于"干"字经常与色情相关，所以现在的适用范围越来越小。

干仗 gànzhàng 也作"干架"。发生口角，打架的意思。［例1］大国说："妈，我跟你说，小梅跟刘一水因为这事，这两天天天干仗。"（《乡村爱情故事》第16集）［例2］永强妈说："你这么掺和，把人两口子掺和干架了，可咋整啊！"（《乡村爱情故事》第7集）

刚 gāng 用反话相激。［例］谢广坤说："你别刚我听见没？急眼我把车停那（房）顶上去，兴许搞个车展。"（《乡村爱情故事》）

钢镚儿 gāngbèngr 硬币。［例］他拎一个口袋，把口袋往柜台上一倒，哗啦啦一大堆钢镚儿在柜台上四处乱跳。

钢钢的 gānggāng·di 加重语气，非常，极好，很特别。［例1］我在东北钢钢的（好使）！［例2］我俩关系钢钢的（好）。

钢口儿 gāngkǒur 指刀、剑等刃部的锋利程度和含钢铁含量的比例。

岗尖 gǎngjiān 也作"岗梁"。指上山峰的顶端、山梁。［例］老王头一口气追到山岗子尖，也没撵上狍子，只好回来。

岗口儿甜 gǎngkǒurtián 形容口味极甜。［例］今年天旱，那西瓜，岗口儿甜！

岗烟儿起　gǎngyānqǐ　古时候，烽火台设立在高山上，也就是东北人所说的岗梁上，为的是远远就能望见狼烟。狼烟燃起也就意味着战争的开始。所以，"岗烟儿起"形容竞争、争斗非常激烈的意思。

高低　gāodī　无论如何的意思。[例] 刘能说："你要不到位，那对你影响多不好。"谢广坤说："那得去呀，那高低得去呀。"（《乡村爱情故事》第4集）

高枝儿　gāozhīr　比喻较高的职务或职位较高的人或人家。[例] 我家儿子不敢攀高枝儿娶你家姑娘。

羔子　gāo·zi　动物的崽子。[例] 猪羔子，羊羔子。

搞　gǎo　在东北话中有一些动词，可以说是万能动词，也可以叫代动词，就是可以代替很多动作、行为。其中包括"搞"，即做的意思。比如搞啥、搞什么、搞完了等，都指做什么，但由于"搞"字经常与色情相关，所以现在的适用范围越来越小。

搞对象　gǎoduìxiàng　处对象。[例] 这年轻人搞对象，闹也没这么闹的，这不差辈儿了吗？（赵本山小品《相亲》）

搞破鞋　gǎopòxié　建立不正当的男女关系。

圪挠　gē·nao　满汉杂居使用语言中，互相渗透，互相吸收，形成的诸多方言。也作"格荛"，"纥脓"。圪挠，指碎烂柴草、生活垃圾；垃圾。[例1] 把院子里的圪挠扫一扫。[例2] 一车豆子全"体登"了，豆粒子蹦了一地，豆秸快成圪挠了。

疙不溜秋　gē·buliūqiū　疙，在此发"gā"音。形容没长开，没成型的样子。[例] 你看他，小个子疙不溜秋的。

疙瘩　gē·da　①块、包或梗阻。[例] 刚才你说锯末子，中药疙瘩冒充十三香，这也没有啊？（赵本山小品《如此竞争》）②比喻二者之间存在的误会、矛盾等问题。[例] 李秀莲说："你这么的，找个机会，你哥俩好好唠唠，把这疙瘩解开。"（《乡村爱情故事》第32集）③疙，在此发"gā"音。东北多指一定的地区，范围、地方。[例] 老四："你就坐那疙瘩好不？我没问你！"（赵本山

你要不到位，那对你影响多不好。

小品《生日快乐》）"疙瘩"也简称"疙"，或写作"旮"。[例] 俺们那疙都是东北人，俺们那疙山上有榛蘑⋯⋯（雪村歌曲《东北人都是活雷锋》）

疙瘩白 gē·dabái　疙，在此发"gā"音。也作"卷心菜"，"大头菜"。甘蓝的俗称。如某工地工人嘲弄刻薄的老板说：你看我们的伙食，顿顿吃的不是疙瘩白就是大头菜。

疙瘩鬏儿 gē·dajiūr　疙，在此发"gā"音。发髻。一般上岁数老年女人的发束。[例] 早晨的黄灿灿的太阳，透过院子东边一排柳树的茂盛的枝叶，照着她微微有些蓬乱的黑黑的疙瘩鬏儿上的银簪饰，闪闪地发亮。（《暴风骤雨》）

疙瘩块儿 gē·dakuàir　疙，在此发"gā"音。①土等结成块状的东西。[例] 土疙瘩块儿。②东北多指一定的地区，范围。[例] 俺们那疙瘩块儿，山上有很多山野菜。也作"疙瘩溜儿"。[例] 这疙瘩溜儿的人，都是从山东那边过来的。

疙瘩汤 gē·datāng　疙，在此发"gā"音。东北特色食品。一种玉米面或白面等做成的面汤，汤中含有小面疙瘩。[例] 这一天老头生病炕上躺，一心想吃疙瘩汤。（《佳人奇文》）

疙瘩头儿 gē·datóur　疙，在此发"gā"音。①也作"疙瘩榔儿"。指物体突出的圆头部分。[例] 火疖子疙瘩头冒脓了，不消炎就会感染。②东北多指割柴禾后留下的死树橛子，将死树橛子即疙瘩头儿打下来，用来烧火，叫打疙瘩头儿。[例] 每天一大早，老顾头儿背个大筐、拎把斧子，上山打疙瘩头儿去了。

饹馇 gē·zha　①一种用豆面做的食品，先摊成饼状，然后切成块状炒菜或炸吃。②锅巴。[例] 饭饹馇。③痂。[例] 伤口已经定饹馇，过几天就好了。

饹子 gē·zi　饹，在此发"gě"音。又作"小饹子"。把玉米磨成很小的碎粒，用来煮粥吃。

胳肢 gē·zhi　动词，用手指或其他物品轻轻触摸别人的身体表面，使之难受、发痒、发笑或痉挛性动作。胳肢，是由搔腋下的含义引申而来的。[例] 我就胳肢她一下，这家伙，笑了一下午也没停下。

袼褙 gē·bei　用碎布、旧布和衬纸裱糊形成的厚片，主要用来做布鞋、纸盒等。

搁 gē　搁，在此发"gáo"音，意同搁。①在，放置的意思。[例] 儿媳妇啊，整俩硬菜，家来客儿啦！一会儿搁这喝酒。（赵本山、宋丹丹小品《策划》）②用的意思。[例] 你有这么大儿子，除非你提前搁大棚扣着。（赵本山小品《送水工》）③当从哪、从哪个角度讲的意思。[例] 我还瞅你两眼呢，要是搁这么算，你还是我孙子呢！（赵本山小品《捐助》）

搁嘞 gē·le　搅拌，搅动。[例] 二嫂骂道："小兔崽子，我们在这洗衣服，你在上边把水都搁嘟混了。"

割把草晾着 gēbǎcǎoliàng·zhe "割"多念gá音。也作"割把草晒着"。指先有这么回事，暂时先放一放的意思。[例]儿子现在正在考研，这事就先割把草晾着，等过两个月他考完试的，咱们再合计看对象的事。

格当儿子 gédāngr·zi 也作"格当儿"。扒皮后高粱杆瓢。[例]他手可巧了，用格当儿子做了很多玩具。

蛤蜊儿 gé·ler 文蛤的通称。软体动物，卵圆形有壳，淡褐色，边缘紫色。

隔凉 géliáng 保暖性能好，能隔绝自身热的散播。[例]狍子皮非常隔凉，铺在雪地里都不觉得冷。

隔路 gélù 也作"隔路子"，"隔路种"。也写作"格路"。指人做事古怪，不合众意，处事和与常人不同，性格古怪的人。[例1]王天来说："哎呀妈呀，谢广坤那人可隔路了……没事姑父，等我这工作稳定了之后，我治他。"(《乡村爱情故事》第17集)[例2]你这人咋就这么隔路呢，把人家地盘儿占了，咋还不说点理。(赵本山小品《如此竞争》)

隔膜 gémó ①感情不相通，彼此不了解。[例]由于以前我俩闹过矛盾，直到现在我们之间还有隔膜。②外行；不通晓。

隔三差五 gésānchàwǔ "差"也写作"岔"。①间隔不久。[例]我不在家时，你隔三差五去我家照顾一下小狗。②常常。[例]这帮小子，太不像话了，他们隔三差五就到我们商店来勒索。

隔眼 géyǎn 也作"隔色"，"咯眼"。不顺眼；与众不同的意思。[例]怎么不真！李大鹏看上去咯眼，可他有志气！(《天职》)

膈痒 gé·yang 膈，在此发"gè"音。也作"膈应"。①搔痒。[例]他就怕痒，你拿手一比量，说我要膈痒，他就笑得不行了。②引申为令人烦，厌恶的，能引起呕吐的东西或做法。[例]她做的事太膈痒人，让人吃不下去饭。

各个儿 gègěr 自己一个人的意思。[例]长贵问："人呢？"香秀说："人？各个儿在超市睡了……俺们怎么劝也劝不动，她也不回来。"(《乡村爱情故事》第19集)

各事各码 gèshìgèmǎ 也作"一码是一码"。指层次分明，不能被其他事情取代或混淆。[例]你欠我的钱就得马上还给我，各事各码，不能用爹的钱顶账。

虼蚤 gè·zao 跳蚤。[例]翠缕道："难道那些蚊子、虼蚤、蠓虫儿、花儿、草儿、瓦片儿、砖头儿也有阴阳不成？"(《红楼梦》第三十一回)

硌叽 gè·ji 动词，指不断地缠扰、骚扰。[例]谢广坤说："我在熟悉里边

的开关呢……你别在这碴叽了,上一边去。"(《乡村爱情故事》)

跟脚 gēnjiǎo ①旧时指跟随主人出门的仆人。也指小孩跟随大人形影不离。现指鞋大小比较合适、适中,便于走路。[例]你买的这双鞋我穿挺跟脚。②指随即,接踵而来。[例]我刚到,他跟脚就进屋。

跟前儿 gēnqiánr ①眼前;面前;身边;附近。[例1]等我儿子大学毕业之后,让他到你跟前儿养老。(赵本山小品《捐助》)[例2]李贵笑道:"就闹到太爷跟前儿去,连你老人家到底也脱不过的。"(《红楼梦》第九回)②临近的时间。[例]眼看就到年跟前儿了,我家年货还没办呢。

跟头把式 gēn·toubǎshì 走路趔趄;身体失去平衡而摔倒或滚动的动作。比喻做事坎坷不平,不是一帆风顺,而是勉勉强强、踉踉跄跄。[例]刘能说:"你说这运动会吧,可算是跟头把式给办完了,但是费多大劲。"(《乡村爱情故事》第36集)

哏儿 génr ①非常好。[例]海南那地方真哏儿,我们东北下雪,它那还能游泳。②有意思,搞笑。[例]刘老根大舞台的演出真挺哏儿,演的节目挺招笑儿。

哏儿嘎 génrgā 原指群鹅嘈杂的叫声。比喻出现不同声音和意见。[例]这事已经定下来了,你在那哏儿嘎的干啥?

艮鳖肉 gěnbiēròu 像鳖肉一样艮、韧。比喻人性格或做事不干净利落,慢慢腾腾。

艮刺 gěn·ci 也作"艮刺刺的"。①指办事不果断,不利索,拖拖拉拉。[例]叫你去办点事,你怎么那么艮刺呢?②形容人木讷,不开窍。[例]你一天到晚艮刺艮刺的,一扁担撵不出个屁。

艮揪揪 gěnjiū·jiu ①也作"艮硬","艮揪"。食物口感韧而不脆。[例]这馒头也没发起来呀,一吃艮揪揪的。②说话不紧不慢,有幽默感。[例]他说话艮揪揪的,可招笑儿了。

梗耿 gěng·geng 也作"拔梗耿"。①梗着脖子,倔强、不服气的样子。[例]你不认错还拔梗耿。②不受人指使、难对付的人。[例]他在单位从来不服从管理,就是个梗耿。

梗梗迟迟 gěnggěngchíchí 迟,在此发"chī"音。指办事不果断,不利索,拖拖拉拉,犹豫不决,不太情愿,不爽快的样子。[例]我昨天就让大家把学费交上来,结果到了今天,有的人还梗梗迟迟不想交。

工夫劲儿 gōng·fujìnr 时候,时刻的意思。[例]到了晚上吃晚饭这工夫劲儿吧,我寻思自己找个饭店,吃点饭,喝点闷酒,找找平衡吧。(小沈阳小品

《2009北京春晚》)

拱 gǒng ①用嘴去叼某东西。②把某人赶下台或置换位子。

勾搭连环 gōudāliánhuán 贬义词。"勾打连环"的本义为"狗搭连环",意指狗在交配时一时断不开,似亲密样子。引申为狼狈为奸的意思。[例]他俩成天勾搭连环在一起,准没有好事。

勾连 gōu·lian 有的地方念"狗沿"。引诱、串通他人做不正当的事。[例]我家孩子就是他给勾连学坏的,要不怎么能进监狱呢。

沟满壕平 gōumǎnháopíng 指沟壑、壕沟填充满了的意思。①形容吃得饱喝得足,酒足饭饱的样子。[例]所到的客人,一个个吃得满头大汗,沟满壕平,打着饱嗝和主人一一告别。②比喻得到、获得很多好处。

沟膛 gōutáng 也作"沟膛子","沟筒子"。指山沟谷的底部。[例]我家的自留山,就在后山的大沟膛子下边。

狗不闻,鸡不钳 gǒubùwén, jībùqián 钳,在此发"jiá"音。连狗都不想闻,鸡都不想啄。比喻没人愿意答理。[例]他在单位是狗不闻,鸡不钳,人缘儿可不好了。

狗吃草,驴心思 gǒuchīcǎo, lǘxīnsī 指人另有企图、别有用心。[例]你天天帮林寡妇家挑水,我看你是狗吃草,驴心思,不是瞄上人家没男人吧?

狗尿苔 gǒuniàotái 菌类植物,学名鬼笔。[例]再不济他也是狗尿苔长在金銮殿上,是局长,你就得尊敬他。

狗气 gǒu·qi 小气、吝啬的意思。[例]他太狗气啦,我跟他借个锄头都不借给我。

狗抢屎 gǒuqiǎngshǐ 也作"狗吃屎"。比喻人被绊倒、摔倒后,两手扶地的动作。

狗食 gǒushí 贬义词。指跟着混饭吃(的人)。[例]他真狗食,别人请客也没找他呀,他自己就跟着去蹭饭。

狗熊 gǒuxióng ①黑熊的俗称。[例]她前年春天上山采蘑菇,被狗熊给撵了。②比喻人窝囊。[例]你真狗熊,一个大老爷们竟然让个小姑娘给摔倒了。

狗咬纹儿 gǒuyǎowénr 像狗咬过的痕迹,指很有规律的纹路。[例]蹚地得按照狗咬纹扶犁,要不地垄大小不一。

够 gòu 触及、达到。[例]你让潘长江去吻郑海霞,根本就够不着嘴。(赵本山小品《拜年》)

够不上 gòubúshàng 没有达到预设的标准。[例]我进货是10元钱一斤,你给我9块钱我也够不上啊。

够过 gòuguò 也作"够本儿"。指已有的（钱财等）可以满足要求。[例]我们家一年挣两万元就够过了。

够溜儿 gòuliùr 余富，剩余的意思。反义是不够流，接不上茬儿。[例]一个月生活费才300元，那也不够溜儿呀！

够呛 gòuqiàng 也作"够戗"。指难以达到目的，或指人病危。够是动词，即"达到某一点或某种程度"的标准；戗和呛也是动词，即支撑的意思。①难以忍受，难以承受。[例]嗨，儿子搞对象，给我愁够呛。（赵本山小品《摔三弦》）②没有把握，比较难，吃力，很难做到或不容易实现。[例]谢大脚说："为民除害啊？那我觉得你够呛……他自打主持工作以后，在我这一次账都没赊过，全是现金。"（《乡村爱情故事》第23集）③过分。[例]你这人真够戗，那么大的人怎么能和孩子争抢东西。④生命即将结束。[例]老张问二媳妇："你婆婆怎么样？"二媳妇看了婆婆一眼，回头小声说："今晚够戗。"

够性 gòu·xing 由于时间长或多次重复而不想要；厌烦。[例]一连十天老吃一种菜，都给我吃够性了。

够意思 gòuyì·shi 够朋友，够交情；讲究。[例]小九说："老乐呀，快回家吃饭。"老乐说："我跟邻居唠会儿嗑，喊啥呀？"回家进屋后，老乐针对小九在邻居面前给他留足面子的事，说："真够意思。"（赵本山小品《小九老乐》）

够油儿 gòuyóur 刚刚达到；刚刚接触到。[例]这水管有点短了，要是再长一段就够油儿了。

估堆儿 gūduīr 估算成堆东西的数量或按堆估算价格。[例]这些粮食就不用逐一过秤，估堆儿算了。

咕嘟 gū·du 长时间煮。[例]熬药须小点火，慢慢咕嘟。

咕堆 gūduī 聚集到一起。[例]一到赶集时人都咕堆。

咕蛹 gū·yong 咕，在此发"gù"音。也作"鼓蛹"。原指像蛹虫一样不停地蠕动，比喻慢慢地移动；挪动。[例1]床太小，孩子睡觉时一鼓蛹就掉地下了。[例2]你快点走，别在后面咕蛹。

孤拐 gū·guai 也作"脚孤拐"，"脚脖子"。即踝骨。

孤老棒子 gūlǎobàng·zi 也作"轱辘棒子"。指孤寡无子嗣的老年人。[例]我一个孤老棒子要这么多钱干什么，还是留给孩子上学用吧。

孤子 gū·zi 也作"孤个子"。一般指单独出来活动或落单的大型动物。

姑舅 gūjiù 兄、弟的子女与姐、妹的子女之间辈分排序的称呼。[例]姑舅哥们；姑舅姊妹。

姑娘 gū·niang 女儿。[例] 刘英说："爹呀，上啥派出所呀，……这事过去就过去了吧，行不行？你就给姑娘一个面子，你就别难为他们了。"(《乡村爱情故事》第14集)

骨节 gū·jie 一段儿。[例] 这骨节木头够一米长了。

骨碌 gū·lu ①量词，指事物、时间的一节、一段或一部分。[例] 谢广坤问："你们干啥去？"王小蒙说："去趟沈阳。"谢广坤说："你捎我一骨碌。"(《乡村爱情故事》第16集) ②动词。滚动；打滚。[例] 刘能说："那哪叫坏呢？那叫敢于和不良现象作斗争，推动历史的车轮往前骨碌。"(《乡村爱情故事》第11集) ③放任，尽一个人去做。[例] 这事就你自己骨碌去吧。

骨碌运 gú·luyùn 指在过生日时，让过生日的人把煮熟的鸡蛋在炕上或桌子上来回滚动，把不好的运气滚掉，以求得好的运气。俗称骨碌运气。

辜废 gū·fei ①浪费。[例] 这些饭菜扔了有点辜费了。②可惜。[例] 这些不合格钢材扔了不用就有点辜废了。

箍眼 gū·yan 也作"急出箍眼"。指牛等牲口因蜷卧站不起来或着急而患的一种能引起血压升高、眼部充血的急性病。急救时用刀将牛眼周围割破放血，即可缓解或解除病情。形容特别着急上火。[例] 你走了多少天也不回个信儿，你妈在家都急出箍眼了。

蛊动心 gǔ·dongxīn 残留的满语词汇。指有心计，心眼坏的人。[例] 你别看他平时少言寡语的就知道看书，常言说得好，蔫巴人蛊动心……

这事就你自己骨碌去吧。

鼓包 gǔbāo 原指凸起的包。比喻事情败露或出现其他情况。[例] 这事你得处理好，可别到时鼓包了。

鼓槽子 gǔcáo·zi 河套涨水漫出来。[例] 下了一夜大雨，天亮就听见老队长喊：鼓槽子了！大家纷纷拎着铁锹就往屯前河套跑去。

鼓捣 gǔ·dao ①自己在那重复摆弄，默默地做。[例] 我好心好意跟她说句话："回来了丫头啊。"她整来个鼓捣猫呢，鼓捣猫呢。这回我见到就说咱倒弄狗，你看吧。（赵本山小品《有钱了》）②相互挑拨；设法唆使。[例] 长贵说："你对我意见老大了，要不你能鼓捣赵四上镇里告我吗？"（《乡村爱情故事》第12集）

鼓火疖 gǔhuǒjiē 生火疖子。[例] 还长在后背上，长在后背那叫闷头，屁股上那叫鼓火疖子。（赵本山小品《卖拐》）

顾家 gùjiā 也作"护家"。指男人恋家、挂念家的意思。[例] 富察额娘心疼儿子又当兵又顾家。（《罕王红参》）

呱嗒板儿 guā·dabǎnr 说快板用的竹板。快板，传统曲艺。台词顺口押韵，说时节奏很快，伴随竹板敲击声。

呱唧 guā·ji ①象声词。[例] 他呱唧一下子摔了个大屁蹲。②鼓掌的意思。一般代表鼓励或表扬。[例] 欢迎小李子唱首歌，来，大家呱唧呱唧。

挂 guà 缠绕；涉及。[例] 上山回来，蜘蛛网挂了一身。

挂不住 guà·buzhù 因生气、被人揭穿或被羞辱而沉不住气，觉得尴尬、没面子。[例] 看你把她说得一无是处，她面子都有点挂不住了。

挂锄 guàchú 铲草完毕，把锄挂起。指农闲季节。[例] 等到挂锄庄稼活干完时，我们组织几个人出去打短工，秋收时节再回来。

挂连 guàlián 涉及、牵连。[例] 他这次被处分，没挂连着你吧。

挂掌 guàzhǎng 给马、牛等牲口蹄子钉铁掌。[例] 老杨头第二天老早就起来，到牲口圈把马牵出来，看看马蹄子，说："这马得重新挂掌了，不然费马蹄子。"

乖子 guāi·zi 蝈蝈。[例] 蚕场里乖子太多了，不打药是治不了它们。

拐 guǎi ①非正面接触碰撞。[例] 我站着也没动，怎么拐着你了。②贬义词，指精明，心眼多。[例] 他这人可拐了，从来不吃亏。

拐带 guǎi·dai ①用欺骗手段把妇女或小孩儿携走。[例] 不能让小孩子自己出去玩儿，要是让人贩子拐带走了，那时你后悔都来不及。②牵涉，牵连。[例] 李秀莲说："你说四哥那人多好啊，你还给拐带出事儿了，就你给整得犯

错误了。"(《乡村爱情故事》第12集)

拐弯儿抹角 guǎiwānrmòjiǎo 原意是指道路不直。引申为旁敲侧击,有话不直说。[例]谢广坤说:"你要有啥话你就说,别拐弯抹角的,咱俩用不着扯这个,直搂。"(《乡村爱情故事》第7集)

拐子炕 guǎi·zikàng 指沿着房山墙搭起的,连接南北炕的一种小窄炕。[例]过去东北满族人家都有拐子炕,上面是供奉满族人祖先的祖宗神板儿。

棺材本儿 guān·caiběnr 即"棺材本儿钱",指仅剩下的最后防老钱。[例]……当乌拉老三家无钱继续治疗,老汉又捐出二十两纹银说是棺材本儿钱。(《义犬寻宝记》)

棺材瓤子 guān·cairáng·zi (骂人话)指快要死的老人。[例]他家养两个老棺材瓤子,真够他呛!

管得宽 guǎndékuān 超越权限干预他人的事务。[例]我就说姐夫,你别管得那么宽行不行。(《乡村名流》第2集)

管多 guǎnduō 从来,始终,经常。[例]他管多都是一个人出门,从不和别人一起走。

冠子 guàn·zi 冠,在此发"guān"音。鸟类头上突起的红色的肉质。[例]据老人讲,长虫长冠子那是要成仙啊!

灌尿 guànniào 又作"灌马尿"。含贬义,指喝酒。[例]你从来不为家里考虑,一天就知道灌马尿。

光不出溜 guāngbùchūliū 也作"光不赤溜"。赤裸身体,一丝不挂的样子。

光腚 guāngdìng 原指全裸。引申为什么也不剩,一无所有。

光杆儿 guānggǎnr ①指花叶落尽的草木或没有叶子衬托的花朵。②比喻失去家属的孤独人或失去群众、没有助手的领导。③比喻未婚的成年男子。[例]我是光杆儿一个,一人吃饱,全家不饿。

光脊杆 guāngjígǎn 也作"光杆子","光膀子"。赤裸上身或肩膀裸露在外。[例1]大冬天的光脊杆子不穿衣服,你不怕冷啊?[例2]刘大脑袋说:"董事长正光着大膀子在里面坐着呢,你进去干啥去?"(《乡村爱情故事》第14集)

光溜 guāng·liu 光滑。[例]谢广坤说:"原先你脸不平,有坑儿,你看现在,多光溜儿。"(《乡村爱情故事》第13集)

光锹 guāngqiāo 光,在此发"guǎng"音。铁锹。[例]他抄起光锹就要劈,后来被大伙给拉开了。

逛荡 guàng·dang ①游荡；闲游；闲逛。[例]星期天准备上哪去逛荡？②由于东西不平稳或东西不牢固，导致摇摆不定。[例1]一瓶不满，半瓶逛荡。[例2]螺丝松了，机器运转起来直逛荡。

归拢 guī·lǒng 也作"归堆"，"归掇"。①把分散着东西收拾在一起。[例]屋子太乱了，你把东西归拢一下，一会儿有客人来。②修理、收拾的意思。[例]他不服，等哪天我去归拢归拢他，看他还老不老实。

归齐 guīqí 指归根到底的结果。[例]说了归齐，你还是让我们先打款你们才发货，这与我们原来合同定的你们先发货，货到付款也不一致呀？

规整 guī·zheng 整齐，利索，摆放有序。[例]小刘过日子是把好手，家里摆放很规整。

闺女儿 guīnǔr 女儿。[例]王秀美说："闺女儿，你是愿意吃酸的，还是愿意吃辣的?"（《乡村爱情故事》第17集）

鬼画弧 guǐhuàhú 比喻虚伪，绕弯不说实话。[例]他一天到晚这鬼画弧，从来没一句真话。

鬼了巴唧 guǐ·lebā·ji 也作"鬼道"。即狡猾、奸诈、机灵、有心计的意思。[例]那小子鬼了巴唧的，谁也算计不过他。

鬼头蛤蟆眼 guǐtóuhá·mayǎn （含贬义）①比喻人狡黠、鬼鬼祟祟的样子；狡猾，坏道道多。[例]这小子鬼头蛤蟆眼的不地道。②形象丑陋。[例]看他长得鬼头蛤蟆眼的。

鬼子姜 guǐ·zijiāng 菊芋。[例]到了秋天，白菜收完后，母亲没忘了地角边上种的鬼子姜，把它挖出来腌咸菜，留着冬天吃。

鬼子溜 guǐ·ziliù 也作"鬼子六儿"。非常狡猾，有心计的人。[例]他就是鬼子溜，玩心眼谁也玩不过他。

滚瓜溜圆 gǔnguāliūyuán 滚圆，多用来形容牲畜肥壮。[例]俺家小猪长得滚瓜溜圆。

滚热 gǔnrè ①形容非常热。[例]这水烧得翻花开，滚热的烫人。②东北人形容某东西有热乎气时，把滚热多念成gǔrè，以表示有一定温度，但不是太热的意思。[例]炕滚热的，快上来坐坐。

锅台转儿 guōtáizhuànr 指常年做饭，操持家务的人。多指家庭妇女。[例]王家奶奶一辈子围着锅台转儿，操持家务。

啯 guǒ 吸吮。[例]啯奶。

过 guò ①被电击。[例]把防电胶布缠好，别过着人。②传染（传染疾

病)。[例] 他得这个病过人,你去看他注意点儿,可别让他给过着。

过不上溜儿 guòbúshàngliùr　形容家里困难到连饭都吃不上的地步。[例] 你身体不好,咱家又不是过不上溜儿,非得出去挣那两个钱?

过房 guò·fang　过继。[例] 你是我亲生的儿子,又不是过房来的,我怎能不心疼你呢?

过河钱 guòhéqián　指养老、防老,以备不时之需的钱。[例] 张家的儿子太不孝顺,把爹妈的钱都祸害了。

过家家儿 guòjiā·jiar　东北儿童模仿大人玩的一种娶媳妇的游戏。现在多比喻把某种事情当儿戏的意思。[例] 这个教学楼工程,不是过家家儿,弄几块砖砌上就行的事。

过节儿 guò·jier　①待人接物时的礼节。[例] 是咱们家娶媳妇,所以,无论如何这个过节儿咱不能落。②有矛盾,嫌隙。[例] 王大拿说:"握握手,拥拥抱,你俩就拥抱一下给我看看,把有些那个过节儿给他解释开!"(《乡村爱情故事》第2集)

过劲儿 guòjìnr　①事情已经过去;过期。[例] 刚才头疼得厉害,现在已经过劲儿不疼了。②超出一定范围或程度。[例] 开玩笑得有分寸,你们这么耍戏他,可有点过劲儿啦。

过料了 guòliào·le　做事超出规定的范围、界限(通常指多走路了)。[例1] 你家装修砸壁子可以,但不能砸过料了,影响到我们家房子承重。

过年话 guòniánhuà　也作"拜年嗑"。满族人过年期间,人们见面都互相打招呼问好,说些吉利话。过年话、拜年嗑,指说些对方愿意听的、吉利的话。[例] 你听我的,进屋咱别着急说事,铆劲儿给他戴高帽,唱赞歌,多说几句拜年嗑,只要乡长心一乐,保证沟通差不多。(赵本山小品《拜年》)

过去了 guò·qu·le　指人因病或其他原因而昏迷,也指死亡。[例] (高秀敏扮演的)媳妇说:"我老头前两天买彩票中奖了,中了三千块钱,告诉他以后,一激动嘎一下抽过去了,住了好几天院,差点没过去。"(赵本山小品《心病》)

过晌 guòshǎng　过了晌午,即下午。[例] 我上午没有时间,等过晌我再去你家。

过水面 guòshuǐmiàn　面条煮熟,放在凉水里浸泡,然后再浇卤子吃。[例] 记得小时候,没等大人们上桌,我们哥几个就把一大盆过水面给吃没了。

过阴 guòyīn　巫师搞的一种迷信活动,称具有可以到阴曹地府巡走一遍的能力。[例] 张半仙躺在西屋炕上过阴呢。

哈 hā 塌陷、倒塌：这老房子已年久失修，房盖儿都哈了。哈，如读"hǎ"音，则表示喝。[例] 大哥，晚上到我家哈酒！

哈唤 hāhuàn ①也作"哈呼"。呵斥；责备。[例] 你这么哈唤人，谁能受得了。②召唤。[例] 他耳朵有点儿背，你得大声哈唤他才能听见。

哈拉 hālā 讽刺；嘲笑；挖苦。[例] 你可别哈拉我了，我没你说的那么能干。

哈拉巴 hālá·ba 残留的满语词汇，也作"哈拉板儿"。指猪或其他动物的肩胛骨。[例] 要饭花子打着哈拉板儿，挨家挨户要饭。

哈喇子 hālá·zi 因食欲引起或睡觉而流出的口水，即涎水。[例] 郭二说："流口水不懂吗？"刘能说："就是淌哈喇子。"（《乡村爱情故事》第24集）

哈喇 hā·la ①肉和油等脂肪类变质。[例] 夏天肉放时间长就哈喇了。肉和油等脂肪类变质的味道称"哈喇味儿"。[例] 猪肉放时间长了，都出哈喇味儿了，千万别吃。②讽刺挖苦。[例] 你哈喇谁呀。

哈捧 hā·peng 也作"哈爬"。向前扑倒。[例] 他一不小心，闹了个大哈捧。

哈人 hārén 哈，在此发"há"音。栽赃、讹诈他人。[例] 你不能这么哈人，你丢的东西我根本没看到，怎么赖我拿的？

哈汤 hātāng ①倒塌。[例] 下了一夜大雨，第二天早上起来，发现猪圈棚哈汤了，猪都跑没影儿了。②事情办得一塌糊涂，没成功的意思。[例] 孩子找工作这事让你给办哈汤了，别人家的孩子都上班了，现在就我家孩子还在家没上班。

蛤蟆 há·ma 也作"哈什蚂"，满族词汇，即林蛙。[例] 哪呀，林蛙是蛤蟆，叫田娃。（赵本山小品《就差钱》）

蛤蟆咕嘟 há·magū·du 蝌蚪。[例] 养蛤蟆的关键就是，在出蛤蟆咕嘟时要把饵料及时供应上。

蛤蟆镜儿 há·majìng 太阳镜。[例] 他们几个小子全都戴着蛤蟆镜儿，具体都长什么样儿，我一时半会儿认不出来。

拸 hāi 打。[例] 你再不老实我拸死你。

海海的 hǎihǎi·di 很多。[例] 凤凰山庙会那天我去了，那人，海海的！

海了去了 hǎi·lequ·le 非常多。[例] 问："凤凰山庙会那天人多吗？"答："那人可海了去了，在山下的公路上，连人走道都走不开。"

害口 hàikǒu 因怀孕引起的恶心、呕吐、食欲不振，造成消化不良，出现反酸、呕吐等身体的异常现象。有的地区也说成"害喜"

害事 hàishì ①挡害，障碍。[例] 把荤油坛子放在走道害事的地方，让大龄儿女搬走，这就属于动荤（婚）了。②影响。[例] 他是右派，他女儿又不是右派，害他女儿什么事？

害眼 hàiyǎn 原指患眼病。引申为妨碍（某人）。[例] 你干你的，我干我的，怎么害你眼了？

憨搭忽 hān·dahū 也作"憨答乎"，"憨搭忽吃"。①指人憨厚老实的样子。[例] 这孩子，平时不言不语憨搭忽的，就知道干活。②也作"含大糊吃的"。马虎，大咧咧，漫不经心，不在意。[例] 你让他去干什么活，他不着急不上火，憨搭忽吃的就不吱声。(《处级工人》)

含着骨头露着肉 hán·zhegǔ·toulòu·zheròu 形容说话吞吞吐吐，不把意思完全说出来。[例] 凤姐道："你要我收下这个东西，须先和我说明白了。要是这么含着骨头露着肉的，我倒不收。"(《红楼梦》第八十八回)

寒碜 hán·chen ①形容人长得丑陋，难看。[例] 风刮盖头我抬头看，周玉景五十来岁长的真寒碜。(《二人转传统作品选》) ②可耻，羞耻；丢人、丢脸；不体面。[例] 车老板说："哎呀妈呀，你别寒碜我了，我这破不开。"(《乡村爱情故事》第9集) ③动词，讥笑，揭人短处，使人失去体面。[例] 我送礼给你，是因为我俩关系好，你不收不是寒碜我吗！

汗衫儿 hànshānr 衬衫。[例] 汗衫儿太便宜啦，才五块钱一件！

汗腥味儿 hànxīngwèir 身体排汗散发出的气味。[例] 干了一天活，出汗把衣服弄得都是汗腥味儿，太难闻了。

汗珠摔八瓣儿 hànzhūshuāibābànr 也作"汗珠掉地摔八瓣"。指劳动辛苦。东北人的夸张令人叹为观止，说某人辛苦劳动，劳动所得来之不易，用汗珠掉地摔八瓣儿来形容，生动、形象。[例] 我这几年倒腾买卖是挣了几个钱，但那钱是我汗珠掉地摔八瓣儿辛苦挣来的!

绗　háng　用针线将面儿、里子以及所絮的棉花等缝起来，缝时把大部分线藏在夹层中间，只露出很短的一部分在外面。[例] 绗被子。

薅　hāo　用手拔去；抓住。[例1] 薅脖领，薅草，薅头发，薅住等。[例2] 黑土说："他心眼太实，四十多只羊她就紧一个薅，那薅得像葛优似的。"（赵本山小品《昨天今天明天》）

豪横　háo·heng　霸道；蛮横。[例] 他在本村可豪横了，谁也不敢惹他。

壕沟　háogōu　排水沟。[例] 张凤久飞起一脚踢在他的手，当啷匕首落进小壕沟。(《二人转剧目选》)

嚎　háo　①放声大哭。[例] 这孩子，怎么嚎起来没完没了的。②高声乱喊乱叫。[例] 我不会唱歌，我就给朋友们嚎两句儿。（小沈阳小品《2009年北京电视台春晚》）

嚎嚎儿　háo·haor　①大声喊。[例] 你对孩子整天嚎嚎儿的，孩子心里怎能受得了，你说话就不能小声点儿，心平气和点儿吗？②大声喊叫的声音。[例] 他乐了，对着大江嚎嚎儿地喊……（《遥远的世界》）

好吃不撂筷儿　hǎochībùliàokuàir　见到好吃的东西就不放下筷子连续吃。比喻人贪得无厌。[例] 你也别好吃不撂筷儿，今年这个岗位也该轮换别人来干干了。

好大显示　hǎodàxiǎn·shi　一般用于疑问式，指有什么可以炫耀的。[例] 我买一百多元钱的东西，你好大显示才抹我一元的零头。

好好赖赖　hǎohǎolàilài　①好或者不好的意思。[例] 这次请客，不管好好赖赖，都请你们多担待些。②三长两短的意思。[例] 你开车把我孩子撞了，没事拉倒，如果有个好好赖赖的，以后还得找你算账。

好好儿的　hǎohǎor·di　①正经点，举止稳重点。[例] 你给我好好的，别在那又跳又蹦的。②平安、顺利。[例] 谢大脚说："一水呀，你们俩都好好的，啊？"(《乡村爱情故事》第32集)

好赖不济　hǎolàibújì　无论好与坏的意思。[例] 刘大脑袋说："你说人大脚来咱家，好赖不济那算客人吧!"(《乡村爱情故事》第18集)

好生　hǎoshēng　好好儿地。[例] 袭人回身告诉秋纹等说："太太叫人，你们好生在房里，我去了就来。"(《红楼梦》第三十四回)

好使　hǎoshǐ　①指物品能用、好用，而且用起来得劲儿。[例] 谢大脚问：

"咋的了这是?"永强妈说:"受伤了,耳朵不好使了。"(《乡村爱情故事》第22集)②东北人将"好使"一词转用到了人品、能力等方面。说某某人"心眼好使",是指这个人心眼好、善良。[例]他这个人是个热心肠的人,心眼可好使了。③表述某人的办事能力强或管用。[例1]刘能说:"好使呀,这不要搞庆典吗?我得挨家挨户通知一下,人来的越多咱们家收的礼越多。"(《乡村爱情故事》)[例2]刘能说:"你说董事长一句话都够我跑断腿儿的了,那跟齐三太说一句就完事了,就好使。"(《乡村爱情故事》第8集)

好下水 hǎoxià·shui 好心。[例]他这么做,肯定没安什么好下水。

好养活 hǎoyǎng·huo 容易养活。[例]李家的二小子从小就多病多灾的,认个干爹就好养活了。

好信儿 hàoxìnr 好奇。[例]有人好信儿,跳上去蹦了一百下,沙发不带走样的。(《北方曲艺》)

呵哧带喘 hē·chidàichuǎn 上气不接下气,(累得)直喘粗气的样子。[例]门砰地被撞开,哨兵呵哧带喘地跑进来报告说:"队长,不好了!"

喝咧 hē·lie 从满语直接转译过来,即唱或说的意思。[例]晚会节目太没意思,整个晚上就听他一个人在那瞎喝咧。

喝卤水 hēlúshuǐ 卤水中的氯化镁、硫酸镁、溴化镁及氯化钠属重金属,与人身体内血红蛋白发生化学反应,喝下卤水后会导致死亡。故喝卤水,多指自杀。

合该 hégāi 机会恰好,另外具有没有丝毫同情怜悯的意思。[例]合该你这病要好,所以前日就有人荐了这个好大夫来,再也是不怕的了。(《红楼梦》第十一回)

合睖 hélèng 斜眼瞪着看。[例]他合睖我一眼,我知道他生气了。

合炉 hélú 完全吻合,合拍;完全衔接得上。[例]还得说夫妻一心情意厚,说话和我正合炉。(《要房让房》)

合身儿 héshēnr 衣服大小适合。[例]谢广坤说:"我是有条件的,我买什么你得穿什么。"永强妈说:"那总得合身儿吧?"(《乡村爱情故事》第14集)

合适 héshì 合算、便宜,适当。[例]大国说:"定的谁赢谁亲谁,我赢你了,我就亲你,你赢我,你就亲我,对不?"香秀说:"你咋那么坏呢?里外都是你合适。"

合牙 héyá 完全吻合;一致。[例]这两个零件安在一起,正好合牙。

恰恪话 hé·lehuàr 也作"活络话儿"。话说得不肯定,含糊。[例]不知道宋长有说的是恰恪话,还是当成了正事谈的。(《雁鸣湖畔》)

核　hé　核，在此发"hú"音。果实坚硬的部分，包含果仁。[例]桃核，梨核，杏核。

黑灯瞎火　hēidēngxiāhuǒ　黑，在此发"hě"音。多指天黑或光线暗，颜色发黑。"黑灯瞎火"也作"黑咕隆咚"。形容黑暗没有灯光。[例]王云说："快点回去吧，你说这黑灯瞎火的俩孩子搁这陪你呢，快点回去。"（《乡村爱情故事》第19集）

黑黢燎光　hēiqūliáoguāng　指又黑又光秃。[例]家具被火熏得黑黢燎光。

黑瞎子　hēixiā·zi　黑熊的俗称。俗语：黑瞎子打立正——一手遮天。[例]老虎走了，黑瞎子也不歇歇，也不吃啥，光顾收拾干仗的场子……（《暴风骤雨》）

黑瞎子掰苞米　hēixiā·zibāibāomǐ　指黑熊像人一样站着偷掰玉米。黑熊每掰下一棒玉米就放到腋下夹着，掰第二棒时，第一棒玉米掉在地上。如此最后只得到一棒玉米。比喻做事只贪求进度和数量多，而不求质量和实际效果。

狠呆呆　hěndāi·dai　①说话严厉，表情凶狠。[例]他狠呆呆地把孩子训了一通，他没事似的走了。②出手等动作重的意思。[例]小张开玩笑打了小李一拳，小李觉得很疼，就说：开玩笑哪有你这样狠呆呆的。

狠得　hěn·de　狠，在此发"hēn"音。残留的满语词汇。①指由于生气而狠狠地，但使的力量不太大，有杵、碓、捅、摔达的意思。[例]孩子那么小，

咱们得奖罚分明，哼哈不带的。

你狠得他干什么。②叱责。[例]你狠得几句就行了，孩子还没吃饭呢。

哼哈 hēnghā 形容心不在焉；敷衍，不重视。[例]咱们得奖罚分明，哼哈不带的。

横扒拉竖挡 héngbā·lashùdǎng 特指极力阻挠某人做某种事情。[例]谢广坤说："我学车主要是给刘能看……你瞅你们，这家伙儿横扒拉竖挡的，我告诉你们，挡也挡不住。"（《乡村爱情故事》第25集）

横草不拿竖棍儿 héngcǎobùnáshùgùnr 连挡在前面的一根草、一根棍子都不动手去拾起来。指在家什么活也不干的人。[例]他在家里横草不拿竖棍儿，就像是个大爷似的。

横是 héng·shi 难道是、可能是、八成是的意思。[例]等了一下午，他还没来，横是来不了啦。（《辽宁群众文艺》）

横踢乱蹬 héngtīlànjuǎn 形容胡乱搅和的样子。[例]这条黑鱼横踢乱蹬，搅和得原来挺平静的镜泊大湖，不得安宁。（《黑龙江民间故事选》）

横 hèng ①厉害。[例]他在北京混得挺横，开车闯红灯交警都不敢管。②楞，鲁莽；态度蛮横。[例]他进屋挺横的，说："谁把我工资扣了？"

横事 hèngshì 出人意料的凶事或不祥的事。[例]他们屯子咋净出横事呢，老李家媳妇前几年上吊死了，今年老袁家老儿子又被拖拉机压死了！

横死 hèngsǐ （年少的人）非正常死亡。[例]老辈人讲，横死的人不能进祖坟。

哄扬 hōng·yang 到处传播和传说。[例1]最近听大伙哄扬说："他跟东头老马家的大丫头好上了。"（《黑龙江艺术》）[例2]开头，他听到吹鼓手哄扬日本人占了沈阳，还有些不太相信。（《马加文集》）

哄孙子 hǒngsūn·zi 原意仅仅为哄小孩子的意思，后演变为轻视对方，不拿其当回事儿。[例]你哄孙子呢？（赵本山小品《有钱了》）

红白喜事 hóngbáixǐshì 指所有的可以庆祝的喜事和丧事。[例]刘能说："我是主抓全面的，全村大事小事，红白喜事，事事不都得我操心吗？"（《乡村爱情故事》）

红菇娘 hónggū·niang 一种野果。[例]红蛤蜊火烧过的山呀、岭呀、沟壑丘冈呀，长出红托盘（杷）、红菇娘、红山梨……（《红蛤蜊》）

红脸儿 hóngliǎnr ①害羞。[例]闹个大红脸儿。②喻指发怒，打过架，闹过矛盾。[例]我俩从来就没闹过红脸儿。

红蘑菇 hóngmó·gu 也作"红蘑"。因其状如伞，故东北有的地区叫松伞蘑。[例] 松伞蘑在我们东北那疙瘩儿价钱老贵啦！

红眼 hóngyǎn ①大怒或发急。②嫉妒，眼红。[例] 看我家养鱼挣钱了，他就红眼了，也去贷款养鱼。

红眼巴嚓 hóngyǎnbāchā 形容眼睛红红的样子。[例] 她哭得红眼巴嚓的。

红嘴白牙 hóngzuǐbáiyá 也作"红口白牙"。指某人若被别人出言中伤或诽谤，就会以"红口白牙"来责问对方。[例] 谢永强说："董事长，我请假了呀……"刘大脑袋说："你看你看，就说年轻人吧，气盛，红口白牙张口就说，你啥时候请过假呀你？"（《乡村爱情故事》）

齁巴 hōu·ba 指患气喘病的人。[例] 头几年老齁巴把我们熊个苦……（《桃李逢春》）

齁痨气喘 hōuláoqìchuǎn 也作"齁老气喘"。形容人因年迈或得病经常咳嗽而体力不支的样子。[例] 从我记事起，老顾太太就齁老气喘地整天抱个枕头坐在炕上。

齁人 hōurén 由于食物太甜或太咸的原因引起喉咙不适。[例] 这菜太咸了，都能齁死人。

猴精百怪 hóujīngbǎiguài 也作"猴精八怪"。指心眼特别多，各方面都非常精明的人。[例] 姥姥乐了，这小子猴精八怪的，我故事还没讲，他就知道是什么故事。

猴头巴相 hóutóubāxiàng 也作"猴头巴脑"。①比喻人相貌丑陋，单薄瘦小，样子难看。②行、卧、坐等不稳当、不规矩的人。[例] 你看他到哪都猴头巴相的，一点正经样子都没有。

犼候 hǒu·hou 犼，俗称为望天吼，朝天吼。传说犼是龙王的儿子，有守望习惯。由于犼有上述特性，故东北人比喻某人在守候、等待时，称其为犼。[例] 都半夜了，你怎么还犼在电脑那不去睡觉。后来以犼演变成词组为"犼候"，就是强调蹲守、守候，固执坚守的意思。[例] 别人都走了，就他自己还在那犼候着，等那个明星给他签名。

后儿个 hòur·ge 后天。[例] 我这几天太忙了，一时走不开，等后个儿我再陪你回娘家。

后脊梁 hòujǐ·liang 梁，在此发"niang"音。后背。[例] 后脊梁长个火疖子。

后劲儿 hòujìnr ①较慢地显露实力或效果。[例] 这外国酒真有后劲儿，喝几口就上脸。②最后使用的力量。[例] 长跑运动员得有后劲儿才能取胜。

后脸儿 hòuliǎnr 指人或东西的背面。[例] 这个镜子的后脸儿是紫铜做的，看那样是有年头儿了。

后妈养的 hòumāyǎng·di 也作"后娘养的"。低人一等，不被待见的人。[例]你们装备良好，军饷充足，我们就不行了，我们是后妈养的，比不了你们。

后脑勺儿 hòunǎosháor 脑袋后面突出的部分。[例]这一阵儿把我忙得脚后跟打后脑勺儿。

后鞧 hòuqiū ①拴在驾车牲口屁股周围的皮带、帆布带等。②也作"后丘"。猪、马等屁股后头，即臀部的肉。[例1]老关爷爷家杀了口肥猪。一半交售给国家，自家留下一半，砍下个后丘送到大队。(《征途》)[例2]歇后语：刀砍后丘——定（腚）下来啦。

后尾儿 hòuwěir 尾，在此发"yǐ"的儿化音。最后的部分；后边。[例]我在前头，他走在后尾儿。

后账 hòuzhàng ①不公开的账。②彼时再算的账。[例]以前都说清楚了，你现在找后账也说不过去呀！

呼 hū 拥上，围住。[例]听说村里进来一台拖拉机，大家都呼上去看。

呼嗒 hū·da ①开、关（门）。[例]你别总呼嗒啦，屋里的这点热乎气都跑了。②奄奄一息。[例]他就剩一口气在那呼嗒了，我看抓紧准备后事吧！

呼咧 hū·lie ①张罗。[例]他这个人组织能力强，能呼咧。②到处散布、煽动。[例]就这点事，让他一呼咧，别人以为天大的事。③一开一关门使风进来。也作"呼嗒"。

忽忽悠悠 hū·huyōu·you ①不来实际的，虚头巴脑的，让人摸不到底数。[例]王大拿说："这人哪，跟了我多少年，就这套……我就明知道他是忽忽悠悠的……但是我还觉得挺好。"(《乡村爱情故事》第2集）②（感觉）上下颤动。[例]昨夜坐了一夜火车，没睡好觉，现在还感觉忽忽悠悠的。③事情不稳定，还不确定。[例]究竟谁来领这个头，到现在村民们还忽忽悠悠的没定下来。

忽悠 hū·you 原意指晃动，后指用奉承、鼓动等谎话或欺诈手段，把事情说得很玄妙，将对方思维搅乱，让人产生摸不到底数的效果。[例]赵四说："你看你这孩子，说话你怎么秃噜反账的？刚才我问你好几遍，你说不要钱，完了我一说要拿，完了就不管用，那你不忽悠人吗你？"(《乡村爱情故事》第9集）

烀 hū 将少许水倒入锅中，然后盖紧锅盖加热，用半煮半蒸的方式做熟食物。[例]洗桑拿和农村烀地瓜差不多，连洗带冲，最后上去蒸。(赵本山小品《儿子大了》)

囫囵半片　hú·lunbànpiàn　①残缺不全，不完整、不全面。[例]这篇文章我囫囵半片大致看完了，有些还需改动。②不成样子，乱糟糟。[例]食堂造得囫囵半片的，你也不收拾利索就走了。

囫囵觉　hú·lunjiào　睡完整觉。[例]这段时间办案，反贪干警已经一个礼拜没睡个囫囵觉了，我们当领导的非常心疼。

胡扯六拉　húchěliùlā　涉及天南海北等各方面，毫无根据地、漫无边际地乱说。[例]你整天就在酒馆那胡扯六拉，也不干点正事。

胡打海摔　húdǎhǎishuāi　比喻缺乏理智或生活没有节制，任性。也比喻泼辣。[例]他脾气可不好了，一遇到不顺心的事，回家就胡打海摔的，拿我们娘们出气。

胡勒　húlēi　胡说。[例1]我什么时候说我中大奖了？你就能胡勒。[例2]俗语：狗带嚼子——胡勒。

胡子　hú·zi　①指胡须。[例]七岁长胡子，看你小老样儿。②土匪。

胡子拉茬　hú·zilā·cha　形容满脸胡茬长时间未加修饰的样子。[例]他已经好几天没休息了，造得胡子拉茬的。

胡诌　húzhōu　也作"胡诌八扯"。即胡说的意思。[例]贾政道："……如今他在家中只是和些孩子们混闹，虽懂得几句诗词，也是胡诌乱道的；就是好了，也不过是风云月露。"（《红楼梦》第八十一回）

揞搂　hú·lou　①往自己怀里（或家里）划拉、扑搂。[例]他上桌就把酒桌上的喜糖全都揞搂他自己兜里了，别人一块喜糖也没吃着。②遮挡、招架的意思。[例]我自己没揞搂住他们三个人。

葫芦搅茄子　húlu·jiǎoqié·zi　把不相干的事物和杂、搅掺在一起（往往起到把事情搅和黄了或未达到预期的效果）。[例]原来计划好的事，让你葫芦搅茄子给弄黄了。

煳巴烂啃　hú·balànkěn　也作"煳了巴唧"。形容烧焦后不干净的样子。[例]土豆烧得煳巴烂啃的，怎么吃呀！也写作"胡巴乱啃"，指食物的外观受到破坏。[例]地里的萝卜，让你家的猪给拱得胡巴乱啃的，我们冬天吃什么。

煳拦　hú·lan　也叫"囫囵"。好一点的，完整的。[例]你找的这些衣服都是破的，有没有煳拦一点的拿出来我穿穿。

虎　hǔ　①鲁莽（有时也作勇敢讲）。[例]你真虎啊，竟敢去捅马蜂窝子！②傻，智力不全，不精明。[例]赵四："你说谢广坤串联到我头上。"赵四妻说："他是不是有点儿虎啊？"（《乡村爱情故事》第3集）

他是不是有点儿虎啊?

虎劲儿 hǔjìnr ①蛮力。[例]他还真有那股虎劲儿,弯腰憋口气把大石碾子抱起来了。②勇猛的劲头。[例]干工作光有虎劲儿不行,还得讲究方法。

虎了巴叽 hǔ·lebā·ji 也作"虎扯(chē)扯"。①比喻人没有心机,不精明的。[例]他这人不懂事,虎了巴叽的。②粗鲁,蛮干。[例]下矿井别虎了巴叽地光知道干活,要多注意安全。

唬 hǔ 吓;骗;隐瞒。[例]真有些老头老太太还信命,我呀,出来撞大运,得手就唬他几个。(赵本山小品《摔三弦》)

唬人 hǔrén 蒙、骗人。[例]这事儿你说不想,那纯牌儿唬人。(赵本山小品《相亲》)

护犊子 hùdú·zi (骂人话)形容过分溺爱子女或袒护手下或晚辈的人。[例]作为领导,我不能护犊子,谁犯错误就处理谁。

护食 hùshí 原意指狗在吃东西时,怕其他同类抢走的习性。现引申为人得到好东西、好事情时,不愿意与他人分享或共有。[例]他承包到这个工程以后就护食了,别人想从他手里揽点小工程活,他一个都不给。

糊弄 hù·nong ①欺骗。[例](范伟扮演的)病人说:我抽过去了。(高秀敏扮演的)媳妇说:"哎呀妈呀,有那好事你还能抽哇你呀?糊弄谁呀?"(赵本山小品《心病》)②将就,蒙混,敷衍,对付。[例]上坟烧报纸,你糊弄鬼呀?(赵本山小品《有钱了》)

花大姐 huādàjiě 也作"花媳妇儿"。即"二十八星瓢虫",是害虫,成虫危害土豆、茄子、豆类等作物。[例]小伙子,李英杰,灭虫办法想得绝,一心

爱上了"花大姐",那种感情挺特别。(《小伙爱上"花大姐"》)

花达 huā·da 污渍。[例]干了一天活,出汗把衣服都弄花达了。

花花搭搭 huā·huadā·da ①换样搭配着。[例]生孩子得花花搭搭生,男孩女孩都得要。②颜色搭配不协调;图案杂乱无章。[例]看你把屋地拖得花花搭搭的,一点也不干净。

花花儿 huā·huar ①花纹;纹路。[例]这被面儿花花儿不错,给我扯几尺。②虚伪的。[例]他为人处事可花花儿啦,谁也交不透他。③作风不正派。[例]老四说:"大哥你真花花儿。"赵老阔说:"没这两下敢上你家花花儿。"(赵本山小品《生日快乐》)

花里呼哨 huā·lihúshào ①穿着颜色和种类繁多,太艳、太杂,不协调。[例]这件衣服太艳了,我这么大岁数穿得花里胡哨让人家笑话。②指做事花样繁多,不务实的意思。[例]不就开个会吗,弄那么多花里胡哨的东西干什么?

花子 huā·zi 也作"叫花子","要饭花子"。即乞丐。

华堂 huá·tang 满族残留语言,也作"华腾"。指精彩,美丽;漂亮。[例]这个家具做的挺华堂,赶明儿个俺家孩子结婚也找你这个木匠。

划拉 huá·la ①用拂拭的方法除去或取走。[例]寡妇难事多,不用划拉够一车。(赵本山小品《相亲》)②寻找;纠集;笼络。[例]你划拉几个人,咱们一起干。③争取。[例]他追她三年了,好容易才把她划拉到手。④也作"划搂(huá·lou)"。意指占便宜。[例]我寻思出来划拉个千儿八的,早点把彩礼给他过去。(赵本山小品《摔三弦》)

滑不唧溜 huá·bujī·liū 也作"滑不出溜","滑了巴唧","滑呲溜"。①物体表面光滑,不好握。[例]鲶鱼滑不唧溜的,不好抓。②狡猾,不实在。[例]他干工作滑不唧溜的,有事躲着走。

滑课 huákè 也作"滑学"。即逃课、逃学。

画魂儿 huàhúnr 也作"划回儿","划魂儿"。①猜疑,心里产生怀疑。[例]说是他昨天就应该来了,怎么今天才到?我心里直画魂儿。②琢磨不定,拿不定主意。[例]到底投不投资,我现在还直划魂儿没定下来。

画龙 huàlóng 也作"划龙"。中国图腾龙的形状是起起伏伏、弯弯曲曲的,要想画好龙,就得以龙之弯曲形状为基础来画,否则画不好。故形容人的动作不按正常的直线走时,就以画龙来比喻。[例]他酒喝多啦,走路像画龙似的。

画弧 huàhú 绕圈子；有话不直说。[例] 就你那点小心眼，还跟我俩鬼画弧。

话把儿 huàbàr 话柄。即被人拿来做谈笑或要挟的言行。[例] 孩子，咱们做事要坦坦荡荡，不能为官不廉给人家留下什么话把儿。

话赶话 huàgǎnhuà 彼此间语言递进所产生的话。[例] 嘿嘿，你别生气，这都是话赶话赶到那了。

话痨子 huàláo·zi 非常爱说话，说起话来没完没了。[例] 就你话多，像个话痨子似的。

话匣子 huàxiá·zi ①原指留声机，后来也指收音机。②喻指说话多或爱说话的人，常带有讽刺的意味。[例] 她话匣子一打开，就没完没了。

坏菜 huàicài 比喻把事情弄糟了。[例] 回头一看这可坏了菜，吓得我撒手扔刀目瞪口呆。(《青山常在》)

坏水儿 huàishuǐr 也作"坏出水儿"。比喻奸诈的心计；坏主意。[例] 他这个人一肚子坏水儿。

欢实 huān·shi 有精神，有劲头。[例] 你家的小猪长得真欢实。

缓空儿 huǎnkòngr 延缓出时间和空隙。[例] 你别老催我，你得让我缓空儿把饭桌收拾完了，才能给你讲故事呀。

缓气儿 huǎnqìr ①喘口气；休息一下。[例] 你一个劲儿催我，你不让我缓口气儿呀！②恢复到正常呼吸。[例] 我以为老爷子要咽气不行了，今天下午看缓气儿了，没事。③善习水性的人，能潜入水里然后换气，从而达到长时间潜水目的。

缓阳 huǎnyáng 刚刚有起色，恢复正常。[例] 庄稼从浇完水后就缓阳了。

荒信儿 huāngxìnr 不确定的或没有证实的消息。[例] 前两天还听见一个荒信儿，说是南边的公当铺也因为折了本儿收了。(《红楼梦》第一百回)

黄了 huáng·la ①倒闭，没成功，失败的意思。[例] 好好的厂子让他给干黄了。②分手。[例] 儿子搞对象，给我愁够呛，看一个黄一个。(赵本山小品《摔三弦》)③定下来的事没办成。[例] 国民党八百万军队都削没了，你这八百万块钱还想欠黄了怎么的?(赵本山小品《儿子大了》)

黄狼 huángláng 也作"黄鼠狼"，"黄狼子"，"黄皮子"。即黄鼬。[例] 唐抓子老婆闹病，请跳大神的，给黄皮子磕头。(《暴风骤雨》)

黄铺 huángpù 倒闭。[例] 前几年开的小卖店，现在不景气也黄铺了。

恍儿惚 huǎngrhū ①神志不清；精神不集中。[例] 我恍儿惚记得是另外一个人把东西拿走的。②看得、听得不真切。[例] 隔着窗户我恍儿惚看见有个人跑过去了。

晃人儿 huǎngrénr ①光线太强刺眼，不舒服。[例]王天来说："往后你尽量跟我大姑父你俩少跳舞，成吗？那一栽歪一栽歪的，给我都晃得唱歌都唱不好。"（《乡村爱情故事》第20集）②向他人炫耀、显示自己。[例]他一身名牌走来走去，在这条街真晃人儿。

晃常儿 huàngchángr 往常；平常。[例]大伙整天在一起工作，晃常儿就摆"龙门阵"！（《无题》）

晃荡 huàng·dang ①也作"晃悠"。摇；来回摆动。[例]门卫说："你说你搁这晃悠一天了，你说你办啥事啊？"（《乡村爱情故事》第9集）②形容词，指在某个阶段的跨度。[例]他年龄也就在三十到四十之间晃荡。

幌子 huǎng·zi 商店或饭店等门外的招牌或标志物。比喻为了进行某种活动所假借的名义。[例]你怎么能打县长的幌子到处拉赞助呢？

回锅 huíguō 也作"回勺"。把已熟的食品重新加热。[例]孩子回来菜都凉了，去把菜回下锅。

回笼觉 huílóngjiào 也作"回龙觉"，天亮时醒后再小睡一会儿；睡醒后或起床后又重新睡觉。[例]在庄稼院里插队落户又没个钟点管着，敞开睡吧，回笼觉可香呢！（《征途》）

回门儿 huíménr 也叫"回娘家"。满族婚俗，把新婚夫妇在若干日一起回到女方娘家拜见长辈和亲友叫做"回门儿"。

回楦 huíxuàn 越来越差；倒退；不如从前。[例]你咋越活越回楦了呢？小时候那精神头都哪去了？（赵本山小品《相亲》）

毁 huǐ 把成件的东西改造成别的东西。[例]（非洲）那边儿暂时没有这么大型号的，这样吧，我用麻袋给你毁个坎肩儿。（赵本山小品《过年了》）

毁了 huǐ·le 糟糕了，倒霉了；彻底毁掉、完蛋的意思。[例]我可毁了，一下子赔那么多钱。

会来事儿 huìláishìr 善于逢迎、见机行事。[例]她卖货时就会来事儿，每天都比别人卖的多。

贿拢 huì·long 贿赂，拉拢，给人小恩小惠。[例]这些工人，平时得常贿拢他们点，多请他们吃点饭，要不也不给你使劲干活啊。

荤的 hūn·de ①带有动物油性的菜肴。②色情内容。[例]在赵本山提倡"绿色二人转"之后，现在的二人转绝大部分都是健康的，"荤"的内容都杜绝了。

浑叽叽 húnjī·ji 比喻性格不好的人。[例] 刘能说:"你还比我强呢,你瞅瞅我家,刘英嫁给一个赵玉田,一天浑叽叽的……"(《乡村爱情故事》第17集)

魂儿画儿 húnrhuàr 不明亮;有污垢。类似涂鸦。[例] 你这脸上抹啥了,弄得魂儿画儿的。

劐 huō 用农具破开土地或用剪刀划开物体。[例] 把地劐一下;劐开鱼肚子。

豁儿 huōr 缺口。[例] 赵四说:"这警戒线这儿是不是有个豁儿?那是搁这豁儿过来的。"(《乡村爱情故事》第27集)

豁上 huōshàng 也作"豁出去","豁出来"。豁,在此发"hē"音。表示不惜付出任何代价的意思。[例] 钱大爷说:"他就是没赶上,赶上了啥都豁出来。"(赵本山小品《捐助》)

豁牙狼齿 huōyálángchǐ 参差不齐的意思。[例] 你看他把墙砌得豁牙狼齿,验收能过关吗?

豁嘴子 huōzuǐ·zi 指有唇裂的人。[例] 豁嘴子吃猪肉,肥(谁)也不说肥(谁)。

豁亮 huò·liang 豁,在此发"hè"音。指宽敞明亮;漂亮。[例] 你这房子盖得真豁亮,咱们堡子谁家也比不上你。

㨰拢 huō·long 也作"㨰楞"。①搅和;搅拌。[例] 你把喂马的草料㨰拢一下。②搅扰。[例] 赶快把他㨰拢醒,一会儿到点上班啦。③挑唆、煽动、鼓动起来。[例] 他俩原来关系挺好,你看叫你给㨰拢的,现在又闹僵了。

活裆儿裤 huódāngrkù 也作"开裆裤"。指小孩穿的开裆裤子。一般指年龄较小。[例] 你年纪轻轻的才穿几年活裆儿裤?就和我这么说话。

活汉妻 huóhànqī 丈夫还在人世的单身女人,指已经离婚的男人的妻子。过去东北有句俗话:好汉不娶活汉妻。意指如果女人的前夫仍在,与之结婚后会有很多麻烦事情。

活腻歪 huónì·wai 活得不耐烦,不想活了。[例] 敢偷我家东西,你真是活腻歪啦!

活冉 huó·ran 也作"活润"。指活泛、灵活,不墨守成规,见机行事。[例] 这人办事很活冉。

火刺棱的 huǒ·cíléng·de 也作"火得楞的"。因为不顺而性情暴躁,或正在气头上。[例] 三叔:那不是叫海山的事急得火刺棱的嘛。(《西瓜今日甜》)

火龙 huǒ·long ①生意等非常红火。[例] 他家饭店开得非常火龙,就餐的人特别多。②精神振奋的样子。[例]头几天他还萎靡不振,这几天又火龙起来了。

火蒙眼 huǒméngyǎn 由于着急等原因,使眼睛发花,像蒙上一层东西似的看不清楚。

火上房 huǒshàngfáng 形容非常着急的样子。[例]村里的学校又漏雨了,把校长急的都火上房了。

火炭 huǒtàn 燃烧过程中形成的木炭或木柴。①比喻日子红火。[例]他俩那小日子,过得像火炭一样红火。②形容非常热的意思。[例]这孩子生病了,头上烧得像火炭似的。

火匣子 huǒxiá·zi 骨灰盒的俗称。[例]当年老罕王背着装着父亲骨殖的火匣子回老家,路过新宾老城。(《努尔哈赤传奇》)

和 huò ①加水掺在一起的粉状或颗粒状物品。②量词,用于洗涤物品时换水或煎药时加水的次数。[例]看你这衣服脏的,都洗了三和才干净。

和稀泥 huòxīní 比喻没有原则地从中调和或折中处理,以求息事宁人。[例]这件事到底是谁的责任还没分清楚,你怎么就在那和稀泥呢?

货郎鼓 huòlánggǔ 货郎,是流动于农村、山区或城市小街僻巷贩卖日用杂品的小本生意人,有的也兼营收购。货郎贩卖、收购货物时,为了招揽顾客所敲打的小鼓,形状跟拨浪鼓相同而且比较大。

祸害 huò·hai ①祸事。②引起灾难的人或事物。[例]有这个祸害,老百姓不得安宁。③损害;造成破坏。[例]黑土:"你说你咋这样呢?录完一回《实话实说》,咋就把你祸害成这样呢。"(赵本山小品《说事儿》)

祸祸 huò·huo 践踏,糟蹋,破坏。[例1]王天来说:"你伙同李大国一起祸祸我,我还给你包上,我给你包个六。"(《乡村爱情故事》第26集)[例2]李秀莲说:"这谁干的,谁给苞米祸祸这样了?这么缺德呢?"(《乡村爱情故事》第7集)

看你这衣服脏的,都洗了三和才干净。

叽咯 jī·ge 叽，在此发"jī"音。①脾气不好、发牢骚。[例] 徐老蔫："别回去，咱把有关事项商量好，别回去叽叽咯咯让孩子笑话。"（小品《老蔫完婚》）②吵嘴。[例] 二柱子临走前，不是跟红杏叽咯了几句吗？现在老后悔了，偷儿摸掉了几回眼泪。（赵本山小品《过年了》）

叽咯浪 jī·gelàng 叽，在此发"jī"音。拌嘴。[例] 王秀美说："你看你，你们俩在一起，以前不总是叽咯浪叽咯浪的吗？这回你态度咋还变了呢？"（《乡村爱情故事》第23集）

叽咕 jī·gu 也作"唧咕"，"叽咕喳咕"。指小声说话、议论。[例] 老师在上边讲课，你们再下边叽咕什么？

叽里格生 jī·ligéshēng 格，在此发"gè"音。①形容鼓鼓囊囊不平的样子。[例1] 这兜里边装些什么呀？叽里格生的！[例2] 这饭里怎么这么多沙子，叽里格生的！②产生矛盾。[例] 你们俩这几天弄得叽里格生的，这不影响工作吗？

叽里逛荡 jī·liguāngdāng ①空荡，不充实。[例] 桶里东西没放好，叽里逛荡直响。②形容饿肚子。[例] 干了一天活，饿得叽里逛荡。

饥荒 jī·huang 也作"债务"。[例] 老孟说："这玩意儿也倒霉，这做梦还拉饥荒。"（赵本山小品《有钱了》）

鸡架门 jījiàmén ①鸡架的小门。[例] 告诉孩子，别忘了晚上把鸡架门关上。②暗指男人的裤子门。[例] 他早上上班急急忙忙就走了，连鸡架门都没关，到单位把他臊得脸通红。

鸡子儿 jīzǐr 指鸡蛋。[例] 我寻思这两年日子得好啦，回乡下种点地儿，养点儿小鸡，收点鸡子儿。（赵本山小品《相亲》）

犄角旮旯 jījiǎogālá 角落。[例]我把家里的犄角旮旯都找遍了,也没找到丢的东西。

畸里拐弯儿 jī·liguǎiwānr 弯曲;不直。[例]树长得畸里拐弯儿;山间小道畸里拐弯儿的。

激猴儿 jīhóur 猴子发脾气的样子。[例]你女儿属鸡,对象属猴,命相不合……鸡猴鸡猴,一遇事就激猴儿。(赵本山小品《摔三弦》)

激溜 jī·liu 也作"激溜溜的"。发怒、脾气暴躁。[例1]我这几天心情不好,直激溜。[例2]跟你开个玩笑,你怎么还激溜溜的。

激着了 jīzháo·le 突然受到冷水刺激而生病。[例]赵四:"完了,那肯定是让水给激着了,激感冒了那是。"(《乡村爱情故事》第7集)

激皮酸脸 jīpísuānliǎn 性急脸酸的样子。[例]我就开玩笑说她两句,你看她激皮酸脸的,就跟我翻脸吵吵起来了。

激眼 jīyǎn 发火、发脾气、愤怒。[例1]谢广坤:"你别刚我,听见没?激眼我把车停那顶上去。"(《乡村爱情故事》)[例2]老乐:"你咋这样呢?说激眼就激眼。"(赵本山小品《小九老乐》)

急茬 jíchá 着急先办的事情。[例]遇到急茬,就先把手头工作放下来。

急忙五四 jímángwǔsì 因着急而照顾不过来。[例]现在谁家都一个孩子,等我们将来老了,急忙五四有个急事,上哪找人帮忙?

急头掰脸 jí·toubāiliǎn 急,在此发"jǐ"音。也作"鸡皮酸脸""急赤白脸""急头白脸"。指由于不冷静,心里不痛快或者不满意所表现出的言语尖刻、脸色难看等不愉快的表情。[例]赵本山:"你们这急头白脸吃一顿多少钱?"小沈阳:"吃饭咋还吃急眼了呢?"(赵本山小品《不差钱》)

急歪 jí·wai 急,在此发"jǐ"音。也作"叽歪"。①恼火,生气。[例]有话好好说,你别急歪。②小孩或病人情绪不好。[例]孩子有病了,怪不得这几天老急歪。

挤挤插插 jǐjǐchāchā 也作"挤挤擦擦"。拥挤。[例]一会儿工夫,社员都来开会,推推搡搡,挤挤插插坐了一屋子的人。

挤对 jǐ·dui 也作"挤兑"。①迫使服从,强迫他人就范。[例1]他一心想把别人挤兑走,好把这个活儿留给他自己干。[例2]好你个"老矫情",顶着人家窗户升火,骑脖梗拉屎,是哑巴,也让你挤兑得说话啦。(《黑龙江艺术》)②故意为难。[例]你怎么老挤对我。

挤咕眼 jǐ·guyǎn 也作"挤眉弄眼"。暗示。[例]老王看见媳妇在那挤咕

眼，就回身坐下抽烟再没吱声。

剂子 jì·zi ①做馒头或包饺子时，从和好的长条面上分割下来的小块。[例]面剂子。②个头矮小。[例]就你这小剂子，还想跟我俩摔跤。

既好个 jìhǎo·ge 也作"十分"，"非常"，"特别"，"极其"。[例]主任："带队的呀，那可得是个既好个人才行，要不怎么能照顾团队出门吃住行等各个方面。"

鲫瓜子 jìguā·zi 俗称鲫鱼。因此鱼具有在河边觅食的习惯，故有俗语讲：你属鲫瓜子鱼的——溜边打蹭。

加码儿 jiāmǎr ①提高商品价格或增加数量指标。[例]今年又给加到二百万，这么加码儿，我们基层可受不了。②引申为变本加厉的意思。[例]答应给你存款就行了，怎么还加码儿要房子呢？

加钢 jiāgāng 撮火、怂恿、火上浇油。[例1]他已经在气头上，你再加钢，他不往死里打孩子呀。[例2]老太太带着黑脸加钢儿说："该，该！……"（《八出戏》）

加塞儿 jiāsáir 也作"加楔儿"。[例]大家都在那排队买票，他突然加塞儿进来，我们还以为他也要买票呢，后来才知道他是小偷。

家当 jiādàng 家产。[例]你老子千辛万苦挣下这个家业，算起来不过四五万银子家当。

家的 jiā·di 也作"屋里的"，指媳妇。[例]我家里的可贤惠了，对我爸、妈以及亲戚朋友都特别好。

家底儿 jiādǐr 家产；家境的状况。[例1]我的家底就剩下这五千元钱了，你都拿去用吧。[例2]徐会计："要看看咱们村家底儿。"（《乡村爱情故事》第20集）

家伙 jiā·huo ①也作"家伙什儿"，"家把什"。工具或武器。[例]徐会

我要是回来晚了，你把那个家伙什儿啥的收着，啊

计:"我要是回来晚了,你把那个家伙什儿啥的收着,啊。"(《乡村爱情故事》第16集)②谑称或篾称。[例]谢兰:"哎呀,这家伙都换了,啊?西服、表都换了,头型咋不换呢?"(《乡村爱情故事》第18集)

家雀儿　jiāquèr　雀,在此发"qiǎo"音。麻雀。[例]下雪后,家雀儿找不到吃的,就成群结队地飞到各家各户的猪圈里,落到猪食槽子上抢猪食吃。

夹　jiá　双层。[例]夹袄(没有棉花双层的袄子),夹被(没有放棉花的被子)。

夹板儿　jiábǎnr　驴、马的脖子上用以拉车和拉磨的板子。是用两个木棒做成,木棒中间凿开两个眼,拉车的绳子从眼中通过,两根木棒上头用绳子(根据驴、马大小)连接固定。用时将夹板儿套在驴、马的脖子上后,下面再用绳子连接固定。此夹板儿的特点,就是套上后不脱落,故有受夹板儿罪一说。

夹咯　jiā·ge　理会。[例]你在一个单位,如果人际关系搞不好,没有人夹咯你,工作还怎么开展?

夹剪儿　jiájiǎnr　指甲刀。

夹生　jiá·sheng　①也作"夹生饭"。指半生不熟的饭。[例]饭做夹生了就不好吃。②对所学的知识、技艺生疏,不熟练掌握。[例]自从毕业以后,业务丢掉这么长时间,都夹生了,再也捡不起来了。③事情中途而废导致无法继续下去或再重新开始。[例]挺简单的事让你给办夹生了,下一步别人还怎么办?

夹当儿　jiádāngr　中间;其间。[例]我下周有时间,你趁这夹当儿过来,我还能陪你逛逛街。

假古山子　jiǎ·gushān·zi　也作"假古身子"。身材魁梧。[例]她姑爷那大假古山子,身材真高。

假假咕咕　jiǎ·jiagū·gu　装假;不实在。[例]诚心诚意请你吃饭,你就别假假咕咕的,赶快去吧。

假装相　jiǎzhuāngxiàng　虚伪。[例]我都知道是怎么回事了,你就别假装相了。

驾驭　jiàyù　在作者与赵本山谈起"官话、普通话,均为提炼多种方言后的结晶,是方言、俗语、土语的升华"这个话题时,我们议论小时候在农村赶马车、牛车等的感受,喊声"驾"它就走,喊声"吁"它就停下。这种吆喝,实际就是控制牲口。赵本山说:"在农村叫摆弄牲口。""吁"与"驭"又同音,大家一致认为"驾驭"一词可能由"驾""吁"演变而来。

架不住 jià·buzhù ①禁不住；扛不了。[例]架不住我再三追问，他终于讲实话。②当不了，抵不上。[例]你虽然酒量大，架不住我们人多。

架拦 jiàlán 支助；赞助；帮助。[例]这个买卖你大胆去做，钱不够找我，我给你架拦。

架弄 jià·long 显示；顶嘴；招架。[例1]刚有点成绩，你就架弄起来了。[例2]刚批评几句，你就跟我架弄嘴儿。[例3]来的人太多了，我自己架弄不过来。

尖溜儿 jiān·liur 尖细或锋利。[例]木棍一头非常尖溜，一下子就扎进去了。

奸馋 jiānchán 专爱吃好的。[例]他太奸馋了，没有好饭菜他是不动筷子。

间壁 jiān·bi 墙壁；隔断。[例]把房间间壁起来就可以住两个人。

间量儿 jiānliàngr 房间跨度、面积大小。[例]新盖的房子间量挺大。

肩膀头 jiānbǎngtóu 肩头。[例]……弄些玻璃球子，露个肩膀头子，扭着胯巴肘子。（赵本山小品《红高粱模特队》）

犍子 jiān·zi 阉割过的公牛。[例]这个大黄牛是个犍子，肯定能卖个好价钱。

捡漏儿 jiǎnlòur 遗落。比喻获得意想不到的收获，也有渔翁得利之意。[例]这次让他捡漏儿当上局长了。

捡着 jiǎnzháo 幸运；得到便宜。[例]这回他可捡着了，从此再也不用倒班啦。

简便道 jiǎn·biandào 捷径。[例]干工作要脚踏实地认真去做，不能走简便道。

简直杆儿 jiǎnzhígǎnr 纯粹；几乎；特别。[例]他简直杆儿不像话，一个人怎么贪占那么多钱，够我们老百姓挣一百年的。

见亮儿 jiànliàngr 看见一线希望。[例]我们连夜奋战三天三夜，工程终于见亮儿了。

见外 jiànwài 当成外人看待。客套话，不要客气的意思。[例]老胡："大娘，你这么说不就是有点见外了吗？我出门不在家，你家二小子不也帮我家不少忙吗？"（《乡邻之间》）

贱不喽嗖 jiàn·bulōu·sou ①不庄重。[例1]那家伙在女人面前总是贱不喽嗖的，很招人讨厌。②廉价。[例2]这点菜贱不喽嗖卖了得了。

贱扯扯 jiànchě·che 不正经的样子。[例]你一天到晚贱扯扯的，什么时候能出息个人样。

贱皮子 jiànpí·zi 皮子质量低劣。为其卖出好价钱，对皮子反复捶打等工序。使其柔软，提高价格。现指不识抬举的人。[例] 你就是个贱皮子！不就会点瓦匠活吗？人家好说好商量请你去你不去，这回队长命令你去，你不也得去吗？

贱嘴巴舌 jiànzuǐbāshé 也作"尖嘴巴舌"。①爱传话的人。[例] 这事我们刚决定下来，还没宣布呢，谁贱嘴巴舌把这事讲出去的？②形容会耍嘴皮子。[例] 这事我们刚决定下来，还没宣布呢，谁尖嘴巴舌把这事讲出去的？

将打将 jiāngdǎjiāng 也作"将将巴巴"，"勉勉强强"。[例] 一年工资将打将够我们一家四口人吃饭钱。

将供嘴儿 jiānggōngzuǐr 刚刚能够满足需要。[例] 罕王爷所管辖的建州卫，农耕收入是将供嘴儿，大部经济来源靠到马市卖人参。(《罕王红参》)

将就 jiāng·jiu 勉强。[例] 谢广坤说："火箭呐，暂时订不着票，我就将就坐趟飞机得啦。"(《乡村爱情故事》第8集)

讲古 jiǎnggǔ 也作"讲瞎话"，"编瞎话"，"讲故事"。因为过去灯油很贵，晚上众人围坐在火盆边，不点灯烛摸黑讲故事。因为故事是编造的，因此把讲故事、讲古统称为讲瞎话。开讲之前大多要说上几句："瞎话瞎话，讲起没把儿，三根牛毛，能擀成毡袜，老头穿三冬，老太太穿八夏，一坏坏个磨盘大。"

讲儿 jiǎngr 规则；说道。[例1] 在农村，结婚的仪式和程序有很多讲儿。[例2] 刘大脑袋说："董事长，这有讲儿。"王大拿："什么讲儿？"刘大脑袋："这叫酒泉。"(《乡村爱情故事》第13集)

膙子 jiǎng·zi 趼子。一种因摩擦而产生的硬皮，多出现在手、脚上。

犟犟 jiàng·jiang 争吵，吵嚷。[例] 你们在这儿瞎犟犟也没用，这事最后还得领导定。

犟驴 jiànglú 倔强的人。[例] 他像头犟驴，我怎么说他都不听。

犟眼子 jiàngyǎn·zi 比喻固执己见的人。[例] 你真是个犟眼子，人家价钱给到这么高了，这货你怎么还不卖呢？

糨子 jiàng·zi 开水与面粉搅拌而形成的糊状物质，有黏合作用。

交人儿 jiāorénr "交"的本义是与人相友好，但东北话里的"交人儿"，除此之外，主要指因某事、某物去结交或送人情的意思。[例] 王大拿说："我误会什么，你这不是拿我公司搁这交人儿吗？"(《乡村爱情故事》第13集)

焦黄 jiāohuáng 干枯的黄色。

焦粘 jiāonián 也作"胶粘"。非常粘的意思。[例] 王天来说："这不是胶粘

的吗,怎么能掉呢?"(《乡村爱情故事》第26集)

嚼裹儿 jiáoguǒr 也作"嚼咕"。指美味佳肴,好吃的东西。[例1]你家今天晚饭有什么嚼裹儿吃的?[例2]按照他们家里的光景,这个接风的席面,赶上过年吃嚼裹儿。(《暴风骤雨》)

嚼舌根 jiáoshégēn 比喻挑拨事端,说别人的是非。[例]这会儿打他几下没要紧,明儿叫他们背地里嚼舌根,倒说三更半夜打人。(《红楼梦》第一百零一回)

嚼嘴磨牙 jiáozuǐmóyá 指办事费口舌或挑剔。[例]我这么嚼嘴磨牙地讲了半天,你还没听明白我的意思呀?

嚼子 jiáo·zi 放在牲口嘴里用铁丝等做成的小链子,便于驾驶。[例]歇后语:狗带嚼子胡勒。

角孤 jiǎogū 角落。[例1]你不要在角孤站着,快出来帮忙。[例2]东西放在哪个角孤,我找不着了。

角儿 jiǎor 角,在此发"jiǎ"音,字意及使用同"角"(jiǎo)。[例]三棱八角儿。

绞牙 jiǎoyá 也作"搅牙"。①事情非常难办,不顺当。[例]这件事太绞牙了,半天也没办成。②指调皮,胡搅蛮缠。[例]这人太绞牙了,怎么说也不答应。

脚打后脑勺 jiǎodǎhòunǎosháo 形容事情多且忙不开身,忙碌。[例]我在家又是涮碗、扫地、烧火,又是挑水做饭,把我忙得脚打后脑勺儿。

脚前脚后 jiǎoqiánjiǎohòu 也作"前后脚儿"。①也作"脚跟脚",形容跟得很紧,紧接着。[例]我们俩脚前脚后进的屋,怎么眨眼间他就不见了呢?②时间相差不多。[例]长贵说:"你说今天刘能、赵四,这亲家俩,脚前脚后的都跑到镇政府上厕所去了?"(《乡村爱情故事》第10集)

脚钱 jiǎoqián 付给脚夫的钱。现指付给搬运的工钱或运费。[例]车脚钱。

脚丫子 jiǎoyā·zi 指脚。[例1]那时家里困难,没鞋穿,上学还光着脚丫子。[例2]李秀莲说:"该,忒该啦!脚丫子没给你踩掉呢?"(《乡村爱情故事》第7集)

搅和 jiǎo·he 扰乱;掺和。[例]范伟说:"你可别在这里搅和行不行啊。"(赵本山小品《年前年后》)

搅局儿 jiǎojúr 计划被打乱。[例]我们正在开会选举联户代表,他进来就闹,结果搅局儿了,会没开成。

叫 jiào ①割开；破开。[例]快把刀拿来，把这个花皮儿大西瓜叫开，每人吃块解解渴。②以手扣动，听其声。[例]叫一叫就知道瓜熟没熟透。

叫号儿 jiàohàor 因不服而向对方发出挑战，激起对方（手）的反应。[例]赵四："你这么说，我绝对不会让着你刘能，你记住这句话！"刘能说："好，跟我俩叫号，是不是？"（《乡村爱情故事》第11集）

叫花子 jiàohua·zi 也作"叫化子"。即乞丐。

叫唤 jiào·huan 哭、喊。[例]孩子叫唤了，你快点儿去哄一哄。[例]谢广坤："这咋的了……这（汽车）怎么叫唤来着？"（《乡村爱情故事》第3集）

叫魂 jiàohúnr 满族旧时迷信习俗。认为小儿有病是失掉灵魂，特别是受惊吓，常以为是吓掉灵魂，故其母亲在黎明或子夜，用勺击门，口呼患者名字，并说"包德珠"（家来之意）。以为可把丢了的魂叫回来，病即痊愈。现在也多指对大声喊叫的人的不满时的称呼。[例]你那么大声喊什么，叫魂呀？

叫叫儿 jiào·jiaor 核桃树或柳条嫩皮儿做成的筒状口哨。[例]一到春天，小孩子就喜欢到河边拧叫叫儿吹。

叫劲儿 jiàojìnr 也作"较劲儿"。①紧要，关键。[例]高考前这段时间正是叫劲儿的时候。②为难，作对。[例]都旱了多少天了，还不下雨，老天爷存心跟咱们叫劲儿呢。③比试。[例]自从那次摔跤输了之后，二小子再也不和老大较劲儿了。④厉害。[例]这酒真叫劲儿，喝一口辣到肚子。

叫鸯子 jiàoyāng·zi 也作"叫春"，"猫叫鸯子"。指动物发情时发出的叫声。[例]夜深人静的时候，偶尔听见几声狗吠和猫叫鸯子的声音。

叫油 jiàoyóu 也作"浇油"。原指给车轴上润滑油。喻指给某人好处或行贿，以达到办事顺利的目的。

叫真章儿 jiàozhēnzhāngr 也作"上真章儿"。认真。[例]这次打仗要是真正叫真章儿，你还真就没什么理。

叫准儿 jiàozhǔnr 肯定；确定。[例]这一片拆迁的事还没有确定，我可不敢叫准儿。

觉警儿 jiàojǐngr 觉，在此发"jiǎo"音。指心中有所觉察，有所警觉。[例1]我说的是别人，又没点名说你，你在那犯什么觉警儿？[例2]他看孩子们背着他在说些什么，就有些觉警儿，知道自己的病不是好病。

节骨眼 jiē·guyǎn 比喻紧要的、能起决定作用的环节或时机。[例]谢广坤说："刘能现在刚当上村主任，正听（tìng）着呢，这个节骨眼儿我去找他，

他兴许能答应我。"(《乡村爱情故事》第16集)

节子 jiē·zi 木材上或拆掉后在主枝上留下的疤。

疖子 jiē·zi 皮肤病,局部呈现硬块、充血、红肿、疼痛等症状。[例1] 火疖子。[例2] 还长在后背上,长在后背那叫焖头,屁股上那叫火疖子。(赵本山小品《卖拐》)

接茬儿 jiēchár ①接着别人的话头说下去。[例] 他多次跟我说到老张借钱的事,我都没接茬儿。②接着做事情。[例] 王老七说:"我估计你和陈艳南的事啊……你瞅你,个人接个新茬儿,又来接了,你这自己不找难受吗?"(《乡村爱情故事》第22集)

揭老底儿 jiēlǎodǐr 揭露底细。[例] 我不是揭你老底儿,你以前干的那些事谁不知道啊!

街坊 jiēfáng 街,在此发"gāi"音。"街坊",也作"街坊邻居"。指同街相住的邻居。[例] 我俩从小是街坊邻居,一起上学,一起当的兵。

街坊辈儿 jiēfángbèir 原指没有血缘关系,而是从大街上排论出长、幼的辈分。[例] 从街坊辈儿论,我还得叫他一句大叔呢!

街溜子 jiēliū·zi 经常在街上闲逛,游手好闲,无所事事的人。[例] 自从初中毕业他也没找个像样的工作,整天像个街溜子似的。

劫杠子 jiégàng·zi 旧指拦路抢劫。[例] 过去那些胡子,都从羊草沟那边过来,晚上就守在喜鹊岭顶上劫杠子。

结疙瘩 jiégā·da 比喻结下冤仇或矛盾。[例] 你俩结这个疙瘩挺深啊,有时间我把你俩找一起,说和一下。

解馋 jiěchán 解,在此发"gǎi"音。①吃到爱吃或极其想吃的东西,食欲上得到满足。[例] 吃顿红烧肉真解馋!②比喻做某事后欲望得到满足,非常过瘾的感觉。如东北顺口溜:抽袋烟,解心宽;解馋,解懒,解腰酸。

解刺挠 jiěcì·nao 解,在此发"gǎi"音。指身体奇痒难受,得到缓解后的舒畅感觉。[例] 挺长时间没洗澡了,浑身痒痒得难受,用"老头乐"挠两下,真解刺挠。

解乏 jiěfá 解,在此发"gǎi"音。消除劳累疲乏的感觉,恢复体力。[例1] 老罕王……让兵马在这儿歇三天,都来洗洗澡,解解乏,痛快痛快。(《三宝汤》)[例2] 今晚来的朋友都是看姜鹏大哥的,但是朋友们如果你看他看累了,拿我解解乏我就心满意足了。(小沈阳小品二人转《东方斯卡拉》)

解恨 jiěhèn 解,在此发"gǎi"音。即指去除、消除心中的愤恨。[例] 叔

叔们放的那把火真解恨,如今他们找到共产党、八路军了吗?(《高玉宝》第十章)

芥菜疙瘩 jiècàigā·da 芥菜块茎的俗称。

界壁儿 jièbǐr 也作"隔壁"。邻居。[例]他家就住在我家界壁儿,我们天天见面,经常在一起喝酒、聊天。

借光 jièguāng ①客套话,请别人给予方便。[例]永强妈说:"那你可抓紧学吧,我好跟你借借光。"②分沾他人的利益。[例]谢广坤说:"那是呀,你必须得跟我借光啊!"(《乡村爱情故事》第15集)

借宿儿 jièxǔr 借别人的地方住宿。[例]满族人好客,对待过路的陌生人也是如此,过路的人提出借宿儿,他们像招待远房来的亲戚一样热心。

借引子 jièyǐn·zi 借口。[例]你有话就直说,别拿我借引子说事儿。

借由儿 jièyóur 也作"借由子","借悠儿"。借机,找借口。[例]他到我家里,借由儿说来溜达溜达,实际他是来踩盘子偷东西的!

金贵 jīn·gui 珍贵;贵重。[例1]这古物可金贵了,要好好收藏起来。[例2]他家女儿可金贵了,在家什么活都不干。

金镏子 jīnliū·zi 金戒指。

筋道 jīn·dao 也作"有筋头"。指食物有韧性耐咀嚼。[例]这馒头吃起来挺筋道。

筋筋 jīn·jin 收缩。[例]这衣服质量不好，下一次水就筋筋了。

筋筋拉拉 jīn·jinlā·la 不连贯。[例]孩子上学的生活费，你在她开学时一次带全的了，别筋筋拉拉的一个月给一次。

紧巴 jǐn·ba 也作"紧巴巴"，"紧紧巴巴"。①物体表面绷得紧。[例]皮肤感觉紧巴巴的。②经济不宽余；拮据。[例]最近手头有点紧巴，能否借我几万元钱。

紧称 jǐn·chen ①捆绑很紧。[例]车上绳子绑得很紧称，东西不会掉下来。②不宽松，空隙小。[例]这衣服穿着挺紧称。③引申为嘴很严，保密性强，不乱讲。[例]他嘴可紧称，什么话到他嘴里保证不带出去的。

进项 jìnxiàng 收入。[例]去年没出去打工，结果一点进项都没有，弄得日子挺紧巴。

近便 jìn·bian 也作"近面"。①距离不远。[例]干工作要一步一个脚窝，不能走近便道儿。②亲近，关系密切。[例]在单位就属我俩关系最近面。

近枝儿 jìnzhīr 血缘关系较近的。[例]我打听啦，他也姓艾，和我们是近枝儿。

劲儿劲儿地 jìnrjìnr·di ①执著，有精神头。[例]都熬了三天三夜，他还劲儿劲儿地精神头十足。②因与他人产生隔阂、生气而矛盾没得到缓解的样子。[例]他一天和我俩劲儿劲儿地，到现在还不和我说话。

经管 jīngguǎn 看住，守住；管理。[例1]我不在家，你把厂子经管起来。[例2]这片林子好好经管，一年能挣不少钱。

精儿 jīngr 精儿，在此发"jīnr"音。血等液体少量溢出。[例]我手划破了，都冒血精儿（xiějīnr）啦！

精神头 jīng·shentóu 具有活力和生机的能力和气质。[例]你咋越活越回楦了呢？小时候那精神头都哪去了？（赵本山小品《相亲》）

净 jìng 全部；专门；纯粹。[例]就因为有这么个有勇有谋的罕王，所以罕王的队伍净打胜仗。（《火石嘴子》）

净泡 jìngpào 净重。[例]这筐菜净泡重45公斤。

纠儿 jiūr 由多股线绞合而成的绳子。也指线、绳、头发等盘结成小小的结。头发盘成的结，叫"鬏儿"。[例]老太太在疙瘩鬏儿上别个银簪子。

揪巴 jiū·ba 揪，在此发"jiú"音。零星地摘取。[例]他把锅盖一打开就愣住了，锅里炜蒸一大锅园子参，须子都被揪巴干净了。（《罕王红参》）

揪揪 jiū·jiu 也作"揪揪巴巴","褶褶巴巴"。①不舒展，不平整。[例1]人老了，脸上都是揪揪儿。[例2]衣服揪揪巴巴的，熨一下就好了。②提心吊胆的样子。[例]孩子放学这么长时间也没回来，我这个当母亲的，在家心里一直揪揪着。

就便儿 jiùbiànr 顺便儿。[例]我一会儿回家路过市场，就便儿把菜买回去。

就饭吃 jiùfànchī 遗忘。[例]我以前念过的书，都就饭吃了，现在连一个字都写不上来。

就付 jiù·fu 凑合；凑服。[例]你的条件也不比我好哪去！这样吧，我就付你，咱俩再组织一个新家。

就手 jiùshǒu 顺便。[例]你上我这来时，就手把手提包给我拿过来。

卷面子 juǎnmiàn·zi 丢面子，碰壁的意思。有些地区也作"卷沿子"。[例]你给我办那么大的事，我得感谢你，这个东西如果你不收，这不是卷我面子吗？

蹽 juǎn ①用脚背踢的动作。[例]他上去就蹽一脚。②踢开；撵走。[例]我们三个人以前合伙做买卖，做得好好的，现在怎么把我蹽了？

撅 juē ①翘起。[例]撅着嘴。②顶撞；使人难堪。[例]谢广坤说："七哥，刚才我宣布不让他坐了，你再让他上去坐，这不撅我面子吗？"(《乡村爱情故事》)③替除。[例]这个工程把老张撅出去，就我俩干。④折断。此处多发juě音。[例]撅折，撅断。

撅达撅达 juē·dajuē·da 独自走路的样子。[例]孩子上学也没个伴儿，放学后就自己撅达撅达往回走。

撅撅 juē·jue ①翘起。[例]小嘴撅撅，又生气啦。②尾部翘起。[例]一进屋，看见小偷屁股撅撅在那找东西。

撅嘴骡子 juēzuǐluó·zi 骂人话，撅嘴骡子因长相丑陋，没人喜欢。比喻某人先天缺陷或无能。[例]今天办事千万别出岔，撅嘴骡子顺毛抹索不能戗茬。(《黑龙江艺术》)

噘骂嚎声 juēmàháoshēng 噘，在此发"jué"音。即呵斥、骂的意思。[例1]噘人——用脏话骂人。噘骂嚎声，指满口脏话或骂不绝口的意思。[例2]你怎么张口就噘骂嚎声的？

绝毙 juébì 极好；最好。[例]黄山的风景，那是绝毙了，哪里都赶不上它。

绝根儿 juégēnr ①断子绝孙。[例]儿子死了，他妈哭得死去活来，说："这回俺家算绝根儿啦，可怎么活呀。"②彻底没有了。[例]自从使用农药，河里的蝲蛄就绝根儿了。③没有后代。[例] 他五十多岁，跟前只有一个姑娘，要是真绝户，岂不是空有万贯家财吗！(《长白山人参故事》) ④指没有子孙后代的人或人家。

绝户 jué·hu 指一家人全部死净。[例] 他一个老跑腿子，老家的人都死绝户了，还有个屁亲戚？(《征途》)

绝了 jué·le 指极，最；没有退路。[例] 这事让他办绝了，别人再没法办了。也作"绝乎"，一般为贬义词。[例] 让我们退货，还得我们负责运费，哪有这个道理的，这事你也办得太绝乎啦！

倔巴头 juè·batóu 倔强的人。[例] 刘一手说："这倔巴老头！"(《乡村名流》第1集)

知识链接

敬烟 jìngyān
敬烟是满族人一项重要礼节。满族人尊敬老人，招待宾客都有敬烟之举。满族人儿媳在公婆面前端庄恭谨，每日早、午、晚三顿饭后各装烟一次。家中来客，首先是主人向客人敬烟，次献茶水。满族新郎、新娘拜完天地之后，新娘要向公婆及其他长辈敬烟，受烟者给新娘不同数额的赏烟钱。现在结婚时，娘家客人一进门就敬烟、糖，送上茶水进行招待。婚日午宴每桌也摆上烟、酒、糖、茶水任客人选用。酒过三巡之后，新郎、新娘在主持人陪同下，逐桌向客人敬烟敬酒，以表答谢意。

讲古 jiǎnggǔ
也叫讲瞎话，编瞎话，讲故事。因为过去灯油很贵，晚上众人围坐在火盆边，不点灯烛摸黑讲故事。因为故事是瞎编的，因此把讲故事、讲古统称为讲瞎话。开讲之前大多要说上几句："瞎话瞎话，讲起没把儿，三根牛毛，能擀成毡袜，老头穿三冬，老太太穿八夏，一坏坏个磨盘大"。"玻璃叶，刮大风，我讲故事给狗听。"还有如"山上有座庙，庙里有个老道"之类，这句话如此反复，以逗人乐。

接盆 jiēpén
东北满族结婚时候的喜盆是新娘捧的。喜盆里面要放枣、栗子（喻：早利子，早生孩子）、花生（男孩女孩都生）。新娘到婆家门口时，老婆婆要在门口迎接新娘。新娘改口叫声"妈"，老婆婆把新娘捧的喜盆接过来，然后给新娘红包。

K

咔嚓 kā·cha 讲话、办事果断利索。[例]这孩子,从小就看出来,办事就是咔嚓。

咔哧 kā·chi ①用利器刮掉物体上附着物或去掉多余的部分。[例]用刀把树皮咔哧下来。②整治;除掉。[例]谁像你,回家不干活?这个毛病非给你咔哧咔哧不可!(《十五的月亮十六圆》)③比喻搜刮、索要钱物等。[例]你呀……多听几句好听的都有了。老头儿老婆儿都是贱骨头,等把他们咔哧干净了,咱们再单过去!(《新婚之喜》)

咔咔的 kākā·de ①形容果断,雷厉风行。[例]新书记一来,把那些腐败官员咔咔的都拿下了。②形容人的自我感觉非常好,特别利整、整齐的意思。[例]刘大脑袋说:"……往单位一站,我老自信了,我咔咔的那儿指挥他们,我感觉自己是老大。"(《乡村爱情故事》)

卡 kǎ ①摔倒。[例]我走道一不小心卡倒了,把波勒盖都卡秃噜皮了。②刁难;要挟。[例]赵四说:"我再告诉你一遍,你尽量别拿刘英生孩子事卡我,听见没?"(《乡村爱情故事》第11集)

卡巴拉 kǎ·balā 拉,在此发"là"音。树枝分叉处。[例]东北农村的烧火棍子,一般用手指粗的木棍子做成,棍子一头有卡巴拉,即"丫"字形木棍。

卡脖子 kǎbó·zi ①衣服领使人不舒服的感觉。②掐脖子。比喻刁难人。

卡戳儿 kǎchuǒr 盖章。

卡裆 kǎdāng ①也作"卡巴裆","卡子"。名词,裆部;胯下。[例]小黑狗立即停止咆哮,夹着尾巴从二小子卡巴裆钻过去,绕着他转圈。(《乡邻之间》)②动词,裤子瘦,穿时卡住裆部。[例]那洋服我穿着卡裆,村长穿着也卡裆。(赵本山小品《儿子大了》)

卡壳 kǎké ①中断。[例] 稿子念一半就卡壳了。②刁难。[例] 他要不卡壳，这事早就办完了。

开板儿 kāibǎnr ①店铺开始营业。[例] 小店儿刚开板儿，希望多多照顾。②开头；开始。[例] 这一天，三胜来看她，刚一进门，她开板儿就问："胜子，今早上听没听广播？"（《风雨月亮泡》）

开化 kāihuà ①由原始的蒙昧状态转化为现代的文明状态。②也作"开冻"。指河流、土地或其他物体解冻，由冻结状态恢复到通常状态。[例] 明年这土岗是非平不可了，开化就动手。（《乡间事》）③性格开朗。[例] 柳大娘挺开化，闺女出嫁一个钱也没要。

开豁儿 kāihuōr 撕开；裂开；开口子。[例] 这东西质量不好，用了不几天就开豁儿了。

开脸 kāiliǎn 也作"绞面"，"绞脸"。满族传统习俗之一。满族姑娘出嫁时，请人用线缠绕成劲儿，裹掉脸上的汗毛，称开脸。女人只有在将嫁时才能享受"开脸"的待遇，也是女人出嫁的标志。开脸有在上轿前在女家进行，也有娶到男家后进行。从前，女人一生当中也只有这一次"开脸"的机会。[例] 贾琏笑道："谁知是上京来买的那小丫头，名叫香菱的，竟与薛大傻子作了房里人，开了脸，越发出挑的标致了。"（《红楼梦》第十六回）

开瓢儿 kāipiáor 比喻头部被打破。[例] 你快去看看吧，你家儿子脑袋叫人给打开瓢儿了！

开腔 kāiqiāng 开口说话。[例] 我说了这么长时间，你怎么不开腔，就让我自己一个人说呀。

开席 kāixí 开始就餐。[例] 刘能说："徐会计呀，你马上到村部用大喇叭广播广播，让来参加庆典的人快点，马上要开席了。"（《乡

徐会计呀，你马上到村部用大喇叭广播广播，让来参加庆典的人快点，马上要开席了。

村爱情故事》第4集)

开拃儿　kāizhǎr　①在劈石头、木头时，将石头、木头等震出缝儿来。[例]木头一开拃儿就好劈啦。②形容刚刚长成。[例]他都快二十岁了，还没开拃儿。

看摊儿　kāntānr　①照看摊位。[例]等到中午，李二嫂的孩子放学了，就替她看摊儿。②留守照看。[例]企业转制工人都下岗了，现在就留我们几个人看摊儿。

坎肩儿　kǎnjiānr　也作"马夹"。指不带袖子的上衣。[例]出门多穿个坎肩儿，别冻着。

坎儿　kǎnr　①地面凸起的台阶形状。[例]车一到这个坎儿就上不去了。②生活中的磨难、难关。[例]大国说："那个算卦的老准了……他算咱俩婚姻上有个坎儿……"(《乡村爱情故事》第11集)

看对象　kànduìxiàng　相亲。[例]现在的年轻人啊，净出那新花样，让我这当妈的替她看对象。(赵本山、黄晓娟小品《相亲》)

看人家　kànrén·jia　相亲，即男方母亲到女方家观看姑娘的容貌，询问年龄、生辰八字，并考察姑娘家的有关情况等的程序。如果各方面满意，男方母亲就送一份礼物给女方家，婚事就算确定了。[例]我儿子的对象差不多了，都已经看完人家了。

扛不住　káng·buzhù　也作"扛不了"。招架支撑不住，忍受不了。[例]你快来帮忙，我自己扛不住了。

扛风　kángfēng　抵御住强风。指衣服等能抵御凛冽的寒风。[例]小崔："(坐拖拉机)那得多冷啊!"黑土："穿得多呀，(指白云貂皮衣服)这都扛风。"(赵本山小品《说事儿》)

扛杠儿　kánggàngr　也作"搪杠"。替人担责任。[例1]局长不胜酒力，我给扛杠替他喝了。[例2]你作为局长，酒后驾车本身就不对，肇事后还让别人给你扛杠儿，这是犯罪，你知道吗?

扛活　kánghuó　①旧时为生计而给地主或富农等打工糊口。②活的时间长。[例]这条鱼真扛活，十多天没喂食儿还没死!

扛造　kángzào　也作"扛劲儿"。指耐得住，禁得住；抗击打能力强。也指物质结实、耐用，长时间使用也不坏。

扛住　kángzhù　顶得住；不妥协。[例]这事你得扛住，不能向他妥协。

炕　kàng　火炕简称炕，或称大炕，中国北方住宅里用砖或土坯砌成，上面铺席，下有孔道和烟囱相通，可以烧火取暖的床。"炕"作动词用时，是指利用火炕的热度使东西脱水变干，即烘干的意思。[例]（人参）风吹日晒后，别碰坏须子，层层纸包纸装放到火炕上炕着也坏不了。(《罕王红参》)

炕角儿孤 kàngjiǎorgū　角，在此发"jiǎ"音。也作"炕犄角"。炕面与炕上的柜子等交叉的角落。[例]你再找找，我记得烟笸箩就放在炕角儿孤里。

炕脚儿底 kàngjiǎordǐ　也作"炕脚底下"。指炕与窗台接触部位，人们睡觉习惯头朝外，脚朝下，故称睡觉时脚所放的位子叫炕脚底下。[例1]扫炕笤帚就在炕脚儿底，你给我拿过来。[例2]喝多了酒，他趴在炕脚底下睡着了。

炕琴 kàngqín　也作"炕琴柜"。放在炕上的尾部长卧柜，即放在炕上装衣物用的柜子，通常上边搁被褥。[例1]她把被子扔到炕琴上，然后下地跟我走了。[例2]吊灯的晃眼光亮照着墙壁上翠蓝的花纸，照着炕梢的红漆炕琴。(《暴风骤雨》)

炕头 kàngtóu　火炕靠近烧火的一头叫炕头，而火炕的末端则称为炕梢儿。由于炕头是冬日取暖休息的好地方，故一般为家庭老人、长辈等睡觉、休息的位子。[例]你们需要是我们早点儿回家，一家人围坐在炕头上，吃一顿团圆饭。(赵本山小品《过年了》)

炕头汉子 kàngtóuhàn·zi　原指因失去劳动能力畏缩在家里炕头上指手画脚的男人。喻指惧怕、打怵与外界办事或对外办事比较窝囊，反而在家耍威风的人。[例]你真是炕头汉子，光知道回家打老婆骂孩子，就不能出去挣钱养家糊口。

炕沿 kàngyán　也作"炕沿板儿"。横在火炕临地一边的上沿，略高于炕面的木头或木板。多用长条木镶在炕身上。[例]平儿屈一膝于炕沿之上。(《红楼梦》第五十五回)

靠裉儿 kàokènr　到了最后时刻。[例]工作就是那么回事，能往前抢就往前抢，不能都等到靠裉儿时才知道着急。

靠谱 kàopǔ　准成，有把握，符合实际的意思。[例]地方台好，别搁小崔那播，不靠谱。(赵本山、宋丹丹小品《策划》)

靠色 kàosè　色，在此发"shǎi"音。两种颜色相近。[例]上衣和裙子靠色了，显得不鲜艳。

苛痨 kè·lao　也作"苛痨痨"。指因营养不良，长期吃不饱或吃不好而表现出贪食的样子（多指没吃荤的食物）。[例]我这几天嗑痨完了，赶紧弄点肉吃。引申为长期没有做想做的事情。[例]这些大老爷们好长时间都没回家

了，一个个都苛磅磅的，今天放假，别干别的，都赶快回家。

砢碜　kē·chen　残留的满语词汇。①难看，寒碜，不美观。[例] 王大拿说："王云那，说实话，咱砢碜、好看不说，那也是个女的，你干吗玩意儿你？"（《乡村爱情故事》第35集）②丢人，让人感到羞辱。[例] 都怨你，你偏在这摆摊儿，你看看，围这么些人，多砢碜哪！（赵本山小品《卖梨》）③动词，羞辱他人，使其失去体面，感到羞辱。[例] 你不收礼，让我白吃，这不是砢碜人吗？

疴疴够够　kēkēgòugòu　残留的满语词汇。①指因厌烦而感到无奈之极的程度。[例] 我真疴了。②"疴疴够够"是"疴了"的进一步恶化的结果。更加有力地、更加情绪化地表达无奈。[例] 我和你合伙这么多年，就从来没挣过一分钱，怎么干怎么赔钱，我是疴疴够够的，再也不想跟你继续合伙干下去了。

嗑杈　kèchà　①从枝节处又长出来的新枝丫。[例] 黄瓜秧开始嗑杈了。②比喻从某处派生出来的。[例] 你们那支姓马的人，是我们这支老马家嗑的杈儿。③节外生枝的意思。[例] 我们两家合作，原计划好好的，没想到嗑杈了，老张中途插一杠子，非要入伙股。

嗑儿　kēr　话。[例1] 这人嗑儿真多。[例2] 说的不是农村嗑儿……（《伐木人传》）

磕巴　kē·ba　口吃。[例] 王云说："刘能你真行，你下辈子还磕巴！"（《乡村爱情故事》第13集）也可叠成"磕磕巴巴"。[例] 刘能说："你说哪个干部就像我似的，一说话磕磕巴巴的。"（《乡村爱情故事》第24集）

磕打　kē·da　①把盛东西的器物向较硬的东西上碰，使附着在里面的东西掉下来。[例] 把烟灰缸磕打一下。②经常敲打、提醒。[例] 孩子就交给你了，没事经常磕打磕打他，看他不好好学习。

磕磕碰碰　kēkēpèngpèng　①彼此之间撞击。②东西和人相撞。③人与人之间相互的矛盾与冲突。[例] 两人相处，难免有磕磕碰碰。

可　kě　东北话中形容词很多，其中"可"为程度副词，表示很、满、所有的、非常的意思。[例] 还有在一旁助威的，可屋子的人都乱吵乱嚷，嚷成一条声。（《马加文集》）

可脚儿　kějiǎor　鞋子大小合适。[例] 我穿这双鞋正可脚儿，不用换了。

可劲儿造　kějìnrzào　也作"可劲儿"。尽情享受。[例] 晚饭我请客，白酒、啤酒大伙可劲儿造。

可怜不识见儿的　kěliánbùshíjiànr·de　形容十分可怜，值得同情怜悯。[例]

老张见一个小男孩在那要饭,看他可怜不识见儿的,就把他领回家去,让小男孩吃了一顿饱饭,还把他衣服从里到外全换新的。

可了儿 kěliǎor 也作"可惜了儿"。可惜;浪费。[例]把这么多的剩饭倒扔掉,多可了儿。

可模可准儿 kěmókězhǔnr 正好;适合。[例]他选的家具和我家里的家具可模可准儿,一模一样。

可哪 kěnǎ 到处。[例]你去哪了?我可哪找也找不到你。

可心儿 kěxīnr 称心。[例]她给我买的衣服,我觉得非常可心儿。

客儿 kèr 客人。客儿,在此发"qiěr"音。[例1]若是哪家来了客,叫他赶上,干脆凑上酒桌,伸出他那鸡爪子一样的手,抓起酒杯摸起筷子,不吃饱喝足他决不下桌。(《人格》)[例2]刘能说:"你看,明天来那么多人、客儿的,咱不得正规点吗?"(《乡村爱情故事》第4集)

客套话 kè·taohuà 礼貌用语。如"请"、"谢谢"、"对不起"等。[例]这孩子,真不让人省心,来人去客连一句客套话都不会说,就知道低头玩电脑。

尅 kēi ①打(人)。②申斥。③通过撬、挖、刮等一点一点地将物体上附着物或多余的部分去掉。[例]胶布粘在玻璃上弄不下来,就得用指甲一点一点地尅。

啃脚后跟儿 kěnjiǎohòugēnr 比喻尽管不情愿,但也无奈地随着他人去做。

啃青儿 kěnqīngr ①庄稼未完全成熟就收下来吃。[例]没有陈粮,苞米刚刚灌浆就开始啃青儿。②牛、马、羊等春天吃青草。[例]牛到啃青儿的时候最肥。

掯 kèn ①按;强迫。[例]大家协助警察一起将小偷掯住。②刁难。③(眼里)含着。[例]掯着眼泪。

掯劲儿 kènjìnr 关键的时刻。[例]刘能说:"老四啊,我才看透你,这人到掯劲儿时候才见真心。"(《乡村爱情故事》第12集)

坑人 kēngrén 骗人,使人受损失。[例]麻脸不叫麻脸,你这不叫坑人吗?

坑嘴 kēngzuǐ 很少或吃不到东西。[例]我家老婆婆可不坑嘴,平时我就给她做好吃的。

吭哧瘪肚 kēng·chibiědù ①不善言表的人。[例1]我问他一句话,他就吭哧瘪肚的,半天也没说上来。[例2]王大拿说:"你咋这么费劲呢,你说你说句话!搁这吭哧瘪肚,干啥玩意儿呢?"(《乡村爱情故事》第3集)②形容速度慢。[例]别人都到齐了,就你在那吭哧瘪肚的,怎么才来。

空落落儿 kōnglào·laor 空间太大或有失落感。[例]刘大脑袋说:"你说你

这一走，就我这心里空落落儿的，把我闪一下嘛不是？"（《乡村爱情故事》第28集）

空膛儿　kōngtángr　空心儿，未被利用的空间。[例]像篮球场那么大的车间，现在都成空膛儿了，一台机器都没有了。

控干　kònggān　将水分离、干燥。[例]衣服在太阳下直接晒，容易掉色，得放在房间里控干。

控水　kòngshuǐ　将水分离。[例]救生员把他从水里捞上来，把他放在膝盖上，顶住他腹部往外控水。

抠　kōu　小气；吝啬。[例]你这大过年的也太抠了，就带俩王八。（赵本山小品《拜年》）

抠根儿　kōugēnr　①挖植物的根部（一般指可入药的植物根）。[例]那时上学没有钱，就利用暑假上山抠根儿卖，攒学费。②比喻究根问底。[例]你说话老这么抠根儿，人家烦不烦。

抠嗖　kōu·sou　也作"抠唆"。①细小东西掏或挖。[例]他在墙缝抠嗖出一个坛子，好像是文物。②吝啬；小气。[例]老孟："快去拿钱去……抠，抠嗖的，老抠了，遇事儿谁没点事儿呀。"（赵本山小品《有钱了》）③磨蹭，做事缓慢浪费许多时间。[例]他做事真抠嗖，人家都下班了，他工作还没干完。

眍䁖　kōu·lou　也作"抠搂"。眼窝深陷。[例1]昨天熬了一夜，把我眼睛都熬眍䁖了。[例2]再熬上半夜，明儿把眼睛抠搂了，怎么处！《红楼梦》第五十二回）

口布　kǒubù　餐巾。东北一般指给小孩带的餐巾布。[例]服务员问："董事长，给你口布铺上？"（《乡村爱情故事》第34集）

口福　kǒufú　也作"口头福"，"口带福"。指在吃的方面享有福气。[例]我真有口福，这么大岁数还能吃到鲍鱼。

口紧　kǒujǐn　也作"嘴紧"，"嘴严"。指说话谨慎、小心。[例]他这个人真口紧，什么话都套不出来。

口挪肚攒　kǒunuódùzǎn　节俭；积攒。[例]她自从拣了这个孩子，日子过得格外仔细，精打细算，口挪肚攒，节衣缩食，勤勤俭俭，一个铜子掰开花，一个大钱攥出水……（《风雨月亮泡》）

口轻　kǒuqīng　食物轻淡，指人爱吃味道淡一些的食物。[例]菜不要弄咸了，我这人口轻。

你不好好学习,考不上大学在家务农,到那时就是连哭也哭不上溜儿。

口头汇齐 kǒutóuhuìqí ①统一口径。[例]今天洗桑拿这事,咱们口头汇齐,回家谁也不能和媳妇说。②也作"嘴头汇齐"。指人只口头说,不动真格,不办实事。[例]徐老蔫说:"开放搞活,就别嘴头汇齐儿,实打实着,就得干点真事儿。"(赵本山小品《相亲》)

口重 kǒuzhòng "口轻"的反义词。菜或汤的味道咸。[例]我知道你口重,叫他们多放了点盐。(《暴风骤雨》)

口壮 kǒuzhuàng 胃口好,不挑食。[例]王秀美说:"那口啊壮实点儿,那小孩儿搁肚里长得他也大,下生的时候也壮实,也好养活。"(《乡村爱情故事》第31集)

扣大棚 kòudàpéng 暖棚。[例]永强妈说:"干啥呀,套那玩意儿像扣大棚似的,能长头发呀?"(《乡村爱情故事》第12集)

哭罢咧 kū·baliē 形容露出哭腔的样子。[例]逸云说:"我怎么呢?哭罢咧!哭了会子,我就发起狠来了。"(《老残游记续集》第三回)

哭不上溜儿 kū·bushàngliùr 指连哭的机会都没有。[例]你不好好学习,考不上大学在家务农,到那时就是连哭也哭不上溜儿。

哭叽赖尿 kūjīlàiniào 哭哭啼啼的样子。[例]训练非常刻苦,那些小孩子一天到晚累得哭叽赖尿的。

哭穷 kūqióng 口头上对人述说自己贫穷,假装穷苦。[例]你家一年收入十来万呢,还和我们哭穷。

哭眼抹泪儿 kūyǎnmǒlèir 也作"淌眼抹泪儿","哭天抹泪儿"。哭哭啼啼的样子。[例]每日常无人处说起话来,尤二姐便淌眼抹泪儿,又不敢抱怨。(《红楼梦》第六十九回)

窟窿八眼 kū·longbāyǎn 到处是窟窿的意思。[例]轮胎被扎得窟窿八眼的,再补胎已经没有什么意义了。

苦巴苦业 kǔbākǔyè 千辛万苦,熬煎。[例]当他流着眼泪说他额娘年轻的时候死去丈夫,领着吃奶的孩子苦巴苦业地过着穷苦日子。(《罕王红参》)

侉 kuǎ ①说话口音不同。[例]他们那地方说话太侉了。②不时髦;不细巧。

挎 kuà ①胳膊弯起将东西钩住或挂着。[例]两人挎着胳膊逛街。②在肩头、脖颈或腰里挂东西。[例]挎着包;腰挎手枪。③兼有两项或两项以上。[例]挎俩职务。

扪 kuǎi ①挠;用指甲轻抓或轻刮。[例]扪背。②也作"挎"。[例]扪着竹篮。③舀。[例]赵老阔说:"啊,不对呀,这上面有个点儿,怎么给扪去了?"(赵本山小品《生日快乐》)

快当快当嘴 kuài·dangkuài·dangzuǐ 散播谣言,图个嘴瘾而已,没有实际效果。[例]老乐说:"刚才我吹牛你都听着了,我这点毛病你不知道吗?不就是快当快当嘴呗。"(小品《小九老乐》)

快嘴 kuàizuǐ 不加考虑就说或指说人闲话的人。[例]老乐说:"我怕老婆?我怕老婆能背着我老婆干那么大件事儿?不能跟你说,你嘴太快了。"(小品《小九老乐》)

亏得 kuī·de ①幸亏;多亏。[例]这次考试亏得我提前复习了。②反语,表示讥讽,讽刺。[例]你都三十多岁人了,还和父母要钱,亏得你说出口。

襑 kuī 拴;系(jì)。[例]把绳子襑过来。

襑钱 kuīqián 利用各种途径把钱弄到自己手里。[例]我俩合伙本来挣钱,但钱都让他襑手里了,我没得到。

困 kùn 短时间的存放。[例1]这种菜困一下,才好吃。[例2]给鱼缸换水,得先把水困几天才能换。

拉巴 lā·ba 扶养；帮扶。[例1] 他妈死后，孩子由我一人拉巴大的。[例2] 他家困难，都是大家帮着拉巴的。

拉帮 lā·bang ①养育；拉扯。[例] 她拉帮了你十多年，你一点也不记得了？②接济；扶助。[例] 此时你拉帮他一把，他就能渡过难关了。

拉帮套 lābāngtào 旧指男人体弱多病，无法维持一家人的生活。经男女双方同意招一单身男人到本家协助共同生活的一妻二夫形式。后指单身男人为"拉帮套"。拉帮套一词，后演变为贬义词，即偏袒一方、帮腔、拉偏架的意思。[例] 我俩打仗，你凭什么去拉帮套？

拉扯 lā·che 也作"拉巴"，"拉拨"，"拉持"。辛勤抚养；帮助。[例] ……把孩子拉扯大了，我也成老豆角子，（问：怎么讲）干闲子呗。（赵本山小品《相亲》）

拉倒 lādǎo ①作罢、算了的意思。[例] 干啥呢，我也没说啥？不同意就拉倒。别哭啦，噢？（赵本山小品《相亲》）②（生命等）终止、停止、结束。[例] 你家妹夫搁哪上班？……噢，拉倒啦。（赵本山小品《相亲》）

拉花 lāhuā 原指螃蟹等产卵后叫拉花。喻指人没能力，已经不行了，失去价值。[例] 一口气跑了十里地，他身体拉花了，再也没有力气跑了，一下子栽到地上。

拉家带口 lājiādàikǒu 指有了家庭以及家庭成员的意思。[例] 王大拿说："山庄是个旅游的地方，什么高贵客人都来，你俩拉家带口的，再说王云形象好点还行，这影响山庄形象。"（《乡村爱情故事》第19集）

拉架 lājià 从中调解、劝解。[例] 我没有参加打架，我是去拉架的。

拉架儿 lājiàr ①不情愿的姿态。[例] 让你上台讲话你就上去讲，可别在那拉架儿了,这么耽误开会,大伙可要有意见啦。②虚张声势,外强中干的意思。[例]警察:"实话告诉你,我还真就不怕他。"赵本山:"你就拉架儿吧……"(赵本山小品《卖梨》)

拉脚 lājiǎo 载运旅客或运输货物。[例]两年下来,这台车光拉脚就把本钱挣回来了。

拉近乎 lājìn·hu 与关系较疏远的人联络,拉拢使其有某种关系。[例]头几年她俩见面就吵嘴,现在见面就拉近乎,感情可好啦。

拉平 lāpíng ①使其相同。[例]今年生意和往年差不多,与去年也就拉个平。②使(得失)相等。[例]双方比分逐渐拉平。

拉屎往回坐 lāshǐwǎnghuízuò 出尔反尔、后悔。[例]咱说话要算话,可不能拉屎往回坐。

拉线儿 lāxiànr ①蜘蛛从尾部拖出的丝线。[例]对飞机排出尾气叫飞机拉线儿。②比喻在男女之间撮合婚事。[例]经过拉线儿搭桥,他俩终于结成伴侣。

拉硬屎 lāyìngshǐ 也作"拉硬儿"。指硬撑,不服输。[例1]这活你要是干不动就歇一会儿,可别在那拉硬屎啦。[例2]都快破产了,你还在那拉硬儿说企业能盈利赚大钱。

拉嚓 lá·cha 也作"刺碴"。指言行粗野,厉害,不好惹。[例]他老婆更拉嚓,骂起人来比嗑瓜子还快。(《耿全护参王》)

拉咕 lá·gu 也作"拉嘎"。窜弄;撮合。[例]他俩如都互相中意,我就给拉咕拉咕。

拉呱儿 láguǎr 闲聊。[例]白茹说:"咱们坐下来拉呱儿吧!"(曲波《林海雪原》)

拉锯 lájù ①两人拉动大锯。[例]拉大锯,扯大锯,姥娘门口唱大戏。(东北儿歌《拉大锯》)②比喻双方来回往复。[例]他今天请你吃饭,明天你又请他,这来回拉锯有什么意思。

拉啦 lá·la 散落;洒落。[例]麻袋破了,粮食拉啦一地。

拉嗓子 lásǎng·zi 食物加工粗糙,下咽时产生疼痛感。[例]六零年困难时期没有粮食吃,就吃榆树皮,榆树皮吃不下去呀!一吃都拉嗓子疼。

拉忽 lǎ·hu 马虎,办事不认真。[例]我看完电影就直接回家,有点拉忽了,竟把孩子撂电影院了。

拉 lá 割,用刀把东西切开。[例]王大拿说:"这不是你那果园子,今儿个说刨就刨了,明儿个说拉就拉了。"(《乡村爱情故事》)

砬子　lá·zi　陡峭的，有大石块的山。多用于地名。[例]鹰嘴砬子。

喇叭匠　lǎ·bajiàng　也作"喇叭匠子"。东北农村在婚殇嫁娶等红、白喜事中，要雇用乐队来演奏，其中以喇叭乐器为主。乐队中吹喇叭的人属于专业人员，故称为喇叭匠。

拉卡　làkǎ　①也作"拉拉卡"。指"O"形腿。②骂人话，指四处走，到处逛的意思。[例]你整天走东家串西家到处拉卡，也不知道在家帮我们娘们孩儿干点活。

拉拉壳儿　là·lakér　物体中间凹陷部位。[例]把线绑在中间拉拉壳儿那，这样才能绑牢靠。

拉拉腰　là·layāo　弯腰走路的样子。也作"拉拉壳儿"。指中间部位（腰部）下塌。[例]他自从手术后，走道老拉拉腰，直不起来。

落下　làxià　①因跟不上而落在后面。[例]快跟上，别落下。②遗漏。[例]晚会结束时把东西收拾好，看还有什么落下的。

落渣儿　làzhār　一胎多仔中最后出生的。[例]这个小猪崽儿原来是落渣儿，看现在长得多快。

腊根儿　làgēnr　也作"年根儿"。腊月底。[例]快到腊根儿了，年货还没办齐，真是急死人。

蜡黄肌瘦　làhuángjīshòu　因营养不良造成面部蜡黄，肌肉消瘦的样子。形容体质瘦弱。

蝲迷　là·mi　蝲，在此发"lǎ"音。原指像蝲蛄（类似小龙虾，学名草龙虾）那样胆小，经常倒退进入洞里藏起来，比喻彻底完蛋的意思。[例]他是出了名的怕老婆，平时咋咋呼呼的，老婆一到场他就蝲迷了。

来　lái　"来"，在东北地区也当"在"讲。如"你来哪"就是"你在哪"的意思。[例]王小蒙说："永强，真让你说对了，你瞅你爹多真来这儿呢。"（《乡村爱情故事》第19集）

来火杆子　láihuǒgǎn·zi　火枪。[例]有的用斧头砍，有的用棒子削，有的用来火杆子砸，一会儿就把黑瞎子打趴下了。

来钱道　láiqiándào　挣钱的途径。[例]那来钱道儿都让人堵死了，你还有心思喝酒啊？（赵本山小品《拜年》）

来人去客儿　láirénqùkèr　客，在此发"qiě"音。客人来和离开客人时。[例]来人去客要热情一些，别像个木桩子似的站在那。

来事儿　láishìr　①为人处事。[例]他挺会来事儿。②暗指女人月经期。

赖色 làisè　赖色，在此发"lǎisǎi"音。不整洁，埋汰。[例] 他媳妇可赖色了，屋里从来都不利索。

赖搭儿 làidār　不顾他人讨嫌而不声不响地跟随、纠缠。[例] 我们出去吃饭也没找他呀，他自己赖搭儿地就跟来了。

赖嚎子 làiháo·zi　比喻好哭的人。[例] 他像个赖嚎子，动不动就哭。

赖乎情 lài·huqíng　勉勉强强，将就。[例] 本来他年龄太小，可他硬要去当兵，首长看他这样坚决恳切，就赖乎情地把他领走了。

赖叽毛子 lài·jimáo·zi　也作"赖毛子"，"赖叽狗子"。①指小孩子爱哭，爱闹的意思。[例] 你别像个赖叽毛子似的整天就知道哭。②耍赖（多指小孩）。[例] 小柱子是个赖叽毛子，玩输了，就闹脾气。

赖皮赖脸 làipílàiliǎn　也作"赖皮脸"。比喻厚颜无耻、不顾脸面的人。[例] 真的，行就说行，不行就拉倒，咱不干那赖皮赖脸的事儿。（赵本山小品《相亲》）

你看，这玩意儿是一物降一物，高压锅一压，当时就烂乎了。

癞眼儿球眵 làiyǎnrqiúchī　生癞的眼睛长很多眼眵，让人看见就产生怜悯。所以"癞眼儿球眵"即指百般乞求、纠缠，一副低三下四地去求人的可怜相。[例] 他这么癞眼儿球眵地哀求我，我能不答应吗？

拦 lán　第二次进行收割的庄稼。[例] 拦土豆；拦茧。

烂糊 làn·hu　也作"烂乎"。多指食物炖、煮得非常熟。[例] 赵四说："你看，这玩意儿是一物降一物，高压锅一压，当时就烂乎了。"（《乡村爱情故事》第17集）

烂木箱子 lànmùxiāng·zi　也作"烂木瓢子"。指木头由内部开始腐烂。[例] 这个木头是烂木箱子，不能用来做梁坨。

烂眼枯瞎 lànyǎnkūxiā　形容人、物长得不成型，看着不顺眼。[例]

你瞅他，长得烂眼枯瞎的，还想追求二丫？

烂眼儿招苍蝇 lànyǎnrzhāocāng·ying 指运气不好，祸不单行。[例]前两天刚被领导训过，真是烂眼招苍蝇，今天工作又出问题了。

烂嘴巴 lànzuǐ·ba 多嘴的人。[例]你个烂嘴巴，我家的事用得着你管！

郎当 láng·dang 没有紧张起来或不注意和忌讳小节的人。[例]我这几天太郎当了，把你托我办的事忘了。

郎当二怔 láng·dang'èrzhèng 丢三落四，马虎。[例]这几天把我忙得郎当二怔的，拿东忘西。

狼贝 lángbèi 也作"狼兴"。口味高，不满足。[例]这饭菜你还嫌恶不好？把你狼贝的，过去我们连这都吃不上，你知道不？

狼掏狗捋 lángtāogǒuluō 捋，在此发"luǒ"音。也作"狼撕狗捋"。形容东西破烂不堪的样子。[例]看你出去玩得，把衣服弄得狼撕狗捋似的，怎么就不知道注意点儿？

狼言 lángyán 大话；狠话。[例]他早就发出狼言，说早晚儿要收拾你。

锒铛 lāng·dang 指东西下垂。满族人称绳子、布条的一端叫锒铛。

浪 làng ①卖弄。[例]……你听，笑的那个浪劲儿吧……（《浑河的风暴》）②喜欢美，好打扮。[例]歌词写道："大姑娘美，大姑娘浪……"

浪摆 làng·bai 好打扮，讲究穿戴。[例]她就能浪摆，下午刚买回来的裙子，晚上就急不可待地穿上给邻居看。

浪汉 lànghàn 显示自己有能耐的意思。[例]你别浪汉，这活不用你帮，我自己也能干过来。

捞着 lāo·zhe 得到机会做某事；获得，被动给予。[例]这回出国可让他捞着了。

捞干的 lāogān·di 原意指捞出食物干稠的部分。现引申为抓住主题，说实话，办实事。[例]咱们就捞干的说，别在那转弯抹角说些没用的。

捞梢 lāoshāo 也作"捞筲"。捞本儿，补上过去的不足或亏损。[例]他赌博输得溜干净，回去借钱准备再来捞梢，这时被警察抓着了。

捞不动腿儿 lāobùdòngtuǐr 捞，在此发"lào"音。由于某种事物的吸引而不愿离开，恋恋不舍。[例]他就是那样的人，看见有便宜可占就捞不动腿儿。

劳忙的 láománg·de 劳，在此发"lào"音。指红白喜事来帮忙的人。[例]此刻，崔立劳着急呀，直劲催促那几个劳忙的。（《风雨月亮泡》）

牢绷 láo·beng 也作"牢棒"。结实;坚固。[例]猪圈门栓得很牢绷。

牢靠 láokào ①坚固;稳固;结实。②稳妥可靠。[例]他这人很牢靠,工作交给他,你就一百个放心吧!

唠叨 láo·dao 啰唆,絮叨,没完没了。[例]你能不能不唠叨了……你能不能让我静一会儿。(《乡村名流》第1集)

老八板儿 lǎobābǎnr 拘谨守旧。[例]咱讲新式的,不讲那些老八板儿的规矩。

老半天 lǎobàntiān 多半天;形容很长时间。[例]你问他一句话,他老半天也不吭声。

老抱子 lǎobào·zi 孵蛋的老母鸡,引申为呵护孩子的父母或关心下属的领导。[例]别人家孩子打她家孩子一下,你看她,像个老抱子似的,到处撵人家孩子打。

老鼻子 lǎobí·zi 很多。[例]谢大脚说:"再说了,那正、副不就差那一个字嘛!"长贵说:"这哪是差字儿的事啊,你没当过官儿你不知道,那差老鼻子了。"(《乡村爱情故事》第11集)

老鳖 lǎobiē 乌龟。[例]我姓毕,家住大连老鳖湾……(赵本山小品《不差钱》)

老鳖进灶坑,憋气又窝火 lǎobiējìnzàokēng, biēqìyòuwōhuǒ 郁闷;窝囊。[例]他这次没打着狐狸惹了一身骚,真是老鳖进灶坑,憋气又窝火啊!

老粗 lǎocū 没有文化的人。[例]我是个大老粗,说句话你们可别笑话。

老底儿 lǎodǐr ①底细;内情。[例]你说话这么不小心,怎么把咱们老底儿都说出来了。②基础;后台。[例]寡妇生孩子,有老底儿啦。③积蓄。[例]我家老底儿就剩下这三千元了,你都拿去吧。

老掉牙 lǎodiàoyá 陈旧过时的事情或话题。[例]都是老掉牙的事情你还提它干什么。

老疙瘩 lǎogē·da 疙,在此读"gā"音。兄弟姐妹中排行最小的昵称。[例1]俺家老疙瘩到明年七岁了,就可以上学啦。[例2]吴德贵说:"你给我起个外号,叫老疙瘩。"(赵本山小品《同学会》)

老赶 lǎogǎn 也作"老两"。即外行或落后的意思。[例]你真是个老赶,连手机都不会用。

老皇历 lǎohuáng·li 比喻陈旧过时的规矩、习俗等。[例]你这话都是老皇历了,还提它干什么。

老抠 lǎokōu 也作"老蒯"。妻子的戏称。[例1] 白云："也没人请我呀！"黑土："老抠！上哪去？"白云："换衣服。"（赵本山小品《说事儿》）[例2] 谢广坤说："我说老蒯，快点，整点饭、整点菜，我跟郭专家喝两盅。"（《乡村爱情故事》第23集）

老了 lǎo·le ①年纪大。②很多的意思。[例] 凤凰山庙会那天，你去看吧，那人老了，到处都是。③指老人死了的意思。[例] 问："你父母还在吗？"答："母亲还健在，父亲老了，都老了好几年了。"④指蔬菜等过了季节变得不能吃。[例] 等到过了五月节以后，阳面儿的山野菜就老了不能吃。

老脸 lǎoliǎn 年长的人对自己谦称。[例] 你说，孩子们如果真出了事，我这老脸可往哪放啊。（赵本山小品《相亲》）

老毛子 lǎomáo·zi 旧指俄国人。[例] 早些年闹老毛子，咱老百姓可受苦了。

老末 lǎomò 也作"老涅"。指排名最后。[例] 这次评比我又排老末。

老目卡眵眼 lǎomùkāchīyǎn 形容又老又丑的人。[例] 我都老目卡眵眼了，谁还能看上我呀！

老蔫儿 lǎoniānr 老实，性格内向。[例] 你看这个老蔫儿呀，还怪有心计的。（赵本山小品《相亲》）

老年间 lǎoniánjiān 过去，多指旧社会。[例] "石城"这个名字，在老年间就有啦，更早一些叫"石头城"。（《凤城市志》）

老娘 lǎoniáng 也作"姥娘"。娘，在此发"niang"的轻音，即外祖母。[例] 那工夫，王志兴的闺女全子从河西老娘家回来，路过二龙湾，凑过来看他俩钓鱼。（《马加文集》）

老娘们儿 lǎoniáng·menr 对已婚妇女的称呼（含轻蔑意）。[例1] 男人们坐在火盆周围，大碗喝酒，大块吃肉，喝得满头大汗，老娘们在地下和厨房来回跑，一会儿添菜，一会儿倒酒。[例2] 赵大宝说："刚才你老娘们……你的太太把你的病情已经说了。"（赵本山小品《心病》）

老娘婆 lǎoniángpó 也作"老牛婆"。即产婆，接生婆。[例] 你家儿媳妇这几天快要生了，你得提前和老牛婆打招呼，别到时候不在家。

老牛赶山 lǎoniúgǎnshān 做事没计划，被动。[例] 年初工作计划都布置下去了，可有的部门像老牛赶山似的，现在才开始要抓紧落实年初工作计划。

老实巴交 lǎo·shibājiāo 诚实，懂规矩不惹事。[例] 王秀美说："刘能，我

"刘能,我告诉你啊,徐会计那人是老实巴交的人,你别难为人家,听见没?"(《乡村爱情故事》第16集)

L

老奤儿 lǎotǎir 说话有口音的人。[例]张老奤儿,李老奤儿,二人一齐下饭馆儿……(《说演弹唱》)

老天拔地 lǎotiānbádì 也作"老天八地","老天巴地"。形容年纪大。[例]现在已经老天拔地了,那么大岁数,多不容易。(《马加文集》)

老鸹 lǎo·wa 也作"老哇"。即乌鸦。[例]一群老哇子落在老罕王身上,钳巴老罕王。(《喜兰救主》)

老洋上 lǎoyáng·shang 底部、深处;关键、致命的地方。[例]他就涨工资这点事得罪了你,你也不能往老洋上整呀!

老鹞鹰 lǎoyàoyīng 也作"老鹞子"。即山鹰。[例]老鹞鹰看到杀猪人家把猪肠子扔到冰上,就一个俯冲下来,叼其猪肠子就飞跑了。

老寓了 lǎoyù·le 因年老而自然死亡,寿终正寝。[例]孩子他姥爷活到八十多岁,去年老寓了。

老早 lǎozǎo 很久以前。[例]我老早就告诉你了,公家的钱不能动,现在出事了吧?

唠扯 lào·che 闲谈;聊天。[例]小万说:"行了大哥,我有话要跟你唠扯"。(赵本山小品《生日快乐》)

唠嗑 làokē 说闲话;闲聊。[例]小九说:"老乐呀,快回家吃饭。"老乐说:"我跟邻居唠会儿嗑,喊啥呀?"(小品《小九老乐》)

涝涝儿 lào·laor 也作"湿涝涝儿"。指水分大，潮湿的意思。[例]下雨把我衣服湿得涝涝儿的。

涝洼塘 làowātáng 常年积水的池塘，沼泽地。

落地 làodì ①即落（luò）地，物体掉在地上。②着地，接触地面。[例1]我脚崴了，疼得厉害，这几天不敢落地。[例2]茄子长得老长了，都快落地了。③引申为指婴儿刚出生的意思。[例]孩子一落地，就大声哭起来，声音特别洪亮。

落架 làojià ①房屋被火烧过后塌倒。[例]火把房子都烧落架了消防车才来。②也作"落秧子"。指蔬菜过收获期后叫落架。

落脚 làojiǎo 停留；暂住。[例]那天开会的人特别多，会场连落脚的地方都没有。

落炉 làolú 指炉子里的火已熄灭。现形容某人落魄、潦倒的意思。[例]他原来是个大款，出门大车小辆的前呼后拥，很是威风，这几年他可落炉喽！别说出门坐小汽车，就连一日三餐都成问题。

落埋怨 làomán·yuan 给他人留下怨言。[例]这件事情如果办不好，就给人落埋怨了。

落下病 làoxiàbìng 做下病，留下病根。[例1]谢大脚说："刘能你咋了？还叉个腰，挺个大肚子，你怀孕了？别落下毛病啊！"（《乡村爱情故事》第16集）[例2]王大拿说："这个'必须的'是你过去就说，还是到山庄以后落下的毛病啊？"（《乡村爱情故事》第18集）

嘞嘞 lē·le ①说。[例]你别搁这嘞嘞，有你啥事呀？（《乡村名流》第1集）。②也叫"胡嘞嘞"。形容到处无节制地胡说八道。[例1]女："你不认识他，他可认识你。"男："（白）别胡嘞嘞了，他咋认识我呢。"（《会姑爷》）[例2]你别尽瞎胡嘞嘞。（《咆哮的松花江》）

嘞了巴唧 lē·lebājī 衣着不整，不讲究卫生。[例]他这个人嘞了巴唧的，早上起来连被子都不叠，屋子都不收拾。

嘞得 lē·te 指衣着不整的样子。引申为做事拖沓。[例]他这人太嘞得，一个月的活现在还没干完。

乐不得 lè·budé 也作"乐得"。即"巴不得"，正合自己的心意。[例]你想离开，他乐不得让你走。

乐颠馅儿 lèdiānxiànr 也作"乐的屁颠儿"。非常高兴的样子。[例]我脸上虽然火辣辣的，心里却乐颠馅儿了。（《老船坞》）

乐和 lè·he ①娱乐。[例] 我们打麻将就是乐和，不赢钱。②快乐，高兴。[例] 钱大爷说："那什么，乐和点儿。"白闹说："我还乐和的？我保证不哭行不？"（赵本山小品《捐助》）

乐儿 lèr 令人高兴的事。[例] 大家拿他开玩笑没别的意思，也就图个乐儿。

乐滋儿滋儿 lèzīr·zir 形容心情愉悦。[例] 娶个好儿媳妇，她心里乐滋滋儿的。

了巴叽 lebā·ji 东北地区常用做缀语，用来形容或加重语气。[例] 苦了巴叽、甜了巴叽、酸了巴叽、土了巴叽、瘦了巴叽、穷了巴叽、虎了巴叽等。

勒 lēi ①理会。[例] 今天是你和姑娘初次相会，可不准你冷冷淡淡，得推就推，爱搭不理，带勒不勒，妥黄全当没这回。（《洪奎相亲》）②胡说。[例] 你真是狗带嚼子在那胡勒，你什么时候到单位找过我？

勒大脖子 lēidàbó·zi 敲诈；勒索。[例1] 办手续盖章还得交费，真能勒大脖子。[例2] 把病治好了少说值两千！他驴肉张真能勒大脖子。（《新春乐》）

勒壳儿 lēikér 也作"勒揩儿"。指故意刁难、难为人。[例] 我手续都妥了，就差他盖章，他就在那勒壳儿不给盖章。

擂 léi 打。[例] 他媳妇到处传瞎话儿，叫丈夫回家好顿擂。

累 lěi 指日子过得很困难。[例] 他家这几年日子过得太累了，到处借债。

肋巴 lèibā 肋部的俗称。也作"肋巴条"，"肋巴扇"。[例] 我昨天坐车从车上摔下来了，现在肋巴还疼。

冷不丁 lěng·budīng 也作"冷不防"。出乎意料，突然；没有防备的意思。[例] 我这人干不了坏事，冷不丁干这一回坏事，你说这心嘡嘡直跳，我怕说走嘴了。（《乡村爱情故事》第10集）

愣势 lèng·shi 形容直爽、鲁莽、冒失的人。[例] 这人进屋挺愣势的，直接就奔主席台去了。

愣是 lèngshì 执意；硬是。[例] 吃完饭后我要去算账，他愣是没让，说这么多年没见面，怎么也得让他做把东。

愣头虎眼 lèngtóuhǔyǎn 也作"愣势"。[例] 这人一进屋愣头虎眼的到处瞅。

愣头青儿 lèngtóuqīngr 莽撞的人。[例] 你也不问明白就进去，真是个愣头青。

愣怔 lèng·zheng 也作"睖睁"。发呆；发愣。[例] 你不赶紧干活，站那睖睁干什么。

哩哩拉拉 lí·lilā·la 也作"漓漓拉拉"。形容散落不规整或断断续续的样子。[例1] 吃饭时不小心，饭粒弄得哩哩拉拉哪都是。[例2] 今年的建筑工

程，先后哩哩拉拉干了十几个。

哩哩啰啰 lí·liluō·luo 形容说话啰唆不清楚。[例]他哩哩啰啰说了一大堆话，我一句也没听懂。

离岔儿 lígár 分开。[例]鞋的质量不好，穿几天鞋底就离岔儿了。

离格儿 lígér 讲话或做事不讲原则。[例]做人得有个基本准则，不能太离格儿了。

离了歪斜 lí·lewāixié ①歪歪扭扭；参差不齐。[例]树长的离了歪斜一点也不直。②（走路）摇摇摆摆。[例]他喝醉了，走路离了歪斜的。

梨糕 lígāo 也作"糖梨糕"。即冰糖葫芦。

犁耥 lí·tang 即犁杖，翻土用的工具。[例]杏花一开，大家就动手先种山地，紧接着套犁耥开始种大田。

里出外进 lǐchūwàijìn ①进进出出。[例]你就不能老实坐一会儿，这么里出外进的，一点也不稳当。②参差不齐。[例]这墙砌得里出外进，一点也不整齐。

里挑外撅 lǐtiāowàijuē 指挑拨是非。[例]你可别脸面胡吃炒面，里挑外撅，我们家的事我们自己解决，用不着外人插手。

里外里 lǐwàilǐ 事物的双方面。[例]大家忙活了老半天，里外里都是给你一个人干的呀。

力巴 lì·ba 也作"力巴头"。指不熟练；外行。[例]要说干别的活还行，干木匠这个活，那我可力巴，一点也不懂。

立陡石崖 lìdǒushíyá 崖，在此发"ái"音。形容山、悬崖等非常陡峭，险峻。[例]这砬子立陡石崖的，足有几十丈高，一不小心就会掉下去。

立马 lìmǎ 立刻；马上。[例]刘能说："老四，你看见没，我一当主任，谢广坤立马就老实了。"（《乡村爱情故事》第17集）

立事 lìshì 指人到成年，熟谙世事。[例]儿子现在立事了，做老人的也就算省心啦。

利整 lì·zheng 也作"利利整整"。形容非常整洁，整齐，干净利落的样子。[例1]乱七八糟的东西都拾掇利整了。(《飘飞的纸钱》)[例2]别激动！利整儿的，给那毕老师来两个简单的……你这孩子现在折得怎么不利整了呢？来点儿连串儿的。(赵本山小品《就差钱》)

连裆裤 liándāngkù 裤子裆部不开口（相对'开裆裤'而言）。引申为穿连裆裤。比喻互相勾结，狼狈为奸的意思。

连锅端 liánguōduān　比喻全部铲除或移走。[例]东西你不能连锅端都拿走,得给我留点儿。

连襟 liánjīn　也作"连桥儿"。两婿间称谓。[例]我看你小伙人品不错,我小姨子还没对象,赶明儿个咱俩轧连襟得了。

连筋 liánjīn　指物体虽然断了,但还有少许连着的部分。[例]他一斧子剁下去,把手指头都剁下来了,就剩下点儿连筋啦!

连蒙带唬 liánmēngdàihǔ　蒙混;欺骗。[例]别看他家里穷,他确实有一套,连蒙带唬地把媳妇儿娶回家,那也是本事。

连向 liánxiàng　①表示动作、行为的连续。[例]听他这么一说,队长连向明白了咋回事儿。②随即、紧接着做某事。[例]你去城里买东西,连向去学校把孩子接回来。

连宿搭夜 liánxiǔdāyè　也作"连宿大夜"。①连续几天几夜。[例]反贪工作不好干,连宿搭夜那么熬啊!②不等天亮后连夜去做。即连夜的意思。[例]王春怕官家抓他,就连宿搭夜地跑出来了。(《虎参》)

连轴转 liánzhóuzhuàn　比喻夜以继日不停地工作。[例]昨天干了一天,你不能连轴转,今天说什么也得休息休息。

联像 liánxiàng　长像相似。[例]徐老蔫说:"长得呀,跟你联像……嗯,可联像啦!"(赵本山小品《相亲》)

脸红脖子粗 liǎnhóngbó·zicū　面部颈部红胀。形容发生冲突或闹矛盾时的表情。[例]我俩都这么多年关系了,别因为这点事弄得脸红脖子粗的,那多不好。

脸盘儿 liǎnpánr　也作"脸庞儿"。指脸的形状、轮廓。[例]小伙子长得是大脸盘儿,双眼皮儿。

脸儿大 liǎnrdà　①放得开,不腼腆。[例]那丫头脸儿大,让唱歌就唱歌,让跳舞就跳舞。②不知羞耻。[例]他可真脸儿大,人家要他,也不在乎。

脸子 liǎn·zi　①指容貌(多指美貌,用于不庄重的口气)。②不愉快的脸色。[例]我没拿礼物,他就给我脸子看。

炼糊 liàn·hu　稠,浓。[例]早上熬粥要熬得炼糊点。

凉瓦瓦 liángwǎ·wa　瓦,在此发"wā"音。凉爽。[例]三伏天喝一口冰镇啤酒,凉瓦瓦的,太舒服了!

量炕沿儿 liángkàngyánr　炕沿一般略高于炕面,坐着舒服。但跪在炕沿上效果就不一样了。在东北,丈夫受到惩罚时,让他跪在炕沿上,以求达到与跪搓衣板同样的效果。故对怕老婆的男人俗称"跪炕沿"。后演变"量炕沿儿"的典故。

那是两码事儿,这次主要不是给我儿媳妇办庆典吗?

两掺儿 liǎngchānr 也作"两掺和儿"。指两种东西混在一起。[例]这个饼子挺好吃,是玉米面和白面两掺儿做的。

两顶 liǎngdǐng 双方互相抵消的意思。[例]我以前在你这借过一千元钱,现在我把这一千元报销条子直接给你,咱俩两顶,你就不用给我报销钱了。

两将就 liǎngjiāngjiù 也作"两凑合"。指对方互相妥协。[例]你想卖,他想买,差不多少的就两将就吧。

两路 liǎnglù 也作"两路子"。指做事、说话与常人不合拍,或与别人不同。[例]他处事儿就是两路,别人说东,他非得往西。

两码事 liǎngmǎshì 两回事的意思。[例]赵四说:"那是两码事儿,这次主要不是给我儿媳妇办庆典吗?"(《乡村爱情故事》第3集)

两说着 liǎngshuō·zhe 指事物一时难定论。[例]这种事成不成,可得两说着。(《黑龙江艺术》)

两窝 liǎngwō ①两个窝。[例]把猪崽分成两窝,便于饲养。②两窝孩子。指对父母再婚后所生养的同父异母或同母异父孩子的称谓。也叫"前后窝"。[例]前窝孩子、后窝孩子,都是我们家的孩子,不能两样对待。

两眼摸黑 liǎngyǎnmōhēi 也作"两眼一抹黑"。对新生事物摸不着头脑或对新环境不熟悉。[例]我刚到北京,人生地不熟,两眼摸黑的谁也不认识。

两姨 liǎngyí 姨表亲。[例]两姨姊妹,两姨哥们。

亮底儿 liàngdǐr ①公开底细。[例]我就给你亮底儿,我现在手里就剩几百元钱了。②实际情况。[例]这活抓紧再干一天就亮底儿了,明天就可以完工。

亮事儿 liàngshìr 把事情放到表面、公开去做，让大家来评论。[例]这人不会亮事儿，几角钱的事还和服务员俩争执，让不让人家笑话。

蹽 liāo 也作"蹽杆子"。[例1]这老家伙蹽哪去了，事得定下来……（赵本山小品《相亲》）[例2]老四："听明白了，俺家猪孤单了，跑你家去了，完了呢，你人孤单了，蹽这来了。"（赵本山小品《生日快乐》）

撩 liáo 招惹；挑逗。[例]我要不是镜子骗我，搓粉抹胭脂，人家也不来撩我，我也惹不了这些烦恼。（《醒世姻缘传》二十四回）

撩扯 liáoche 也作"撩撕"。招惹；逗弄。[例]这还有个睡吗？你老拿个小媳妇儿来撩扯我，这还睡啥呀。（赵本山小品《有钱了》）

撩汉 liáohàn 贬义词，也作"撩闲"。招惹、挑逗他人。[例]他吃东西在家吃不行啊，非得穷撩汉到外面吃。这回好，让邻居孩子看见了，不给就叫唤。

燎泡 liáopào 烧伤或烫伤，在皮肤表面造成的水泡。[例]只见宝玉左边脸上烫了一溜燎泡出来，幸而没伤眼睛。（《红楼梦》第二十五回）

燎锅底儿 liǎoguōdǐr 也作"温锅"。搬迁所举行的庆祝仪式。[例]王老七说："小蒙啊，这搬新家了，应该燎锅底儿呀！你这搬电视干啥呀？燎电视呀？"（《乡村爱情故事》第14集）

了局 liǎojú 彻底结束。[例]把剩下这些工作做完，今天的活就了局了。

了了 liǎo·la 完毕；结束；没有了。[例]材料都用了了，你赶快去进货。

了账 liǎozhàng 结清账目，喻指事情完毕。[例]这些货款付给你后，咱俩就都了账了，谁也不欠谁的。

尥蹶子 liàojuě·zi ①骡马等牲畜后腿向后踢或狂奔的动作。[例]听见枪声，它就尥蹶子跑。②比喻脾气暴躁。[例]不能批评你几句就尥蹶子。

撂倒 liàodǎo 摔倒；放倒。[例]赵四说："这就是在你们这大院，你要搁俺家大院，就你说完这句话，我现在已经撂倒你四回了，你信不信？"（《乡村爱情故事》第9集）

撂荒 liàohuāng 将土地闲置，任其荒芜。[例]你一天屁颠儿屁颠儿的，就帮别人家耪地，你自己那一亩三分地都撂荒了。（赵本山小品《过年了》）

撂跤 liàojiāo 摔跤。满族传统体育项目之一，双方以将对手摔倒在地为获胜者。

撂手 liàoshǒu 丢开；半途而废。[例]事情没结束，怎么就撂手不干了呢？

撂挑子 liàotiāo·zi 比喻丢下应负担的工作，对此不再负责。[例1]工作进

行一半，你怎么就撂挑子不干了呢？[例2] 他狠抓李占才，是想让李占才撂挑子，给实验增加困难。(《伐木人传》)

咧咧 liē·lie　①无原则地胡说乱讲。[例] 这件事儿，只有我们几个人知道就行了，回到村里谁也不许瞎咧咧。②形容（小孩）哭泣的样子。也作"咧呵"。[例] 这孩子不知咋的啦，一天到晚总咧咧，哭起来没完。

咧咧嘴儿 liě·liezuǐr　嘴角向两边伸展。[例] 咧咧嘴儿笑；咧咧嘴儿哭。

咧歪 liě·wai　咧，在此发"lǎi"音。①胡说；乱讲：这事你得保密，不能到处去咧歪。②物品结合处被分开。[例1] 绳子没绑紧，车上货物都裂歪了。[例2] 家具质量不好，用不到半年就裂歪了。

裂 liè　裂，在此发"lǎi"音。破而分开。[例] 一不小心纸裂了。

裂大彪 lièdàbiāo　裂，在此发"lǎi"音。也作"裂大蠢"。指说脏话。[例] 当孩子的面，你说话可别裂大彪。

裂裂怀儿 liè·liehuáir　裂，在此发"lǎi"音。上衣敞开。[例] 你一天不干正经事，整天裂裂怀儿四处闲逛。

裂噻 liè·sai　裂，在此发"lǎi"音。撒娇。[例] 孩子看见他妈，就跑妈妈怀里裂噻起来。

裂歪 liè·wai　裂，在此发"lǎi"音。也作"裂大彪"。[例] 他说话什么也不顾忌，太能裂歪了。

裂玄 lièxuán　裂，在此发"lǎi"音。也作"裂大玄"。撒谎，说大话。[例] 你真能裂玄，死人都能让你说活。

拎风 līnfēng　也作"拎打"。形容生气或不满时的样子。[例1] 我说他几句，他一拎打走了。[例2] 她这几天就和家长闹别扭，放学回家就跟我俩拎风。

临了 línliǎo　也作"临末了儿"。到最后；到末了。[例] 逼到临了，他总得知道真情，他就把那二千银票扯个粉碎，赌气走了，请教我该怎么样呢？(《老残游记续集》第四回)

灵巧 líng·qiao　灵活；机敏。[例] 水浒里的鼓上蚤时迁，说白了，他就是灵巧。

零揪 língjiū　零散。[例] 你要给钱就痛快点，别零揪，今天给十块，明天给五块的。

零碎儿把五 língsuìrbǎwǔ　小来小去的，零碎的东西。[例] 咱们今天赶集带点钱，回来买点什么零碎儿把五的。

领净 lǐngjìng 清静；不繁杂。[例1] 出门旅游自己走，就图个领净。[例2] 一个人过日子多领净。

溜边儿 liūbiānr 在边缘活动。指遇事躲在一旁，不勇于参加，总向后躲。[例] 牛群在西沟牧场，没驯过，凶猛如虎，除了有经验的老牛倌，谁都吓得直溜边儿。(《傻爷色楞阿》)

溜边儿打蹭 liūbiānrdǎcèng 喻指遇事躲在一旁，不参与。[例] 你别学鲫瓜鱼，溜边儿打蹭。

溜干净儿 liūgānjìngr 干净，什么都没剩下的意思。[例] 玩到半夜还没到天亮，他把所有的钱输的溜干净儿。

溜光 liūguāng ①光滑。[例] 皮鞋擦得溜光锃亮。②干净；彻底。[例] 输得溜光。

溜光水滑 liūguāngshuǐhuá 形容穿着华丽漂亮，打扮得体。[例] 当校长主要是抓升学率，天天摆弄那破头型干啥呀？整溜光水滑，再说也招风啊。(《乡村爱情故事》第21集)

溜滑 liūhuá 形容特别滑。[例] 下雨路溜滑的，开车要注意安全。

溜尖儿 liūjiānr 形容东西特别尖。[例] 那杀猪刀溜尖儿的，捅一下都扎透了。

溜溜儿的 liūliūr·de 胆怯，顺从的样子。[例] 赵四说："没事，玉田在那假横呢，一会儿马上刘英来火，马上溜溜儿的他就跟着走。"(《乡村爱情故事》第16集)

溜须 liūxū 献媚；拍马屁。[例] 刘能说："人家我这是公车，就是维修也是村里出钱，还用个人拿钱，净整那没用的，溜须都找不到地方。"(《乡村爱情故事》第20集)

溜须舔腚 liūxūtiǎndìng 形容谄媚的样子。[例] 我就看不上溜须舔腚的！(《高粱红了》)

溜严 liūyán 没缝隙；严实合缝。[例] 我们一共有十八个大烟鬼，拘在一所大屋子里，窗户堵得溜严，外边有日本兵站岗……(《马加文集》)

蹓跶 liū·da 也作"溜达"。散步；闲走。[例1] 小时候妈一抱你上公园一蹓跶，多少人围着你看，就问妈：姐呀，你家这猴搁哪买的？(小沈阳小品《2009北京春晚》)[例2] 让我八点到这，才七点六十呀，上那边蹓跶蹓跶。(赵本山小品《相亲》)也可作"蹓蹓跶跶"。[例] 我下班也不坐车，就蹓跶蹓跶走着回家了。

蹓食狗 liūshígǒu 流浪狗的意思。[例] 你一天到晚走东家串西家，像个溜食狗似的。

留后手 liúhòushǒu 也作"留一手"。为避免将来发生不测而采取留有余地的措施。[例]上半年考评我们排名第一,其他单位尽管暂时落后,但也不排除他们留后手,在下半年赶上我们。

柳 liǔ 顺着说;迎合。[例1]跟着柳,瞎猫撞死耗子兴许也得赶点。(《黑龙江艺术》)[例2]熟读唐诗三百首,不会作诗也会柳。

柳柳狗 liǔ·liugǒu 也作"柳树狗"。即柳树花穗。满族小孩子经常玩的游戏。在开春时节,到河边折下刚发芽的柳树枝条,把柳树花摘下,放在炕席上,拍打震动炕席,柳树花就向前移动,样子极像小狗一样。

绺 liǔ ①量词。[例]一绺头发。②动词,顺杆爬的意思。[例]我又不想当官,绺你干什么。③动词,顺着、顺从的意思。[例]孩子生病时十分任性,什么事都得绺着他。

六 liù 助词,起到增强语气的作用。比如,某人说话不着边际,或提出非理性要求,你听得反感,就会说"去个六的"。[例]王天来说:"你伙同李大国一起祸祸我,我还给你包上,我给你包个六。"(《乡村爱情故事》)

遛道 liù·dao ①走路快而稳当。[例]他脑血栓治好后,走路挺溜道。②说

熟读唐诗三百首,不会作诗也会柳。

话、办事条理清晰,有条不紊。[例]他办事挺溜道。

遛墙根儿 liùqiánggēnr 偷听,探取他人隐私。[例]他就爱遛墙根儿,别人家有点大事小情让她听见,第二天就传遍了。

遛腿儿 liùtuǐr ①散步;闲走。[例]吃完晚饭,我和老伴儿出去遛腿儿。②随意支使他人。[例]你就不能把工作一次性交代完啊,老这么遛腿儿谁能受得了。

馏 liù 把凉了的熟食蒸热。[例]馏饭;馏包子;把凉饭馏一馏。

溜 liù ①糊住缝隙。[例]天气冷了,得把窗户缝儿溜上。②接近;达到。[例]溜腰深的艾蒿挺立着,一种茴香味冲着鼻子。(《马加文集》)

溜缝儿 liùfèngr 添满;补充。[例]吴管家跟着东家咬牙切齿在一旁溜缝儿说:"义勇军、胡子,一路货……"(《马加文集》)

溜儿 liùr ①急流。[例]河水溜儿很大。②顺房檐滴下的水。[例]檐溜儿。③行;列。[例]一溜儿三间大瓦房。

龙兴 lóng·xing 精力充沛,充满活力的样子。[例]他有病时打蔫,一句话也没有,现在病好了,立刻龙兴起来。

拢火 lónghuǒ 用木柴引火;生火。[例]我都冻完了,快拢火让我烤烤。

搂 lōu ①抱。[例]到地里搂点草回家喂牛。②引申为搜刮。指通过利用各种手段敛财。[例]三胖子,不是我说你呀,作为老乡你是真不够意思呀,你说你这么多年搂够了,临了把小舅子安排明白了……(赵本山小品《拜年》)

搂钱耙子 lōuqiánpá·zi 比喻能挣钱的男人。[例]丈夫是搂钱耙子,媳妇是装钱匣子。

娄子 lóu·zi 纠纷;祸事。[例]捅娄子。

漏底儿 lòudǐr ①底部破漏或漏出底部。[例1]这双鞋都穿三年了,鞋底磨破都漏底儿了。[例2]没到新粮下来,苞米囤子就漏底儿不够吃了。②泄漏底细。[例]咱们俩的事你怎么漏底儿告诉别人呢?

漏兜 lòudōu 无意中把秘密泄漏出来。[例]他一不小心说漏兜了。

漏空 lòukòng ①错过时机。[例]你昨天可漏空了,俺家杀鸡,你出门没赶上。②遗漏掉该说的或该做的,授人以把柄。[例]他做事很精明,各个方面都考虑齐全,从来不漏空。

露脸 lòuliǎn 因获得荣誉或受到赞赏,脸上有光彩。[例]这回开劳模会,让我也露露脸。

露青 lòuqīng 东西破损后,似露非露,隐约能看见里面的东西。[例]这衣服旧得不像样儿，都快要露青了。

露馅儿 lòuxiànr　真实情况被暴露出来。[例] 刘能说:"我不是心虚呀，我就是怕露馅儿……"(《乡村爱情故事》第10集)

撸 lū　①捋。[例] 白闹说:"平时吃一串羊肉串都得喝八瓶啤酒，后来把钎子撸得滋滋冒火星子。"(赵本山小品《捐助》)②撤职。[例] 不是我说你三胖子，像你这样的，把你撸下来就算对了。(赵本山小品《拜年》)③训斥。[例] 他工作中出错，让厂长好顿撸。

撸胳膊挽袖 lūgē·bowǎnxiù　比喻跃跃欲试，准备做某事的样子。[例1] 那天拔河，听说我们这个支部输了，第二轮大家撸胳膊挽袖的都想上。[例2] 你撸胳膊挽袖的，到底想干什么，想打架吗?

撸生子 lūshēng·zi　未经拜师学艺，自学成才而略通技术的人。[例] 他这个木匠也没经过什么拜师，就是靠自己琢磨撸生子出来的。

撸着造 lūzhēzào　做事没有规划；不考虑后果。[例] 虽然不懂烧砖技术，但咱们先撸着造，出现问题再说。

卤汲汲 lǔjī·ji　非常潮湿。[例] 下雨天一反潮，衣服和行李都卤汲汲的。

鲁叽叽 lǔjī·ji　形容非常粗鲁，粗野，莽撞。[例] 他这个人鲁叽叽的，下手可狠了，出手就是重伤害。

驴年马月 lǘniánmǎyuè　形容遥遥无期，毫无指望。[例] 他说给我们涨工资，那得等到驴年马月。

驴性八道 lǘ·xingbādào　不讲道理；性格暴烈。[例] 别看他出门驴性八道的，回家见到媳妇，什么脾气都没有。

捋 lǔ　原意为用手顺着抹过去，使其顺溜或干净。引申为梳理、整理。[例] 赵本山说:好，惠贤提的这个相当好，按照这个线索，顺着这条线，我帮你捋一捋案情。(赵本山小品《年前年后》)

捋扯 lǔ·che　用手整理。比喻理清思路。[例] 你把上半年工作捋扯一遍，看还有哪些没完成。

捋出头 lǔchūtóu　理出头绪。[例] 他走时撂下这摊杂事儿，我到现在都没捋出个头儿，太闹心了。

捋捋呱呱 lǔlǔguāguā　站得非常挺拔、整齐，有条理。形容被驯服得服服帖帖。[例] 他们刚来就让我给训得捋捋呱呱的，以后就好管理了。(《乡村爱情故事》第23集)

滤滤行行 lǜlǜháng·hang　行，在此发"hāng"音。形容很多，且不断地来来往往。[例] 凤凰山庙会那天，从山上往下看，通往山上各条路上的人，滤滤行行的到处都是人。

滤涟 lǜ·lian 背后议论的意思。[例] 车肇事后，大家都在滤连，这件事你根本就没有责任。

滤粪 lǜfèn 用粪筐将粪均匀地撒在垄沟里。[例] 春天种地时，滤粪可是个体力加技术的活。

滤种子 lǜzhǒng·zi 向挖好的坑内播种子。[例] 你滤种子要均匀一些，别这个撒儿两个，那个撒儿八个的。

乱炖 luàndùn 乱，在此发"làn"音。东北一种菜肴，将西红柿、牛肉、土豆、茄子、辣椒等放在一起炖。

乱炝汤 luànqiàngtāng 没有秩序地乱发表意见。[例] 我们是在研究正经事，你们别在那乱炝汤，有那时间想点好办法。

乱糟糟 luànzhāozhāo 乱，在此发"làn"音。比喻杂乱无章或指人心情烦乱。[例] 王大拿说："这乱糟糟这块是哪呀？我咋看不明白？"（《乡村爱情故事》第7集）

乱子 luàn·zi 乱，在此发"làn"音。祸事；纠纷。[例] 你放学后不回家，又到哪给我惹乱子去了？

抡圈儿 lúnquānr 也作"抡大襟"。轮流替换。[例] 这回值班谁也别挑，抡圈儿来。

捋来的 luōlái·di 捋，在此发"luǒ"音。原意为顺手牵羊的意思，后演变指妻子与他人私通生的孩子。[例] 这孩子根本不是她丈夫的，是她跟别人捋来的。

罗锅巴唧 luóguōbā·ji 也作"罗锅儿"。[例] 就他那罗锅巴唧的样，还能娶上媳妇？

罗乱 luó·lan ①留下麻烦的、难以解决的遗患。[例] 你走时把工作交接清楚，别留下什么罗乱。②也作"罗烂"。隐患，祸患，灾难。[例] 把县里日本指导官高岗重利惹翻了，早晚也是一场罗乱。

箩圈腿 luóquāntuǐ 也作"罗圈腿"。指双膝关节向外，双脚向里呈圆形似圆圈形的腿。[例] 他打小生下来就是罗圈腿，长大后不注意还真看不出来。

摞摞儿 luòluòr 摞，在此发"luó"音。重叠；堆放。[例] 一铺炕住那么多人，晚上睡觉都要摞摞儿了。

妈妈儿叫 māmārjiào 由于因病痛，被打或受到外界刺激而引起的诸如"哎呀妈呀！"的喊叫声。[例]那天他被人打得头破血流，妈妈儿直叫唤。

抹不下脸 mābùxiàliǎn 抹不下脸，即指碍于情面不好意思去做的意思。[例]我俩是多年老同学，你让我去处理他，我也抹不下脸呀！你还是安排别人吧。抹下脸：指板起脸，认真起来；也有六亲不认的意思。[例]这孩子你要真抹下脸说，他还真听话。

抹搽 mā·cha 也作"摩搽"。即奉承、鼓励的意思。[例]他属顺毛驴儿的，你得抹搽他点，要不他不给你干活。

抹搭 mā·de ①指眼皮向下而不合拢。[例]他说得兴致勃勃，一看沈长发眼皮抹搭下来，脑袋左右晃荡，就知道他不赞成。(《伐木人传》)②撂下脸来，不高兴的样子。如你整天抹搭个脸给谁看，谁惹你生气啦？

摩挲 mā·sa 残留的满语词汇。指用手轻轻地按着移动、抚摸。[例]宝玉便把脸凑在他脖项上，闻那香油气，不住用手摩挲，其白不在袭人之下。(《红楼梦》第二十四回)

麻达山 má·dashān 也作"麻瞪山"。指在山上迷路、迷失方向了。[例1]二则找不着拉道的，问谁，谁都说不知道，守备队怕自己进去麻达山。(《神枪阵》)[例2]我们是不是麻达山了？(电视连续剧《闯关东》)

麻麻黑 mámáhēi 天略微有点黑；快要黑了或刚黑。[例]天刚麻麻黑，人们都陆续来到场院看电影。

麻麻亮 mámáliàng 天刚稍微亮；快亮或刚亮。[例]天才麻麻亮，老扈头来到苞米地里，刚铲完一垄地就看见老张头一路小跑过来。

麻大烦 mádàfán 指麻烦大了的意思。有些事情非常难办，不好解决，就称"麻大烦"。还有，人蛮不讲理，非常难缠，跟她怎么说也说不明白，也叫"麻大烦"。

麻杆儿 mágǎnr 麻秸。一般形容人瘦弱的形态。［例］麻杆儿腿。

麻经儿 májīngr 经，在此发"jīn"音。未拧劲儿的生麻匹子，捆扎小物件用。［例］灌血肠，就是先把猪血灌进猪肠子后，再用麻经儿将血肠两头分别扎上，放入沸锅煮熟即可。

麻利 má·li 动作敏捷、迅速。［例］我这儿媳妇干活可麻利了，你抽袋烟工夫她就把饭做好了。

麻脸 máliǎn 得过天花后留下有麻子的脸。如歇后语：麻脸照镜子，都是坑。

麻溜儿 máliūr ①表示时间，也作马上、赶快。［例］车都要进站了，你还不麻溜儿走。②麻利、很快。［例］谢广坤说："去呀永强，麻溜儿点。"（《乡村爱情故事》第4集）

麻挠 má·nao 也作"麻稻"。将麻絮、稻草剁成段，加入灰泥中搅拌，起到稳固墙面作用。

麻痒 má·yang ①令人恶心、厌烦；肉麻。［例］看见蛆我就麻痒。②动词，也作"麻痒人"。指令人恶心、厌烦；肉麻的感觉。［例1］他说的那些阿谀奉承的话，听起来真麻痒人。［例2］电动足疗盆就是好，就是有时振动起来麻痒人。

麻爪 mázhuǎ 因遇到紧急情况着急而手足无措，没办法。[例]平时你不用功学习，真正到考试时就麻爪了，什么也答不上来。

马路牙子 mǎlùyá·zi 马路两侧用水泥砌成的护路的砖。[例]这时汽车一下子冲到马路牙子上边来，把老姜压车辘轳底下了。

马趴 mǎpā 身体向前跌到的姿势。[例]他一出门脚踩到门口的冰凌子上，一下摔了个大马趴。

马勺子 mǎsháo·zi 用于炒菜的锅。[例]马勺子挂在灶子旁边，锅里空空的，碗架里面啥啥也没有。（《暴风骤雨》）

马蛇子 mǎshé·zi 蜥蜴的俗称。[例]你一碰它，马蛇子就甩掉一段儿尾巴跑了，留下那段尾巴在地上乱动，吸引你的注意力。

马蹄袖 mǎtíxiù 满语为"挖憨"，也作"箭袖"。满族男子喜着窄长袍，袖端加制一半圆形袖头，长可覆指，酷似马蹄，故而得名。

马杌子 mǎwù·zi 也作"马兀子"，"杌橙"，"杌子"。即木橙子。原为上马时脚踏用，故称马杌子。

马尾儿 mǎwěir 尾，在此发"yǐ"音。马尾巴丝。[例]马尾儿穿豆腐——提不起来。

码 mǎ ①当"从"、"沿着"讲。[例1]我这门窗都锁的，你是码哪进屋的？[例2]这河水深，你码河边一直往上走，那有个桥。②堆叠；垒砌。[例]码堆。

码拢 mǎ·long 码，在此发"mā"音。大约摸去估算。[例]我码拢这个月生意不错呀，怎么会赔钱呢？

骂街 màjiē 也读骂街（gāi），即骂大街。表示指桑骂槐、含沙射影地当众谩骂。[例]她家鸭子丢了，整整骂了三天大街。

埋汰 máitài 也作"埋了古汰"。①不卫生，不干净；很脏。[例]谢广坤说："大脚你别招手了，你把凳子都给踩埋汰了。"（《乡村爱情故事》）②办事不讲究。[例]他办事埋了古汰的，原来讲好的价格，现在听说商品涨价，他又不卖了。③动词，指羞辱、诬蔑他人。[例]你别埋汰人，我什么时候欠钱不还了？

卖呆儿 màidāir 闲着无事看热闹。[例1]韩长脖溜走以后，卖呆儿的人们都笑着，喝彩和拍手。（《暴风骤雨》）[例2]赵四说："我听见那边放鞭炮，完了我过去卖卖呆儿。"（《乡村爱情故事》）

卖乖 màiguāi 指占了便宜而佯装不知情的意思。[例]这次评先进，根本没有他，他找关系又说情、又送礼的得到这个名额，还在那里卖乖!

满登登 mǎndēngdēng 也作"满当当","满满当当"。形容非常很满,装不下的样子。[例]今年收成好,苞米仓子都装得满登登的。

满口 mǎnkǒu ①整个口腔。[例]满口胡话。②表示口气肯定,没有保留。[例]我刚一提出,他就满口答应说,没问题。③即指满口假牙。[例]老孟:"……这样,我给你镶两颗大金牙吧。"老孟妻子:"不的,我要镶我就镶满口的,我不镶俩。"(赵本山小品《有钱了》)

牤牛蛋 māngniúdàn 接近成年的公牛。喻指接近成年的小伙子。[例]才几年功夫,这帮小牤牛蛋子都起来了!

忙叨 máng·dao 也作"忙忙叨叨"。①忙碌,不得消闲。[例]一天到晚,你忙叨什么?②在眼前忙碌、晃动,使人厌烦。[例]你上一边玩去,别在这忙叨人啦。

忙乎 máng·hu ①也可叠加为"忙忙呼呼"。忙碌;张罗。[例]谢广坤说:"哎呀,你说你一天忙忙呼呼的……"(《乡村爱情故事》第16集)②得到。[例]一年到头挣点钱,让小偷给忙乎走了。

忙活 máng·huo ①做事。[例]男人出去打工了,秋收时就我紧忙活。②张罗。[例]小万说:"你在外面打工,大哥没少帮我忙活呀,黑天白天的。"(赵本山小品《生日快乐》)③动词,控制,占有。[例]剩下的饭菜都叫他给忙活了。

猫 māo 满族残留语言,即躲藏起来的意思。[例]王天来说:"你帮帮我,……我就猫这儿。"(《乡村爱情故事》第22集)

猫盖屎 māogàishǐ 原意指猫在拉屎后,将粪便以土掩盖之习性。现引申为:①干活、做事不认真。[例]王木匠说:家具外边好看,里面都是烂木箱子,那种猫盖屎的活咱不能干。干就得里外质量都是一样的那才行。②制造假象来掩盖事实真相。[例]肇事后你跑了不说,还把汽车上的血迹给擦掉了,你干那猫盖屎得事儿,你以为我们都不知道啊?

猫食儿 māoshír 比喻饭量很小。[例]你一天吃那么点儿猫食儿,什么时候才能把身体恢复过来。

猫一天,狗一天 māoyìtiān, gǒuyìtiān ①原指婴儿每天成长变化。[例]这孩子猫一天狗一天的,长这么大了!②引申为情绪变幻捉摸不定。[例]你这样猫一天狗一天的,咱俩怎么处对象?

毛糙 máo·cao 也作"毛草"。指潦草,粗糙,不精细。比喻办事不稳重的人。[例]他这个人太毛糙了,这么细致的活不能让他去做。

毛干爪净 máogānzhuǎjìng 指手头上什么也没有、一个不剩的意思。[例]

钱输得毛干爪净，一个子儿不剩。

毛嗑 máokè 瓜籽。

毛了 máo·la 牲畜由于受惊吓而狂奔乱跑。[例] 山底下的人一听见杨司令喊话，一个传一个，都毛了。(《智歼邵本良》)

毛赖 máolài 也作"耍毛赖"。指耍赖的意思。[例] 我俩下棋，你老偷棋子儿耍毛赖。

毛愣 máo·leng ①梦魇，由于梦中受惊而引起的动作。[例] 高秀敏说："毛愣了？咋的了？"赵本山："哎呀，钱哪？钱哪？"(赵本山小品《有钱了》) ②也作"毛毛愣愣"。做事不细致，不稳重，粗心大意。[例] 马丫说："你说你这年轻人，咋毛毛愣愣的，刚一见面就拍拍打打的。"(赵本山小品《相亲》)

茅楼儿 máolóur 也作"茅坑"。指厕所。[例] 你别占着茅楼儿不拉屎。

铆 mǎo 用手撇或抛起来；打。[例] 铆石头（撇、抛或投掷石头）；拿石头铆你。

铆进 mǎojìn 将篮球投中。[例] 我投了十几个球，怎么一个也没铆进？

铆劲儿 mǎojìnr 也作"铆大劲"。指用尽全部力气或尽最大努力，去做某件事情。你听我的，进屋咱别着急说事，铆劲儿给他戴高帽，唱赞歌，多说几句拜年嗑。(赵本山小品《拜年》)

冒话儿 màohuàr 幼儿刚刚开始学话。[例] 孩子昨天冒话儿啦！这几天把他高兴的见谁告诉谁。

冒尖儿 màojiānr 东西高出容器。[例1] 今年大丰收，粮囤都冒尖儿装不下了。[例2] 她把大米干饭狠狠地往饭碗里按，盛的饭都带冒尖儿。

冒蒙儿 màoměngr 事先没有打招呼，凭着自己的猜测或判断去做。[例] 三叔到底在哪个楼里住，他也不知道，就冒蒙儿挨个楼梯口打听。

冒头儿 màotóur 出头。[例] 他今年都三十冒头儿了。

冒漾子 màoyàng·zi ①液体外溢。[例] 皆因为前些天水库冒漾淹了郊区的几个大队，城里边蔬菜供应成问题了。②超过预想或超出估计的范畴。[例] 孩子结婚，原来准备放二十桌酒席就行了，没想到，正日子那天造冒漾子了，竟然来了三十多桌的客人。

没成想 méichéngxiǎng 没有想到或未预料到。[例] 赵四妻说："我不是寻思他没有零钱，我给他破开，谁成想他让我给垫上。"(《乡村爱情故事》第9集)

没多大来稀 méiduódàlái·xi 也作"没大来稀"，"没大辣气"。即指没有太大的发展或希望、指望。[例] 这孩子要是不念书，将来就没多大来稀。

没抗儿 méikángr 也作"没有抗儿"。指受忍不了，挺不住的意思。[例]

饿得没有抗儿，累得没有抗儿，气得没抗儿，乐得没抗儿等。

没脸没皮　méiliǎnméipí　也作"没皮没脸"。指厚颜无耻。[例] 这人没脸没皮的，撵都撵不走。

没量　méiliàng　①没有气量。[例] 你这人真没量，这么点小事都计较。②酒量小。[例] 你要是没量，喝酒就别和人家叫号。

没缕乎儿　méilǚhùr　也作"没许乎儿"。没在意，没注意的意思。[例] 开会时看见他来了，什么时候走的，我就没缕乎儿。

没冒儿　méimàor　指办事十拿九稳，不能再超越的意思。[例] 这事办得太好了，简直没冒儿了。

没跑儿　méipǎor　表示确定、肯定无疑。[例] 这个案子没跑儿，肯定就是他干的。

没深没浅　méishēnméiqiǎn　说话无所顾忌，没有深浅。[例] 第一次去你岳父家，说话要注意点，说话别没深没浅的。

没水先别坝　méishuǐxiānbiébà　也作"水没来先叠坝"。即人无远虑，必有近忧，什么事都需要提前准备的意思。[例] 谢广坤说："我不得替你看看吗？这叫水没来先别坝，你等水冲进来啥都晚了！"（《乡村爱情故事》第20集）

没挑儿　méitiāor　无可挑剔。[例] 我女婿对我那是一百个好，没挑儿的。

没牙啃　méiyákěn　无可奈何，无话可说。[例] 你干了那么多工作，但和领导关系没搞好，领导就不提拔，你也没牙啃。

没着没落　méizhāoméilào　空虚，无可奈何。[例] 孩子上大学这么一走，我自己在家觉得没着没落的。

没辙　méizhé　没有办法，无计可施。[例] 碰到地震这种天灾，谁也没辙。

没治　méizhì　①没办法，不好解决。[例] 城里马葫芦盖老丢，真是没治了。②最好不过，没有能比得过的。[例] 把炕烧得热乎乎的，再把褥子往炕上一铺，躺在炕上那舒服劲儿，真是没治了。

没咒念　méizhòuniàn　无话可说；毫无办法的意思。[例] 你想调走，经理就是不放，干瞪眼你也没咒念。

没准儿　méizhǔnr　①具有不确定性；说不定。[例] 大国说："啥不能不能的，不得看看啊，这玩意儿没准儿是他。"（《乡村爱情故事》第27集）②比喻人说话、做事不守规矩，不信守承诺。[例] 这人可是穷棒子烟袋——没准儿，钱要是借给他，不知何年何月能还给你。

谜儿　mèir　谜语。[例] 破谜儿，猜谜儿。

闷呲　mēn·ci　可叠加为"闷呲闷呲"。指言语迟，性格内向，不善言表。
[例1]我说了半天，他还在那闷呲不吱声。[例2]这孩子不挑不拣，就知道闷呲闷呲干活，啥话不说。

闷得乎　mēn·de·hu　性格内向，老实、诚实的人。[例]这孩子平时挺老实，闷得乎的，干农家活也是把好手，跟他处对象，我看行。

闷头　mēn·tou　发性的疖肿，此类疾病主要是在皮肉之间的炎症，一些由上火导致。也称毛囊发炎形成的疖子。[例]还长在后背那叫闷头，屁股上那叫火疖子。(赵本山小品《卖拐》)

闷一觉　mēnyíjiào　睡觉。[例]昨晚加了一夜班，特别困，赶快回家闷一觉。

闷着　mēn·zhe　①不声张。[例]出事后，大家都在那闷着，谁也不说话。②封闭在容器里。[例]大米饭煮熟后，不能立刻盛出来，还得闷着。

蒙瞪　mēngdēng　神志不清；不知所措。[例]听说领导下午就来检查，他一下子就蒙瞪了，这材料还没准备好呢。怎么办啊！

蒙门儿　mēngménr　不知所措。[例]科长说："光有计划，预案在哪？"我一下子蒙门儿了，不知从哪说起。

朦眼儿　mēngyǎnr　也作"驴蒙眼儿"。指驴在拉磨转圈时，套在驴眼睛上蒙眼布。引申为骂人话，即骂或调侃戴眼镜的人。[例]你带上驴蒙眼儿，就装成有文化的人了？

猛　měng　东北流行口头语。指很、特别、非常的意思。说这个人很冒失，就说真猛，吹牛叫猛吹，吃饭叫猛吃，干活叫猛干等等。

猛劲儿　měngjìngr　把力气全部释放出来。[例]今天我请客，大家猛劲儿造。

猛子　měng·zi　也作"扎猛子"。指潜入水底的过程。[例]他一个猛子下去，过了很长时间才露出水面，大家这才松了一口气。

眯缝　mī·feng　①眼睛合拢而不闭合。②用蔑视或挑衅的目光看人。[例]我们说话时，他眯缝我一下，然后我们就争吵了起来。

眯着　mī·zhe　藏、躲；不做声，装聋作哑。[例]大家都积极解囊捐款，就他在那眯着不吱声。

弥了磨儿的　mí·lemór·di　①指迷迷糊糊，行为和语气没有目的。[例1]从毕业到现在也没找到像样的工作，整天弥了磨儿的太难受了。[例2]你整天弥了磨儿的，也不知道干些什么。②心烦，焦急，手足无措的样子。[例]看看天都黑透了，孩子还没回来，他在家急得弥了磨儿的。

迷糊　mí·hu　也作"迷昏"。指视线模糊或神志模糊不清。[例]哎呀妈呀，

我知道唱啥啦。你唱就唱那一听就迷糊的……（赵本山小品《有钱了》）

米糁 mǐsēn 体积较小的雪片。[例]如果先下大雪片还没问题，如果先下米糁子，那这场雪就不会小了。

米汤 mǐ·tāng 汤，在此发"ting"音。东北人称稀粥中水分叫米汤。

密实 mì·shi 细密；稠密。[例]庄稼长得真密实。

眠儿 miánr ①（小孩子）睡觉。②柞蚕成长过程中，脱皮像睡眠或冬眠一样不进食。每脱一次皮为一眠儿，三眠儿以后即生长成为成虫做茧。

棉花 mián·hua 棉，在此发"niáo"音，属于误读音。

棉手闷子 miánshǒumèn·zi 两头开口、絮了棉花的袖筒子，用以御寒。后指在手套的五个手指上都絮了棉花得手套，叫棉手闷子。

面 miàn 软弱、无能，好欺负的意思。[例]工会乒乓球队一点儿也不面，咱们队打他挺费劲儿。

面包 miànbāo 引申讽刺他人，无能，没有本事。[例]你别看他人高马大的，但他像个大面包似的，谁都可以欺负他两下。

面乎 miàn·hu ①比喻人窝囊。[例]他太面乎了，连小孩子都敢钳巴他两下。②动词，收拾，整治，修理的意思。[例]我一个人就能把三个歹徒面乎了。

面惶惶 miànhuāng·huang 似曾相识。[例]这个人有点面惶惶，好像在哪里见过，就是想不起来他姓啥。

面起子 miànqǐ·zi 发酵面时用的小苏打。

面儿上 miànr·shang 表面上，场面上的意思。[例]刘能说："有没有关系，我这面儿上人，我也得到场呀！"（《乡村爱情故事》第14集）

面团儿 miàntuánr 又作"菜团子"。东北一种特色食品。多用山野菜同面一起搅拌后，团成团儿状，然后蒸吃。[例]春天上山采回山野菜，有的用水炸着吃，剩下的就包面团儿吃。

面子 miàn·zi 情面。[例]王云说："姐啊，你说我打电话，就怕三太不给我面子。"（《乡村爱情故事》）

面子矮 miàn·ziǎi 形容人腼腆或不好意思。[例]徐老蔫说："女人面子矮，就不敢照直说。"（赵本山小品《相亲》）

瞄上 miáoshàng 选中目标。[例]她瞄上你家二姑娘了，准备给她做儿媳妇。

渺目 miǎomù 掌握了大致情况；有线索。[例]他家被盗这事，现在有渺目知道谁干的了。

抿裆裤 mǐndāngkù 东北老年人特有服饰。肥腰、筒子腿儿，裆部特别肥大

> 有没有关系，我这面儿上人，我也得到场呀！

的裤子，穿着时裤腰收紧后，再将多余长出的裤腰左右合拢抿叠系好，故称这种裤子为抿裆裤。

抿子 mǐn·zi ①梳头时抹油用的小刷子。②量词，一把、一扎。[例]环哥娶亲有限，花上三千银子，不拘那里省一抿子也就够了。(《红楼梦》第五十五回)

明镜儿 míngjìngr ①镜子。②也作"心明镜儿"。指心里明白。[例]心明镜儿的，这车也不叫了，人也不闹了，天儿也不早了，老伴儿也把烧酒烫好了。(赵本山小品《如此竞争》)

明面儿 míngmiànr 表面。[例]咱们有话就说在明面儿，别背后算计人，那不是君子作为。

明儿个 míngr·ge 明天。[例]按道理请我喝酒我应该去，但我现在没时间，明儿个我有时间，我请你怎么样？

明眼人 míngyǎnrén 明白事理的人。[例]就你这套把戏，明眼人一下子就看出是个骗局。

明睁眼漏 míngzhēngyǎnlòu 也作"明知眼漏"，"心知肚明"。指事情的本质大家都了解的意思。[例]你违章驾驶，把人家给撞倒了，就得领人家去医院看病，这都是明睁眼漏的事。

明子 míng·zi 用以引火或照明的含有松节油的松木片。[例]清明前，到了晚上，大家找来牛兜嘴把明子点着后放进去，手拎着刀河边照蛤蟆。

摸黑 mōhēi ①在黑暗中摸索。[例]你摸黑自己去吧。②指谁也不认识或

认识的人少。[例] 出差在外，我两眼摸黑去找谁呀？③黑夜。[例] 他走了一天的路，摸黑儿才回来。

摸瞎乎 mōxiā·hu　也作"抓瞎乎"。满族儿童游戏一种，即一个人蒙着眼睛，在黑暗里去摸、找事先藏起来的人的游戏。游戏规则是，事先约定藏起来的范围，一般在屋里进行，炕上、地下均可；由被蒙住眼布的人去找藏起来的人，抓住其中之一即可，然后把蒙眼布给被抓住的人，再将其眼睛蒙上，以此类推。

磨咕 mó·gu　指做事不抓紧，动作缓慢，拖延时间。[例] 这事都安排布置下去挺长时间了，你不抓紧还在那磨咕什么？

磨人 mórén　纠缠、折磨人。[例] 这孩子，你不给他买东西，他就在那磨人。

抹脖 mǒbó　自杀。[例] 他娘在他三岁那年，因为和他爸吵了几句就抹脖了。

末了 mòliǎo　最后。[例] 这事他张罗的挺欢，可是到了末了还得我去给他收拾残局。

没脖 mòbó　超过颈部。[例] 眼看水要没脖，她大声呼喊："快来人啊！"

抹不开 mòbùkāi　也作"抹不开面子"，"磨不开"。为情面而不好意思直接说或做，打不开情面的意思。[例1] 他说黑，我说白，她装相，我拆台。当着小崔抹不开，实话不敢说出来。（赵本山小品《说事儿》）[例2] 女人面子矮，就磨不开照直说就是。（赵本山小品《相亲》）

墨黑儿 mòhēir　黑，在此发"hě"音。沿黄海地区大部分从山东半岛过来的，对"黑"读hě音，"墨黑"读成mòhě。使用时也经常叠加为"墨黑儿墨黑儿的"，形容黑得像墨的意思。[例] 那天晚上回来，天墨黑儿墨黑儿的，好不容易才找到家。

磨叨 mò·dao　①反反复复地说。[例] 你跟我说，还有啥事求得着你……别磨叨，快点！（《乡村爱情故事》第7集）②也可叠加为"磨磨叨叨"。指办事不爽快。[例] 就这么点儿活，你看你，磨磨叨叨的到现在还没干完！

磨叽 mò·ji　①也作"磨磨叽叽"。反反复复、啰里啰嗦地缠说。[例] 永强妈说："你这大清早的，搁那磨叽啥玩意儿啊？"（《乡村爱情故事》第4集）②磨磨蹭蹭。[例] 马丫说："这个老蔫你瞅瞅呀，换个衣服你瞅瞅他也磨磨叽叽的，你说他咋这样呢？"（小品《老蔫完婚》）

磨儿 mòr　招数，办法。[例] 自从她丈夫在煤矿出事后，她一点磨儿也没有，急得乱转。

磨帐 mòzhàng 转移三角债务。

木桄桄 mùgāng·gang ①略微麻木胀痛的感觉。[例]睡觉时把胳膊压得木桄桄的。②因有隔阂而产生的一种感觉。[例]我前几天看见老张，他怎么对我木桄桄的？我哪里得罪他了？③对人事物麻木不仁。[例]批评你多少回了，你咋还木桄桄的听不进去。

木个张的 mù·gezhāng·de 也作"木格胀地"。①一种麻木胀痛的感觉。[例]这几天加班熬夜，脑袋有点木个张的。②因有隔阂而产生的一种感觉。[例]第二天，郑春学和许大遇在街上，两人都觉木个张的，头一低，过去了。(《串门儿》)

知识链接

蔓枝炕 mànzhīkàng
也叫"万字炕"、"转圈炕"、"围炕"等。满族传统居室。始于辽、金时女真族地区，清代沿袭此俗。
即于室内南、西、北三面设炕相连接，以土坯或砖砌成，炕下面有烟道通烟囱，以供烧火取暖之用。炕面上铺毡、席，长辈（或家主）及客人居住南炕、晚辈居住北炕，也有北炕存置粮食谷物等。西墙正中为供奉"祖宗板"之处，不许随意坐、踏及乱放杂物，只在炕上放置木箱子，用以摆放祭器及陈设品。

幔帐 mànzhàng
满族卧室用具。俗称"帐幔"、"幔子"。是以布、绸、缎等制成两幅，中间开缝，上部有一下垂的横眉作为装饰。分里、表两层，幔帐外面彩绣吉祥图案。平时张挂在炕前横杆子上，就寝时将其放下，借以遮蔽。因为满族居住习惯是，公婆与儿子、儿媳等同处一室，有此幔帐，可解决生活不便等问题。

拿把 nábǎ 也作"拿一把"、"拿架子"。以自己特长故意刁难别人,凭自己的优势要挟对方。[例]你说说,这不是拿把是干啥?他拿不了,学会了自己晚上干。(《伐木人传》)

拿棒 ná·bang 有能力做,但故意做出某种姿态不去做,使人难堪。[例]办房证这事你能办,就别拿棒老张了,看把老张急得。

拿不出手 nábùchūshǒu 也作"带不出手"。由于不像样、不中看或经不起挑剔而不好意思展示出来。一般作谓语、定语。[例]这点小礼物真是拿不出手。[例]大妈说:"啥话到你嘴里咋就变了,真带不出手。"(赵本山、宋丹丹小品《火炬手》)

拿手 náshǒu 善于,擅长做某事。[例]郭二说:"没事没事,你这是转筋儿了,我看病看二十多年了,就这病,我拿手。"(《乡村爱情故事》第23集)

拿下 náxià 取得,攻克;降服,顺从。[例1]赵嬷嬷说道:"……谁不帮着你呢,谁不是袭人拿下马来的!"(《红楼梦》第二十回)[例2]徒弟说:"师傅,拿下!"(赵本山小品《功夫》)

拿载儿 názàir 原指好马在上坡或遇到塄坎时,能拉动重载车。现比喻在关键时候能挑起重担,作出决定、完成任务的人。[例]遇到集体上访这样大的事,还得请老局长来拿载儿,他一句话就好使。

拿住 názhù ①抓住。②使停止,不再继续的意思。[例]这猪肉太肥啦,吃几块儿就被拿住了,再也吃不下去了。③被人控制住无法施展的意思。[例]赵四媳妇说:"你看到没,彻底让人给拿住了。"(《乡村爱情故事》)

哪说哪了 nǎshuōnǎliǎo 以后不再提起某事的意思。[例]老太太说:"你跟

我说了，我心里有个数，咱们哪说哪了，再说了，也不能让那头知道。"（赵本山小品《摔三弦》）

哪门子 nǎmén·zi 什么，用于反问的语气，表示没有缘由。[例] 啥姐夫啊，哪门子的姐夫啊，冲他媳妇那边论，才是个表姐夫。(《乡村名流》第1集)

那疙瘩儿 nàgē·dar 疙，在此发"gā"音。那地方。[例] 东北那疙瘩儿，人特别豪爽！

那疙瘩溜儿 nàgē·daliùr 疙，在此发"gā"音。指大约某一个地方、某一段时间。[例1] 他们家的承包地，就在下堡子后面那疙瘩溜儿。[例2] 春节那疙瘩溜儿蔬菜可贵啦！

耐心烦儿 nàixīnfánr 脾气好，有耐心。[例] 都劝你半天了，你怎么还哭起来没完呢？我可没有那耐心烦儿继续陪你。

囊 nāng 体质软弱；东西松软不坚实。[例1] 你们东山墙塌了，王员外说瓦匠手艺太囊。(《二人转传统作品选》) [例2] 俗语：武大郎卖棉花，人熊货囊。

囊膪 nāngchuài 也作"囊揣"，"囊囊膪"。①位于猪腹部的肉。[例] 这是一块囊膪，不能卖高价。②形容软弱无能的人。[例] 老李头也不是囊膪，头一跤输了，第二跤他也给扳回来，打个平手。

囊劲儿 nāngjìnr 力气。[例] 这一天把我累得一点囊劲儿都没有了。

囔人 nāngrén 囔，在此发"nǎng"音。形容说话语言尖刻，使人不愉快，让人一时语噎无法反驳。[例] 他说话太囔人了，说得你当时就下不来台。

囔熊话 nāngxiónghuà 囔，在此发"nǎng"音。说些古怪，让人听起来别扭的话，也叫说风凉话。[例] 你干点真格的，别净在那囔熊话。

攮 nǎng 动词，捅。用刀，锥等尖利东西刺入人或物体内。

馕 nǎng 吃；拼命往嘴里塞食物吃。[例] 你真能馕，一顿吃八个馒头！

馕食饱儿 nǎngshíbǎor 只会吃饭，不会做事，没有出息的人。

齉齉鼻儿 nāngnāngbír ①鼻音发齉。[例] 我这几天感冒了，有点齉齉鼻儿。②说话时鼻音特别重的人。[例] 他是个齉齉鼻儿，说话就那动静儿。

挠儿挠儿 náor·naor 逗小孩儿做手指弯曲的动作。[例] 给叔叔挠儿挠儿一个。

挠刺挠 náocì·nao 挠痒痒。[例] 昨天上山钻草窠，胳膊让草给熏过敏了起了一片疙瘩，今天一个劲儿挠刺挠。

挠地垄沟 náodìlǒnggōu 种地，从事农务。[例] 你考不上大学，就得回家挠地垄沟。

挠岗 náogàng 也作"挠了"。指逃跑、逃避；溜之大吉。[例] 还没到交接班时间，他就挠岗回家了。

挠头 náotóu 形容事情麻烦复杂，难以解决。［例］三年前参加工作我就想请你喝点酒，只因为买不着花园大曲我干挠头。（《黑龙江艺术》）

桡子 náo·zi 植物散落的叶子。［例］松树桡子；苞米桡子。

脑袋进水 nǎo·daijìnshuǐ 隐指人的精神有问题。［例］赵玉田说："我媳妇怀孕，在他家门口办，他脑袋是不是进水了？"（《乡村爱情故事》）

脑皮薄 nǎopíbáo （自嘲）命运差、运气差。［例］咱脑皮薄，对中大奖这样好事可从来没想过。其反义词是"脑皮厚"。［例］他脑皮就是厚，什么好事都能摊上。

闹闹 nàonào 形容嘈杂、争辩的声音。［例］他们在那一闹闹的，让我怎么看书。

闹腾 nào·teng ①吵闹；扰乱。［例］上课时间到了，你俩别在那闹腾了。

闹天儿 nàotiānr 指天气不好。多指下雨或下雪。［例］这段时间老闹天儿，对庄稼生长不利。

闹笑话儿 nàoxiàohuàr 也作"闹笑儿"。开玩笑的意思。［例1］谢大脚说："给主任干活得卖点儿力气！"徐会计说："你跟我俩闹笑话儿。"（《乡村爱情故事》第4集）［例2］钱大爷说："那么排你还是我孙子。闹，闹笑儿你还真闹不过我！"（赵本山小品《捐助》）

闹心 nàoxīn 因心情不愉快而郁闷。［例］这才是我儿子，知道他爹天天为啥事闹心。（赵本山小品《相亲》）

闹玄儿 nàoxuánr ①故作神秘。②做很玄乎、很危险的事。［例］真闹玄儿，孩子都爬到炕沿边了，差点儿就掉地上了。

闹眼睛 nàoyǎnjīng 眼睛红肿发炎。［例］他这几天闹

他脑皮就是厚，什么好事都能摊上。

眼睛，不敢来上班。②暗指看见男女苟且之事。

闹着玩儿 nào·zhewánr ①开玩笑。[例]刘能说："叽咯浪也是闹着玩儿嘛，咋说我和广坤也是一个土上长大的，他要不和我叽咯浪，我还不得劲儿。"（《乡村爱情故事》第23集）②做事情不认真。[例]我是代表组织和你谈话，不是闹着玩儿的。

能掐会算 néngqiāhuìsuàn 掐，在此发"qiá"音。原指具有预测未来的能力和本领。现也常用来夸奖对事物发展和走向具有判断能力的人。[例]大国说："我妈说你肯定能回来，你俩真是心有灵犀一点通。"长贵说："你妈是刘伯温哪？能掐会算。"（《乡村爱情故事》第3集）

能盛 néngshèng 能，在此发"něng"音。不自量力，逞强好胜的意思。[例]你都这么大岁数了，爬山要是爬不上去就不要能盛了。

能水儿 néngshuǐr 能耐。含贬义。[例]别人都不帮你，看你自己能有多大能水儿。

泥糊千球 ní·huqiānqiú 泥，在此发"mí"音。物体上粘上泥巴和污垢。形容东西糟贱很不象样子。[例]下雨天在地里干活，把衣服造得泥糊千球。

泥胎 ní·tai 泥，在此发"mí"音。形容东西已腐烂或像稀泥一样不干爽、不坚挺、不结实。[例]水果放好几天都泥胎了，不能吃了。

倪 ní 用于姓氏时，东北人常读mī音。[例]老倪家孩子——一水儿。

匿 nì 匿，在此发"mì"音。意指隐藏、躲避起来的意思。[例]他捡到我的钱包，然后匿起来不给我。

腻歪 nì·wai 也作"腻味"。失去耐性，感觉厌烦、厌恶，不喜欢。[例1]工作单调，太腻歪人了！[例2]这一个星期老吃一种菜，都把我吃腻味了。

蔫了巴唧 niān·lebā·ji 也作"蔫拉巴唧"。形容人或动物挺不起精神，情绪低落、精神萎缩的样子。[例]马丫说："好啥呀，他这个人呐，你别瞅他蔫了巴唧的，那一肚子乍古词儿，心眼小得像针鼻儿。"（赵本山小品《老蔫完婚》）

蔫淘 niāntáo 不声不响、暗地里淘气。[例]这孩子平时一声不响的，属于蔫淘型的。

年吃年用 niánchīniányòng 当年的开销。[例]挣的这些钱，对于我们家来说，年吃年用还是够的，但有个头疼脑热的就不行了。

年根儿 niángēnr 也作"年根底儿"，"年根底下"。接近新年或春节的时候。[例]傍年根儿，农村家家都杀年猪、淘米、做豆腐。

粘套 niántào　不爽快、不利索。[例]他喝酒可粘套了,从中午一直喝到晚上还没喝完。

粘汤狗不捞 niántānggǒubùlāo　办事拖拉、不积极。[例]我着急上班,他在那粘汤狗不捞的,说起来没完。

粘牙 niányá　说话罗嗦,不停地缠问。[例]你可别粘牙啦,我都跟你说一百遍了,你还没听懂,还问!

黏儿 niánr　像糨糊或胶状液体。[例]夏天食物不能放太长时间,你看这馒头一掰开里头都扯黏儿了。

黏糊 nián·hu　也作"粘糊"。①形容东西黏。[例]胶水挺黏糊。②形容行动缓慢,精神不振作,说话、办事不爽快、不利索。也说"黏糊糊儿的"。[例]看你办事拖泥带水黏糊糊的,就不能利索点儿?③动词,纠缠不放。[例]你别老黏糊我。④态度暧昧。[例]你瞅他,看见女同志就黏黏糊糊的捞不动腿儿啦。

撵 niǎn　①驱赶;赶走。[例]把菜园子里的小鸡撵走,别让它叨菜。②追赶。[例]我们与其他部门比,虽然上半年落后了,但在下半年只要大家齐心努力,就能够撵上他们。又如东北有句俗话,说:"笑话人,不如人,提溜裤子撵不上人。"

念叨 niàn·dao　也作"念道"。叨咕、说起;谈论。[例]谢大脚:"就说那刘能……在别人家串门的时候,一想上厕所马上就往自己家蹽,嘴还念叨呢,说那啥,肥水不流外人田。"(《乡村爱情故事》第10集)

念好儿 niànhǎor　述说好处。[例]我辛辛苦苦干了这么些年,领导从来也没念我个好。

念想儿 niàn·xiangr　也作"念相"。①纪念,纪念品。[例]你这个照片送给我,我好做个念想儿。②回忆。[例]他年轻时候,干了不少坏事,临死都不留好念想儿!

念秧儿 niànyāngr　为达到某种目地给人以暗示。[例]你别在那念秧儿了,在那叨咕没有钱,不就是想借钱吗?我没有!

娘家客儿 niángjiàkèr　客,在此发"qiě"音。结婚时,新娘家的亲属陪同新娘一同去男方家参加婚礼,新娘家的亲属称娘家客儿。

娘们儿 niáng·menr　①妇女的俗称。[例]刘大脑袋说:"我说你这娘们儿怎么性格这么急躁呢?"(《乡村爱情故事》第14集)②妻子。[例]俺家娘们儿今天去赶集了。

鸟儿悄儿 niāorqiāor　也作"蹑儿翘儿"。同小鸟一样一声不响、蹑手蹑脚、悄悄地。[例1]他和别人不一样，做事从来都是鸟儿悄儿的，从不张扬。[例2]他进来蹑儿翘儿的，谁也没注意。

尿炕 niàokàng　在炕上遗尿。[例]你忘了，小时候上俺家瓜地偷香瓜，吃完了玩儿困了，搁那睡觉，把炕都尿啦。(赵本山小品《相亲》)

尿裤子 niàokù·zi　指将尿撒在裤子里。一般形容人胆小。[例]看把你吓那个样儿，才多大个事，总不至于尿裤子吧。

尿性 niào·xing　指有能耐，或仅就那么点小能耐、小德行的意思。[例1]算你有尿(性)。(赵本山小品《十三香》)[例2]看你那点尿性，看见个小老鼠都能把你吓一跳。

捏咕 niē·gu　(用手)摆弄。[例]他捏咕一下麻袋问，这里装的什么？

拧劲儿 nǐngjìnr　握住物体的两端向相反的方向用力。引申为向相反的方向，不能形成合力。[例]这个孩子，他就和我俩拧劲儿，我要说东，他偏向西。

泞 nìng　泞，在此发"nèng"音。烂泥。[例]下雨天路太泞啦！不好走。

牛 niú　也作"牛气"，"牛劲儿"，"牛哄哄"。形容人非常气傲或倔强的样

就美国都牛成啥样了，不也上这来借钱吗？扯啥玩意儿！

子。还有说大话的意思。[例]钱大爷说:"就美国都牛成啥样了,不也上这来借钱吗?扯啥玩意儿!"(赵本山小品《捐助》)

牛头鳖棒 niútóubiēbàng 也作"扭头别膀"(含贬义)。指人性格固执,死不开窍,钻牛角尖,与人难以相处的人。[例]你们爷俩就不能好好说话?一天到晚牛头鳖棒的,说不上两句话就互相抬杠。

牛鞅子 niúyāng·zi 牛拉车、犁时架在脖子上的器具。

扭搭 niǔ·da 走路时肩膀随着腰一前一后地扭动、不稳当。[例]她扭搭扭搭从屋子里出来。

纽襻儿 niǔpànr 扣住纽扣的套。满族人特有的衣服扣。

弄 nòng 弄,在此发"nèng"音。①拿着玩;逗引;摆弄。[例]电视看得好好儿的,你老弄它干什么。②做;办;取得。[例]弄几个菜,咱俩喝几杯。③搅扰。[例]挺好的事,让你给弄糟了。④玩弄;耍。[例]你怎么哭了?孩子答:我们玩儿,大哥哥老弄我。弄在此代表了很多动作,可能是打,也可能是捅咕小孩子,也可能是欺负小孩子。

暖呼呼 nuǎnhū·hu 暖,在此发"nǎn"。形容暖和。[例]冬天把炕烧得暖呼呼的,睡觉多舒服。

挪窝儿 nuówòr 离开原来所在地方、位子;搬家。[例]赵本山:"你赶快给我挪窝。"巩汉林:"还不得有个先来后到的?"(赵本山小品《如此竞争》)

知识链接

年豆腐 niándòu·fu
过了腊月十五,家家都要做年豆腐,这也是一件必不可少的迎接过年的活动。当然,过年做豆腐的目的与平时做豆腐目目的也不一样。过年做豆腐,一是为了揭豆腐皮儿(腐竹),它是正月里下酒的好菜,既清淡又爽口,二是为了制冻豆腐,待正月里吃荤多了,可以吃冻豆腐淡口味。

黏豆包 niándòubāo
满族风味面食。用黄米、江米、小豆为原料。发酵滤兑与黏火勺略同,只是在和面时比之稍干。制作时将豆馅包入面中,攒成馒头状圆形,入屉蒸熟即可。满族农家于冬季多制作贮藏。"波罗叶饽饽"、"苏叶饽饽"等同类面食也有称为"黏豆包"的。

O

沤 òu ①泡。[例]沤麻（秋天将麻收割后放入水中泡，为了将来剥麻经儿时容易剥下来）。②耗时间。[例]承包的活别人都干完了，就剩你自己没完成，你就在那沤吧，看谁能帮你。

煹 òu ①烧火时柴草等燃烧不充分，从而产生大量的烟：煹了一屋子烟。②冒烟，不起火苗地烧。[例]把这堆报纸煹了。③用烟驱蚊蝇（一般指捎艾蒿）。[例]煹蚊子。

沤肥 òuféi 将有机物加水浸泡，经分解发酵而成的肥料。

知识链接

扎地针儿 zhādìzhēnr
满族儿童游戏之一。该游戏是从满族跑马占地演变而来的。玩法是：先确定一个基准点（一般为画一条直线的两端），猜拳决定谁先开始，后用地针（大铁钉子或在短木棍一头嵌入小铁钉子）扎向地面，地针需立住不能倒，然后拔出针，将扎到的点与原先设定的基准点以直线形式连接起来，以此类推。目的就是扩大本方，同时缩小对方的占地范围而将对方逼入死胡同。该游戏一般两个人、三个人、四个人都可以玩。

趴架 pājià 也作"落架"。原指着火后房梁倒榻的意思,比喻已经结束、彻底的意思。[例]一连扛了十几趟麻袋,他最后累趴架了,坐在地上直喘粗气。

趴趴鼻子 pā·pabí·zi 也作"趴鼻梁"。矮鼻子、秃鼻梁。[例]论相貌吗,是个趴趴鼻子,眼睛也小,可是个头儿很高,也就算个中等身材。

趴拉 pā·la 趴,在此发"pǎ"音。指建筑物重心下移。[例]他家的草房都趴拉要倒了,他也不知道收拾,整天拎个来火杆子到河边去打黑鱼棒子。(《死火盆》)

趴窝 pāwō ①禽类孵蛋的状态。[例]我家老母鸡又趴窝了,这回得多抱几个鸡仔儿。②喻指汽车、机器不能运转。[例]你们回去看看吧,机车好像趴窝了。(《伐木人传》)

啪儿啪儿 pārpār 啪,在此发"piá"音。象声词,走路或击打物体发出的声音。[例]我那天晚上老郁闷了,就这么拎个包自己走,"啪儿啪儿的"。(小沈阳在北京电视台2009年春晚小品)

啪 pā 啪,在此发"piá"音。①贬低他人。[例]背地啪人,是不道德的。②样子丑陋。[例]看他那啪样吧,还笑话别人呢!

啪击 pā·ji 啪,在此发"pià"音。满族儿童一种游戏,将纸叠成方块形状,现时将啪击置于地上,进攻一方甩动手中啪击,利用气流原理将对方啪击击翻为赢。

扒拉 pá·la 也作"扒搂"。①将饭拨到嘴里。[例]他扒拉几口饭就出去了。②把东西往里归拢在一起。[例]她把苞米扒拉到簸箕里,装进麻袋去了。

扒子 pá·zi 也作"耙子"。农具,柄长,一端有铁齿、木齿或竹齿。

爬扯 pá·che (慢慢地)爬动。[例]小孩儿到处乱爬扯,看不住就爬掉地上了。

爬虫　páchóng　指阿谀奉承的人。［例］他纯是个小爬虫，一天到晚就知道拉关系。

爬灰　páhuī　也作"扒灰"。意指公爹与儿媳通奸。［例］焦大越发连贾珍都说出来，乱嚷乱叫说："……每日家偷鸡摸狗，爬灰的爬灰，养小叔子的养小叔子，我什么不知道？"（《红楼梦》第七回）

排子　pái·zi　①木伐或竹伐；将伐倒的树木，水平行相连便于水运。②用竹、木制成的担架。在东北，指人死亡后，入棺前停放尸体用的架子。［例］老人快不行了，都上排子了。③量词，当"次、回"讲。［例］这是最后一排子，修改完就定稿了。

盘腿大坐　pántuǐdàzuò　两腿弯曲交叉地平放而坐。如赵本山在《老蔫完婚》小品中扮演徐老蔫坐在石凳子上的动作，就属于盘腿大坐。

螃嘴笨腮　pángzuǐbènsāi　形容口齿不伶俐，不善于讲话的人。［例］我这螃嘴笨腮的也不会说什么，还是别人先讲吧。

唪唪　pǎng·pang　唪，在此发"pāng"音。自夸；吹嘘；信口开河，说话不着边际。［例］你们不了解情况，别跟着在那瞎唪唪。

耪地　pǎngdì　刨地。［例］赵会计妻说："老赵啊，你就帮别人家耪地了。（赵本山小品《过年了》）

胖　pàng　胖，在此发"pāng"音。浮肿。［例］他这几天有病，你看他脸都胖了。

胖揍　pàngzòu　指被打得很厉害。［例］听说老妈病了，媳妇也没领着去医院，饭也不及时做，他立即火冒三丈，回家给她一顿胖揍。

泡　pāo　①肿；胀。［例］肿眼泡儿；面包发泡。②小湖，面积小而浅的水塘，多用于地名。［例］水泡子，麻泡子。③量词。［例］白闹说："咱俩就像两堆干柴火似的，你说你把你那边燎得挺旺，回身一泡尿，把我这边浇灭了。"（赵本山小品《捐助》）

刨除　páochú　除去；减去。［例］这次买卖，刨除费用还赚不少钱。

刨根儿问底儿　páogēnrwèndǐr　盘问底细。［例］我们是刨根儿问底儿栏目组的。（赵本山、小沈阳小品《捐助》）

刨食儿　páoshír　原指牲畜独自觅食。比喻自食其力。［例］结婚以后分家另过，什么事都得靠自己出去刨食儿。

跑肚　pǎodù　腹泻；泻肚。［例］王老七说："谁不说呀，都折腾跑肚啦。"（《乡村爱情故事》）

我说走道咋没裆呢？妈呀，着急穿跑偏了。

跑风　pǎofēng　①指小孩子到处乱窜、闲逛。[例]你放学不回家，上哪跑风去了？②指生活作风轻浮。[例]这媳妇，家里的鸡、鸭、鹅猪都不喂，整天就知道出去跑风。③泄露（秘密）。[例]这个案子不知谁给跑风了，现在没法往下查了。

跑惯腿儿　pǎoguàntuǐr　形成惯性的行为。"跑惯腿儿"往往与"吃惯嘴儿"结合起来用。[例]你都借好几回钱了，真是吃惯嘴儿跑惯腿儿，以后你再别上我家借钱了，借也没有。

跑偏　pǎopiān　①即事物或动作没有按照所预定的想法或轨迹去进行。[例]小沈阳说："我说走道咋没裆呢？妈呀！着急穿跑偏了。"（赵本山、小沈阳小品《不差钱》）②形容人的思想、行为脱离常规。[例]赵本山："你拉倒吧，你这唱跑偏啦，你这裤子也穿跑偏了，你就是跑偏的人，别唱了上菜去。"（赵本山，小沈阳小品《不差钱》）

跑破鞋　pǎopòxié　发生不正当男女关系，又称搞破鞋。

跑赛　pǎosài　即赛跑的俗称。[例]去年村里开运动会，他跑赛得了第一名。

跑腿儿　pǎotuǐr　也作"跑腿子"。打下手；助手。①单身汉，光棍儿。[例]赶到我六个月回来，我屋里的早入土了，到如今还是跑腿子。（《暴风骤雨》）②为人打下手做杂事。[例]他常替老板娘跑腿儿，有时买菜，有时灌气儿。③跑路，跑道。[例]他上的是西山，可晚上回来的时候，却是从东山绕

到西山下来的。他咋那么好跑腿儿呀?(《伐木人传》)

跑腿学舌 pǎotuǐxuéshé 给别人传话、学话、打下手。[例]我别的能力没有,跑腿学舌还行。

跑外 pǎowài 专门在外面办货、收账或联系业务的工作人员。[例]他做供销员很多年了,经常跑外不在家。

跑运动会 pǎoyùndònghuì 建国初期的运动会,项目简单,仅有几项田径项目,一开运动会老百姓见到的就是跑,看谁跑得快。所以,老百姓称运动会叫"跑运动会",而且一直沿用至今。[例]李秀莲说:"还盖它干啥,过两天跑运动会呀,那车是不是咱的,还不一定呢,别盖了!"(《乡村爱情故事》第35集)

泡 pào 动词。①用秤称东西。[例]泡秤。②泡含有欺骗、胡闹、耍戏人、浪费时间的意思。[例]王大拿说:"字呢?……泡我哪你?这干啥玩意儿,你整这什么玩意儿这是?"(《乡村爱情故事》)

泡蘑菇 pàomó·gu 拖拉;偷懒。[例]部队一有训练,他就跑医院去泡蘑菇。

泡汤 pàotāng 指事情办砸,目标无法实现的意思。[例]赵四说:"我得赶紧到长贵那把那个发的奖项取回来,万一让刘能整去了,可能这个事又泡汤啦。"(《乡村爱情故事》第11集)

炮筒子 pàotǒng·zi 比喻心直口快、常发表议论的人。[例]他就是个炮筒子脾气,有话就说,过后就拉倒。

配搭 pèi·da 也作"配带"。配角,与主要的事物合在一起陪衬作用。[例]这次活动我是聋子耳朵——配搭,起不了什么作用。

配药儿 pèiyào 原意是指根据配方配制药物。引申为故意给他人设圈套使其上当的意思。[例]他这次让领导批评,都是你给配的药。

喷粪 pēnfèn 比喻说脏话或说的没有根据、没有道理的话(骂人话)。[例]他一点修养都没有,一说话就满嘴喷粪。

捧 pěng 量词。[例]一捧米,两捧豆子。

捧臭脚 pěngchòujiǎo 贬义词,指附庸、拍马屁。[例]谁不知道他,无论领导说什么他都跟着捧臭脚。

碰一鼻子灰 pèngyībí·zihuī 为得到重视,遭到拒绝或斥责。[例]让我去找人家,不碰一鼻子灰才怪呢!

批八字 pībāzì 算命先生根据人的生辰八字来预测人的命运的迷信活动。[例]今天我上供销社,遇见了西村的二败扯,她说瞎子给她批八字,今年能把孙子得。(赵本山小品《摔三弦》)

批儿片儿 pīrpiànr 批儿：植物等细小的茎或叶。[例1] 麻批儿，韭菜批儿等。批儿片儿，是形容乱七八糟、不整齐的样子。[例2] 我不在家，看你把屋子弄得批儿片儿的。

皮了尕叽 pí·legá·ji ①淘气，不老实。[例] 这孩子皮了尕叽的，在学校你多管管他。②不爽快；狡猾。[例] 让他干点啥，总是皮了尕叽的，支使不动他。③食物不脆。[例] 苹果搁时间长了，吃到嘴里皮拉尕叽的。

皮脸 píliǎn 淘气，顽皮，调皮，不知羞耻。[例] 这孩子真皮脸，大人在这说话，他在旁边一个劲儿地闹。

皮实 pí·shi ①身体结实，不易得病。[例] 他小时候挺皮实，从不得病。②物品结实耐用。[例] 这件夹克服挺皮实的，穿了三年也没坏。

皮塌 pí·ta 形容性格、作风懒散的人。[例] 他这个人太皮塌，工作总是不紧不慢。

皮条 pí·tiao ①风干。[例] 茄子让太阳一晒就皮条了。②比喻人经过折磨、历练之后，变得较有韧性或进取心不强，非常顽皮，油滑，难以对付的意思。[例] 这个孩子让你给管皮条了，再想管回来不那么容易了。

皮箱 píxiāng 东北人所谓的皮箱，实际是木制箱子。

脾性 pí·xing 脾气；习性；秉性。[例] 他这人脾性好，结婚后肯定会疼媳妇的。

痞子 pǐ·zi 恶棍；流氓；小混混。

劈 pī 分开；分给。

屁扯扯 pìchě·che 扯，在此发"chē"音。指东西质量不好、不正规的意思。[例] 这香瓜屁扯扯的，一点儿也不甜。

屁溜溜 pìliū·liu 指人比较顽皮，说话没正经的意思。[例] 你怎么和你叔叔说话也屁溜溜的？一点大小都没有。

屁呲功夫 pìcīgōng·fu 形容很短时间。[例] 我让你去看菜园子，你怎么刚去，屁呲功夫就回来了呢？

屁颠儿 pìdiānr 形容高兴的样子，情不自禁的样子。[例] 老赵啊，你一天屁颠儿、屁颠儿的，就帮别人家耪地，你自己那一亩三分地都撂荒了。（赵本山小品《过年了》）

屁股垫儿 pì·gudiànr 褥垫儿。

屁股蹲儿 pì·gudūnr 跌倒时屁股先着地。[例] 二嫂哈腰刚要坐下，他把凳子一撤，二嫂一下子坐了个屁股蹲儿。

屁嗑儿 pìkēr 也作"皮科儿"。指闲嗑，逗人笑的话。[例1] 他屁嗑儿可多

了，一般人说不过他。[例2]我可没闲工夫听你逗屁嗑儿。

屁了 pì·le 形容难于支持、招架不住；无可奈何，无计可施的意思。[例]刘能说："好，那我就实话告诉你，你家驴不是自己跑的，是我给放的，是不是找一天累屁了？"（《乡村爱情故事》）

屁驴子 pìlǘ·zi 摩托车。[例]警察厅的屁驴子开来了一串，警察和便衣来了一群。（《夜幕下的哈尔滨》）

偏厦 piānshà 也作"偏厦子"。紧贴山墙接出的小房。[例]他说呀，米面放在了小偏厦，紧走几步，到下屋去把米抓。（《二人转传统作品选》）

偏晌 piānshǎng 中午刚过。[例]上午杀猪，然后烀猪肉、灌血肠，偏晌就开吃。（《乡邻之间》）

偏心眼儿 piānxīnyǎnr 也作"偏心眼子"。对待事物不公平。[例]他虽然是我的亲戚，但处理这个纠纷我会公正的，绝不会偏心眼儿。

片儿汤 piànrtāng 一种面食，把和好了的面擀成大块的薄片，再切或撕成小块，煮熟连汤食用。[例]今天中午吃片儿汤？和面的时候要是放个鸡蛋，那就太好吃了！

片腿 piàntuǐ 侧身抬起一条腿。多指上马、上车时的动作。[例]刘能说："关键是你的腿儿短，能片腿上去，我这腿儿长，你知道不？"（《乡村爱情故事》第9集）

漂儿轻 piāorqīng 也作"飘轻"。①分量轻。[例1]我挑这些东西，感觉漂轻，累不着我，没事儿。[例2]这场感冒把我折腾得够呛，现在好了，身体感觉漂儿轻的。②指简单、很容易办的事情。[例]就这点儿事，漂儿轻的，交给我你就放心吧，我一定给你办好。

飘悠 piāo·you 可叠加为"飘飘悠悠"。指物体在水等液体上漂浮慢慢移动。[例]一个浪打过，他露出来，在水面上飘悠。

瓢棱 piáo·leng 物体因长时间放置而变形。[例]这木头都瓢棱了，怎么做家具。

瓢瓢 piáo·piao 形容说不出话的样子。[例]你喝酒喝大了，说话嘴都瓢瓢了，快别喝了。

瞟着 piǎo·zhe 暗中用眼睛盯、看。[例]自从他进屋，我觉得没好事，所以就瞟着他，看他到底想干什么，结果瞟大家不注意的时候，他把衣架上衣服里的钱包给掏走，揣他兜里了，让我一把给抓住了。

撆 piē ①将液体表面上的多余杂质舀掉。[例]撆油；撆沫儿。②在东北，"撆"为动词，有舀（用瓢、勺取物）的意思。[例]你给我撆一瓢水来。

撇家舍业 piějiāshěyè 抛弃、丢下家业而不顾。[例]我出来打工撇家舍业的，容易吗？

撇嘴 piězuǐ 表示不高兴、不以为然、轻视等。[例]她看见满屋子人，就撇下嘴坐到炕沿儿上。

贫了巴唧 pín·lebājī 贫气。[例]你那种贫了巴唧的毛病总也改不了，絮叨起来就没完，真让人讨厌！

贫嘴 pínzuǐ 也作"贫嘴子"。指爱说废话或开玩笑的话，油嘴滑舌。[例]姥姥用手指戳她脑门说，就你贫嘴，哪说话都少不了你。

贫嘴嘎嗒舌 pínzuǐgā·dashé 也作"贫嘴疙瘩牙"。指磨嘴皮子唠闲嗑儿。形容愿意说话的人。[例]士兵们正在寝室里欢天喜地扯谈逗嘴，大吆小喝，贫嘴疙瘩牙地乱嘈嘈一阵。(《马加文集》)

平辈儿 píngbèir 辈分相同。[例]我和这个远房姑姑虽然不是平辈儿，但我们之间有种朦胧的感觉。(《老姑的汽车梦》)

平槽 píngcáo 河水涨至与河岸堤坝高度相同。[例]大人们三三两两来到大河边，一看昨晚一夜大雨把平时见底的河床掩盖的无影无踪，急速上涨的河水已经平槽了。(《大水谣》)

平杵 píngchǔ 指不分上下，互有得失，结果相差无几的意思。[例]他打你一拳，你踹他一脚，造个平杵。

平整 píng·zheng ①无皱褶。[例]废弃的纸张大都不平整。②不斜歪。[例]墙砌得很平整。③动词，使其平。[例]运动员跳完后，要及时把沙坑平整一下。

泼汩水 pōgān·shui 比喻抛弃。[例]扈奶奶在早年的时候，被她丈夫像泼汩水一样休回娘家了，过了一辈子苦日子！

泼凉水 pōliángshuǐ 比喻对别人的积极性进行打击。[例]大家正热火朝天干得正起劲，他突然来给泼了一顿凉水，大家情绪一下子没了。

泼实 pō·shi ①有魄力；胆大，敢为。[例]二柱子真是泼实，大冬天的，他光着脚在冰上哧溜冰。②既朴实又能干。[例1]那老张家二小子，干活可泼实了，农家活那是一个顶两个！[例2]小桃，你们这是怎么啦？不穿棉胶鞋，全穿乌拉？比小伙子还泼实呀！③嘴壮；食欲好，胃口好。[例]他吃东西可泼实了，给什么吃什么，从不挑食。

泼水 pōshuǐ 即倒掉脏水、废水。在东北，小孩子发现家里多个小弟弟或小妹妹，就问：小弟弟（或小妹妹）是从哪里来的，大人（一般是接生婆）就会讲，是从脸盆泼水泼出来的。[例]今儿呀，八成是个好日子，我一盆水泼出

个算命的。(赵本山小品《摔三弦》)

婆婆丁 pó·podīng 蒲公英。[例]过去在困难时期,家里土豆吃光了,就挖婆婆丁、车轱辘菜等,回家后搅点玉米面子用大锅煮着吃。

破关 pòguān 巫婆的一种迷信活动。认为命运中遇到坎儿或难关,需通过一定程序予以破解。

破烂儿 pòlànr ①废旧物品。[例]小沈阳说:"是一个单身母亲,含辛茹苦供养孩子上学,拣破烂儿的。"(赵本山小品《捐助》)②指生活作风不正的女人。[例]她是不是你们村有名的大破烂儿?要是她,就是我儿子打光棍也不能娶她。

破狼破虎 pòlángpòhǔ 也作"破栏破户"。破烂不堪的意思。[例]我一天不在家,看你领弟弟妹妹把家造得破狼破虎的,成什么样子。

破马张飞 pòmǎzhāngfēi 形容张牙舞爪,不注意小节的样子。[例]他老婆有点神经病,有时候破马张飞的,说话好走板儿。

破闷儿 pòmènr 也作"破迷"。出谜题;猜谜语。[例1]我给你破个闷儿(我给你出个谜语的意思),让你猜猜。[例2]再想看三爷的情形,断不忍用这个毒着下我的手,一定是他老太太用这个着儿破三爷的谜。(《老残游记》)

破鞋烂袜儿 pòxiélànwàr ①破损、破旧的鞋和袜子。[例]他自己不会洗衣服,每次打工回来都把那些破鞋烂袜儿用口袋装着拿回来让我洗。②比喻行为

我给你破个闷儿,让你猜猜。

关系暧昧。[例]她接触的净是些破鞋烂袜儿，没有一个正经的人。

扑 pū　投奔。[例]这段时间企业资金周转不开，我今天就是扑你来的。

扑拉 pū·la　也作"扑棱"。①象声词，形容鸟等翅膀拍打、抖动的声音。[例]扑拉一下，野鸡从草窠里飞起来。②折腾；践踏。[例]苞米地被牲口扑拉了一大片，不少苞米都倒下了。

扑搂 pū·lou　扑，在此发"pú"音。①向内搂的动作。[例]他说不玩儿了，一边说一边把赢的钱都扑搂到怀里。②抹去，抹平；搅散。[例1]这个买卖干了一年到头，也没挣着钱，就扑搂个平。[例2]槐道庚连忙用手把两条腿扑搂扑搂，嘻嘻笑道："没事没事……"③比喻摆平或掩盖事情。[例]财务账让我给扑搂平了，你就不用担心啦。

扑腾 pū·teng　①形容物体落地的声音，如游泳时用脚打水的声音。②跳动，活动。[例1]吓得她心里直扑腾。[例2]这个人挺能扑腾。③挥霍；浪费。[例]这些家底都让他扑腾没了。

铺衬 pū·chen　也作"破铺衬"。破旧的布头。[例1]做新衣服时剩下的旧铺衬，以后缝补衣服可以用。[例2]这些破铺衬洗干净，留着打袼褙做鞋用。

铺铺腾腾 pū·putēng·teng　也叫"铺铺登登"。指生活丰富、充实。[例]这几年政策好了，家里小日子过得铺铺腾腾。

知识链接

爬犁 pá·li
东北地区冬季常用的交通工具。爬犁也写作"扒犁"或叫"扒杆"，满语称为"法喇"。爬犁制作比较简单。用两根一丈多长的硬杂木杆，前端烘烤弯如弓形向上翘起，作辕子，后部为木架板箱，坐人或装货。如果专供人乘坐，还可以搭篷挡风御寒。爬犁的形状类似滑雪板，上翘的辕头可以减少阻力，两杆贴地的一面砍削得很光滑，所以不用太大的牵引力就能快速前行，比车还要方便。如清代乾隆皇帝诗文中形容其"似车无轮，似榻无足，覆席如龛，引绳如御，利行冰雪中。"这种交通工具既可以用人拉，又能用马、牛拉，还有用几条狗拉的"狗爬犁"。

七两参八两宝 qīliǎngshēnbāliǎngbǎo 原为:"七两为参八两为宝"。指够八两(指旧制十六两为一斤)重的山参就成了无价之宝啦。[例]老人说七两参八两宝,去年我们屯一位山把头挖到一棵老山参,能有九两多重!

喊哩喀喳 qī·likāchā 形容说话办事利落、爽快,干脆。[例]他一上任,喊哩喀喳就把干部调动工作的问题解决了。

喊喊喳喳 qīqīchā·cha 象声词,形容细而杂乱的说话声:一开会,她俩就喊喊喳喳说个不停。

齐边齐沿儿 qíbiānqíyánr 规整。[例]这块玻璃拉得齐边齐沿儿的,一个豁儿也没有。

齐整 qí·zheng ①整齐。[例]今天开会人来得挺齐整。②利索。[例]今天去看对象,你把衣服穿得齐整点儿,别肋肋腻腻地让人家笑话。

起包 qǐbāo ①鼓包。[例]晚上蚊子、小咬太多了,把孩子身上都咬起包了。②内讧,出问题。[例]外人还不知道,他们内部就先起包了。

起刺儿 qǐcìr 也作"起皮子"。闹事儿,制造矛盾。[例]这么多人,怎么就你在那起刺儿。

起哈子 qǐhā·zi 哈,在此发"há"音。结伙闹事或结伙欺负人。[例]听说吴老三被二柱子打了,老吴家起哈子,全家人都来了一起上,把二柱子好顿揍。

起贱 qǐjiàn 无故挑起事端。[例]这事如果你不起贱,他俩也打不起来呀。

起圈 qǐjuàn 将牲畜圈内的粪便、杂草清理出来,用做肥料。

起炕 qǐkàng 指久病初愈。[例]老顾太太一天到晚齁喽喽气喘的,一冬天也

没起炕。

起先 qǐxiān 起初；开始。[例] 起先我赢钱，后来输了。

起小儿 qǐxiǎor 从幼年起。[例] 在阿克敦城，诸申里有个天不怕、地不怕的青年，起小儿是喝熊胆、吃虎奶长大的，力大惊人。(《同心侼侼》)

气不打一处来 qìbùdǎyīchùlái 一，在此发"yí"音。指生气的理由很多，看见或提到就生气的意思。形容矛盾到了无法缓和的地步。[例] 赵四说："我现在一看见刘能就气不打一处来，我就想削他。"(《乡村爱情故事》第9集)

气不公 qìbùgōng 悠悠不平。[例] 老头在炕上把头一拧，没吱声。老太太看着气不公地说道……(《丽梅真是个好姑娘》)

气脉 qìmài ①血气与脉息。[例] 我看你这些天气脉不错，身体没什么大问题。②指的是一个人在一个群体中的受关注度，也指明星受欢迎程度。[例] 他能得到高票当选，说明他的气脉不错。

气嗓儿 qìsǎngr "气管"俗称。[例] 这孩子玩儿时把黄豆粒儿弄气嗓儿里去了，不赶紧上医院取出来，就要有生命危险啊！

气头上 qìtóu·shang 正在生气或发怒的时候。[例] 王云说："你就听我的得了，你现在都在气头上呢，别瞎想！啊？"(《乡村爱情故事》第23集)

气性 qì·xing 脾气。[例] 艾老头挨了老白一顿抢白，气性没了一半……(《天职》)

气仰卡 qìyǎngkǎ 也作"气仰壳"。形容被气倒、气晕过去的样子。[例] 你把他都气仰卡了。

掐 qiā 动物之间打架。[例] 高秀敏："对，这回他再得瑟，咱就放狗掐他。"(赵本山小品《有钱了》)

掐点儿 qiādiǎnr 遵守时间。[例] 你每天都掐点儿来，就不能早点来把室内卫生打扫一下？

掐尖儿 qiājiānr 原意为把植物的尖部去掉。比喻打击进步的人或事，对行为越轨的人加以钳制。[例] 他们在村里作的太厉害了，就得给他掐掐尖儿，不能让他们再这样胡作非为下去了！

掐算 qiāsuàn 以拇指掐着其他分别代表天干地支、生日时辰等的手指，进而来推算人的命运的方式。[例] 嗨……听二败扯说呀，给他算命的瞎子，给他掐算的挺准，你说我呀，他咋一个也没遇上呢？(赵本山小品《摔三弦》)

卡脖旱 qiǎbóhàn 农作物抽穗时遭受的干旱。[例] 今年这么多天没下雨，看来又遇到卡脖旱了。

卡脖子 qiǎbó·zi 用双手掐住别人的脖子。比喻抓住要害，置对方于死地。

千层底儿 qiāncéngdǐr 也作"千层底鞋"。满族男女家居穿着的布鞋。将布头或旧布裱成袼褙，多层合在一起，以麻线纳成鞋底，因层多得名。

牵肠挂肚 qiānchángguàdù 形容经常挂念，放心不下。[例]人家牵肠挂肚的等着，你且高乐去！(《红楼梦》第二十六回)

牵着不走打着倒退 qiān·zhebùzǒudǎ·zhedàotuì 形容不识抬举。[例]你这个人就是牵着不走打着倒退，一点儿也不知道好歹。

前房 qiánfáng 称已死去的或已经离婚的妻子。[例]这个丫头是前房媳妇留下的，跟着后妈吃了不少苦头。

前拉后捎 qiánlāhòushāo 比喻做事不讲信誉、反复无常。[例]永强妈说："你可拉倒吧，你咋能有这想法呢？送给人家了还寻思往回要，多砢碜哪？整那前拉后捎的事儿。"(《乡村爱情故事》第18集)

前儿 qiánr ①前天的意思。[例]你不是前儿来过吗，怎么今天又来了？大前儿，即指大前天。[例]她说大前儿能回来，结果今儿个也没回来。②放在疑问词后面，读轻声时，即指"时候"的意思。[例1]小万："大哥你忘了，那天半夜你上这来，你忘了？"赵老阔："我啥前儿半夜到这来呀"(赵本山小品《生日快乐》)[例2]刘能说："再说讲话非得在二人转台上讲啊，吃饭前儿讲不正好吗？"(《乡村爱情故事》第4集)

钱包脑袋 qiánbāonǎo·dài 比喻过分看中金钱的人。[例]你就是个钱包脑袋，为了挣钱，连亲戚朋友的情义都不管。

钱串子 qiánchuàn·zi 人们图吉利对蛇的别称。[例]放山时看见蛇，不能叫蛇或长虫，得喊钱串子，这是规矩懂不？(《罕王红参》)

钱紧 qiánjǐn 经济拮据。[例]小沈阳问："大爷，你是叫钱紧吧？"钱紧说："我是钱有点儿紧。"(赵本山小品《捐助》)

钳巴 qián·ba ①鸟等动物用喙啄的动作。[例]在苇塘东北角上有个死倒，乌鸦成群上下乱飞，乱钳巴。(《喜兰救主》)②指做些小动作。[例]孩子在那好好的，你别老钳巴他，你要把他钳巴哭了，到时候可得你哄。

欠 qiàn 不该说，乱说；不该动，乱动。[例]这孩子嘴太欠，大人说话，你小孩子插什么言。也可叠加为"欠儿欠儿"，即形容喜欢多事，招人烦。[例]我不像头前儿的演员，一个个欠儿欠儿的。(小沈阳说唱表演《大吉大利》)

欠火 qiànhuǒ 原指做饭火候不够。引申为：①某人做事考虑不周全。[例]女儿和丈夫吵几句嘴，你就去把女儿领回娘家，我看这事你做得有点欠

这事是多少年的事,还老呛呛它干啥呀!

火。②智力低下。[例] 这孩子小时候打针儿打出毛病来, 现在脑袋有点欠火。

呛呛 qiāng·qiang 毫无意义地议论, 争论不休。[例] 谢广坤说:"这事是多少年的事, 还老呛呛它干啥呀!"(《乡村爱情故事》第17集)

呛着 qiāng·zhao ①气管里进去水或食物引起不适或咳嗽。②说对方不愿意听的话时引起双方争吵。

呛 qiàng 吃。[例] 杨司令听了, 哈哈大笑, 说:"吃东西我可不落后。你看, 一大茶缸我呛了一半, 这一半大家尝尝鲜。"(《杨司令和伤病员》)

呛嗓子 qiàngsǎng·zi 某种带刺激性的气体进入了嗓子而感觉不适。

戗碴 qiāngchá 也作"戗茬"。①逆碴, 方向相反; 不顺利。[例] 今天办事千万别出岔, 撅嘴骡子顺毛抹索不能戗茬。(《黑龙江艺术》)②容易发生言语冲突的不同意见、见解。[例] 你说话不能好好说? 怎么一说话就戗碴。

戗人 qiāngrén 言语容易发生冲突或产生不同意见、见解, 噎人。[例] 他就是那倔脾气, 一说话就戗人。

强 qiáng 好, 胜过。[例] 问:"你病好点没?"答:"这几天强了, 再住几天就可以出院了。"

强死八活 qiángsǐbāhuó 勉强争取, 好不容易。[例] 我们姐妹几个要去赶集, 几个小孩子强死八活也要跟着去, 没办法就得领他们一起去了。

抢不上槽儿 qiǎngbùshàngcáor 不, 在此发"bú"音。"抢上槽儿"的反义词。比喻无法抢先得到实惠。[例] 老伴儿不住嘴地唠叨他:"就你那个蔫头耷脑的样儿,干啥也抢不上槽儿!"老头说:"我把好苹果都挑出来,坏的留给别人家,那就叫抢上槽儿了,可那是人干的事吗?"

抢嘴 qiǎngzuǐ ①抢先说话。[例] 别人说话时,你别抢嘴。②抢吃的。[例] 那么大的人了,还和孩子俩抢嘴。

戗 qiàng 忍受;承受。[例] 机灵鬼在一旁更是戗不住劲儿。(《三难心上人儿》)

戗不犯 qiàngbùfàn 不合算;犯不上。[例] 你和他俩斗气,闹得两败俱伤,有点戗不犯。

戗面馒头 qiàngmiànmán·tou 揉入了干面粉的发面做的馒头,叫戗面馒头。

炝汤 qiàngtāng ①一种烹饪方法,先将肉、葱花等在热油中略炒,再加水和调料煮。②指乱说,乱出主意。[例] 你们别那炝汤了,主意还得他自己拿。

悄默声儿 qiāo·moshēngr 也作"悄没声儿"。声音很低或没有声音;悄悄儿地,不许出声。[例] 四个人说说笑笑,末了,他们分成了两对,手挽着手,悄没声儿地上了大砬子啦。(《姊妹参》)

悄悄点儿 qiāoqiāodiǎnr 声音小一点。[例] 孩子睡觉,你们说话悄悄点儿。

翘棱 qiáo·leng ①原来平整的东西因受潮湿而变形、翘起。[例] 木材要是不放在干燥的地方,几天就翘棱了。②指人不服从管理。[例] 老三在单位从来不听话,领导一管他,就翘棱起来,跟领导对着干。

雀盲眼 qiǎo·mangyǎn 也作"雀蒙眼","雀迷眼"。指夜盲症。[例] 他有点雀盲眼,晚上不能走黑道,要走也得等到天亮再走。

俏皮话 qiào·pihuà 也作"俏皮嗑"。又称歇后语,是我们中国人特有的智慧与趣味语言,也是民间爱用的一种语法。是广大人民在生活实践中创造的一种特殊语言形式。它一般由两个部分构成,前半截是形象的比喻,象谜面,后半截是解释、说明,像谜底,十分自然贴切。

撬杠 qiàogàng ①一端锻成扁平状的铁棍,用来撬起和移动重物。也称"撬棍"。②破坏他人正在做的事情,然后自己取而代之。

撬行 qiàoháng 破坏他人正在进行的事情,然后由自己取而代之。[例] 说好我和老张合伙做这笔生意,你怎么撬行直接和老张做了呢?

茄子色 qié·zisǎi 暗紫色。比喻人在生气时的脸色。[例] 因为福生跟人家孩子打架,把他妈气得脸都茄子色啦!

趄歪 qiè·wai ①侧歪。[例] 老村长趄歪着身子坐在椅子上,嘴里叼着烟卷，带搭不理地瞅着大家，一句话也不说。②依；靠。[例] 你坐那别动，我趄歪你后背休息一会儿。

亲戚里道 qīn·qilǐdào　泛指亲属。[例] 赵老阙说："你媳妇说那个啥过生日，我寻思亲戚里道的，我就不能拿走，就这么个事。"（赵本山小品《生日快乐》）

吣 qìn　指狗或猫等牲畜呕吐。骂人话。[例] 凤姐听了，连忙喝道：少胡说！那是醉汉嘴里混吣，你是什么样的人，不说没听见，倒还细问！（《红楼梦》第七回）

沁沁头 qìn·qintóu　耷拉脑袋。[例] 一番话，引起不少人仔细端详起拴在院里桩上的四十匹马来，都是半闭眼、沁沁头，三楞屁股饿饿毛，没精打采的。（《多罗甘珠》）

青苞米 qīngbāomǐ　未成熟的玉米。[例] 车上戴草帽的青年庄稼人喝住了马，向他俩招呼，他解开麻袋，拿出十来穗青苞米，送给他们。（《暴风骤雨》）

青草队 qīngcǎoduì　新中国成立前对东北清剿队的贬称。本为清剿，错读发音为青草，从而沿袭下来。还有叫"青草驴子"，都是指清剿队的意思。[例] 过去青草队来了，谁家不给杀鸡弄好吃的，就说你家藏八路，拉出去就给毙了。

青草没棵 qīngcǎomò·ke　野草和庄稼长得很高很密。[例] 青草没棵的，道又很背，怎能让女孩子家一个人去呢！

青筋 qīngjīn　静脉。[例] 他气得青筋都鼓起来了。

青头愣子 qīngtóulèng·zi　原指尚未成熟的水果。比喻年青、莽撞的人（含讥讽意）。[例] 他像个青头愣子，什么也不考虑就去干。

轻快活儿 qīng·kuàihuór　轻松没压力的工作。[例] 他都这么大岁数了，你就给找个轻快活儿吧。

轻飘儿的 qīngpiāor·di　也作"轻飘飘"。①分量不重，形容轻得像要飘起来的样子。[例] 拎这点东西轻飘儿的，一点也不沉。②形容很轻易做到。[例] 不就是办执照吗？这点事对我来说轻飘儿的。

清不清浑不浑 qīngbùqīnghúnbùhún　是非弄不清楚，混乱意思。[例] 以后和那种人还是少接触为好，弄得清不清浑不浑的，好说不好听。

清水罐子 qīngshuǐguàn·zi　指没有生育能力的男人。[例] 他从小被驴踢过，是个清水罐子，难怪到现在还没小孩。

清汤儿 qīngtāngr　也作"清汤寡水"。清汤，指不放油和蔬菜的汤。加上儿化音后，则比喻很稀少的意思。［例］本来开会就来不多人，你们几个再走，这会场不就清汤儿了，还怎么开下去。

晴天漏 qíngtiānlòu 飘过的云彩没有把太阳遮盖住的情况下，出现下雨或下雪与太阳光同时存在的自然景观，称晴天漏。

擎等 qíngděng 也作"擎现成"，"擎好"。指坐享其成，坐等（好事）。［例］有救没救，咱可摸不透，要看队长磨刀哇——咋的？你就擎等着吃马肉。（《龙马归槽》）

擎着 qíng·zhe 承担余下的部分。［例］这些苹果你们先分，剩下的我擎着。

穷吃涨囔 qióngchīzhàngnǎng 不顾家庭条件，大吃大喝，生活不节俭。形容不会节俭持家。［例］你一天就穷吃涨囔，也不知道攒几个钱给儿子娶媳妇。

穷得叮当响 qióng·dedīngdāngxiǎng 最初是指锅里没米，碗里没饭，筷子敲空碗发出的声音。形容非常穷的意思。［例］我这个月都穷得叮当响了，哪来的钱去赶礼呀。

穷得瑟 qióngdè·se 毫不掩饰到处显示，张扬、炫耀。［例］你不好好工作，穷得瑟什么。

穷鬼 qióngguǐ ①致使人穷困的鬼。也是颛顼的儿子，性格放浪，最后在放荡的生活中死于非命。传说要是遇上这个神，就会丧失财物，这有些类似日本的贫乏神。［例］你这个穷鬼，怎么兜里就剩下十块钱了。②也叫"穷头"。使家境变穷的人。［例］你真是穷头，半年就把老本赔光了。

穷急迫赖 qióngjípòlài 迫，在此发"pǎi"音。贬义词，形容对某事丝毫不让步地想得到，或性格、脾气很酸的意思。［例］输点钱算什么，别穷急迫赖地，让人家笑话。

穷精神 qióngjīng·shen 指精力或精神头用在毫无意义的方面。［例］一看见玩儿，他穷精神头就来了。

穷嗖嗖 qióngsōu·sou 也作"穷不喽擞"，"穷了巴唧"。形容很穷、不富有的样子。［例］社员们头上卡着紧箍咒，穷过渡坑得大伙穷嗖嗖。（《倒牵牛》）

穷折腾 qióngzhē·teng 做事没有规律。［例］大叔，我穷折腾惯了，眼下也不知怎样往富裕道上走。（《春风》）

穷作 qióngzuō 无节制地折腾。［例1］这几个孩子成天穷作，我可看不住了。［例2］你就穷作吧，拿那么多钱做买卖，也不给我们娘们孩儿留点生活费。

秋半季儿 qiūbànjir 即秋天。［例］等到秋半季儿我家房子盖好了，那时你上我家来做客，住的地方有的是。

秋傻子 qiūshǎi·zi 东北地区进入秋季炎热的季节，气温高，加之太阳灸晒，令人难以忍受。故当地人称此季节为秋傻子。

秋头子 qiūtóu·zi 一是称秋季气温高的时节。二是指正值秋季农忙的时节。[例] 秋头子正是晒干菜的时候，蒿帘子上下通风。（《罕王红参》）

求爷爷告奶奶 qiúyé·yegàonǎi·nai 形容低三下四，到处求人。[例] 这事真不容易呀，我求爷爷告奶奶地跑了好几天，现在总算有了点眉目。

糗 qiǔ ①古时指干粮。现多指成糊状或块状的饭食。[例] 面条放得时间太长，都糗了。②不得已而长时间存放、停留。古代在父母去世时，由于种种原因需子女丁忧守灵三年后才可以下葬，入土为安。期间父或母的棺椁只能放在灵棚里，称为糗。③形容人待在那里磨磨蹭蹭，长时间不出来。[例] 你糗在那里不出来了？④说某人怀才不遇。[例] 他那么有才干，在我们这里糗住了。

区 qū 小气；不大方的意思。[例] 他太区了，吃饭从来不买单。

曲里拐弯 qū·liguǎiwān 弯弯曲曲的样子。[例1] 这个棍子曲里拐弯的，一点也不直。[例2] 他领我们去他家，曲里拐弯的走了好几个胡同才到。

屈才 qūcái 大材小用，才能不得伸展。[例] 方才，邢、李三位屈才，且又是客；琴儿和颦儿，云儿，他们抢了许多，我们一概都别作，只他们三人做才是。（《红楼梦》第五十回）

觑觑眼儿 qūqūyǎnr ①近视眼的俗称。②把眼合成一条缝（注意地看）。[例] 小花儿趴在窗户纸缝，觑觑眼往里看新娘长什么样。

黢黑 qūhēi 非常黑的意思。[例] 屋子黢黑，舅舅坐在炕上打着火镰，闷闷地抽着旱烟。（《马加文集》）

黢绿 qūlǜ 深绿色。[例] 别看天旱，我家那片庄稼照样长得黢绿。

黢青 qūqīng 深青色。[例] 他两眼睛被人打得黢青。

苣荬菜 qǔmǎicài 又名"苦菜"，也叫"鸭食"。多年生草本植物，花黄色。茎叶嫩时可以吃。[例] 苣荬菜嫩时不仅人们喜欢吃，长大了还是一种好饮料呢。

取 qǔ 取，在此发"qiǔ"音。仅当拿、取的意思讲。[例] 老孟：取钱去，赶紧拿钱去，我说了不算咋的？还得我急眼？（赵本山小品《有钱了》）

去根儿 qùgēnr ①把病等遗患彻底根除或解决掉。[例] 我这气管炎没去根儿，一到天冷就犯病。②比喻把事情斩草除根，彻底解决不留后患。[例] 上次赔偿的事没去根儿，这不，人家又来要钱了。

圈拢 quān·long ①拉拢。[例]他不圈拢，小张也不会跟他一起去偷东西。②聚集，使不分散。[例]把牲口都圈拢到一块儿。

全毙 quánbì 盖过其他，全部给比下去，全部被征服的意思，[例1]说起我们的产品质量，那是电业局拉电闸——全毙，谁也没有我的好。[例2]孔雀开屏式大立柜，镶这路金钟花瓶腿儿，那——全毙！(《黑龙江艺术》)

全带挂儿 quándàiguàr 不是针对一个单独的个体，而是都算上或捎带上去的意思。[例]听说按人口分东西，他们家大小人员全带挂儿都来了。

全乎儿 quán·hur 也作"全和"。齐全。[例]你家年货办得挺全乎儿啊。

全克 quán·ke 也作"全科"。齐全；完整。[例]你别看刘嫂一个人过日子，队里活没少干，可自己的小日子可全克啦，小猪、小鸡、小鸭都养了……(《新画中人》)

全科人儿 quán·kerénr ①无残疾（有生育能力）、完整的人。②儿女双全且有孙男弟女的老年人。北方人习俗，为图吉利，在结婚选择娘家客儿时，选择儿女双全、年长岁数大的亲属列入送亲队伍，儿女双全的人称"全科人儿"。

听说按人口分东西，他们家大小人员全带挂儿都来了。

缺边少沿儿 quēbiānshǎoyánr 东西不完整。[例] 你们自己检查一下，如果东西缺边少沿儿的话，我们可以退货。

缺德带冒烟儿 quēdédàimàoyānr 也叫"缺老德"。形容非常缺德的意思。[例] 谁这么缺德带冒烟儿的，把我家苞米地青苗子都给割了。

缺弦儿 quēxiánr 也叫"缺根弦儿"。①缺心眼儿。[例] 他脑子从小就缺弦儿，十个数都数不上来。②考虑问题不周。[例] 我脑子缺根弦儿，这么大漏洞事先都没考虑到啊。

缺心眼儿 quēxīnyǎnr 傻，弱智，智力不健全。[例1] 都说小张缺心眼儿，其实他一点也不傻，不过是憨厚老实罢了。[例2] 刘大脑袋说："事儿办得挺男人，但是我跟你说，就你这个男人有点缺心眼儿。"(《乡村爱情故事》第18集)

缺嘴 quēzuǐ 食欲没有满足或营养不良。[例] 我看这孩子就是缺嘴，你看他现在，长得面黄肌瘦的。

瘸了巴唧 qué·lebā·ji ①指腿脚有残疾。[例] 他瘸了巴唧的，这次上山伐木就别让他去了。②指物品放置不平。[例] 这桌子瘸了巴唧的怎么用？

Q

知识链接

乞巧节 qǐqiǎojié
又作"七夕节"，是传说中牛郎与织女在银河鹊桥相会的日子，后演变为中国的情人节。冯骥才等专家认为七夕节是已婚男女之间"不离不弃"、"白头偕老"的情感，恪守双方对爱的承诺，应称其为"中国爱情节"。在东北，乞巧节这天，家庭主妇清早起来在黄瓜架下面放上一碗水，把孩子们叫到黄瓜架下听一听，向碗里看一看，据说能听到牛郎和织女的哭声和看到他们相会的情景。

瓤子 ráng·zi　①瓜、果等种子或果肉。[例]西瓜瓤子。②内在的东西。[例]信瓤子、枕头瓤子。

让服 ràng·fu　让,在此发"yàng"音。也作"让抚"。妥协、谦让,给对方面子,不和对方一般见识。[例]我怕媳妇?那是我平时让服她。

饶着 ráo·zhe　饶,在此发"yáo"音。就是,尽管。[例]饶着你们拿现成的,还一个劲儿地挑肥拣瘦,说什么奖金太少了,真不知好歹!

绕扯 rào·che　绕,在此发"yào"音。①转悠。[例]我从单位绕扯到你这儿来了。②形容说话、办事不直截了当,好兜圈子。[例]有什么话你就直说吧!可别绕扯啦。

绕划 rào·hua　也作"绕花"。①来回走动、盘旋。[例]我看他在我家附近绕划好几天了,我就觉得他没安好心。②说话做事不直截了当。[例]你就别绕划了,有话你就照直说。

绕脚儿 ràojiǎor　绕,在此发"yào"音。指来往不方便的意思。[例]你家搬走后,再去你家太绕脚儿了,哪比得上我们以前做邻居方便。

绕儿子 ràor·zi　绕,在此发"yào"音。也作"腰子"。捆绑柴禾、秸子等时,一般就地取材,选取较软易弯曲,不易折断的树枝条、秸子等,用来捆绑柴禾或秫秸等。[例]捆柴禾用榆树腰子最好使。

惹祸精 rěhuòjīng　惹,在此发"yě"音。指好招惹是非的人。[例]你真是个惹祸精,不好好管教,不然将来出门准会闯出事来。

惹砬子 rělá·zi　也作"惹楼子"。引起麻烦或是祸端。[例]你这回可惹砬子了,她舅舅就是市长,看她不去告状才怪呢!

> 这好事要传出去呀，人脑袋能打出狗脑袋。

R

热乎 rè·hu 也作"热乎乎"，"热和"。指关系融洽。[例] 老蔫儿呀，我一瞅着你，这心里就热乎乎的。（赵本山小品《相亲》）

热乎劲儿 rè·hujìnr ①形容很热情的样子。[例] 我去他家，他对我那热乎劲儿真让人感动。②也作"热乎卤"。指情绪正在高涨的良好时机。[例] 领导对你这次组织"七一"党员活动很满意，你趁着他高兴这热乎劲儿，把组织"八一"活动的经费再提一下，他准能同意。

人脑袋打成狗脑袋 rénnǎo·daidǎchénggǒunǎo·dai 形容群殴或争抢时的混乱场面。[例] 长贵："这好事要传出去呀，人脑袋能打成狗脑袋。"（《乡村爱情故事》第11集）

人生地不熟 rénshēngdìbùshóu 对未知事物不了解。[例] 你自己出门，到广东那人生地不熟的，要多长几个心眼儿。

人味儿 rénwèir 做人的基本公德、品德。[例] 他可没人味儿了，谁都不愿意跟他共事。

人心隔肚皮 rénxīngédùpí 比喻人心难测的意思。[例] 真是知人知面不知心，人心隔肚皮啊！

人缘儿 rényuánr 指与周围人之间的融洽程度。[例1] 她无论在学校，还是参加工作在单位，人缘儿始终非常好。[例2] 平日他的人缘太坏了，所以全局里的人都乘着换局长之际，一致的攻击他。（老舍《四世同堂》）

刃　rèn　一种锅、缸等口径长度的计量单位。[例]你买的这口缸是多少刃的?

认步　rènbù　"认步"最早的解释来源于棋局,自己能看出来几步棋就能输,那对方会佩服你"认步"。在东北,多指承认现实、识时务的意思。[例]这次竞选失败,原因就是没有对手准备的好,这你得认步啊。

认可　rènkě　认,在此发"yèn"音。宁肯、宁可的意思。[例]爹留给我的财产,我认可把钱全部捐出去,也不能给你。也作"认着(rèn·zhe)"。自认吃亏并勇于承担。[例1]这次生意认可我不挣钱,也不能让他垄断市场,哄抬物价。[例2]我认可工作不要了,我也要讨个说法。

认门儿　rènménr　认识,记得。引申为串门,做客。[例]有空到我家认认门儿。

认命　rènmìng　①承认,表示同意不幸的遭遇是命中注定的,不与之抗争。[例]别再无谓地挣扎了,我已经认命了。②无奈的表示。[例]认命吧!这是没办法的事啊!

认头　rèntóu　①勉强而不情愿承受。[例]好,我现在不跟你斗气,我认头,这次算你胜了。(曹禺《原野》第二幕)②也作"认栽"。自认吃亏,自认倒霉的意思。[例]你说这次合伙买卖赔钱我认头了,但本钱你得给我呀。

认账　rènzhàng　表示承认过去所欠的账,比喻承认自己说过的话或做过的事(多用于否定式)。[例]是我工作中的失误,我认账。

扔　rēng　扔,在此发"lēng"音。①掷出。②甩出,挑出,剔除。[例]我们合计好了,不论谁先被抓到,都不能把别人扔出去。

扔大个　rēngdàgè　故意硬撑,逞强,也有"外强中干,虚张声势"的意思。[例]你别扔大个了,你那点能耐我还不知道?

日头洋洋　rì·touyángyáng　①形容太阳照得非常暖和。[例]这天,日头洋洋的,赶快把人参拿出去晒晒。(《罕王红参》)②比喻人心情舒畅、精神焕发。[例]他成天日头洋洋的,从来不知道什么叫愁。

容空　róngkòng　宽限、留出时间。[例]别老追我还欠款,你得让我容空出去把欠我的货款要回来。

容许　róngxǔ　允许。[例]你们都说这么长时间了,现在容许我说两句……

揉耐　róu·nai　蹂躏;折磨。[例]火车跑了三天三夜才到那,这三天在火车上把我揉耐完了。

肉哏哏的　ròugén·gen·de　肉,在此发"yòu"音。指人性子缓慢,动作迟钝。也说"肉了巴唧的"。[例]叫你干点活,怎么肉哏哏的,说了半天也不动弹。

肉乎 ròu·hu 也作"肉乎乎"。比喻手感肉很多的意思。[例] 这大胖小子，小手肉乎乎的。

肉头 ròu·tou ①丰满而柔软，软和。像摸肉一样的手感。[例] 小孩子的手多肉头。②柔和而略带有韧性，像吃肉一样的口感。[例] 喝一口白开水甜呀甜如蜜，咬一口窝窝头儿也觉肉头。(《开明姑娘》)

肉赘儿 ròuzhuìr 疣。[例] 他脖子上长个肉赘儿，算命先生说，长这个东西的人，将来能吃穿不愁。

乳牛 rǔniú 乳，在此发"yǔ"音。当母牛讲。[例] 我家老乳牛，去年下了个小牛犊子。

软丢当 ruǎndiūdāng 软，在此发"yuǎn"音。无力、乏力的意思。[例] 昨天干活把我累得软丢当的，一点儿力气都没有了，晚上扯猫尾巴才上的炕。

软咕囔的 ruǎngūnāng·de 也作"软搭哈的"，"软了巴唧"。①指缺乏弹性的食品和物件。[例] 西红柿软咕囔的，是不是要坏了。②比喻人懦弱、能力差。[例] 他这个人软咕囔的，这点要求他不敢不答应。

软乎 ruǎn·hu 也作"软和"。指疏松，柔和；软和。[例1] 你不能瞎子摸桃儿，专挑软乎的捏。[例2] 白闹说："我比他软乎点儿，我又相个老伴儿，明天见面儿。"(赵本山小品《捐助》)

软乎话 ruǎn·huhuà 软话。[例] 你跟你老丈人多说些软乎话，他消气了不就让你媳妇儿回来了吗？

软磨硬泡 ruǎnmóyìngpào 软硬兼施，不达目标誓不罢休。[例] 批件不到手，就天天去他办公室软磨硬泡。

软枣儿 ruǎnzǎor 也作"圆枣儿"。即野生酸枣。[例] 已经到了吃晌饭的时间，有的实在饿得抗不了，就跑到林子里摘软枣儿子吃。

仨　sā　三个。[例] 哥儿仨；仨儿子。

仨多俩少　sāduōliǎshǎo　比喻好与坏、多与少等最简单、最基本的问题。[例] 刘喜富就炸了："一毛钱，我他妈刘哆嗦就值一毛钱，哄小孩咋的，别拿谁不识数，我知道仨多俩少！"（《风雨月亮泡》）

撒寒碜　sāhán·chan　也作"丢寒碜"。①指在他人面前丢脸、出丑，不体面的意思。[例] 喝酒喝多了就赶快回家，别在大街上撒寒碜了。②被人讥笑，揭短，使失去体面。[例] 请客时钱得带足，不能到算账时候钱不够撒寒碜。

撒欢尥蹶　sāhuānliàojuě　狂奔地跑。[例] 入冬封湖，它淘得更欢，摇头摆尾，撒欢尥蹶，动不动就用犄角作祸，把冰湖戳得稀烂……（《镜泊湖民间故事选》）

撒谎撂屁儿　sāhuǎngliàopìr　没真言，净说谎话的意思。[例] 他一天到晚就能撒谎撂屁儿的，从来没有一句实话。

撒欢儿　sāhuānr　高兴；兴奋地又跑又跳。

撒酒疯　sājiǔfēng　借着喝醉酒后任性胡闹。[例] 千不该，万不该，前天吃醉了酒，在你荐的人那里撒酒风，叫你下不去！真正对你不住！

撒口　sākǒu　松口。[例] 你不答应条件，他绝不撒口。

撒眸　sā·mu　也作"撒目"。四处寻顾、四处张望、寻找、观看。[例] 这时，张立言很急，眼睛四下撒眸，一下子看见一棵树枯黄了，可算找到材料了。（《伐木人传》）

撒尿和泥玩儿　sāniàohuòníwánr　原指小孩子玩过家家儿游戏时，常用撒尿来代替水来和泥。比喻对事情不认真对待，视如儿戏的态度。[例] 我们这项

工作是个严肃的事情,不是小孩儿撒尿和泥玩儿!

撒气 sāqì ①空气放出、溢出。[例]自行车被扎破了,车胎撒气了。②借旁人、他物发泄怒火。[例]谢兰说:"心堵的慌,哎呀,总觉得有一股气儿没撒出来。"(《乡村爱情故事》第35集)

撒群 sāqún 散群;丢掉不管。[例]秋收后,牛羊就撒群没人管了。

撒丫子 sāyā·zi ①撒腿快跑。[例]他见人们拎着棍棒闯进屋子,自知不妙,也顾不得熊胆虎骨了,撒丫子就逃跑了。(《民间故事》)②放开不管。[例]今天休息,让他们撒丫子去吧。

撒羊 sǎyáng 也作"撒扬"。原指东北放养山羊的方式,是将羊群赶到山上后,牧羊人不加约束,任其自然追逐牧草而行。比喻像羊群一样散放,撒手不管的意思。[例]孩子到学校你们得负责,不能撒羊不管呐。

腮帮子 sāibāng·zi 腮部。[例]他捂着腮帮子直叫唤,哎呀,牙疼完了!

三瓣嘴儿 sānbànzuǐr 兔唇。[例]邻居老罗家的姑娘天生长了个三瓣嘴儿,矫正以后,一点也看不出来。

三不知 sānbùzhī 原指不晓得事情的开头、中间和结局,后泛指什么都不知道。

三棱八角 sānléngbājiǎ ①东西形状不规则。[例]这块石头三棱八角的,砌墙也用不上,扔了得啦。②引申为不驯服,不稳当。[例]我手下这几个人,一个个三棱八角的,可不好管理了。

三轮儿 sānlúnr 东北地区也叫"三轮车","板的"。装上三个轮子的人力脚踏车,用来载人或装货。[例]三轮车,跑得快,里面坐个老太太,要五毛,给一块,你说奇怪不奇怪!(《城门城门鸡蛋糕》)

三七疙瘩话 sānqīgē·dahuà 牢骚话。[例]你那三七疙瘩话凑巴凑巴,挂个啥牌都够料儿!(《高粱红了》)

三孙子 sānsūn·zi 俗话说,"老儿子、大孙子,老祖宗的命根子。"如果是孙子

我手下这几个人,一个个三棱八角的,可不好管理了。

且又排行第三，则是最小的了。在东北是指地位卑微低下的人。[例] 刘能一句话，咱几个像三孙子似的叮咣还得往下卸。(《乡村爱情故事》)

三天两头 sāntiānliǎngtóu 时断时续、经常不断的意思。[例] 自从给他提意见后，他三天两头找我毛病，真让我无法忍受。

散放 sǎnfàng 原指牛、羊等放出后撒手不管。比喻由其自由活动不加以约束的意思。[例] 尽管是夏令营活动，但这些孩子你不能散放不管，得严加管理。

散花儿 sǎnhuār 拢不到一起，四分五裂。[例] 通讯员哭着说："部队都被打散花儿了。"

丧门 sàng·men 诅咒使不顺利或有不好的结果。[例] 大过年的，别说不吉利的话丧门人家。

丧丧 sàng·sang 不高兴的神色。[例] "洋矴罐"们丧丧着脸子，一旦找到缝隙，就要下蛆，如果闹将起来，够嘲哄的! (《嘲哄队长》)

丧梆 sàngbāng ①说话或性格等不温和，脾气倔强。[例] 你跟他说话，他就丧梆个脸，特别难看。②用话冒犯。[例] 别拿这些话丧梆人。

丧老良心 sànglǎoliáng·xin 丧尽天良；形容恶毒到了极点的意思。[例] 他这个人，真是丧老良心了，连退休金都贪污!

丧门星 sàngménxīng ①爱争吵的人。[例] 他成了当时在家里、学校里的丧门星。②用来比喻带来灾祸或者晦气的人。[例] 你纯是个丧门星，一来准没好事。

骚卡子 sāokǎ·zi 属满汉并用词。①指轻佻、风骚、下流的女人。②也作"臊嘴巴"或"臊嘴巴子"，指嘴巴不干净，说脏话，爱骂人的人。

涩人 sèrén 食物使舌头感觉得不滑润、麻木干燥的味道，如吃明矾或没熟的柿子的味道。

沙半鸡儿 shābànjīr 形似鹌鹑的一种鸟类，每只约重半斤而得名。又有因其体型、体重相当于半个野鸡而称沙半鸡儿。[例] 到了冬天，街上就有卖沙半鸡儿、野兔子的。

沙鳖 shābiē 昆虫一种，状如虱子，常年生活在沙丘，以蜘蛛、蚂蚁等小昆虫为食。捕食时，用身体后部向沙子坐，使沙子形成地漏斗形状，蜘蛛、蚂蚁等小昆虫不慎落入地漏斗内，沙鳖即将其捕获。

沙肝 shāgān 指作为食品的牛、羊、猪的脾脏的俗称。

沙楞 shā·leng 也作"煞楞"。办事、做事麻利、爽快。[例] 你沙楞点，慢了赶不上火车了。

煞冷 shālěng 天气刚刚开始冷的时候。[例]不等天煞冷，老爷们儿就忙着砌墙盖鸡架。

啥 shá 什么；什么东西。[例]你这啥事办得？老刘指着口袋问，这里装的是啥？

傻得呵的 shǎ·dehē·de 也作"傻呵呵"，"傻乎乎的"。指人老实得有点糊涂、发呆的样子。[例]看你那傻乎乎的样，人家把你骗了，你还帮人家数钱呢。

傻了巴唧 shǎ·lebājī 也作"傻拉巴登"。傻乎乎的、很傻的样子。[例]你靠边去吧！傻拉巴唧的……（《黑龙江艺术》）

傻冒 shǎmào 也作"傻帽"。指很傻的样子。[例]很简单的骗局，他就看不出来，真是个傻冒儿！

傻狍子 shǎpáo·zi 比喻有傻气的人。[例]啊，是你呀！是不是又来买鱼？像这样傻狍子一样的买主，是天上难找，地上难寻呀！（《黑龙江艺术》）

傻透腔 shǎtòuqiāng 非常傻，过于傻气，傻到不可救药的地步。[例]书呆子，让狼报恩，你可傻透腔！（《二人转传统作品选》）

傻眼 shǎyǎn 因由于某种意外情况而目瞪口呆，无计可施。[例]小李开车的技术太差了，遇到紧急情况他就傻眼了。

傻样 shǎyàng 憨傻的样子。多用于对比较亲近（所爱）的人嗔称。[例]一说傻样，那就百分之八十了。（赵本山小品《相亲》）

傻柱子 shǎzhù·zi 也作"傻公子"，"傻小子"。东北大秧歌中的一个排头。[例]那个傻柱子，不但扮相好，扭得也挺浪啊！

沙 shà 经过摇动或簸扬，把杂质清除。[例1]沙金——人们用原始的手段将自然混合于沙土中的颗粒状金子分离出来的过程。也叫淘金。[例2]沙沙子——把沙子从米中清除出来。

厦子 shà·zi 正房外接的小屋。[例]孙小玉拿起一个盆，走进后倒厦子。（《亲仇》）

筛箩 shāiluó 筛谷、糠的器物，用竹、薄软木片揻成圆筒形，底部安装细小纱网，过滤和分离细面和较大颗粒。筛面：用筛箩将面粉从其他小颗粒的米中分出的过程。东北儿童常玩的游戏，叫"筛面做饽饽"。

色树 shǎishù 色树，即枫叶树。由于秋季下霜后，该树叶由绿变成红色，因而得名。

晒眵毛乎　shàichīmáohū　冬天或气温低时,很惬意地在太阳底下晒。[例]大家都在那干活,你可倒好,自己躲在墙根儿晒眵毛乎。

晒干儿　shàigānr　①鱼等在太阳下暴晒,使其脱水变干,易于贮藏。②也作"晒台"。比喻慢待;置之不理,故意看别人的笑话。[例1]我们都走了,把你自己留那晒干儿了。[例2]你今天不到场,这不晒我台吗?

晒日阳儿　shàirì·yangr　东北冬天气候寒冷,以前儿童多穿光身的棉袄棉裤,没有衬衣。为了取暖,尤其是上学的孩子,下课后拥挤在有阳光的窗下晒太阳,称晒日阳儿。[例]教室气温很低,孩子们一下课都跑到外面晒日阳儿。

山货　shānhuò　东北山区所出产的蘑菇、榛子等土特产。[例]谢广坤说:"你当你的镇长,我卖我的山货,谁也不认识谁。"(《乡村爱情故事》第16集)

山猫野兽　shānmāoyěshòu　也作"山毛野兽"。指为人处事像野兽一样,不讲人道。[例]你别整天像山猫野兽一样到处惹事儿,得找个工作干点正事儿。

山炮　shānpào　指山里出来的人什么也不懂,什么也没见识过,土老帽。东北人形容非常土的人叫山炮老土。[例]你三炮啊?连上网都不会!

煽乎　shān·hu　①摇动扇子等,使火旺或使人凉快。②挑动;鼓动;煽动。[例]别人一煽乎,他就信以为真。③沙发、床等弹性好而上下颤动。[例]高秀敏:"这回有钱了,咱把土炕扒了,换个双人床,在那一躺一煽乎的。"(赵本山小品《有钱了》)

闪人　shǎnrén　①使人碰一鼻子灰。[例]这项工作换了人事先也不通知我,这也太闪人了。②因无思想准备遭受猝不及防打击或变故而引发的失落。[例]刘大脑袋说:"你说你这一走,就我这心里空落落儿的,把我闪一下嘛不是?"(《乡村爱情故事》第28集)

闪腰　shǎnyāo　无意中将腰部扭伤。[例]我扛粮包一不小心闪了一下腰。

讪白白　shànbái·bai　也作"讪扯扯"。很难为情的样子。[例]谁也不搭理,就他自己在那讪白白的。

讪脸　shànliǎn　小孩的一种顽皮行为,即越不让说越说,越不让闹越闹。[例]这孩子太讪脸了,怎么说也不听。

苫房子　shànfáng·zi　用山羊草(山羊常吃的类似芦苇的草)将房子苫上,防止漏雨、雪。

善茬子　shànchá·zi　(反义词)指软弱可欺的人。[例]她可不是善茬子,

一般人都惹不起她。

骟子 shàn·zi　去势的公羊。

商量 shāngliáng　在东北话里,"商量"一词还有讨饶、哀求的意思。[例]这孩子,我怎么商量他都不去上学。

坰 shǎng　量词,计算地亩的单位。各地有所不同,东北地区一坰合15亩;西北地区一坰合3或5亩。

晌午头 shǎng·wutóu　中午,正午的时候。[例]上午干活把我累得直不起来腰,我寻思睡一觉,大晌午头的,你叫醒我干什么!

赏钱 shǎng·qián　赏给下人、小孩或其他人的钱。[例]办喜事给厨子的赏钱一点也不能少。

上坟 shàngfén　到坟前祭奠死者。[例]上坟烧报纸,你糊弄鬼儿呀?(赵本山、范伟小品《有钱了》)

上赶着 shànggǎn·zhe　主动要求去做。[例]王云说:"老刘,你说你这个人啊,我刚才那么让你试衣服你都不试,大脚来了也没让你穿,这家伙上赶着穿给人看。"(《乡村爱情故事》第18集)

上火 shànghuǒ　①中医把大便干燥或鼻腔黏膜等发炎的症状叫上火。[例]期末考试前,她又上火了。②生气、发怒。[例]你也别上火,我成全成全你。(赵本山小品《如此竞争》)

上祭 shàngjì　致祭,奠祭。指满族人在春节等节日祭奠祖先时,准备猪、水果等贡品摆放在神板儿上,叫上祭。[例]到了春节,上祭的东西得提前准备好,省的到时手忙脚乱的。

上脸 shàngliǎn　①喝酒等刺激物导致血液循环加快,造成面部发红,头发晕的感觉。[例]我喝点酒就上脸,再也不能喝了。②行动或要求过分,得寸进尺的意思。[例]这孩子,给她两句好话就蹬鼻子上脸。

上亲客儿 shàngqīnkèr　满族婚礼习俗。在午间设酒宴时,以女家客人为尊,称之为"上亲客儿"。上亲客儿除了享受高于其他客人的待遇外,酒宴时还享受"上亲客儿菜",即四个菜,届时上亲客儿要给厨师赏钱。

上色儿 shàngshǎir　涂上或加上颜色。[例]家具做完了,得立即上色儿。

上套儿 shàngtàor　原指给牲口套上套子。比喻落入圈套、上当的意思。[例]他太抠了,从来都不请客,这回骗他得奖了他才上套儿,让他请一回客。

上听 shàngtīng　听,在此发"tìng"音。①打麻将时,如果自己再摸一张

或别人打一张牌就和了，这种牌叫上听。②喝酒快要超过酒量或快要醉时。[例]他喝完半斤酒，话就多起来，这就是要上听了。

上相 shàngxiàng 照片上的面貌比实际本人好看。[例]你照相挺上相的，照片比你本人还漂亮。

上心 shàngxīn 指对要办的事情很留心和非常积极地去争取的意思。[例]王老七说："我去跟刘一水说说，不过兄弟啊，村主任毕竟是个官儿，要是刘一水上心的话，人家不同意，咱也不能逼人家。"（《乡村爱情故事》第15集）

上牙膛 shàngyátáng 口腔上部的软骨组织部分。[例]这几天上火，上牙膛都发炎了。

上眼皮 shàngyǎnpí 指高高在上的人。[例]娘家客儿那可是上眼皮，咱可惹不起。

上真章儿 shàngzhēnzhāngr 动真格的（时候）。[例]你别看他平时咋咋忽忽的，提起什么都懂，到上真章儿比赛的时候就完了，从来也没拿过好成绩。

我去跟刘一水说说，不过兄弟啊，村主任毕竟是个官儿，要是刘一水上心的话，人家不同意，咱也不能逼人家。

捎脚儿　shāojiǎor　也作"捎带脚儿"。即捎带、顺便的意思。[例]我开车去城里，你要去就捎带脚儿一块儿拉你去。

烧包　shāobāo　①成堆的植物叶、秸，由于长时间不能良好地散热，导致叶、秸堆内部温度过高，叫烧包。[例]刚掰下来的黄烟，如果不及时打开，一夜工夫就得烧包捂坏了。②形容有了钱之后到处挥霍或因有钱财而表现出来的得意忘形的人。[例]你这情绪不对头哇，我这可不是烧包儿唧嗦，党的政策就是咱的掌上明珠。(《掌上明珠》)

烧百日　shāobǎirì　满族丧葬习俗。人死下葬后，除"烧七"外，在人死后第一百天也要到死者坟前烧纸祭奠，称"烧百日"。

烧大腿　shāodàtuǐ　烧大腿，与"喝西北风"一词有近似之意，是对过去农村懒惰的丈夫真实写照和讽刺。男主外，女主内，烧火做饭是女人的分内之事，但巧妇难为无米之炊只是一方面的，有米无柴又何来炊？所以，男人如果懒惰，不把柴禾弄回家，媳妇怎么做饭？埋怨的话就可想而知了。[例]家里没有柴火，你让我烧大腿呀？"

烧高香　shāogāoxiāng　①形容特别感激不尽的心情。[例]这事如果办成了，我给你烧高香。②指修好积德。[例]要有你这样个儿媳妇嘛，我算烧高香了。(《钱》)

烧荒　shāohuāng　为了开垦或有利于新草的生长，放火烧掉荒地上的杂草。[例]为了能得到良好的苫房草，每年春天队长都领着我们上山烧荒。

烧盘缠　shāopán·chan　在出殡的头一天晚上举行的仪式，也作"送盘缠"。迷信的人，为使去世的人在阴间继续或者能够生活幸福，将纸做的牛、马、人、纸钱（冥币）等，在出殡的头一天晚上举行仪式烧掉，可让死者在阴间或去往阴间的路上使用，叫"烧盘缠"。

烧七　shāoqī　满族丧葬习俗。人死下葬后，每七天到坟上烧一次纸，连烧七次。第一次叫头七，以此类推。如在七七四十九天内，烧七日子赶上农历初七、十七、二十七的日子，称犯七，就要甩掉不烧。

烧人　shāorén　①酒精等食物刺激喉咙和胃部等，加速血液循环，体温增高的感觉。②接触带有刺激性的物品导致皮肤有烧灼感。

烧息黯儿火　shāoxī·anrhuǒ　"息黯儿"，满语为晚上。指天黑后烧火做晚饭的时候。[例]他早上天不亮就出门，等烧息黯儿火才回来。

烧心　shāoxīn　①胃部烧灼的感受，多由胃酸过多刺激胃黏膜引起。[例]胃口不好，吃黏火烧儿烧心。②菜心因被捂不透风而发黄变质。[例]菜窖里的白菜如果不摆开放，容易烧心儿。

烧周年　shāozhōunián　为了祭奠亡者，在人死下葬后一周年举行烧纸等祭奠仪式。分烧周年、烧二周年和烧三周年。在东北，烧三周年为隆重仪式，亲朋好友前来共同祭奠。

筲　shāo　也作"水筲"，"拔筲"。即水桶。[例1] 他担了满满的两筲水，往道北走，萧队长跟上并排地走着。（《暴风骤雨》）[例2] 女："分家我要水扁担。"男："分家我要大水筲。"（《二人转传统作品选》）

鞘儿　shāor　靠近最后部位。[例] 鞭鞘儿；树鞘儿；尾巴鞘儿。

少面　shào·mian　也作"少相"，"少兴"。看面相较年轻，相貌比实际年龄小的意思。[例] 他长得挺少面，一点也不显老。

捎　shào　向后倒退（多指骡马等牲口）。[例] 赵四说："我就简单往后捎一步，捎一步海阔天空。"（《乡村爱情故事》）

捎色　shàoshǎi　褪色。[例] 这件衣服质量一点儿也不好，穿不长时间就捎色了。

捎子　shàozǐ　也作"捎子儿"。青蛙及鱼类等产卵。[例] 清明节后，蛤蟆都快要捎子了，那时蛤蟆就不好吃了。

潲风雨　shàofēngyǔ　下雨过程中，雨点被风吹得斜洒下来。[例] 下了一夜雨，天亮起来一看，潲风雨把窗户都打湿了。

潲脸子　shàoliǎn·zi　河中水流很急且水较浅的地方。[例] 要下排钩抓鱼，最好在河潲脸子那下排钩。

舍手　shěshǒu　因对新换的人或东西的使用不称心，而怀念过去使用过的人或东西。[例1] 小张调走，我真有点舍手。[例2] 用了多年的扳子丢了，我干活真舍手。

身板儿　shēnbǎnr　身子骨；身体；体格。[例] 赵四说："亲家呀，那个刘英身板儿不好，那什么就别让她上去了。"（《乡村爱情故事》第4集）

身后　shēnhòu　也作"身下"。指兄弟姐妹排行中下一位。[例] 她身后就一个妹妹。

身量　shēn·liang　指人的身材、个子高矮。[例] 我看她那身量，像是怀孕了。

神道儿的　shéndàorde　道，在此发"dāo"音。有神秘感，让人琢磨不透；神经质的意思。[例] 李秀莲说："你两口子咋回事，一天神道儿的，你一趟他一趟的？"（《乡村爱情故事》第9集）也可叠加为"神神道道"，也写

作"神神叨叨"。[例]王老七说:"谁知道啊,这神神叨叨的。"(《乡村爱情故事》)

瘆得慌 shèn·dehuāng 也作"瘆人"。使人害怕的意思。[例]一走到坟地旁,我就瘆得慌。

生凑 shēngcòu 强硬拼凑。[例]三缺一,好容易把他拉过来生凑成局。

生臭 shēngchòu 特别腥臭。也比喻人际关系非常差。[例]他在单位生臭,和谁都打架。

生怕 shēngpà 非常担心,特别害怕的意思。[例]刘英说:"这事你爹可知道抓紧了,生怕吃亏。"(《乡村爱情故事》第21集)

盛脸 shèngliǎn 明知不对却故意去做。[例]这孩子有点盛脸,让他老实一会儿,就是不听。

湿涞涞 shīlái·lai 也作"湿淋淋","湿漉漉"。指物体水分含量大,甚至往下淌水。

十冬腊月 shídōnglàyuè 即农历十月、十一月(冬月)、十二月(腊月),指一年中天气寒冷的季节。[例]你是十冬腊月生的,怎么动(冻)手动(冻)脚的。

十个头儿的 shígètóur·de 暗指举双手赞成、佩服。比喻十分完美的意思。[例]她家儿媳妇对公婆,那可是十个头儿的,可孝敬了!

石砬子 shílá·zi 也作"石头砬子"。地面上凸起的巨大岩石。[例]庙后山的大石头砬子上,长了三棵老松树。

石窠砬缝儿 shíkē·lafèngr 乱石间空隙。常用于骂人话。[例]你是哪来的,你是石窠砬缝儿蹦出来的?

时会儿 shí·huir 时候。[例]大过年的时会儿来你肯定有事。说吧,什么事。

时兴 shíxīng 流行。[例]赵本山说:"这城里发展也太快了,时兴见面拥抱了?"(赵本山小品《年前年后》)

实诚 shí·cheng 诚实;憨实。[例]这人办事可实诚了。也可写作"实成"指物品装得满或瓜、果等非常成熟的意思。[例]这西瓜真实成。

实打实着 shídǎshízháo 也作"实打实","实打实凿"。即实实在在、实心实意、不遗余力的意思。[例]开放搞活,就别嘴头汇齐,实打实着,就得干点真事儿。(赵本山小品《相亲》)

实惠 shíhuì ①实际的好处。②实在,诚实。[例1]他处人可实惠了,从不藏心眼儿。[例2] 二柱子到实惠，不用让，也不装假，上炕端起饭碗就吃上了。

实在亲戚 shízàiqīn·qi 也作"实在亲属"。指血缘关系，亲等较近的亲戚。[例] 刘能说："咱这就是实在亲属，一般人你问他，你想请我，我去不去呀"?（《乡村爱情故事》第17集）

拾掇 shí·duo 整理；收拾；修理。[例] 我做饭，你把鱼拾掇干净。

使绊儿 shǐbànr 也作"使绊子"。指因嫉妒而对别人的名誉、事业加以诋毁，在别人成功道路上使坏。

使坏儿 shǐhuàir 也作"使坏水儿"。指出坏主意；耍花招。[例] 这个工程合同要不是他使坏儿，准能签成。

使唤 shǐ·huan ①支使别人替自己干事。[例] 你别巧使唤人，谁也不是傻子。②用，使用。[例] 这把斧子使唤起来很顺手。

使性子 shǐxìng·zi 任性，发脾气。[例] 你都这么大人了，遇事要冷静，不能使性子。

屎壳郎 shǐ·kelàng 学名蜣螂。以牛、羊等动物粪便为食的甲壳类昆虫。[例] 你别唱刀螂的，你唱个屎壳郎得了。（赵本山、小沈阳小品《不差钱》）

式儿 shìr 某某式样；某某样子。[例] 刘能说："这谢广坤呐，今天可把我气死了，你说哪有这样式儿的?"（《乡村爱情故事》第23集）

事儿事儿 shìrshìr 指经常惹是生非，没事找事。[例] 刘能妻子说："你别事儿事儿的了，你少给我惹点事比啥都强。"（《乡村爱情故事》）

莳弄 shì·nong ①移植；种植；栽种（秧苗）。[例] 我一个人莳弄几亩地没问题。②培养；管理；经营。[例] 几个孩子都是我一个人莳弄大的。

收礼 shōulǐ 原指收受他人的礼物。在东北，一般指家庭有红白喜事等庆典活动时，主人设宴宴请客人的同时，收受前来祝贺人的随礼，叫"收礼"。[例] 刘能说："好使呀，这不要搞庆典吗? 我得挨家挨户通知一下，人来的越多咱们家收的礼越多。"（《乡村爱情故事》）

收秋 shōuqiū 原指秋收。现比喻收尾。[例] 下班了你们先走吧，我自己在后面收秋。

收拾 shōu·shi ①整顿；整理。[例] 上面要来检查，把办公室都收拾一下。②修理；整治。[例] 范乡长说："乡里都换新领导啦，他闹腾谁去呀。"老蔫巴说："再闹就收拾他。"（赵本山小品《拜年》）

收心 shōuxīn 把放纵散漫的心思收起来，也指把想坏事的念头收起来。

亲家，是这么回事，想叫徐会计帮他修来着，徐会计吧，手头有点紧。

[例] 春节放假这么长时间，大家要收收心，把今年的工作计划和打算报上来。

手把脚环　shǒubǎjiǎohuán　也作"手忙脚乱"。手脚并用，忙得手足无措。[例] 我一个人看四个孩子，一天到晚手把脚环忙得够呛，生怕出什么事。

手戳儿　shǒuchuǒr　刻有某人姓名的图章。

手法　shǒufǎ　从事某项工作的技能。[例] 徐会计说："你自个儿开车去呀？……你这手法能行吗？……道上车多呀！"（《乡村爱情故事》第22集）

手脚不适闲儿　shǒujiǎobùshíxiánr　形容行动、做事轻浮不稳重，好动的性格。[例] 我们正在看电视，你怎么手脚不适闲儿，干什么老换台。

手拿把掐　shǒunábǎqiā　比喻十拿九稳，很容易做的事情。[例] 这事我去办，肯定手拿把掐能办成。

手气　shǒuqi　指赌博或抓彩时的运气。[例] 你这几天手气不错啊，听说买彩票中了好几次奖。

手欠　shǒuqiàn　指爱动手打人。[例] 你没事老打孩子干什么，手咋那么欠呢？

手散　shǒushǎn　同"手紧"相对，指随便花钱。[例] 我手散，一年钱不少挣，都交朋友花掉了。

手头紧 shǒutóujǐn　即经济状况不好，拮据。[例] 王秀美说："亲家，是这么回事，想叫徐会计帮他修来着。徐会计吧，手头有点紧。"（《乡村爱情故事》第20集）

手指盖儿 shǒuzhǐgàir　手指甲。[例] 手指盖儿长了，就得及时剪，否则太不卫生了。

寿路 shòulù　也作"寿禄"，"寿数"。指寿命长短。[例] 还是大姑娘有道眼子，她和二姑娘一合计，就仔细观察老人，发现老人病得已经快到寿禄了。（《前仓后仓哈达营》）

瘦猴儿 shòuhóur　像猴子一样瘦，形容瘦小。[例] 他长得像瘦猴儿似的，丢到人群儿里都找不到。

瘦了巴唧 shòu·lebā·ji　也作"瘦筋嘎啦"。形容瘦弱，瘦小，不健壮。[例] 就你那瘦了巴唧样儿，还和我俩比摔跤！

瘦溜儿 shòu·liur　苗条。[例] 这小姑娘，不仅长得好看，身材也挺瘦溜儿的。

受气包 shòuqìbāo　经常被欺侮的人。[例] 小翠性格懦弱，在家里和学校都是受气包。

瘦驴拉硬屎 shòulǘlāyìngshǐ　比喻故意充阔、逞能。[例] 盖这栋楼得一百多万元，你别瘦驴拉硬屎了，你上哪弄那么多钱？

叔伯 shū·bai　①同祖父或曾祖父的弟兄姐妹。②与父亲的弟兄的孩子之间的辈分称呼。[例] 她们是叔伯姊妹。

熟皮子 shúpí·zi　①将动物皮子通过一定搓、打等工序，使皮子变得柔软。②比喻找打、欠收拾的意思。[例] 我看你皮子紧了，给你熟熟皮子。

鼠迷 shǔ·mi　无话可说，萎靡不振，不敢张扬的意思。[例] 自从输了那场球，这些队员回来不像以前那样得瑟，都鼠迷啦。

数叨 shǔ·dao　也作"数搭"，也可叠成"数数搭搭"。数落，指责对方的过失。[例] 好心好意来看你，你就会七三八四紧数搭。（《妯娌俩》）

数得着 shǔdézháo　也作"数得上"。比较突出或够得上标准。[例] 他在这批大学生里算数得着，各个方面非常突出。

树挂 shùguà　雾凇。低温天气下，雾凝结在树枝等物体上而形成的白色松散冰晶。

树趟子 shùtàng·zi　树林里，林木之间。[例] 咱俩上邻村看电影，回来走到柳树趟子你不敢走……（赵本山小品《相亲》）

竖桩桩 shùzhuāng·zhuang　像树桩子一样直立着，形容很整齐。[例] 他家四个大小伙子,一个个竖桩桩的。

刷刷 shuā·shua ①象声词,比喻瞬间擦过去的声音。[例]春雨刷刷地下起来。②形容快。[例]他干活刷刷儿的,一会儿就干完了。

刷帚 shuā·zhou 用成束的高粱穗子制成的刷子。一般用于清洗锅、缸、盆等器具。东北的汉族人,特别是沿黄海的东北人称此为"炊帚"。[例]开始让做小买卖那年,老李头就晚上在家扎刷帚,白天用挑子挑着走村串户卖。

耍把子 shuǎbǎ·zi 拿架子。[例]这事别人干不了,就你行,你可别耍把子了。

耍大刀 shuǎdàdāo 不知量力,卖弄本事。[例]你回家我在这咋整?耍呐?耍大刀啊你呀?(赵本山小品《卖梨》)

耍单帮 shuǎdānbāng 也作"耍单儿"。指脱离群体,不与别人搭伙,单独一人做某事。[例]这次出去旅游,是咱们集体活动,谁也不许耍单帮自己走。

耍猴儿 shuǎhóur 原指驯服让猴做各种表演的杂技。①现比喻不尊重人、戏弄人的意思。[例]你们说这次竞聘按投票来决定,结果最后不按票数多少来定,这不是耍猴儿吗?②对无聊和毫无意义行为的比喻称呼。[例]我们搞这个活动是严肃的,不是来看耍猴儿的。

耍滑 shuǎhuá 不认真,敷衍了事。[例]他干工作总是一锛子一斧子,从来不耍滑。

耍家答子 shuǎjiādá·zi 窝里反,指不善于对外办事,反而对自己家或周围亲近的人逞威风的人。[例]你就能耍家答子,出门连句话都不敢说。

耍钱 shuǎqián 赌博。[例]耍钱场上人多眼杂,看见秃嘎动了刀子,一哄就散了。(《马加文集》)

耍心眼儿 shuǎxīnyǎnr 为维护个人利益而对别人施展小聪明。[例]待人要以诚相待,不应该耍心眼儿。

耍熊 shuǎxióng 也可延伸为"耍熊拖"。指不想做某事而故意找些借口退后、不靠前。[例]真正的大老爷们,在关键时刻不能耍熊拖,该上就得上。

耍嘴皮子 shuǎzuǐpí·zi 也作"玩儿嘴皮子"。指卖弄口才,不办实事的人。[例]你光耍嘴皮子,不办真事儿,以后谁还答理你。

刷 shuà ①挑选;剔除。[例]你把坏的苞米都给我刷出来,别和好苞米混在一起。②撤职。[例]这个刚被特务班刷掉的当屯地头蛇,他点戏专要荤的粉的。(《艺术春秋四十年》)

刷白　shuàbái　色白而略微发青。[例]他大口大口地吐起来,脸色刷白,晕倒在堤坝上。(《战洪峰》)

刷溜　shuà·liu　动作麻利;快。[例]她家儿媳妇,干活可刷溜了,客人来了才坐不一会儿,就把四个菜端上来了。

摔打　shuāi·da　①抓在手里磕打。[例]你把那面口袋摔打摔打,把里面的面粉抖搂干净。②磨炼;锻炼。[例]他在一线再这么摔打几年,就会成熟起来。

摔脸子　shuāiliǎn·zi　也作"吊脸子"。不给他人好脸色看的意思。[例]老钱太太虽然觉着不是那么回事,怕媳妇生气摔脸子,可救人要紧这话也在理呀,就没再磨叨,跟在林大全身后一跑一颠起来。(《雁鸣湖畔》)

摔耙子　shuāipá·zi　罢工;不干了。[例]工作开展到一半儿了,你不能摔耙子吧。

甩打　shuǎi·da　抓在手里抡,挥动。[例1]衣服湿了,甩打几下就干了。[例2]她生气后,一甩打就走了。

甩剂子　shuǎijì·zi　发脾气,撂挑子不干的意思。[例]大家和他开了几句玩笑,他一甩剂子走了。

甩手当家　shuǎishǒudāngjiā　也作"甩手掌柜"。指什么操心事也不管的老板或当家人。比喻什么也不做,吃现成的意思。[例]你可倒好,成了甩手掌柜的,一天到晚家里什么活都不干。

甩袖汤　shuǎixiùtāng　把鸡蛋清和黄搅匀后,成溜儿地,均匀地倒入沸汤里,熟后的鸡蛋在沸汤的形状,似戏剧里的甩袖状。故名"甩袖汤"。

拴住　shuānzhù　①用绳子等系住。常用于给孩子起乳名,祈求健康平安。②比喻被缠住了,不能自由行动。[例]自从孩子生下来后,我就被拴住了。

涮　shuàn　①摇动着冲洗,略微洗洗。[例]涮杯子。②把食物放在滚开的水里过一下,然后取出来蘸作料吃。[例]涮羊肉。③戏弄;欺骗。[例]他让人给涮了。

双棒儿　shuāngbàngr　双胞胎。[例]她家那对双棒儿今年考大学。

双条　shuāngtiáo　亦称"蹦蹦儿","蹦蹦戏","蹦子"。东北地方戏"二人转"的旧称。[例]看双条,听大鼓书,是从前乡下人唯一能享受到的文艺生活。

双眼包皮儿　shuāngyǎnbāopír　形容人长得好看。[例]谢大脚说:"那小丫头长得多好啊,大眼睛,双眼包皮儿的。"(《乡村爱情故事》第23集)

霜打似的　shuāngdǎsì·di　形容人的精神萎靡不振。[例]别像霜打似的,这次没及格下次努力。

水饭 shuǐfàn 东北大部分地区的满族还有吃水饭的习惯,即在做好高粱米饭或玉米碴子饭后用清水过一遍,再放入清水中泡,吃时捞出,盛入碗内,清凉可口。这种吃法多在夏季。

水了巴唧 shuǐ·lebā·ji 形容东西含水或像水的成分多。[例]西瓜没成熟时,吃起来感觉水了巴唧的,不好吃。

水汤 shuǐ·tang ①食物中汤水多,干的食物少。[例]饭做得这么水汤,让我怎么吃。②也作"水汤尿裤",办事不利索,拖泥带水。[例]你办事咋那么水汤,一点儿也不利索。

睡惺醒 shuìxīng·xing 睡觉醒后没有睡意。[例]你们一吵吵,我就睡惺醒了,再也睡不着了。

顺便儿 shùnbiànr 借做某事的机会做另一件事。[例]谢广坤说:"大脚啊,其实我今天吧,我跟你道歉这是最主要的,这个事呢,也就是顺便问问你。"(《乡村爱情故事》第23集)

顺道 shùndào ①顺路,顺便。[例]刘能说:"你上我车吧……我上镇上开会去,顺道就给你拉着了。"(《乡村爱情故事》第31集)②顺道中的"道"读dao轻声时,其即为顺利的意思。[例]今天这事办得挺顺道。

顺竿爬 shùngānpá 也作"顺杆绺儿","顺杆儿往上爬"。指借着别人的话题和思路继续发挥,以维护自己的观点。[例]哈,青牛子,你可别顺杆儿往上爬,这话可是你说的。(《青春》)

顺拐 shùnguǎi 走路时,一侧的胳膊腿同时朝着一个方向动。[例]班长刚喊"齐步走",张小力就顺拐了,惹得大家哈哈大笑。

顺口溜 shùnkǒuliū 民间流行的一种口头韵文。句子长短不一,多用于口语。

顺溜 shùn·liu ①有次序。[例]庄稼长得挺顺溜。②通畅顺当;没有阻拦。[例]进北京城里一路挺顺溜,车没怎么太堵。

顺毛驴 shùnmáolǘ 指人的性格像毛驴似的,得顺着他才行。[例]他属顺毛驴的,你得顺着他来,别戗着他。

顺手儿 shùnshǒur ①原指使用起来很得心应手的意思。[例]这个手机不错,我用挺顺手。②起来做事没有遇到阻碍;顺利。[例]这个工程我干得挺顺手儿。

顺嘴 shùnzuǐ ①念着流畅。[例]稿子写得不错,念起来也顺嘴。②不加思考就随便说。[例]你说话要考虑清楚,别顺嘴胡说。

说道 shuō·dao ①陈规陋俗。[例] 我们家嫁女儿可没有那些说道,你就放心选日子吧! ②议论;讲究。[例] 她想了一会儿,解释说:"我是怕留到咱家,再出说道,让你受挂连……"(《亲仇》) ③叠加为"说道说道",则为动词,即理论一番的意思。[例] 到底是谁的责任,这事必须弄清楚,要不咱们把领导找来说道说道。

说过撂过 shuōguòliàoguò 以前说过或做过的事情都抛在一边,不用再去计较。[例] 你们俩以前说过撂过,现在把话说开了,以后不能再闹矛盾。

说破 shuōpò 用话语说开,点破,以达到破解目的。[例] 赵大宝说:"说!说破无毒,这是排毒阶段。"(赵本山小品《心病》)

说头儿 shuōtóur 有奥秘;有价值。[例] 什么季节种什么庄稼,这里可有说头儿。

说媳妇 shuōxí·fu 订婚;娶媳妇。[例] 都快要三十出头了,咋还不说媳妇呢?

说笑儿 shuōxiàor 也作"说笑话"。即开玩笑的意思。[例] 谢广坤问:"怎么的,你不要吗?"门卫说:"哦,不要,不要,不要,跟你说笑话呢。"(《乡村爱情故事》第16集)

丝拉皮 sī·lapí 皮之间仅有少许相连的肉丝。[例] 好险哪,就剩点儿丝拉皮在那连着,要不手指头都掉下来了。

丝丝拉拉 sī·silā·la 形容断断续续的、隐隐作痛的感觉。[例] 早上我就感觉肚子丝丝拉拉地疼,到中午就受不了了,这才到医院来检查。

撕巴 sī·ba ①用手将整块儿东西(食物)分开。[例] 把整块儿牛肉撕巴撕巴,做下酒菜。②可叠成"撕撕巴巴"。撕扯;扭打;拉拽。[例1] 有几个社员也红着眼圈,撕巴着要跟石汉换阄儿。(《嘲哄队长》)[例2] 到底是小全年岁小,撕巴了一阵子,叫张才按倒在地上,照着脖子狠狠地掐了好几把。(《孙全护参王》)

撕罗 sī·luo 撕扯的样子。[例] 李贵笑道:"就闹到太爷跟前去,连你老人家到底也脱不过的。还不快作主意撕罗开了罢。"宝玉道:"撕罗什么?我必是回去的!"(《红楼梦》第九回)

死 sǐ "死"除了正常的意思外,在东北话里,还是形容程度副词,起加重语气作用,表示无法更改的意思。形容人倔犟,叫死犟。形容臭味儿难闻,叫死臭。形容某人不要脸,叫死不要脸。[例] 王天来说:"那姑娘真不错……但是她犟,姑娘太犟了,死犟死犟的,一直追我。"(《乡村爱情故事》第22集)

死倒 sǐdǎo 死在野外，无人过问的尸体。[例]在苇塘东北角上有个死倒，乌鸦成群上下乱飞，乱钳巴。(《喜兰救主》)

死皮赖脸 sǐpílàiliǎn 形容厚着脸皮，纠缠不休。[例]还亏是我呢，要是别的，死皮赖脸的三日两头儿来缠舅舅要三升米两升豆子的，舅舅也就没有法儿呢。(《红楼梦》第二十四回)

死乞白咧 sǐqībáiliē 也作"死气白赖"。指一味恳求，低三下四地纠缠不休，一定要怎么样的意思。[例1]谢广坤说："你说你挺大个老爷们，死乞白咧拽一女的手，你就不撒开，求人家……"(《乡村爱情故事》第35集)[例2]不是吹，当初要不是她死乞白咧非要嫁给我，我找一个比她强的媳妇儿，那是轻松的事儿。

死死的 sǐsǐ·di 不留余地、不留后路；无法更改。[例]你把手下人管得死死的，这样怎么能调动他们的积极性？

四脚落地 sìjiǎoluòdì 形容非常安稳、踏实的意思。[例]赵四说："等孩子四脚落地的时候就好办了。"(《乡村爱情故事》第14集)

四眼儿齐 sìyǎnrqí 也作"四样儿齐"。齐全，一样不缺。[例]媒人捎来话

你说你挺大个老爷们，死乞白赖拽一女的手，你就不撒开，求人家……

儿啦，女方家非得让咱们什么都准备得四眼儿齐，她家才肯答应结婚。

松明子 sōngmíng·zi 含松脂的木桦儿，燃亮后用来照明的松树枝。[例]这时，穷神爷已点燃了松明子……（《战鼓催春》）

怂达 sǒng·da 推搡。[例]我就怂达一下他就倒地了，也没打他呀？

送空人情 sòngkōngrénqíng 自己不出力，假借别人的光而给他人好处。[例]你别给我送空人情，这事儿又不是你办的。

酸溜溜 suānliū·liu ①也作"酸了巴唧"。形容酸的味道或气味。[例]这樱桃，吃起来酸溜溜的。②形容轻微酸痛的感觉。[例]干了一天活儿，把我累得浑身酸溜溜的。③形容轻微嫉妒或心里难过的感觉。[例]听说她父母去世了，就剩下她孤零零一个人，我心里酸溜溜的。

酸枣 suānzǎo 酸枣树的果实。

尿泡 suī·pao 尿，在此发"cuī"音。膀胱的俗称。

随 suí 指人的长相或性格、人品等继承其上一辈很多地方具有相似或相近之处。[例]赵本山说："我儿子在家也不能收你的东西，这点你放心，他随我，从来也没收过别人东西。"（赵本山、范伟小品《门神》）

随帮唱影 suíbāngchàngyǐng 旧指民间艺人在农闲时结成帮、队，走村串屯演唱驴皮影。引申为随声附和，盲目随从的意思。[例]人家买个超短裙，你们就随帮唱影都穿超短裙。

随大溜 suídàliù 跟从大多数人去做某事。[例]同学们上学都骑自行车，我随大溜，也骑车上学。

随风倒 suífēngdǎo 意指没有主见。[例]他就是墙头草随风倒，谁说什么都同意，一点主见都没有。

随根儿 suígēnr 指人的长相或性格、人品等继承其上一辈很多地方具有相似或相近之处。[例]惠贤说："你咋回事儿呀你，你是这些年在外学的，还是你天生的随根儿呀你？"赵本山说："这咋还整出遗传因素了呢？"（赵本山小品《年前年后》）

随礼 suílǐ 也说"出份子"，"随人情"，"随份子"。指带钱或礼物到别人家参加婚、丧、嫁、娶等活动。[例]白闹说："大妹子，如果你俩要真能成的话，全当我随礼啦，行不？"（赵本山小品《捐助》）

随群儿 suíqún 合群；行为举止与大家一致。[例]他人缘好，也随群儿，大家都拥护他。

碎嘴子 suìzuǐ·zi 说话絮烦的人。[例]她就是个碎嘴子，一天不说话都能憋死她。

孙男弟女 sūnnándìnǚ 指同族的少辈人。[例]老赵头过生日时候,孙男弟女来了一大帮。

损 sǔn 用刻薄的语言来挖苦讽刺别人;或狠狠地批评的意思。[例]刘能说:"你等他家来人的,你看我怎么损他。"(《乡村爱情故事》第29集)

损到家 sǔndàojiā 形容特别阴狠、毒辣。[例]他真是损到家了,连小孩子的钱他都抢。

损样 sǔnyàng 指样子难看或缺少德行的样子。[例]小沈阳:"我的英文名字叫 xiǎo—shěn—yáng。"老毕:"叫什么?"赵本山:"他的中文名字叫小损样。"(赵本山小品《不差钱》)

知识链接

三仙女 sānxiānnǚ
神话人物。满族中盛传当初天降三仙女,长名恩古伦,次名正古伦,三名佛库伦。至长白山东北布库里山下之布尔瑚里池沐浴。浴毕登岸,有一神鹊衔朱果置佛库伦衣上,佛库伦着衣时将朱果放入口中,吞下,怀孕。二姊飞升,不能同往,生子后离去。其子布库里雍顺,顺水流至长白山东南斡朵里地方,建国号满洲,即满族爱新觉罗氏的始祖。

送姑娘 sònggū·niang
即送女儿出嫁。满族人结婚那天清晨,男家迎亲队伍由男傧相陪同与新郎骑马前往女家(或"下处")接新娘。新娘由其兄抱至轿(车)上,称为"抱轿"。也有的地方迎、送亲队伍同时出发,至中途相遇时停下,通过"抱轿"(也称"插车")把新娘转到男家迎亲车轿上,新娘家送亲女眷坐车随行至男家。对女方家来讲,这个过程叫送姑娘。

T

趿拉 tā·la 脚的前半部套进鞋里,而脚后跟踩在鞋后帮上的穿鞋法。"趿拉"变成儿化音趿拉儿(tā·lar),则为无后帮,只能套着脚的前半部的拖鞋。

塌底 tādǐ ①由于重力作用,做饭菜时米、菜沉于锅底而焦糊。[例]煮粥时要不时地用勺搅拌锅底,否则锅容易塌底。②心里感觉踏实。[例]你说完了这话,我心里才塌底。

塔灰 tǎhuī 从房顶垂下或垂挂于墙壁的成串的灰尘。[例]伙房屋里的塔灰太多了,要仔细扫扫。

胎儿带 tāirdài 从娘胎里带出来,天生就有的。[例]门卫说:"你那嘴还一咧一咧的,你是胎儿带的,你还是搁那气谁呢?"(《乡村爱情故事》第9集)

胎儿瞎 tāirxiā 指从根儿上就绝收、完蛋的意思。[例1]春天不施肥,那庄稼做地胎儿瞎。[例2]这事如果我不出头帮他办,它就胎儿瞎啦!

胎歪 tāi·wai ①刚出娘胎才学会蹒跚走路的样子。[例]这孩子走路有点胎歪。②指身体软弱无力的样子。[例]她病没全好,走道还胎歪。③可叠成"胎胎歪歪"。不挺实;软弱。[例]可能是年纪大了,这几年就胎胎歪歪的,总不爱动弹。(《风雨月亮泡》)

抬杠 táigàng 最初源自两军对垒的战争里,在互射弓箭及矛枪之前,必然先有两军首领及士兵间的相互恶骂。引申指各执己见进行争论、争辩、顶牛。[例]赵四说:"那你意思是不是你比刘英先走一步?"刘能说:"我不把你送走,我能先走吗?"赵四媳妇说:"你看你们,别抬杠。"(《乡村爱情故事》)

抬轿子 táijiào·zi 指帮助他人吹捧或抱着个人目的维护他人的权益。[例]你别给他抬轿子,他更不知道东西南北了。

抬款 táikuǎn 也作"抬钱",即借高利贷。[例]孩子下个学期学费到现在还没着落,没办法就得去抬款。

抬人 tái rén 提高人的身价。[例]谢广坤说:"你还别说,这西服穿你身上呀,真漂亮,抬人……你穿上年轻十来岁。"(《乡村爱情故事》第24集)

抬头纹 táitóuwén 额上的皱纹。[例]低着头的杜善人听到这儿,冷丁儿吃一惊,抬头纹上,漫着汗珠子。(《暴风骤雨》)

太爷 tàiyé 祖父的父亲。

泰和 tài·he 也作"胎呵儿"。意为舒服、自在。[例]自从党的政策好了以后,我家什么也不缺,日子过得真是泰和呀!也可叠成"泰泰和和"。[例]你算是给闺女找个安乐窝,舒舒服服泰泰和和。(《相门户》)

贪黑 tānhēi ①天黑。[例]我快点走,再贪黑前怎么也赶到家啦。②表示时间过晚。[例]别太贪黑了,作业明天再写吧。

弹弄 tán·nong 试着(准备或计划去)做某事。[例]上海有个好买卖,过两天我去弹弄弹弄。

蹚道 tāngdào 也作"蹚路子"。探路,比喻摸情况。[例]对方是否同意还不知道,我先去蹚道问一下再做决定。

堂郎 tángláng 也叫"堂郎子"。①指散漫,漫不经心。[例]这人办事太堂郎了,怎么把媳妇过生日的事给忘了呢?②不认真,不利索,糊涂的人。

淌流儿 tǎngliúr 流,在此发"liù"音。①液体呈流水状。[例]水箱漏水,开始还是滴滴嗒嗒,后来都淌流儿了,你们快来给修一修。②水等汇积形成溪流。[例]她满脸汗泥,怕把泉水弄埋汰了,就到下边淌流儿的小河去洗脸。(《秃尾巴沟》)

掏兜儿 tāodōur ①指扒手。[例]邻居那小子,以前是个掏兜儿的。②盗窃别人的钱物。[例]他正在掏兜儿,民警一个箭步冲上去按住他的手。

掏上了 tāoshàng·le 也作"掏着了"。指得到了超出预想很多的实惠。[例]听说这次买卖儿让你挣了一百多万,你算是狼咬驴屁股——掏着了。

淘 táo 很顽皮,调皮的意思。[例]这孩子真淘。

淘换 táo·huan 也作"掏换"。到处搜寻,寻找。[例]剩下的地都种绿豆,临秋末晚,种子不好掏换了。(《高粱红了》)

淘弄 táo·nong 到处寻找,想办法得到。[例]你说这孩子们真要有个三长两短,这上哪淘弄那后悔药啊。(赵本山小品《相亲》)

套包 tàobāo 也作"套包子"。用稻草、苞米叶子等编制而成的椭圆形套圈，圈外边裹层布，套在马脖子上，以便拉车。[例] 往年光分一匹马，连车带绳套，还有笼头、铜圈、嚼子、套包，啥啥都没有，都能补上吗？（《暴风骤雨》）

套近乎 tàojìn·hu 也作"拉近乎"。指用言语或送礼拉近关系；和不太熟识的人拉拢关系，表示亲近（多含贬义）。有时也可示意为谄媚。[例] 别跟我套近乎！

特勒 tě·le 满语词汇保留的满语音转而成的方言，汉字中无"tě"字音。指衣着打扮不干净，不整齐，不利索。[例] 今天出门好好收拾一下，打扮利整点儿，别那么特勒。

特性 tèxìng 指性情和常人不一样，性格古怪或有特别嗜好、怪癖。[例] 我媳妇儿可特性啦，家里有半点儿埋汰地方，她就睡不着觉，非得收拾干净才行。

特意儿 tèyìr ①专门。[例] 谢广坤说："没事儿，……哪天咱特意儿请他一次，不就完了嘛。"（《乡村爱情故事》第23集）②故意。[例] 车上人多，我踩你脚不是特意儿的。

熥 tēng ①把已经做熟的食物再重新蒸或烤，使其变热。[例] 熥馒头。②热敷。[例]（范伟扮演的）病人说："不行啊，我这心呐，拔凉拔凉的，我拿

没事儿，……哪天咱特意儿请他一次，不就完了嘛。

着熥熥。"（赵本山小品《心病》）

遰　tèng　满语词汇保留的满语音而转成的方言，汉字中无"tèng"字音。拖延时间。[例] 工作得往前赶，不能往后遰。

体己　tǐjǐ　也作"梯己"。指个人私有的，私下积蓄。[例] 二爷那脾气，听见奶奶有了这个梯己，他还不放心的花了呢。所以我赶着接了过来。（《红楼梦》第十六回）

踢蹬　tī·deng　也作"踢腾"。①胡乱用钱；挥霍。[例] 他不念旧恩，反来踢蹬咱们家里，见了他就骂几句，他竟不敢答言。（《红楼梦》第一百七回）②近似垮台、毁灭、完蛋；糟糕；坏了和不好办的意思。[例] 欠下这么多钱，你要是不帮我，那我可就踢蹬喽。③由于生病、被折磨等原因使人身心难以承受的感觉。[例] 这回得了一场病，可把我踢蹬完了，像扒一层皮似的。

提另儿　tílìngr　另外，除此之外。[例] 你这个月工资是比别人少，但我月底再提另儿给你多发点奖金不就行了吗？

体根儿　tǐgēnr　起初；原先。[例] 这件事体根儿我就不知道，怎么都来问我呢？

体念　tǐniàn　设身处地替别人着想。[例] 你这么做多不好，就是不为自己想，也得体念别人的感受啊。

体性　tǐ·xing　性格；脾气。[例] 他体性不好，所以近四十还没找到对象。

天盯天儿　tiāndīngtiānr　也作"见天"。每天、整天、经常的意思。[例] 人家老赵家姑娘都说不同意跟你处对象了，你干啥还天盯天来找啊。

天养活　tiānyǎng·huo　老天助他（她）生存下去的意思。[例] 你看傻二柱子，大冬天的，人家光脚在冰上哧溜也不感冒，你说，这不是天养活他吗？

甜嘴巴舌　tiánzuǐbāshé　①指人会说动听的话。[例] 你小子甜嘴巴舌的，就会哄人。②也作"舔嘴巴舌"。指食物味道好，但因吃的少没吃足而感到遗憾的样子。[例] 只有两个苹果，我们三个人吃得甜嘴巴舌的。

填房　tiánfáng　指女子嫁给死了妻子的男子。

填乎　tián·hu　也作"填活"，"甜活"，"填护"。①指家禽、家畜为主人增利。[例1] 陶母："……这个瘟不死的，来填活人家来啦！"（《桃李逢春》）[例2] 说起老母猪也真甜活人，开春一窝羔就下了十三口。（《小白鼻梁子的故事》）②获得意想不到的。[例] 他随手买了一张彩票，老天真填乎人，让他中了大奖！

填馅儿　tiánxiànr　也作"填限"，"填陷"。即白白充当牺牲品或代人受过的意思。[例] 客至则递茶递水，斟酒下菜，到晚来背地来撬箱子，拿他解馋填馅儿。(《金瓶梅词话》第八十四回) 在东北，填馅儿还叫"白填馅儿"，指似无底洞，投入多少都没用的意思。[例] 你说进服装挣钱，去年就给了你一万元进服装，结果都赔进去了，今年要是再给你一万元，那不还是白填馅儿了吗？

觍脸　tiǎnliǎn　厚颜无耻的意思，即不知羞耻，厚着脸皮去说或做。[例] 那么大岁数的人跟小孩子一样抢功，还觍脸说别人。

舔腚　tiǎndìng　指溜须拍马。[例] 有时驯顺得活象条摇头晃尾舔腚的哈巴狗。(《征途》)

挑刺儿　tiāocìr　过分、严格地在细枝末节上故意找毛病。[例] 别人在干活，你在那挑刺儿。

挑拣　tiāo·jian　①挑选。②（自谦）不同意见。[例] 小李这人随和，跟谁在一起干活都不挑拣。

挑筐　tiāokuāng　也作"条筐"。用榆树、柳树、杏条等条枝编成的筐。[例] 人参……必须起出来刷洗干净，在帘子上晾晒一天就装挑筐……大家翻山越岭走羊肠小道一直奔向抚顺马市。(《罕王红参》)

挑理儿　tiāolǐr　过分、严格地在细节问题上挑剔、指责、找毛病。[例] 赵四说："玉田你这孩子说话，也不怪刘英挑你理儿，有你这么说话的吗？"(《乡村爱情故事》)

挑字眼儿　tiāozìyǎnr　从措辞用字上找小毛病。[例] 评论别人的文章，要看主要的内容价值如何，不是专挑字眼儿。

调理　tiáolǐ　①调养；调护。[例] 产妇得调理好饮食。②照料；管理。[例] 孩子们让她调理得很听话。③管教；训练。[例] 钱华叉开双脚，站在车前，吁呀，哦呀，把四套马车调理一个点儿——得、得、得，眨眼间就跑上了蛇盘道。(《高山春水》)④戏弄，作弄，使坏，整治，使人上当。"理"在此读轻声"li"。[例1] 老伙计们就找他合计了个调理地主的道儿，他点头答应了。(《隐身草》) [例2] 谁家的拴马桩子埋在我们家门口了，调理我二层眼儿。(《二人转传统作品选》)

跳槽　tiàocáo　①牲口离开所在的槽头到别处的槽头去吃草。比喻妇女作风不正派，随意改嫁。[例] 吴管家从一个跳槽的养汉老婆家里回来，雀斑脸喝得醉醺醺的……(《马加文集》)②比喻人离开原来的单位到别的单位另谋职业。[例] 现在的大学生，毕业后跳槽的频率太高啦！

贴边儿 tiēbiānr ①挨边；沾边；靠谱。[例]他说那些话根本就不贴边儿。②缝在衣服里子边上的窄布条，一般跟面儿用同样的布料。

贴乎 tiē·hu 意思和内容非常接近，相差不远。[例]这件事说得还挺贴乎，我最近是要结婚啦。

贴谱 tiēpǔ （说话或做事）贴切，贴边儿，合乎实情或实际。[例1]老沈觉得，这个分析很贴谱，很说服人，不是明远大惊小怪，而是自己脑袋里的弦松了。(《伐木人传》) [例2]看看咱们演的玩意儿，是公子遭难，小姐去看，一不随心，东奔西散，和现在一点也不贴谱。(《二人转见明朗的天》)

铁活儿 tiěhuór 比喻已成定局，不能变更且肯定没问题的事情。[例]这个工程肯定铁活儿了，你就放心吧。

铁了心 tiě·lexīn 指下了决心；决心不改变主意。[例]谢大脚说："你就是非要到镇上住，是吧？铁了心了，是吧？"长贵说："铁了心！"(《乡村爱情故事》第27集)

铁姊妹儿 tiězǐ·meir 关系非常好的姐妹。

铁子 tiě·zi ①形容彼此之间关系非常好。[例]赵本山、宋丹丹小品中，赵问宋："谁的信？"宋答："铁子。"②不正当男女关系二人之间的互称。

汀 tīng 水流较稳而深的水湾。[例]黑鱼汀；鲤鱼汀等。

听喝 tīnghē 喝：即吆喝。指不是主动而是听从他人安排，受别人支使。[例]你叫我干什么我就干什么，我就是磨道驴，听喝。

听声 tīngshēng 偷听他人谈话的意思。[例]王大拿说："你看你这老刘家人怎么都听声啊到这儿？你上这来听什么声呢？我们研究工作呢！"(《乡村爱情故事》第5集)

捅咕 tǒng·gu ①碰，摆弄。[例]赵四说："你说谢广坤就指这小毛驴收点山货，完了你给他捅咕跑了，好像损，有点。"(《乡村爱情故事》第5集) ②从旁边或暗地里鼓动人（做某事）。[例]不要在人背后瞎捅咕事。③张扬出去。[例]这事就我们几个人知道，是谁捅咕出去的？

偷儿摸地 tōurmō·di 摸，在此发"māo"音。①也作"偷偷摸摸"。不大方，不光明正大，形容瞒着别人做事，不敢让别人知道。[例]二柱子临走前，不是跟红杏叽咯了几句吗？现在老后悔了，偷儿摸地掉了几回眼泪。(赵本山小品《过年了》) ②悄悄地。[例]你这么偷儿摸进来，也不给个动静，把我吓一跳。

头拱地 tóugǒngdì 指无论出现什么情况，都必须努力、全力去做的意思。

[例]你放心，孩子的工作是大事，我头拱地也得给你办成。

头年 tóunián ①去年、上一年。[例]俺家这块地，头年种的是苞米，今年准备扣大棚种蔬菜。②"头年"加上儿化音，表示年前的意思。[例]你借我的钱，我现在不着急用，不着急，你头年儿还给我就行。

头晌 tóushǎng 上午。[例]上沟的生意真好做，一头晌就来一把大白边儿。（赵本山小品《摔三弦》）

头停 tóu·ting 也写作"头廷"。指事情圆满或办事可靠，有条理。反义词是"不头停"。[例1]这件事办得挺头停。[例2]这孩子能力强，办事挺头停的。[例3]让你去请人家来吃饭，人家没到结果你自己先回来了，这事你办得可不头停。

头一磨儿 tóuyīmòr 第一次；第一遍。[例]你说我没给你钱，我记得给了，你想想，我头一磨儿在你家给你一百元，第二次在我家把剩下的二百元也给你了。

投 tóu 投，在此发"tǒu"音。制作或修理（犁杖等木制品）。[例]黄二木匠今年又给咱家投了两副犁杖。

透 tòu ①达到充分的程度。[例]透雨；透汗；透亮；这衣服太透了；凉透；熟透；烦透了。②动词，通，使无堵塞。[例]炉子不好烧，把烟筒透一透。把烟袋锅透一透。③形容彻底，完全；极端，极其；更加等等。[例]透明白（形容心里非常清楚是怎么回事）；傻透了等等。④发"tóu"或"tǒu"音时，指将洗过的东西用清水彻底漂洗干净。[例]小箭子回过头说："妈，洗衣机里的衬衫，给我透（tóu）一透晾上，我中午好穿。"⑤过水。[例]饭太热了，用凉水透（tóu）一透。

透溜 tòu·liu ①（机器等）运转灵活。[例]发动机一点也不透溜，可能是缺少润滑油。②比喻办事灵活、明白。[例]这个秘书可比不上以前那个，办事一点也不透溜了。

秃老亮 tūlǎoliàng 对秃子的戏称。

秃噜 tū·lu 残留的满语词汇。也作"秃撸"，"突噜"，"秃拉"。①滑动。[例]一不小心从山坡上秃噜下去了。②滑落，没固定。[例]赵本山说："这家伙，还好风趣，我他妈秃噜说走嘴了，还好风趣。"（《门神》）③指办事情没把握，没办成。[例]整天价东溜西串就知道搞对象，找一个黄一个，一个一个全突（秃）噜。（《打对象》）④不履约，约而不行，说了不算。[例]原来说好好的，怎么几天工夫就秃噜变桄了呢？《乡村爱情故事》第5集)

秃噜翻账 tū·lufānzhāng ①形容事情办得无章法，没有头绪。[例]你这事情办得秃鲁翻账的，到现在还没办妥。②做工不细，质量不好。[例]你手艺也行，机床也可以，怎么这产品出来就秃鲁翻账得这么差呢？③说话做事草率，中途变卦、反复无常。[例]赵四说："你看你这孩子，说话你怎么秃噜反账的？"（《乡村爱情故事》第9集）

秃噜扣子 tū·lukòu·zi 原指由于绳子等打成的结不牢靠而自行解开。[例1]汽车走到半道，由于绳子秃噜扣了，车上拉的苹果撒了一道。比喻已经定准的事中途变卦，没有结果。[例2]你答应能办妥，可不能中间又秃噜扣子。

秃噜皮 tū·lupí 由于外力作用造成物体表面破损，粗糙。[例1]挺好的家具，让你给弄秃噜皮了，还怎么用。[例2]波勒盖儿卡秃噜皮了。[例3]王大拿说："这一会儿擦秃噜皮了，你整毛巾，你整这些玩意儿干啥玩意儿？擦擦，就像我平时不讲卫生似的。"（《乡村爱情故事》第4集）

秃舌子 tūshé·zi 说话大舌头的人。

图希 tú·xi 贪图什么、为了什么的意思。[例]白收个流氓，想必是有啥图希！（《母爱》）

涂噜 tú·lu 也作"秃撸"。①将宰杀的猪、鸡等用沸水烫后，将毛褪下来。[例]放下烟袋你快下地，抱柴烧水秃撸鸡。（《二人转传统作品选》）②（钱、物）被收拾干净。[例]今天玩牌就他自己赢，我们都让他一个人涂噜干净了。

土包子 tǔbāo·zi 也作"土豹子"。指没见过世面的人。[例]虽然说这帮小青年动不动就造反，不一定把咱这些土包子屯干部放在眼里……（《征途》）

土鳖 tǔbiē ①指穷酸、吝啬的人。②指胆小怕事、没出息的人。

土瘪 tǔbiě 比喻穷酸、吝啬、抠门的意思。[例]她用扫炕笤帚在他的两肩上扫了

> 你答应能办妥，可不能中间又秃噜扣子。

扫,年把辈子不去趟省城,别那么土瘪好不好?那块八毛的"过滤烟"买两盒揣着,又体面又不烧衣裳。(《列车夜话》)

土鳖财主 tǔbiěcáizhǔ 原指穷酸、吝啬、抠门的地主老财。[例]那个姜老板是个土鳖财主,贪财爱小,专门在伙计们身上打主意……(《马加文集》)现比喻刻薄、吝啬、抠门的暴发户。[例]我们老板就是个土鳖财主,过八月节连个月饼都不给员工发。

土豆子 tǔdòu·zi 马铃薯的俗称。也作"地豆","地蛋儿"。[例]赵四说:"就那个轿车,对咱家来说一点用都没有,你说拉土豆子,不行;它也送不了粪……"(《乡村爱情故事》第3集)

土了巴唧 tǔ·lebājī ①穿着打扮非常土气。[例]你穿这件衣服土了巴唧的,一点也不好看。②办事不大方。[例]你去会亲家这么大的事,就土了巴唧拿个老母鸡呀?

土腥味儿 tǔxīngwèir 由于食物没有处理好,在吃时感觉有一股发土的味道。

汢 tǔ 《现代汉语词典中》无此字。(土)被水挟裹冲走、冲刷。[例]涨大水时,大水坝河边的小树都给汢跑了。

吐噜口 tù·lukǒu 也作"吐口"。指答应或不再坚持原来的意见或观点。[例]我都劝你这么长时间,你还不吐噜口答应我。

吐沫儿 tùmòr 也作"吐沫子"。由于患疾病或生气等造成口吐白色的沫子。[例]赵大宝说:"你抽过去了?"病人说:"我抽过去了,我抽的都吐沫子了我。"(赵本山小品《心病》)

吐沫 tù·mo "唾液"的意思。[例]他讲话弄得吐沫星子哪都是。

吐人 tùrén 即"呸"的动作。此行为因属侮辱对方,或不尊重别人,经常导致或引起冲突。

吐血 tùxiě 从腹内吐出的血,指内脏出血由口中吐出。形容被损伤的严重性。[例]一下让我拿出十万元,这不让我吐血嘛。

推饸饹船儿 tuīhé·lechuánr 常用来形容政府职能部门职责不清,相互推诿,办事效率低下,多用贬义。[例]这个上访户反映的问题到底归谁管,你们各个部门不能推饸饹船儿,谁都不管。

腿打摽儿 tuǐdǎbiàor 由于疾病或惊吓等精神刺激导致迈不动步。[例]听说纪检委来了,还要双规,吓得他腿都打摽儿了。

腿肚转筋 tuǐdùzhuànjīn 小腿痉挛。[例]你这一喊,把我吓得腿肚都转筋了。

腿脚 tuǐjiǎo 指走动的脚力，也指健康的程度。[例]刘能说："你说咱俩要不去找他，就他这腿脚的，搁外边儿待一宿？冻坏你！"(《乡村爱情故事》第29集)

屯子 tún·zi 村庄；村子。原为古时驻扎军队的地方，年久沿袭下来多用于地名，且以驻地大户姓氏命名，如苏家屯，皇姑屯。[例]谢广坤说："那还用你说，人上海是大城市，咱这是屯子。"(《乡村爱情故事》第12集)

褪 tùn ①后退；倒着走。[例]排队不齐，前排再往后褪。②脱衣服，一般指脱下面的衣服，如裤子、裙子等的动作。[例]袭人听说，便轻轻的伸手进去，将中衣褪下。(《红楼梦》第三十四回)

褪旧 tùn·jiu 使用较长时间，闲置不用的东西。[例]褪旧自行车；褪旧电视等。

托盘儿 tuōpánr 草莓果。[例]放学了，学生们都到山坡上摘托盘儿。

脱空 tuōkòng 脱出身子，找出时间（去做）。[例]探春李纨都笑道："你也留心看出来了。脱空是没有的，只是迟些日子。"(《红楼梦》第五十六回)

脱相 tuōxiàng 指人由于疾病等原因造成貌相与原来有较大差别。一般多指瘦弱的貌相。[例]赵四说："你长没长心呐？我都折腾什么样了，这一天都给我瘦脱相了都，我还驮你。"(《乡村爱情故事》第9集)

妥活儿 tuǒhuór 完毕；已完成。[例]把这些字打完了，今天的工作就算是妥活儿啦！

妥妥儿的 tuǒtuǒr·di 安排非常妥当的意思。[例]放心吧，这事儿妥妥儿的。(范伟《老大的幸福》)

庹 tuǒ 量词，成人两臂向左右水平伸直时的长度，一般约5尺左右。[例]用刀切，赛条线，用庹庹有庹半。(《二人转传统剧目汇编》)

挖眍 wā·kou 用眼瞪人。[例]他还想继续说下去,小李怕露馅儿,在旁边挖眍他一眼,他没看懂小李的意思,继续滔滔不绝地讲。

挖门盗洞 wāméndàodòng 到处寻找。[例]改革春风吹满地,刘二堡人要争气,挖门盗洞找关系……(赵本山小品《儿子大了》)

挖墙脚 wāqiángjiǎo 本意是将墙脚挖掉,以使整体垮塌。比喻拆台,从根本上损害别人。现多指为了自己的利益,而采用一些不光明的方式从对方挖取相关的人员、技术。现在有时也指用手段抢走朋友的对象。[例]谢广坤说:"你说你大脚有什么事我谢广坤没到场,可为什么到我的事,你要挖我墙脚呢?"(《乡村爱情故事》第22集)

瓦 wǎ ①指摔倒。[例]他觉得头晕,刚要站起来就一头瓦那了。②引申为陷进去,多指做生意赔本。[例]他这次买卖儿可赔大了,一下子瓦进去几百万。

瓦凉 wǎliáng 形容特别凉的感觉。[例]赵大宝说:"我怎摊上这么个事……我这心哪,瓦凉瓦凉的。"(赵本山小品《心病》)

歪 wāi 动词。①讲邪理。[例]拿不是当理说,你也太能歪啦!②偏袒一方。[例]这事儿如果你不歪,往公道上办,那我就听你的,你说怎么办都行。

歪打正着 wāidǎzhèngzháo 比喻方法本来不恰当,却侥幸得到满意的结果。也比喻原意本不在此,却凑巧和别人的想法符合。[例]将药煎中,打发晁大舍吃将下去。想歪打正着,又是杨太医运好的时节,吃了药就安稳睡了一觉。(《醒世姻缘传》第二回)

歪了巴唧 wāi·lebājī ①不正的意思。[例]你看把床摆的,歪了巴唧的。②

说话不直奔主题，含沙射影另有所指。[例] 你有话就直说！别在那歪了巴唧瞎说，我这事处理怎么不公了？

歪歪 wāi·wai ①东西摆放不正。[例] 墙上的镜子都挂歪歪了，一点儿也不正道。②动词，比喻偏袒、偏向某一方或暗指对自己或某方不公。[例] 李二嫂还在那歪歪，老李奶不高兴了，拎着猪食瓢回屋去了。(《乡邻之间》)

歪歪腚 wāi·waidìng ①形容器物放偏不稳。[例] 你这车是怎么停的，汽车都歪歪腚了！②比喻偏袒一方的意思。[例] 如果法官不歪歪腚，我这案子肯定不能全输。

歪歪心儿 wāi·waixīnr 贬义。指自己另有所图和打算；有偏袒一方的心思。[例] 你就是想把公家的东西变成你自己家的，我还不知道你那歪歪心儿。

搲 wǎ 舀。[例] 看要饭花子十分可怜，又说也是山东的，她就不忍心，回屋搲了一瓢米给他。

崴 wǎi ①（崴子）山，水弯曲处。多用于地名。[例] 刘家崴子、张家崴子、三道崴子。②（脚）扭伤。[例] 胖丫下地干活把脚崴了，我们龙三儿一气儿把她抱到乡卫生所。(赵本山小品《过年了》) ③抛掷。[例] 老张看他跑了，拣起石头崴了他几下。④彻底完蛋，事情办砸了的意思。[例] 今年规定贷款要抵押，这下可崴了，我上哪找抵押呀！

外道 wài·dao 指礼节过于周到或客气反而显得有些疏远，见外。也可叠加为"外外道道"。[例1] 老姑说："乡长你进来吧，还外道啥呀？"范乡长说："这也不知到谁家了这是。"(赵本山小品《拜年》) [例2] 谢广坤说："这都是个人家人，这怎么还外外道道的。"(《乡村爱情故事》第31集)

外捞 wàilāo 也作"外快"。指主业以外的收入。[例] 这时姑娘心暗想，今天这个外捞真难得。(《黑龙江艺术》)

外一 wàiyī 万一；一旦。[例] 你们去看戏吧，我在家看家，外一来人了，家里没人多不好。

弯着转着 wān·zhezhuǎn·zhe 说话办事绕弯子。[例] 你跟我俩说话就别弯着转着，有话就直说！

剜筐是菜 wānkuāngshìcài 也作"剜筐就是菜"。指不加考虑就做出选择的意思。[例] 找对象可不能剜筐就是菜呀，你要多看几个，就是看好了，也得慎重考虑再定。

剜楞 wān·leng 狠狠地斜瞪眼看。[例] 她不服气，就剜楞他一眼。

剜弄 wān·nong 搜寻；求讨。[例1] 不好剜弄也得剜弄，谁叫你我兄

弟相称呢?(《索票案》)

完蛋 wándàn 也作"完蛋货""完蛋玩意儿"。指不争气、没有出息的人。[例]刘一水说:"完蛋的玩意儿,这还做不了主吗?"(《乡村爱情故事》第31集)

完犊子 wándú·zi 骂人话。指没有出息的人。[例]刘能说:"刘英你真完犊子,你就不会一哭二闹三上吊啊?"(《乡村爱情》第2集)

玩儿 wánr ①清闲自在;游戏。[例]没事儿,我俩在这玩儿呢。(赵本山小品《卖拐》)②耍戏、戏弄人。[例]你这么干,不是玩儿人吗,拿俺们当二傻子耍呀?

玩儿轮子 wánrlún·zi 在过去,汽车十分罕见、稀少,开汽车是令人羡慕的职业,人们敬称他们为"玩儿轮子的"。一是会开走,二是能修理。所以,人们称本领大或有本领的人叫"玩儿轮子"的。后来演变成对不知量力,卖弄本事,故意冒充有本领的人,叫玩儿轮子。

玩儿飘 wánrpiāo ①为了显示而装扮(一般指超过自己承受能力)。[例]他出门回来还玩儿飘,手上拿个大哥大,一边走还一边"喂""喂"的。②虚张声势。[例]你不就会几下武功吗?跟我俩玩儿飘,我还怕你不成?

玩儿深沉 wánrshēnchén 深沉,指沉稳,沉着,冷静,城府深的意思。玩

儿深沉，就是指故意装出一副庄重、严肃、深沉，显得另类、与众不同的样子。[例]谁不知道谁呀，你此当官几天就跟我俩玩儿深沉。

玩儿完 wánrwán　无法挽回、彻底完蛋的意思。[例]（高秀敏扮演的）媳妇说："你咋能把她领家里？完了，哎呀玩儿完了。"（赵本山小品《心病》）

玩意儿 wányìr　①原指宫廷里的人手里经常把持、玩弄的玉如意。②玩具。也指杂技、曲艺以及某些小游艺项目。③指东西（含贬义）。[例]他借钱不还，真不是玩意儿。

绾疙瘩 wǎngē·da　也作"绾疙瘩阄儿"。盘起长条形的物体并打成结。

枉活 wǎnghuó　白活，活得毫无意义，一般多含贬义。[例]这么大岁数还赌博，真是枉活了。

忘混脑子 wànghúnnǎo·zi　记性不好的人。[例]我真是忘混脑子，孩子都打电话告诉说不回来吃饭了，让我给忘了，咱们就不等他了。

忘性 wàngxìng　忘事；好忘事的毛病。反义词是记性。[例1]刘大脑袋说："永强你怎么忘性还大呢年轻人？就那个材料吧……"（《乡村爱情故事》）[例2]记性不好忘性强。

偎偎 wēi·wei　也作"委偎"，"偎咕"，亲密地靠在一起；紧挨着。[例1]她偎偎在妈妈怀里不起来。[例2]你还偎咕在被窝里干什么，赶快起床上学去吧！

搣 wēi　使细长的东西弯曲。[例]他真有劲儿，一下就把钢筋搣个弯儿。

微微了了 wēiwēiliǎoliǎo　①很小。[例]这都是些微微了了的小事，不必挂在心上。②余下、剩下的极少的部分。[例]你们先走吧，微微了了的活我自己干就行啦。

围脖儿 wéibór　围巾。[例]"嫂子，你家都丢什么了？"赵会计媳妇答："有个毛围脖儿，靴子和坎肩儿，都丢了。"（赵本山小品《过年了》）

围裙 wéi·qun　围在前身保护衣服和身体的东西，用布或橡胶等制成。[例]你看你，一出来老系个围裙干什么。（赵本山小品《小九老乐》）

温乎 wēn·hu　也作"温乎乎""温得乎的"。指温度不高，但不凉。[例]茶壶里有温乎水，你给客人倒点儿洗脸。

瘟大头 wēndàtóu　也作"瘟大灾"，"大头瘟"。旧指人传染疾病死时头部肿胀的症状。现多用于骂人。

稳当 wěn·dang　①稳重妥当。也可叠加为"稳稳当当"。[例1]他这人处事稳当。[例2]来坐下，稳稳当当的，啊。（赵本山小品《捐助》）②稳固牢靠。[例]这笔生意稳当，你不用担心。

稳当客儿 wěn·dangkèr　稳重的人。一般用于否定句，含贬义。[例] 我看你就不是稳当客儿。

齆齆鼻儿 wèng·wengbír　由鼻孔堵塞而引起的发音不清。也指齆鼻儿的人。[例] 这几天感冒了，一说话就齆齆鼻儿。

窝巴 wō·ba　（用手等）使东西曲折、弯曲或团成团儿。[例] 她把信一把抢过来，看完后窝巴窝巴扔地上。

窝风 wōfēng　风受遮挡，不易通过。[例] 这个角落窝风，搁这晒太阳好！

窝工 wōgōng　因为计划不周密或没有协调好，安排不当，导致工作人员无事做或不能发挥作用。[例] 咱们这么干太窝工了，还是把人分开去做，进度就快了。

窝瓜 wōguā　也作"倭瓜"，即南瓜。[例] 我家后园四周的墙根上，都种着倭瓜、西葫芦或是黄瓜等类会爬蔓子的植物……（《呼兰河传》）

窝火 wōhuǒ　遇到委屈或烦恼等不顺利的事而得不到发泄。[例] 他这次没竞选上，心里真是老鳖进灶坑，憋气又窝火。

窝拉兜 wō·ladōu　也作"窝里兜"。指山坡上的窝状处。[例] 黑熊的窝，就在后大山那个窝拉兜一个山洞里。（《启运传说》）

窝里反 wōlǐfǎn　内讧。[例] 还没等纪检委、检察院去调查，他们单位自己就窝里反啦，互相举报贪污受贿等腐败问题。

窝里横 wōlǐhèng　比喻那些在外头没能耐，却在自家或本单位耍威风的人。[例1] 他这个人就知道窝里横，不是骂孩子就是打媳妇，一点出息都没有。[例2] 耗子扛枪——窝里横。

窝囊废 wō·nangfèi　懦弱、无本事的人。[例] 刘能说："老四，你干啥去呀？……窝囊废。"（《乡村爱情故事》第13集）

窝囊人 wō·nangrén　①无能、怯懦的人。②当动词用，以羞辱等方式使自己或使他人产生有委屈或烦恼不能发泄而不痛快。[例] 你这么窝囊人，谁能受得了。

窝棚 wō·peng　也作"马架子"。是为看守庄稼、放蚕等临时住人的简易三角棚子，该窝棚搭成人字架形，用草或玉米秸等顺盖两侧，防雨水进入，棚面距地面架起木铺板，用来休息睡觉。[例] 现在我俩回去给窝棚扒了，把王八捞出来挨个儿放血。（赵本山小品《拜年》）

窝儿 wōr　①指人、动物居住的地方。[例] 小鸟的窝儿做在树丫巴上。②"窝"如果读四声（wòr），就变成比喻人或物体所占的位置。[例] 你在这个岗位都干这么长时间啦，也该挪个窝儿了。

窝窝儿头儿 wō·wortóur　用玉米面、高粱米面或别种杂粮面做的食物，略作圆锥形，底下有窝，故称。[例]这些人，生命最鲜壮的时期已经卖掉，现在再把窝窝头变成的血汗滴在马路上。(老舍《骆驼祥子》)

窝住了 wō·zhu·le　郁积而不得发作或发挥，即怀才不遇的意思。[例]我跟你说，我们家你二哥有才，天天在农村，就是窝住了，不得施展。(赵本山小品《有钱了》)

卧车 wòchē　过去农村人没见过轿车、小型汽车，看车里乘坐的人不像坐着，而像躺着、卧着似的，故形象称之为"卧车。"[例]咱们堡子从来没来过小卧车。

卧鸡蛋 wòjīdàn　把煮熟的鸡蛋去掉壳后，放在小米饭等粥状食品里加热一同吃。

乌了巴涂 wū·lebātū　满语词汇保留的满语音转而成的方言。①水既不凉也不热。[例]这水乌了巴涂的，也没烧开呀？②不爽利；不干脆。[例]这工作让你干得乌了巴涂的，工作到现在还没完成。③不干净，模模糊糊。[例]窗户上玻璃乌了巴涂的，外面来人都看不清楚。

乌七糟八 wūqīzāobā　十分杂乱，乱七八糟的样子。比喻不正经、不正统的事情或人。[例]结交这些乌七糟八的人，你怎么能学好？

乌压压 wūyā·ya　乌黑一片。[例]门一开，苍蝇乌压压一下子都飞进来了。

乌眼儿青 wūyǎnqīng　脸上因为受到撞击而发青的样子。[例]杨老二躲闪不及，被打了个乌眼儿青。(《东丰县民间故事集》)

诬赖 wūlài　毫无根据地把某种不良事项强加在别人头上。[例]你别诬赖好人，这事不是我干的。

屋里的 wūlǐ·di　妻子。东北人隐指媳妇为屋里的。[例]我家屋里的可能干了，里里外外全靠她一个人。

五更半夜 wǔgēngbànyè　更，在此发"jīng"音。也作"半夜五更。"从晚上到拂晓，一夜间分为五更，三更是午夜十二时。五更就是指夜很深，人们睡得正香的时候。所以五更半夜即指深夜。

五迷三道 wǔmísāndào　①神神秘秘，让人捉摸不定。[例]你这几天整得五迷三道，神神秘秘的，都干什么去了？②指人迷迷糊糊，神志不清。[例]他成天喝酒，把脑瓜喝得都五迷三道啦。

武把操 wǔbǎchāo　也作"武把捎"。①能力或技艺。[例]你真有两下武把

操,这活儿就你自己干得了。②打架。[例]瞪眼睛拉架子装腔又作势:"我今天要动动武把操!"(《二人转传统作品选》)

捂了 wǔ·la 由于物体长时间不透风而具有发霉、变坏的气味。[例1]最早收的是地瓜,地瓜起多了,堆在一起也怕捂了。(《罕王红参》)[例2]谢广坤说:"再晾它也捂了,卖也不值钱!"(《乡村爱情故事》第4集)

捂溜严儿 wǔliūyánr 封闭或遮盖得非常严实。[例]喝完姜汤,躺被窝里,然后捂溜严儿的,发完汗,病就好了。

捂着盖着 wǔ·zhegài·zhe 比喻遮蔽、掩盖起来,不让他人知道或发现。[例]按规定,出现事故要及时上报,你们这么捂着盖着,是要被追究责任的。

舞马长枪 wǔmǎchángqiāng ①形容易发怒,情绪易激动的样子。[例]我们开会刚批评她丈夫几句,她就舞马长枪地闯进会场来质问我们。②形容风风火火的样子。[例]从前,有个披甲阿哥,娶个媳妇叫俊大嫂,会剪花,会梳妆,就是办啥事好忙三火四,舞马长枪的。(《阿沙回门》)

舞弄 wǔ·nong 摆弄;耍弄。[例]赵玉田说:"呀!英子,你咋还舞弄被子呢?来,赶紧放一边。"(《乡村爱情故事》第30集)

舞舞咋咋 wǔwǔzāzā ①形容人做事轻浮,不稳重。[例]开个会,你看他舞舞咋咋的,都不知道他是谁了。②形容风风火火的样子。[例]你一天到晚舞舞咋咋的,都在忙什么?③张牙舞爪的样子。[例]谢广坤说:"装,上我这来舞舞咋咋的。"(《乡村爱情故事》第7集)

舞咋 wǔ·za 动词。①摆弄。[例]别人都在听报告,你在底下舞咋什么。②做某事。[例]他这开车技术真不敢恭维,好长时间才把汽车舞咋进车库。

扤鱼 wùyú 在河里用石块顺水砌成倒八字墙,将扤鱼篓子放至瓶颈处,鱼顺水进到篓子里,扤鱼篓子口有防止鱼跑出去的倒装装置。

扤子 wù·zi 捉鱼时,在河里浅水处用排列石头顺水砌成倒八字,大小与扤子最细处相当,将扤子喇叭口卡在八字口。目的将上游下来的鱼赶至最后留下的八字口,最后进入扤子。为了防止进入扤子里的鱼再跑出来,在扤子内放一扤蓄。(扤蓄:也作"扤蓄子"。用柳条编织成的桶装的,放在扤子内防止进入扤子里的鱼再跑出来的工具。)

杌子 wù·zi 也作"马杌子","杌凳"。即矮小的板凳。[例]贾府风俗,年高服侍过父母的家人,比年轻的主子还有体面,所以凤姐儿等站着,那赖大的母亲等三四个老妈妈告个罪,都坐在小杌子上了。(《红楼梦》第四十三回)

误车 wùchē　一般讲错过车次。在东北，多指车陷进泥地里，或遇到较大的塄坎等不能出来或不能过去的意思。［例］这个道路太不好了，到处坑坑洼洼的，平时下点雨，车到这就给误住了。(赵本山小品《三鞭子》)

焐 wù　用热的东西接触凉的或湿的东西使暖和、变干。如焐手，焐脚，焐酒，焐被窝等。

焐被 wùbèi　把被褥铺在炕或床上。［例］谢大脚说："这小炕我也给烧了，老热乎啦，就我这小被窝一焐，这小炕一躺，你就舒服去吧。"(《乡村爱情故事》第26集)

焐被窝 wùbèiwō　由于东北冬季寒冷，睡觉时刚进入被窝感觉很凉。所以睡前需将被子提前铺放好，靠火炕温度将被子焐热。另一种办法是靠别人提前进被窝里把被子焐热。一般是父母给年幼的孩子焐被窝，夫妻之间焐被窝，故男女之间说给焐被窝，即暗指结成夫妻。［例］李二寡妇说："如果你不嫌弃俺是二婚，又带个孩子，俺同意给你焐被窝。"(《乡邻之间》)

雾拉毛子 wù·lamáo·zi　小毛毛雨。［例］这天又下雨了，不过，这小雾拉毛子不会影响下地干活。

知识链接

靰鞡草 wū·lacǎo
一种多年生草本植物，茎和叶晒干后，垫在鞋或靴子里，可保暖防寒。东北三宝，一种说法为"人参、貂皮、鹿茸角"；另一种说法为"人参、貂皮、靰鞡草"。靰鞡草能与鹿茸角相提并论取而代之，是因大兴安岭一带极度寒冷，秋日采摘的靰鞡草十分珍贵，故把靰鞡草列为三宝之一。

靰鞡 wù·la
也写作"乌拉"。满族的服饰，从满语转意而来，是皮制的鞋靴，用鹿皮、狍皮或牛皮缝制，东北地区冬天穿着最为常见的是牛皮制成的。靰鞡的特点，是保暖性极好，结实耐穿。穿时用靰鞡草或苞米窝子(学名叫玉米棒穗儿皮)梳成细丝状垫入鞋内，可保暖防寒。

西葫芦 xīhú·lu 蔬菜一种，又名"角瓜"。一年生草质藤本（蔓生），有矮生、半蔓生、蔓生三大品系。

息黯儿 xī·anr 满语演变词汇。天黑后，晚上。［例］我白天没有时间，等息黯儿吃完饭我再去找你合计事。

稀巴烂 xī·balàn 极其烂，破碎到了极点。［例］都说黑瞎子舌头上长刺，舔到脸上，能舔掉鼻子不算，还能把你脸舔个稀巴烂。

稀得 xī·de ①一般用于反问句，意思与"不稀得"相同。没瞧起、看不上的意思。［例］你这点破东西，谁稀得要？②在使用"稀得"时，往往省略了"得"字，只用"稀"字，意思与"稀得"相同。［例］王云："还就刘英怀孕了，好像咱俩不能怀似的，就是不稀怀。"谢大脚："是呀，那不稀怀，想怀早怀上了。"（《乡村爱情故事》第2集）

稀罕 xī·han 满族残留语言。①稀奇、很少见的东西。［例］灵芝这个东西可是个稀罕物。②动词，喜欢；喜爱。［例1］赵会计说："这是你丈夫给你捎来的，尼加拉瓜呢料坎肩儿MTV非洲铁岭产的。"李红杏说："谁稀罕这破玩意儿！"（赵本山小品《过年了》）［例2］谢大脚说："那能不眼气吗？那搁谁，谁看着不稀罕哪？"（《乡村爱情故事》）

稀客儿 xīkèr 也作"西客儿"。不经常来往的客人。说客人"打西边来的"，是借指稀与西的谐音。［例］大嫂，你可是稀客儿，怎么有时间到我家来串门呀？

稀烂贱 xīlànjiàn 满汉合并词。指价格非常便宜。［例］等到蔬菜大量上市季节，白菜、萝卜等稀烂贱。

稀愣 xī·leng 也作"稀不扔"，"稀不愣"，"稀愣巴叉"，"稀巴愣登"。即稀

疏、稀少的样子。[例]从南边来个老狸猫，撅着尾巴弓弓着腰，稀不扔的胡子翘翘着。(《佳人奇闻》)

稀里哈摔 xī·lihāshuāi 也作"稀里马哈"。懈怠；办事不认真。[例]你别老稀里哈摔的，我跟你说正经事呢。

稀里马哈 xī·limǎhā ①马大哈、粗心的意思。[例]你今天值班可别稀里马哈的，一定要认真，坚守岗位。②不注意小节的人。[例]你今天去邀请人家来吃饭，可别稀里马哈的不当回事儿，一定要把客人请来。

稀溜 xī·liu 也可叠加为"稀溜溜儿"。①(道路等)泥泞。[例]大雨刚刚小一点，社员们拎着铁锹，披着雨衣，踩着稀溜道往河边跑。②粥、汤等很稀疏的样子。[例]这饭也太稀溜儿了，我们干体力活儿，能吃饱吗？

稀嫩 xīnèn 嫩，在此发"lèn"音。①食物等鲜美，含水分多的意思。[例]青苞米稀嫩，一掐都冒浆儿。②形容肌肤(多指女人、幼儿)等柔嫩。[例]这孩子小脸蛋儿长得稀嫩。③比喻人阅历浅、经验少、能力差。[例]你说三支部篮球队？他们稀嫩，咱们赢他们轻松的。

稀泞 xīnìng 泞，在此发"nèng"音。(道路等)非常泥泞。[例]往你家去的道，一下雨稀泞的，怎么走啊？晴天没事儿时，弄点沙子垫一垫。

稀软 xīruǎn 特别软。也可叠加为"稀软稀软"。[例]这钢筋稀软稀软的，能用吗？

稀松 xīsōng 也作"稀松带平常"。比喻做事轻松，游刃有余。[例]就这点小事？没问题，我办这件事稀松。

稀碎 xīsuì ①细小碎屑。[例]碗掉地下一摔稀碎。②疏松；易碎。[例]工程质量不过关，混凝土稀碎的，一掰就下来。

稀汤 xī·tang ①含水分多，浓度小的汤。[例]这灰和得这么稀汤，怎么抹墙。②比喻人脾气窝囊或能力差。[例]他办事稀汤，什么也办不成。

稀暄 xīxuān 也作"稀面"，"稀囊"。①特别蓬松；特别松软。[例]王秀美说："挺好这馒头，稀暄。"(《乡村爱情故事》第17集)②形容人窝囊或能力差。[例]他这个人稀暄，在单位管谁谁都不听。

稀渣 xīzhā (物体)疏松；易碎。[例]这面包稀渣，咬一口渣子就掉地上。

稀糟 xīzāo 特别糟糕，很差。[例]你看你，这件事让你办得稀糟的，我怎么跟人家交代啊。

嬉皮笑脸 xīpíxiàoliǎn 形容嬉笑不严肃或轻浮的样子。[例]你见我和谁玩过！有和你素日嬉皮笑脸的那些姑娘们，你该问他们去！(《红楼梦》第三十回)

席外 xíwài 也作"惜外"。指见外、客气的意思。[例]明天就不送饭了,你也别席外,自个儿到我那儿用饭吧。(《人参的故事》)反义词"不席外",即指彼此很熟悉,毫不客气,不把自己当外人的意思。[例]他可不席外了,上我们家进屋端起饭碗就吃。

喜幸嗑 xǐ·xingkē 喜幸:指欢乐、快乐、吉利的意思。[例]出门头上戴朵花,看着喜幸。喜幸嗑,也作"喜幸话",即令人欢喜高兴、爱听的吉祥话。[例]上人家去,要多唠些喜幸嗑,不要捡些人家不爱听的说,记住没?

蟢蛛 xǐzhū 也作"喜蛛"。一种长腿小蜘蛛。

戏痒 xì·yang 痒,皮肤或粘膜受刺激需要抓挠的一种感觉。戏痒,即指痒痒,有痒感。[例]一碰我腋下我就戏痒。

细发 xì·fa 不粗糙;细致。[例]米磨得很细发。

细高挑儿 xìgāotiǎor 细长身材;也指身材细长的人。[例]他家二姑娘长得细高挑儿大个儿,双眼包皮儿的,可好看啦!

细参 xìshēn 细辛的俗称。草本植物,叶子心脏形,花暗紫色。根很细,有辣味,可以入药,对头痛、牙痛等有疗效。利用其味,可放入衣服里防止蛀虫。

虾米稀 xiāmǐxī 形容人窝囊或能力差。[例]你别看他那么高大个子,论起摔跤那是虾米稀一个。

虾皮蟹盖 xiāpíxiègài 贬义,泛指对方的部下或所有的人。[例]一打仗,他家那些虾皮蟹盖都出来打群架了。

瞎 xiā 原意是指人的眼目失明。但针对庄稼苗势不好,学业、事业荒废,或对无所事事而误入歧途者,东北人,尤其老年人往往会叹上一声:瞎了!①农作物的籽实不饱满或种子没有发芽。[例]瞎苞米种子。②引申为损失;丢掉;糟蹋。[例]我说那意思,这不白瞎了吗,我就尝一口……(赵本山小品《生日快乐》)

瞎掰 xiābāi 也可叠加为"瞎掰掰","瞎叭叭"。指没有中心或根据地乱说。[例]你们可别听他瞎掰了,还不赶快回家做饭去!

瞎扯 xiāchě 没有中心或毫无根据地乱说。[例]老孟……咱家没有,你别瞎扯,哪来的钱哪……(赵本山小品《有钱了》)

瞎疙瘩 xiāgē·da 也作"瞎疙瘩鱼"。即淡水河胖头鱼。[例]几个男同学,趟水弯腰在河里摸瞎疙瘩,另几个上山捡柴火,几个不敢下河的女同学就坐在岸上看我们捉鱼。(《知青日记》)

瞎哄哄 xiāhōng·hong ①眼神不好；看不清。[例]你瞎哄哄的，路上有石头你看不见哪。②比喻人观察事物能力差。[例]别人都在为评先进四处活动，就你整天瞎哄哄的就知道低头干活。

瞎话 xiāhuà ①不真实的话；假话；谎言。[例]姑娘不信，只拿宝玉的身子说起，这样大病，怎么做得亲呢？姑娘别听瞎话，自己安心保重才好。(《红楼梦》第九十七回) ②满族人在猫冬时候，为了度过无聊的冬季，父母或长辈儿人讲给小孩子听或哄孩子玩儿的故事。比如儿歌童谣里说的："瞎话，瞎话，讲起没把儿"等。瞎话的主题包括劳动、生活、善恶因果、哲理、童趣、自然等。表现形式以语言为主，易于传诵和普及。

瞎火 xiāhuǒ ①熄灭火把，即没有亮光。[例]黑灯瞎火怎么走路。②因潮湿等原因，导致火引燃不起来。[例]连雨天旱烟潮了，就爱瞎火，怎么点也点不着。(《启运传说》)

瞎嘞嘞 xiālē·le 也作"瞎咧咧"。指到处去胡说乱讲。[例]你不用听他瞎嘞嘞，跟他磨那份嘴皮子干啥！(《伐木人传》)

瞎忙乎 xiāmáng·hu 盲目地，没有效果地忙碌或张罗。[例]你一天到晚就瞎忙乎，也不管管家里的事。

瞎目糊眼 xiā·muhūyǎn 形容人眼神不好使或观察、考虑问题不周全。[例]儿子搞对象……我寻思出来划拉个千儿八的，早点把彩礼给他过去，省得再黄了。我这人瞎目糊眼的，也没旁的来钱道儿。(赵本山小品《摔三弦》)

瞎嗙嗙 xiāpǎng·pang 也作"瞎白话"。指说话不准，不可信。[例]我的书呆子，啃你的书去，别在这儿瞎嗙嗙，显你那份呆气啦。(《东辽河》)

瞎眼儿蒙 xiāyǎnrmēng ①也作"瞎眼儿虻"。一种在人或动物身上吸血的昆虫，学名牛虻。[例]他属瞎眼儿蒙，专门儿盯肉吃。②比喻眼力不佳或行动莽撞的人。[例]你这个瞎眼儿蒙，这么大的人你都看不见。③也作"瞎蒙"。乱猜；碰运气。[例]他投篮从来都不准，今天投得准，那是瞎蒙的。

辖唤 xiá·huan 也作"辖管"。①约束；管教。[例]几个小年青的你不辖唤他们，他们就不听你的。②也作"辖唤人"，即欺负。[例]你们要好好相处，他那么老实，你别老辖唤人。

下巴长 xià·bacháng 比喻愿意接或插别人的话讲话。[例]你下巴真长，那么远说话你都能接上。

下巴颏 xià·baké 也作"下颏儿"。即指下巴。

下半晌 xiàbànshǎng 下午。[例] 到了下半晌，他们挖了半小筐二甲子等小人参。(《罕王红参》)

下绊子 xiàbàn·zi 原为摔跤时，用腿将对方绊倒的手段。比喻使用阴招，暗中作梗，阻滞、损毁他人。[例] 我们都是同事，工作中应当互相帮助，我有什么不对的地方，可以开展互相批评，但不能背后拆台，下绊子。

下辈子 xiàbèi·zi 人们幻想中的来世。[例] 徐老蔫说："我指准等，给我个期限。"马丫（哭泣着）说："下辈子。"（赵本山小品《相亲》）

下不得眼儿 xiàbùdéyǎnr 同反问的"下得眼儿"意思相同。即下不得手，不忍心去做的意思。[例] 让我这么大的人去打一个小孩子，我也下不得眼儿呀！

下不来台 xiàbùláitái 也作"下不了台"。指在人前处于受窘，十分尴尬的境地。[例] 你当着这么多人的面顶撞领导，这不是让领导下不来台吗？

下道 xiàdào 原意为偏离正道。现多用于口语，指没正经；下流。[例] 三句话就说下道儿去了。

下脚 xiàjiǎo ①落脚。[例] 屋里弄得乱七八糟，都没有下脚的地方。②原材料加工、利用后剩下的碎料。也作下脚料。③车下脚。马等牲口拉的车的下部固定车轴的部位。

下炕 xiàkàng 简单来说是指从炕上下来。一般指大病初愈，或身体状况良好，可以下地走动的意思。[例] 如果身体不好，就是下不了炕。如被打得下不了炕；某人病得下不了炕（也作"起不来炕"）等。

下力 xiàlì 舍得出力的意思。[例] 过日子不下力，穿的衣服不破也得叫人家给指破了，还不叫人笑掉大牙。

下蛆 xiàqū ①蝇等在变腐的物体上产卵后变成蛆。[例] 大酱缸不盖严，要是让苍蝇给下上蛆那就不能吃了。②通过说坏话等手段使坏的意思。[例] 他在同事面前给你下蛆，你不去解释清楚，将来在同事心中你咋办？

下舌 xiàshé ①把发生的事情学给家长、领导，或与此事有利害关系的人听。亦即有打小报告，传瞎话的意思。[例] 领导今天上午批评我，说我们昨天中午出去喝酒的事，是谁跑领导那下舌告诉他的？②东北地区对爱传播是非的长舌妇称"下舌老婆"，故对爱传播是非的人也统称为"下舌老婆"。

下生 xiàshēng 出生；出世。[例1] 我觉得这不是个问题，谁也不是一下生就跑步出来的。（赵本山小品《火炬手》）[例2] 我下生就会呀？学呗！（赵本山小品《拜年》）

下食赖儿 xià·shílàir 也作"下三烂儿"。指低三下四、委曲求全的意思。

〔例〕让我去拍马屁？那丢人现眼、下食赖儿的事咱可不干！

下水 xià·shui 可以食用的牲畜内脏。多指肚（dǔ）子和肠子。〔例〕猪下水，羊下水，牛下水等。

下台阶儿 xiàtáijiēr 即自我解嘲的理由。一个人高高站在台上，处在非常尴尬的局面或状态，这时没有台阶如何下得来。这就需要找个台阶或梯子之类的东西让他下来。台阶或梯子就是给他一个机会过渡到没那么尴尬的局面。〔例〕大家都反对领导的意见，我看领导很没面子，就说这事咱们大家回去再考虑考虑，明天再研究，实际我这是给领导下台阶儿。

下眼皮儿 xiàyǎnpír 也作"下眼皮子"。指被人看不起或任人摆布的人。〔例〕我才不干那整天让人瞧不起的下眼皮子工作。

下崽儿 xiàzǎir 原指动物产崽。引申为派生出来的或利息。〔例〕那么多钱不花，留在手里还能下崽儿呀。

吓人道怪 xiàréndàoguài 使人感到害怕的样子。〔例〕她妈妈觉得纳闷，跟谁干架了？她忙问陈红："咋的了？吓人道怪！又跟谁干仗了？"（《黑龙江艺术》）

先头 xiāntóu 以前；前头；刚开始。〔例〕赵四说："我先头他来的时候，我就要承认了，完了让你给打回来了。"（《乡村爱情故事》第11集）

闲（咸）吃萝卜淡操（糙）心 xiánchīluó·bodàcāoxīn 比喻没事找事，爱

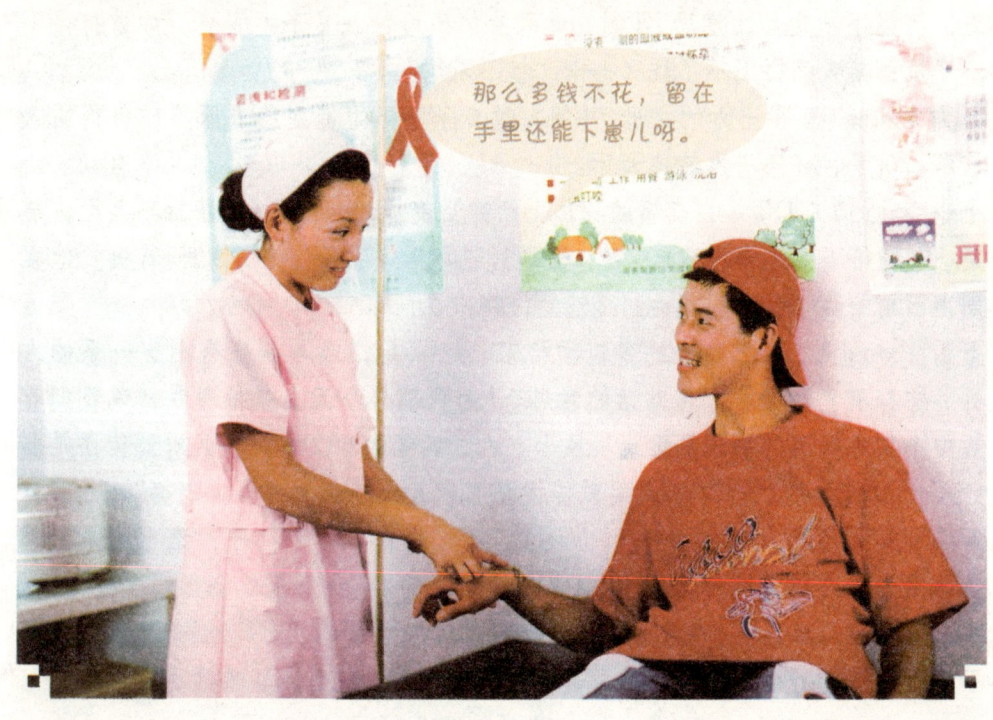

那么多钱不花，留在手里还能下崽儿呀。

多管闲事。[例] 你真是闲（咸）吃萝卜淡操（糙）心，人家两口子打架拌嘴，过几天就好了，你去劝架，算是哪门子呢？（《乡邻之间》）

闲嘎达牙 xiángā·dayá 也作"闲打牙"，"闲嗑牙"。①闲聊。[例1] 红玉道："他等着你，你还坐着闲嘎打牙儿？"（《红楼梦》第二十四回）②也作"闲打牙"指吃零食。[例2] 我拿点花生炒一炒，留着闲打牙吧！（《亲仇》）

闲唠嗑 xiánlàokē 也作"唠闲嗑"。指在闲着没事时，说些无关紧要的话题。[例] 刘英问："乐哈呢？"赵四妻说："没事，闲唠嗑。"（《乡村爱情故事》第3集）

闲莫见儿 xián·mojiànr ①无意中做的。[例] 我只是闲莫见儿用手摸一下，谁知道电脑就坏了呢。②闲着无事可做（或没事）的时候。[例] 你闲莫见儿撩扯小狗干什么，看把你手咬的。

咸菜疙瘩 xiáncàigē·da 指用蔬菜的块茎腌制咸菜的统称。[例] 吴德贵说："我老带一个大饼子，俩咸菜疙瘩。"（赵本山、范伟小品《同学会》）

咸淡儿 xiándànr ①菜里盐的浓度。[例] 这个菜咸淡儿正好。②盐的味道。[例] 这菜怎么一点儿咸淡儿都没有。

咸盐 xiányán 盐。[例] 老伴儿更心疼驴，有一次买咸盐，就买二十斤……（赵本山小品《三鞭子》）

嫌恶 xián·wu 也作"嫌乎"。指讨厌，厌恶；不喜欢的意思。[例] 谢永强说："这才几步道儿啊？"谢广坤说："你要不嫌乎你把我捎到沈阳也行。"（《乡村爱情故事》第16集）

显摆 xiǎn·bai 也作"显白"。炫耀；显示自己。[例] 永强妈说："谁能让你捎啥呀，你就说你要显摆显摆得了。"（《乡村爱情故事》第8集）

显怀 xiǎnhuái 妇女怀孕后体形发生变化，可以明显看出腹部凸起，称显怀。[例] 她已经显怀了，怀孕六七个月了吧。

现成 xiànchéng 本来已有的，已准备好的；亦指已有或准备好的事物可出售或使用的。[例] 刘能说："装病？你让她装吧，咱这现成的，看，看谁像。"（《乡村爱情故事》第29集）

现眼 xiànyǎn 现，在此发"xuàn"音。也作"现世"。指出丑，丢脸的意思。[例] 你可别在这给我现眼了，赶快回家！

线桄子 xiànguàng·zi 缠线的器具，中间有轴，可以旋转，线就绕在轴上。也作"线桄儿"。

陷进去 xiànjìnqù 陷，在此发"xuàn"音。①凹进去。[例] 车轱辘陷稀泥

洼里啦。②指处在不好的境况。[例]这次买卖不好，他肯定陷进去了。

相目 xiāng·mu 捉摸；观察。[例]这个金项链我相目很久了，早就想买了。

香饽饽 xiāngbō·bo 比喻备受关注、器重的人或事。[例]大兴镇在大棚里种植山野菜试验成功后，他们的大棚种植山野菜技术就成了香饽饽，东北各地都上那学习、取经。

香滋辣味儿 xiāngzīlàwèir 各种好闻的味道的混合。[例]巩汉林："那边是厕所。"赵本山："那样正好，香滋辣味儿的。"（赵本山小品《如此竞争》）

镶金边 xiāngjīnbiān 原指器物的边上镶金。现比喻人嘴甜，能说会道，或东西特别好的意思。[例1]尿罐镶金边——嘴好。[例2]你的东西怎么就比我的好啊？怎么镶金边儿了？

响鼻儿 xiǎngbír 骡马等动物从鼻子里发出响声叫响鼻儿。

响晴天 xiǎngqíngtiān 晴朗，万里无云的天气。[例]心里要是不痛快，响晴的天气也看成是黑暗的。（老舍《赵子曰》）

向着 xiàng·zhe 偏向，偏袒。[例]谢永强爸说："齐镇长是我家亲戚，我告诉你，关键的时候他得向着我，不能向着你们家。"（《乡村爱情故事》第22集）

X

像模像样儿 xiàng·moxiàngyàngr 一般为戏称或蔑称，即指模仿得比较逼真的意思。[例]尽管不识字，但这孩子还拿着本书，在那像模像样儿地看。

削 xiāo 东北人指打、揍、捶、擂等。[例]赵四说："我现在一看见刘能就气不打一处来，我就想削他。"（《乡村爱情故事》第9集）

销息儿 xiāo·xir 也作"销儿"。物件上暗藏的简单的机械装置或门道，一触动就能牵动其他部分。也当机关讲。[例]晚上要注意安全，睡觉前要把门销息儿插上。

小辫子 xiǎobiàn·zi 小的发辫。常用以比喻把柄。[例]张书记刚来的那天，就抓住了他的小辫子，就着着实实地给了他一下子。（《在田野上前进》）

小菜儿一碟 xiǎocàiryīdié 比喻轻而易举就可以做到的事情。[例]办这种事很简单，对我来说，那是小菜儿一碟。

小店儿 xiǎodiànr 比喻交往中不大方、吝啬的人。[例]你真是个小店儿，昨天跟你借个影碟，我还没看完呢，今天就来要了。

小肚鸡肠 xiǎodùjīcháng 鸡的肚子、小肠子都很窄，不能容多少东西。故以小肚鸡肠来比喻人器量狭小，小心眼，爱计较，只考虑小事，不照顾大局。

［例］你老这么小肚鸡肠的，以后和同事之间怎么相处？

小灰 xiǎohuī 也作"硝灰"。指烧草木炭后形成的灰。［例］进到屋中，炕沿儿上有点点血迹，地上有小灰刚刚被扫除的痕迹。（《碾盘顶子的传说》）

小抠儿 xiǎokōur 吝啬的人。［例］你真是小抠儿，孩子上学钱都不舍得花。

小脸子 xiǎoliǎn·zi 也作"小皮脸子"。指心中不满，且极易面露不满神色或说话时容易发火、生气的人。［例1］你看你个小脸子样，我就说几句，你小脸子就掉下来。［例2］你怎么是个小皮脸子，说生气就生气。

小名儿 xiǎomíngr 也称乳名，小时候起的非正式名字。［例］刘百万："别狗剩狗剩地叫我。"刘父："我是你爹，我管你叫声小名儿还不行啊。"（赵本山小品《儿子大了》）

小样儿 xiǎoyàngr 藐视对方的称呼。就是指某人还很稚嫩，上不了台面和没出息的样子。［例］刘能说："小样儿，我费这么大劲把庆典整到我家这办，你还想插一手？做梦吧你！"（《乡村爱情故事》第4集）

小鱼串大串儿 xiǎoyúchuāndàchuànr 鱼串是固定不变的，但抓的鱼大小不一，有的大鱼穿上正好，而小鱼则受苦了，把鱼鳃撕破方能穿上。"小鱼串大串儿"，比喻把能力差的人与能力强的人编放在一起，让其一同去做某事，就会使得能力差的人勉为其难，力不从心。多为自谦用语。［例］让咱们俩一起去海南买房子？你那么有钱，我才挣几个钱，这不是小鱼串大串儿吗？

小崽儿 xiǎozǎir 原指最晚出生、体型最小的动物。如排行最小的孩子叫"小崽孩儿"或"小崽孩子"。后引申为最小的东西。［例］你吃不了这个大苹果，妈妈给你挑一个小崽儿的苹果，行吗？

孝心 xiàoxīn ①孝顺父母或长辈的心意。［例］这孩子真有孝心，逢年过节就买东西送来。②动词，孝敬的意思，即对父母或长辈尽孝顺之心。［例］这些东西是孝心您老人家的。

笑话 xiào·hua 作动词，指耻笑、讥笑、嘲笑他人。［例］徐老蔫说："别回去，咱把有关事项商量好，别回去叽叽咯咯让孩子笑话。"（小品《老蔫完婚》）

歇咧 xiē·lie ①娇惯；怕吃苦。［例］你可真歇咧，干那么点活就喊累。②因痛点高而怕疼痛；过分夸大伤痛的程度。［例］刘能说："你可别歇咧了，香秀都说了，养养就好了。"（《乡村爱情故事》第29集）

歇晌 xiēshǎng 午休，多在午饭后。［例］一时贾母歇晌，大家散出，都知贾母今日生气，皆不敢回家，只得在此暂候。（《红楼梦》第七十二回）

邪乎 xié·hu 也作"邪性""邪门儿"。指不正常，怪异。[例]王云说："哎呀，你邪乎的，一件衣服能出啥事啊？"(《乡村爱情故事》第21集)

邪魔鬼道儿 xiémóguǐdàor 指人不正常，反常；行为怪异。[例]他从生病之后整天邪魔鬼道儿的，一会儿说狐仙附体，一会儿又说太上老君降在她身上。

斜楞 xié·leng 不平或不直。[例]这些木板摆放得有点斜楞。

鞋壳篓 xiékē·lou 鞋内空间。[例]这孩子不小心掉河里了，鞋壳篓里灌得都是水。

哪儿都不合，脾气还暴，一天老事儿事儿的，那血招没有。

血 xiě 一般指彻底、穷尽的意思。[例]血没辙(一点办法也没有)，血输没赢(肯定输)。

血哧糊拉 xiěchīhūlā 形容鲜血不断地流淌，很血腥的样子。[例]他们两个村的人为了争夺水源，各持铁锹、䦆头互相乱砍，那场面，打得血哧糊拉的，太吓人了。

血精儿 xiějīngr 出少量的血。[例]我手被玻璃划破了，都冒血精儿了。

血招没有 xiězhāoméiyǒu 穷尽最后，一点办法也没有的意思。[例]永强妈说："哪儿都不合，脾气还暴，一天老事儿事儿的，那血招没有。"(《乡村爱情故事》第22集)

卸磨杀驴 xièmòshālǘ 磨拉完了，把驴杀掉。比喻把曾经出过力的人一脚踢开。[例]你不能卸磨杀驴，干活时想到我，评先进就没有我。

心急吃不了热豆腐 xīnjíchībùliǎorèdòu·fu 比喻办事情或做事慢慢来，不能着急，欲速则不达的意思。[例]学习这种事情不能着急，心急吃不了热豆腐，得一点儿一点儿啃。

心急火燎 xīnjíhuǒliǎo 心急如焚，特别焦急的样子。[例]没等人家到，她就心急火燎的来了。

心里突突 xīnlǐtū·tu 紧张、惊恐、害怕而导致心跳加速的样子。[例] 我听见这事儿，吓得我心里直突突。

心凉半截 xīnliángbànjié 非常失望、彻底绝望的意思。[例] 王天来说："我还后悔？婶儿，我去了，到那我心就凉半截儿……我一看，没达标。"（《乡村爱情故事》第21集）

心眼儿 xīnyǎnr ①内心；心地（善良）。[例] 永强妈说："再说人家那小伙，一瞅长得那样就好，瞅那样心眼儿也能好使。"（《乡村爱情故事》第16集）②气量。[例] 马丫说："好啥呀，他这个人呐，你别瞅他蔫了吧唧的，那一肚子生古词儿，心眼小得像针鼻儿。"（赵本山小品《老蔫完婚》）③聪明、机智的程度。[例] 黑土："你不怪睡不着觉，心眼儿太多了，你该！啊？"（赵本山小品《说事儿》）

信他任儿 xìntārènr 也作"信任儿"。指由某人任意去做的意思。[例] 小孩子不能信他任儿，想要买什么就买什么，那怎么得了！

信瓤儿 xìnrángr 东北人称信封内写有内容的纸张叫信瓤儿，与之相对应的信封，就被称为信皮儿了。[例] 信皮儿叫我拿走了，信瓤儿放抽屉里了。

兴许 xīngxǔ 大概；也许；或许。[例] 王大拿说："我走了，你也用不着欢送，明儿就兴许回来，是不?"（《乡村爱情故事》第13集）

兴扬 xīng·yang 蠢蠢欲动，刚发作起来，即兴风作浪。[例] 因为大部分虫子二月二开始动弹了，大家在春天刚开春虫子还没等兴扬起来就用香熏，妇女们认为这一熏，一年家中屋里不遭害虫。

腥嚎嚎 xīngháoháo 很浓腥的气味。[例] 大批污染死掉的鱼都漂在鱼塘边儿，长时间没人管，把堡子里的空气弄得腥嚎嚎的。

饧 xíng 糖块、面团等变软。[例] 包饺子得等面饧一饧才能包。

饧汤寡水 xíngtāngguǎshuǐ ①指粥、汤等非常稀，不稠。[例] 这菜做得饧汤寡水的，一点油水都没有。②比喻人员稀少的意思。[例] 我们那个单位小，人也少，饧汤寡水的就那么几个人。

醒腔 xǐngqiāng 也作"省腔"。指醒悟过来的意思。[例] 等人家把钱都卷跑了，他这回醒过腔来，才知道被骗。

擤鼻涕 xǐngbí·ti 捏住一个鼻孔，用气把另一个鼻孔中的鼻涕排出。[例] 说到这里，那声儿便哽咽起来，说着又擤鼻涕，宝玉在外知他伤心哭了。（《红楼梦》第一百十三回）

杏条　xìngtiáo　学名胡枝子，豆科小灌木。别名为杏条、扫皮、随军茶、麻条。耐寒、耐旱、耐瘠薄、耐盐碱，萌发力强，生长快，栽培容易，能在林下生长，是一种较广泛的保土、改土树种，是我国半干旱地区沙地固沙造林的优良树种之一。该枝条多用于编织筐篓等。[例]杏条筐。

凶了巴唧　xiōng·lebā·ji　也作"凶巴巴"。一脸凶相的样子。[例]这人一瞅面相就凶了巴唧的。

胸坎儿　xiōngkǎnr　前胸；胸口。[例]医生，我这几天胸坎儿难受，是不是得病了？

熊　xióng　①斥责。[例]我也没做错什么，让领导给熊了一顿。②缺乏能力；怯懦。[例]武大郎卖棉花——人熊货囊。③指雄性精液。④动词，也作"熊人"，即耍弄、欺骗的意思。[例]动物园里的猴子，你拿好吃的熊它，它就给你表演节目。

熊蛋包　xióngdànbāo　对无能者的贬称。[例]你真是个熊蛋包，连小孩都能拿动这个箱子，而你这么个大人却拿不动。

熊到家　xióngdàojiā　比喻非常无能。[例]你真是黑瞎子拍门熊到家了，就这么点事儿也办不明白！

熊样　xióngyàng　也作"熊色（shǎi）"。扶不起的阿斗的意思。[例]王云说："瞅你那熊样吧，还偏妃呢，抠嗖地，把我弄偏了你。"（《乡村爱情故事》第7集）

修理　xiūlǐ　原意指使损坏的东西恢复原来的形状或作用。引申为整治、收拾的意思。[例]如果这孩子不听话，你就给我狠劲儿修理。

羞咪　xiūmī　害羞的样子。[例]你可别像个大姑娘似的，还羞咪啥呀！

羞臊　xiūsào　也作"没羞没臊"。羞，害羞；臊，害臊。没羞没臊即指不害羞、不害臊，或不懂得羞耻的意思。[例]他家孩子这么大了，还不知道羞臊。

宿　xiǔ　①量词，一夜为一宿。[例]我都在他家住三宿了，今天怎么也得回去。②动词，夜住。[例]大爷，我今晚能不能在你家宿一宿（xǔ）。

绣篮　xiùlán　投篮的俗称。在东北，称投篮为绣篮，投球为绣球。[例]他绣篮一点也不准。

虚头巴脑　xūtóubānǎo　为人处事非常圆滑，不实在。[例]范伟说："先生的身体不是很壮嘛。"赵本山说："哎呀！一眼就能看出你是虚头巴脑的。"（赵本山小品《年前年后》）

X

嘘唬　xū·hu　也作"嘘嚎"。把事实夸大或不加掩饰地到处乱讲。[例1]电视、电台都辟谣了,他还在那嘘唬,说这几天要地震,弄得人心惶惶。[例2]就这么点事儿,让他一嘘嚎大家都知道了。

絮叨　xù·dao　也可叠加为"絮絮叨叨"。说话重复、啰唆,没完没了。[例]见了物件,也要说是他买的,唧唧咕咕,絮叨的没有完期。(《老残游记续集》第四回)

絮烦　xù·fan　因过多或重复而使人厌烦。[例]逸云便向二人道:"二位太太如果不嫌絮烦,愿意听,话还长着呢!"(《老残游记》)

絮窝　xùwō　鸟兽等做窝的过程。[例1]小鸟在孵蛋之前,每天都忙着絮窝。[例2]冬天天冷,小狗用爪子把苞米叶子、稻草等挠到一起絮窝。

玄乎　xuán·hu　①疑问,不确定的意思。[例]这次考试肯定能拿第一?我看有点儿玄乎。②夸大其词。[例]你真能玄乎,没见过的东西像你见过似的。

玄头巴脑　xuántóubānǎo　说话办事不靠谱、善于夸大其词的人。[例]他这个人就是玄头巴脑的,说话一句真格的都没有。

悬　xuán　①也作"好悬"。指危险的,好险或惊险的意思。[例]赵本山说:"啊,可不悬透了,我都去那边儿了,走半路了人家通知,说是那边不让演小品的来,说是缺主持人。"(赵本山小品《就差钱》)②过分夸张的。[例]王秀美说:"……来个狗把耳朵咬掉了,这郭二配两副药,耳朵长出来了,你说多能耐这人。"刘能说:"(这话)听,有点悬呢?"(《乡村爱情故事》第23集)

楦　xuàn　①楦子,做鞋、帽时用来定型的模具。②泛指用东西填紧或撑起物体的中空部分。③动词,往兜、袋等里面揣。[例1]你把钱楦兜里。[例2]一个馒头他两口就楦嘴里了。

穴　xué　人头部或动物身上的毛发长成旋涡状的地方称穴。[例]我家大牤牛,从小头上就有两个穴,我能认不出来吗?

踅　xué　来回盘旋;中途折返。[例]老鹰在天空踅来踅去也不落下。

踅摸　xué·mo　捉摸;到处察看、寻找。[例]我们家没有人,你来踅摸什么。

噱了　xué·le　①动物(一般指牛马驴骡等)受到惊吓而狂奔。[例]走到街里听见汽车喇叭声,马车就噱了。②比喻无法控制。[例]好车一上高速那就噱了,谁也撑不上。

雪凇　xuěsōng　在寒冷的天气里,水汽、云雾和雨滴遇冻而结成白色松散晶

体。通称树挂。

雪窝 xuěwō 也作"雪窝子"。指雪被风吹到沟壑后形成的，表面看似平展，但如人、畜等动物陷入就会很危险的窝子，叫雪窝子。

寻思 xún·si 寻，在此发"xín"音。琢磨；思考。[例]徐老蔫说："我就怕你站在窗口上，时间长了受风。"马丫："哎呀妈呀！你说他寻思哪儿去了。"（小品《老蔫完婚》）

寻思过味儿 xún·siguòwèir 寻，在此发"xín"音。经琢磨后才反应过来。[例]等人家把钱骗走了他才寻思过味儿，知道被骗。

寻死上吊 xúnsǐshàngdiào 以上吊来完成自杀。[例]马丫说："小红妈要改嫁，儿女们又哭又闹寻死上吊，小红妈一咬牙，差点趴了火车道。"（赵本山小品《相亲》）

知识链接

小帽 xiǎomào
即二人转唱正戏前加演的民间小调。小帽，唱腔源于东北民间小调，特点是边舞边唱、载歌载舞。即使是名角、大腕儿，上台通常也不马上演正戏，而是先唱一段"小帽儿"，溜溜嗓子、热热身，为正式演出制造气氛。有名的如：《双回门》，《小拜年》等。

小过门 xiǎoguòménr
二人转术语。此喻小手法、小手段。过门，原指唱词或歌词的前后或中间用乐器演奏的一段曲子，有承上启下的作用。在二人转正式演出前，来个小过门，主要是招揽一下观众，吸引观众早些过来，然后才真正进入主题。

丫蛋儿 yādànr 也作"丫头蛋子"。对女孩儿的昵称。[例] 正好丫蛋儿给我拿回来一万块钱啦，我借你啊。(赵本山小品《就差钱》)

丫头 yā·tou 也作"丫头片子"。对女孩子的称呼。[例1] 赵四说："丫头啊，我也不认识字儿，你说，这是什么字啊？"(《乡村爱情故事》第9集)[例2] 他一连生了五个孩子，都是丫头片子。

压秤 yāchèng 与同体积相比，物体称起来显得分量重。[例] 他往羊绒里放砖头，就是为了压秤，但那不坑人吗？

压茬 yāchá ①说话或处理事情干脆、利落、果断。[例] 别看她是个女的，说话可压茬了，一般老爷们都赶不上她。②指具有控制局面的能力。[例] 老杨头拎个喇叭筒，站在道牙子上，敢管，敢碰，一句话：压茬。(《北方曲艺》)

压服 yā·fu 动词，指镇服、控制、制止。[例] 赵四说："你就说今天，我就那么压服你，我就那么给你递眼神儿，你到底把钱给拽出来了。"(《乡村爱情故事》第9集)

压事儿 yāshìr ①自控能力强；不愿意传播是非。[例] 你真能压事儿，都病一年多了，你才告诉我。②具有控制局面的能力。[例] 还得说是领导能压事儿，几句话就把闹事的人说得心服口服。

鸦默雀动 yā·moqiāodòng 也作"哑默悄地"。原指乌鸦行动诡异、无声的意思。①形容非常安静。悄悄；没有声音。[例] 大家都在写作业，鸦默雀动的，一点儿动静都没有。②动作幅度小，悄悄地。[例] 他单等晌午头，人们睡晌觉的时候，把大车往门口一赶，粮食往车上一装，哑默悄地赶出村去。

（《洮河飞浪》）

桠杈 yāchà　树枝分出的地方，也作"丫杈"。[例]喜鹊窝就絮在大树上边桠杈上。

鸭蛋儿 yādànr　零蛋。一般比喻考试成绩差，分数低。[例]这次考试，他又考个大鸭蛋儿。

鸭子儿 yāzǐr　鸭蛋。[例]听说你有病住院了，没买什么东西，就拿些自家产的鸭子儿和鸡子儿，给你补补身子。

牙巴叉 yábāchà　牙和下巴的俗称。[例]我家孩子离婚多少年了，怎么现在还拿离婚的事儿给你们垫牙巴叉。

牙狗 yágǒu　公狗。[例]有人骂那狂咬猛扑的大牙狗："没长眼的家伙，才几天不来，就不认识了？六爷在吗？"[例]赵本山说："我那小狗下了九个崽儿，四只牙狗，五只母狗。"（《初见赵老师》）

牙花子 yáhuā·zi　也作"牙床"。齿龈的通称。[例]这几天上老火了，也吃不下去饭，牙花子现在还疼。

牙口 yá·kou　①看牲口的牙齿多少可以知道牲口的年龄。[例]看你这匹马的牙口，就知道岁数不小，不是好牲口，价格能不能再便宜点儿？②指老年人牙齿的咀嚼力。[例]老爷子现在牙口还不错，吃东西还行，再活个十年八年没问题。

哑巴吃饺子，心里有数 yǎ·bachījiǎo·zi, xīnlǐyǒushù　指外表不露，心有底数或胸有成竹。[例]你别看他不着急不上火，老把头那是哑巴吃饺子，心里有数。

哑巴亏 yǎ·bakuī　也作"吃哑巴亏"。指吃亏后不敢或无法声张。[例]他两口子干了一冬带八夏的，就挣那么几万元钱，寻思放点高利贷，结果让人家把钱卷跑了，吃了个哑巴亏。

哑巴冷 yǎ·balěng　也作"干哑巴冷"。指在没风的状态下气温极低。[例]进入腊月，天气干哑巴冷，吐口唾沫到地上立即结成冰。

压根儿 yàgēnr　在否定句中使用，起强调作用，相当于"从来""根本"的意思。[例]王大拿说："还承包给你？压根儿那果园就是你的呀，是不是？"（《乡村爱情故事》第4集）

压马路 yàmǎlù　也作"轧马路"。属满汉合并词。多指夫妻或恋人在马路上散步、闲逛的意思。[例]老两口吃完饭没事儿，就去压马路。

压悠儿 yàyōur　一种民间的体育活动形式，也作"跷跷板"。一种多人（二

还承包给你？压根儿那果园就是你的呀，是不是？

人以上）参与的儿童游戏项目。

烟房 yānfáng 也作"烟房子"，"烟楼子"。即指熏烤烟用的高房子。[例]我今年把烟房子重新翻修了一下，这回烤烟质量也上去啦。

烟屁股 yānpì·gu 烟头，烟把儿。[例]等开完会你在看，屋里造得乌烟瘴气，满地都是烟屁股。

烟笸箩 yānpǒ·luo 用柳条编织或用纸壳糊成的，用以盛旱烟的浅筐。[例1]由眼前的烟笸箩唠到黄烟，由小日月庄稼谈到今年的苞米。（《暴风骤雨》）[例2]这个烟笸箩常常放在炕中间，来了客人就上火炕，围着烟笸箩盘腿一坐，讲故事，说瞎话，天南海北，张三李四，海阔天空。（《我家的烟笸箩和旱烟袋》）

严实 yán·si ①严密。[例]大酱缸得盖严实点儿，否则容易生蛆。②藏得好，不容易找到。[例]把存折搁严实点，别丢了。③引申为善于保密、不泄密。[例]他嘴可严实了，怎么问他都不说。

严丝合缝 yánsīhéfèng 指物体之间缝隙非常小。[例]黄木匠打家具那是一把好手，打的家具严丝合缝，非常结实。

言语 yán·yu 招呼；回答；做声。[例]张海山……撇着京腔说："先生，你要用水壶，请你言语一声。"（《马加文集》第5集）

掩 yǎn ①掩，在此发"yàn"音，指藏起来的意思。[例]是谁把东西掩起来了，我怎么找不到。②关，合。[例]掩闭。掩门。掩卷。③指门、窗、箱

柜等关合时夹住了东西。受气。[例]刘能说:"刘英啊,你爹今天叫好几个人给我掩了。"(《乡村爱情故事》)

眼巴巴 yǎnbābā ①急切地盼望。[例]孩子们眼巴巴地等你回家过年。②形容焦急地看着不如意的事情发生而无可奈何的样子。[例]救火的人们无奈地站在院子外面,眼巴巴地看着大火把房子烧掉。(《火神爷》)

眼馋肚饱 yǎnchándùbǎo ①馋:贪馋;饱:饭饱。指肚子已经饱了,可眼睛还很贪馋。[例]你别眼馋肚饱,做那么多饭到时候就吃不了了。②比喻贪婪、贪得无厌。[例]你别眼馋肚饱,你先把这些活干完再给你新的活,保证让你挣钱。

眼眵 yǎnchī ①又称眼屎。[例]熬了一夜,你就看我眼眵都出来了。②比喻毛病。[例]说啥玩意儿?这嘴咋这么快呢?谁还没点儿眼眵呀,这事要是传到小宋耳里,你说对我影响多不好。(赵本山小品《有钱了》)

眼尖 yǎnjiān 视力好,观察敏锐。[例]广坤的眼睛就是比咱两口子尖,咱们天天在他们跟前儿,都没有他观察的仔细。(《乡村爱情故事》第21集)

眼泪巴喳 yǎnlèibāchā 也作"眼泪巴叉""眼泪巴嚓"。满眼含泪(可怜)的样子。[例]老太太说着眼泪巴叉的。(《北方曲艺》)

眼力价儿 yǎnlìjiàr 也作"眼力见儿"。指善于观察、善解人意和辨别好坏的能力。[例]这小孩长得虎头虎脑,很机灵、聪明,腿脚还勤快,有眼力价儿。(《乌鸦和窝楞》)

眼亮 yǎn·liang 敞亮,无遮挡。[例]站在凤凰山尖儿上的老牛背,往下看真眼亮,一直能看到凤凰城街里。

眼目前儿 yǎn·muqiánr 也作"眼前儿"。①指眼下的、目前的。[例]姐夫啊,你就说些眼前儿的。(赵本山小品《过年了》)②常见的。[例]别看我念不几天书,但眼目前儿的字还能认得几个。

眼皮耷拉 yǎnpídā·la ①眼皮下垂。[例]岁数大了,眼皮都耷拉了。②比喻对人态度冷淡,爱答不理。[例]我找他打听事,几次找他都眼皮耷拉不理我。

眼皮夹你 yǎnpíjiāní 不看的意思,亦即蔑视的意思。[例]他那么有钱,才不会拿眼皮夹你。

眼皮浅 yǎnpíqiǎn (多为自谦)眼光短浅。[例]我就是眼皮浅,早怎么就没看出来他将来会有出息呢?

眼气 yǎnqì ①由于嫉妒、眼红而内心生气。[例]王云说:"听你说这

话的意思，好像人家广坤坐汽车你眼气了？"谢大脚说："那能不眼气吗？那搁谁，谁看着不稀罕哪？"（《乡村爱情故事》）②动词，使别人非常羡慕从而嫉妒。[例]不就买个电脑吗，你别眼气我，到时候我家也买一台给你看看。

眼罩儿 yǎnzhàor ①给牲口带的遮挡眼睛用的东西。也指人戴在眼睛上起遮蔽或保护作用的东西。用手平放在前额上遮住阳光叫打眼罩儿。②引申比喻立竿见影，立即给对方出难题使其陷入窘境的意思。[例]平时不努力学习，马上就给你眼罩儿看看，这回考试成绩不及格了吧。

演蓝 yǎnlán 面对出乎意料的结果而哑口无言，无可奈何的意思。[例]这场球叫人家踢进八个球，输得演蓝哪！

演人儿 yǎnrénr 动词。①使别人非常羡慕从而嫉妒。[例]你看这场演唱会人山人海的，那场面可真演人儿。②遭人白眼或受到侮辱。[例]你不就买个新车吗？还开我家门口来演人儿。

魇着了 yǎnzháo·le 梦中遇到恐惧的事情，以致呼吸困难等而惊醒后心有余悸。[例]他昨天晚上做梦魇着了，半夜吓醒了，起来嗷嗷叫。

厌 yàn 淘气的意思。[例]这孩子真厌，就不能老实一会儿？

燕蝙虎子 yànbiānhǔ·zi 也作"燕蝙蝠"。即蝙蝠。[例]一到晚上，燕蝙虎子到处乱飞，孩子们手里拿着扫帚，到处撑打。

殃子 yāng·zi ①原指迷信的人，用纸或布做成人的形状，将人名写在上边，该人的魂魄就附着在上边，称殃子。②比喻非常懒惰，游手好闲，无所事事的人或体格不好，身体经常有病，不能从事重体力劳动的人。[例]他一天像个殃子似的，什么活也不干。

扬棒 yáng·bang 神气十足，洋洋得意的样子。[例]他刚恢复科长职务不几天，就又扬棒起来了，连他以前的老领导都不放在眼里。

扬场五道 yángchángwǔdào 扬场：把打下来的谷物、豆类等用机器或木锨等扬起，借助风力吹掉壳和灰尘，分离出干净的子粒。比喻干活无条理，或东西放得杂乱，把场所弄得乱七八糟的样子。[例]我回娘家才几天，你看你和孩子把家造得扬场五道的，看来家里没有女人真不行啊！

扬当二怔 yáng·dang'èrzhèng 形容愣头愣脑，鲁莽、发愣的样子。[例]你看你，干点活扬当二怔的，不如我自己干。

扬荄 yáng·jiao 和泥用的碎草。[例]于国昌正在院子里砌酱栏子墙，光着两脚，拿着一把三齿铁叉，一边掺着扬荄和泥，一边垛墙……（《马加

文集》)

羊羔风 yánggāofēng 羊角风,即癫痫病。[例]他从小就得羊羔风病,谁一气他就抽风。

羊眼睛 yángyǎn·jing 羊直眼看东西,其眼球看似一动不动。比喻人不长眼神儿。[例]你别像羊眼睛似地站在那光看着,快过来帮我忙。

佯死不拉活 yángshìbùlāhuó 快要死而又没死。比喻无精打采的样子。[例]猪生病十来天了,怎么打针治也不好,就这么佯死不拉活的,可怎么办呐。

洋辣子 yánglà·zi 一种昆虫,其身上长毛,毛有毒,皮肤触之剧痛且红肿。一般形容女人非常厉害像洋辣子似的,不敢惹。[例]你这小丫头像洋辣子似的,太厉害了。

仰八叉 yǎng·bachā 仰面跌倒的姿势。[例]头天晚上下雪,早上开门出来没注意,一脚踩到雪上,摔了个仰八叉。

仰壳儿 yǎngkér ①仰面倒地。[例]摔仰壳儿。②仰卧。仰壳儿掉馅饼。比喻不劳而获。[例]你就整天仰壳儿躺着,等着房笆掉馅饼。③完蛋的意思。[例]跟人专家比技术?这回让人家给造仰壳儿了吧?

仰天儿 yǎngtiānr 走路时习惯仰脸朝上。[例]他这个人走路仰天儿,谁也不看,好像不爱搭理人似的。东北迷信的人认为,走路时仰脸朝天的女人和走路时只低头看路的男人性格古怪,很难相处。故有"仰天儿老婆低头汉"一说。

养大爷 yǎngdàyé 指在家供养的衣来伸手,饭来张口,不爱劳动,傲慢任性的男子。[例]别跟养大爷似的,来,帮我摘豆角。(《乡村爱情故事》)

养汉 yǎnghàn 指女子在丈夫之外另有情人。养汉老婆,指偷汉子的女人。

养活 yǎng·huo ①提供给能满足其生存所需的必要生活资料。[例]他一个人养活一家六口人。②饲养动物。[例]养活猪最挣钱。③生产;培育(孩子)。[例]王秀美说:"口壮实点儿,那小孩儿搁肚里长得他也大,下生的时候也壮实,也好养活。"(《乡村爱情故事》第31集)

漾 yàng 漾,在此发"yáng"音。洒、溢出的意思。[例]你一碗水得端平,端不平水就漾出来了。

漾奶 yàngnǎi 婴儿吃太多奶后吐出。

约 yāo 用秤称的意思。[例]一斤半没意思,你要约就约四斤,四斤还好分,我这一点儿不贵,真的。(赵本山小品《卖梨》)

妖道 yāodào 与众不同的办法和做法。[例]大爷说:"你小子妖道不少呢！你真能让我们村致富，我们大家都感谢你。"

妖蛾子 yāo'é·zi 让人意想不到的馊主意。［例］不知道她又要出什么妖蛾子。

腰板儿 yāobǎnr 指身子骨，借指体格。［例］你大爷我腰板儿还行，就让我多捞几趟木头，省得人说我吃闲饭。

腰包 yāobāo 放在腰间的钱包。借指经济实力。［例］这几年，农民的腰包也鼓起来了，咱不差那几个钱儿，该捐就得捐。

爻卦 yáoguà 指利用八卦来算命。

窑坑 yáokēng ①为取土烧制砖、瓦、木炭等而挖成的洞、坑。［例］山上隐隐现出的几处窑坑，据导游说，当年杨靖宇的抗联在这打过仗，烧过炭窑。（《天华山》）②东北地区也指家里的灶坑。［例］我出门拣点柴火，你在家把窑坑火看住，别让火烧出来。

窑子 yáo·zi ①烧木炭的窑坑。［例］早年的炭窑子是用黄泥和石头砌成的。②妓院。

遥车大辆 yáochēdàliàng 指不怕艰苦，不嫌路途遥远，投入很多，很隆重地去做的意思。［例］赵四说："你说长贵跟咱们有仇吗？咱们遥车大辆地给人告了。"（《乡村爱情故事》第11集）

遥哪 yáonǎ 四处、到处的意思。［例］黑土说："那村长上俺家主动去说，别让你媳妇遥哪乱走啦，赶紧写月子二吧，村头厕所可没纸了。"（赵本山小品

你说长贵跟咱们有仇吗？咱们遥车大辆地给人告了。

《说事儿》)

咬尖儿 yǎojiānr 也作"嚓尖儿"。指咬、吃食物上部最好的部分。比喻处处抢先，占便宜，得到最好的。[例]……好强咬尖儿，就得小朱这样的才能包容你，……（《老大的幸福》）

咬群 yǎoqún ①家畜同类争斗，相互撕咬。②鱼在繁殖季节为了交配而互相追逐，形成水花翻滚似互相撕咬，故叫"咬群"。也作"咬汛"。

咬头 yǎo·tou 也作"嚼头"。指咀嚼时有艮的口感。[例]香肠很有咬头。

舀子 yǎo·zi 用来舀水、油等液体的器具。[例]水舀子。

药人 yàorén 指食后能引起中毒的东西。[例]核桃皮熬的水能治病，但喝多了药人。

要饭花子 yàofànhuā·zi 乞丐。[例]我起初想，同三爷这么好，管他有衣服没衣服，比要饭的叫花子总强点。（《老戏游记续集》第四回）

要紧忙儿 yàojǐnmángr 重要、紧急或关键的时候。[例]到了要紧忙儿的时候，才能看出亲兄弟的感情不一般。

要脸儿 yàoliǎnr 好强，要面子。[例]钱大爷说："你要钱要脸儿？"白闹说："我要老伴儿。"（赵本山小品《捐助》）

掖藏 yēcáng 也作"掖着藏着"。掩藏；掩盖。比喻努力掩饰，怕人发现的意思。[例]出现问题总掖着藏着不是办法。

爷儿 yér 长辈男子和男女晚辈的合称。[例]王美丽说："哎呀，你们爷儿俩别唠那些用不着的了，唠点正事儿。"（《乡村爱情故事》第16集）

也不当 yě·budàng 也有读作"引不当"，"惹不当"，"也没拿当回事儿"。即无意中做出的意思。[例]我那天也不当说了一句公安局招协警，他就叫孩子去报名，结果真考上啦。

野乎乎 yěhū·hu 形容蛮横，粗鲁，狂妄。[例]看她野乎乎的，一点儿也不像女孩子样儿。

夜儿个 yèr·ge 昨天。[例]老奶奶说："夜儿个我看电视，怎么南边又闹洪水了？"

夜猫子 yèmāo·zi ①猫头鹰。[例]老话说，夜猫子进宅——无事不来。②比喻晚睡的人。[例]赶快儿睡觉吧，别成天像个夜猫子似的，再说老这么熬夜对身体也不好啊。

一把一吱嘎 yībǎyīzhīgá 也作"一把一利索"，"一码是一码了"。指做完一件事情必须立即了结，不能留下后患的意思。[例]这次送货咱得一码是一码

了，现场一手交钱，一手交货。

一边儿 yībiānr 一样。[例]谢大脚（对刘大脑袋）说："我知道了，你眼睛一边儿大了。"（《乡村爱情故事》第28集）

一扁担擂不出屁 yībiǎn·danléibùchūpì 也作"一锥子扎不出血"。形容人木讷，反应迟钝。[例]我都说老半天了，他还一扁担擂不出屁，在那蹲着抽烟，一声不吭。

一锛子一斧 yībēn·ziyīfǔ 比喻做事认认真真，脚踏实地。[例]他做事就是一锛子一斧子，从来没有那么多弯弯绕儿。

一崩子 yībēng·zi 指一段一段（时间）的意思。[例]春天这段时间，来收购山货的人也不是每天都这么多，一崩子一崩子的，有时招待不过来，有时一天一个人影也没有。（《罕王红参》）

一冲劲儿 yīchòngjìnr 指耐性差，不能持之以恒，仅仅一时冲动而为之的意思。一般与"鸭子上锅台"连起来用。[例]鸭子上锅台，一冲劲儿。

一出一出的 yīchūyīchū·de 连续不断、反复多次地。[例]车不停院里你就死呀……你瞅瞅你，一出一出的，把孩子们折腾成啥样了？（《乡村爱情故事》）

一大爬拉 yīdàpālá 一大堆。[例]他把山货往地上一放，堆的一大爬拉，有山核桃、蘑菇、榛子等。

一担挑 yīdàntiāo 连襟，姐和妹的丈夫之间的互称。[例]我俩是一担挑，他媳妇老大，我媳妇老二。

一道号儿 yīdàohàor 贬义，一丘之貉，一路货色，同伙的意思。[例]你说那个骗子你不认识，其实你俩是一道号的。

一丁点儿 yīdīngdiǎnr 也作"一星半点儿"。表示极少的或极小的一点儿；几乎没有。[例]哪怕过往的人有一丁点儿同情心，打个电话报警，也不至于死人啊！

一冬带八夏 yīdōngdàibāxià 也作"八冬带八夏"。"八"在东北话里为多的意思。东北有歇冬、猫冬习惯，而对夏天的辛苦劳作印象深刻，干一个夏天，等于比干八个冬天付出的辛苦还多。"一冬带八夏"：是指费了好多力气，苦巴苦业地才做出或做成某些事情。[例]我们全家一冬带八夏的口挪肚攒挣了这么几个钱，原指望给你娶媳妇，没想到让你一夜就全都给输光了。

一动（就） yīdòng 动辄就怎样的意思。[例]他一个大老爷们，一动就打老婆孩子，也不怕人家笑话。

一堆儿 yīduīr ①在一起。[例]我可以证明，那天我俩在一堆儿，哪也没

去。②一起,一同。[例]咱俩一个方向,走,一堆儿去。(《乡村爱情故事》)

一堆儿一块儿 yīduīryīkuàir 指目前现有的状况。[例]王大拿说:"我呢,就是这一堆一块儿,你要相中了呢……反正我相中你了。"(《乡村爱情故事》第35集)

一对双儿 yīduìshuāngr 双,在此发"shuàng"音。①一对儿、两个。[例]所有哑铃都是一对双儿,没有单个儿的。②指孪生,双胞胎。[例]他哥俩是一对双儿,同时上学,同时参加工作,同时娶的媳妇。

一顿把 yīdùnbǎ 也作"一顿下"。一下子,一口气,或连续不停地做的意思。[例]徐老蔫儿说:"……一顿把把孩子拉扯大了,我也成老豆角子,(问:怎么讲)干闲子呗。"(赵本山小品《相亲》)

一杆儿 yīgǎnr 一段儿的意思。[例]自来水快要没了,就剩一杆儿了。

一个锅里搅马勺 yīgèguōlǐjiǎomǎsháo ①同在一锅吃饭,比喻关系很近。[例]前两年,矿山工作还是"大呼隆"地推着干,干多干少一个样,稠的稀的一个锅里搅马勺时,像王玉胡这样牛高马大的小青年,干一天才挣二元零七分。(《黑龙江艺术》)②混在一起,同流合污的意思。[例]我才不和你们一个锅里搅马勺,明天我就搬出去住。

一个劲儿 yīgèjìnr 表示不停地继续。[例]真愁人,股市这几天一个劲儿往下跌。

一个味儿 yīgèwèir 相互一样,没有区别,指一丘之貉之意思。[例]你老说人家这不好那不好的,你也一个味儿,整天跟他们混,有什么前途?

一股脑儿 yīgǔnǎor 全都,全部。[例]经过思想斗争后,他把他们几个合伙贪污公款的事一股脑儿全讲出来了。

一连串儿 yīliánchuànr 连续重复做的意思。[例]在那排队的,一连串儿都是学生。[例]田老七说:"你这孩子现在折得怎么不利整儿的呢?来点儿连串儿的。"(赵本山小品《就差钱》)

一溜气儿 yīliùqìr 一口气儿,形容动作极快。[例]他自己一溜气儿把活全干完了。

一溜儿 yīliùr ①一排;一行。[例]这一溜儿都是红瓦房。②附近一带。[例]往乡下那一溜儿送货,都由我负责。

一溜邪气 yīliùxiéqìr 盲目地随从去做(坏事)。[例]他吃喝嫖赌什么都干,你别跟他一溜邪气的,学坏了怎么对得起你爹妈。

一码 yīmǎ 码,在此发"mà"音。清一色,完全一样。[例]他们非常富裕，大街上你看那男男女女，一码都是烫头，后来我一打听才知道，出生前他们就把头烫好了。(赵本山小品《过年了》)也作"一水儿"。[例]这次招的服务员，一水儿都是大学生。歇后语：老倪（mī）家孩子——一水儿。

一门儿 yīménr 也作"一门儿心思"。不断；专门。[例]他一门儿心思要想研究个什么东西出来。

一名二声 yīmíng'èrshēng 一是指名誉，二是指声誉，故称"一名二声"。[例]你在外面传得一名二声的，都说你有钱，怎么到捐款时就打退堂鼓了呢？

一勺烩 yīsháohuì ①对不同的事物作相同的处理。[例]他家的动迁情况和我们家不一样，你不能一勺烩都按一个标准补偿。②一锅端，全部拿走。[例]老二回来，看见他哥出差买回来这么好的工艺品，就一勺烩，全给拿走了。

一时半会儿 yīshíbànhuìr 也作"一半会儿"。指在很短时间内。[例]刘大脑袋说："我看这王大拿呀，一时半会儿也走不了，这些日子你干脆就做点菜吃。"(《乡村爱情故事》)

一天到晚 yītiāndàowǎn 整天地、经常地、连续不断的意思。[例]谢大脚说："就你那点儿破事，一天到晚地没完没了啦。"(《乡村爱情故事》第3集)

一条道跑到黑 yītiáodàopǎodàohēi 与"不撞南墙不回头"和"一根筋"意思相同。比喻倔强、执拗，绝不悔改、绝不让步的意思。[例]你养殖新品种鱼苗投了很多钱也没成功，你不能一条道跑道黑，不行转行养点别的。

一推六二五 yītuīliù'èrwǔ 也作"一退六二五"，本是珠算口诀，借指将所有的责任推卸一干二净的意思。[例]人是你找的，也是你介绍的，现在那人把钱骗走了，你不能一推六二五把责任全算在别人身上。

一小儿 yīxiǎor 小时候；从小时候开始。[例]这孩子一小儿就懂事，说话可招人喜欢了。

一阵儿 yīzhènr ①也作"一阵子"。指行为、动作或事情持续的那段时间。[例]他有头晕病，过一阵儿就好了。②可叠加为"一阵儿一阵儿"：指行为、动作或事情所持续的周期性。[例]这孩子的肚子一阵儿一阵儿地（疼），医生快给看看吧。

一准 yīzhǔnr 副词，表示必定、肯定的意思。[例]刘能说："你告诉王云，一准儿都去，啊？"(《乡村爱情故事》)

依足 yīzú 知足，满足。[例]孩子只要有个工作，我们当父母的就依足了。

倚老卖老 yǐlǎomàilǎo 仗着年纪大，卖弄老资格。[例]我不是倚老卖老

说你们，这么做确实有点不合适，你们哪能不登记就搬到一起住呢？（《沈霞大姐》）

意意思思 yì·yisī·si 犹豫不决的样子。[例]案子审到这份儿上了，他看不交代不行了，就意意思思想说又不想说，我说你放心，我们会兑现政策的。

阴兹兹 yīncí·ci 兹，在此发"cī"音。①形容天气阴沉的样子。[例]这天阴兹兹的，肯定要下雨。②阴沉的脸色。[例]你在单位一天老脸阴兹兹的，谁敢和你说心里话。

阴兹乎拉 yīn·cihūlā 也作"阴湿乎拉"。下雨前天气呈现的阴且潮湿的症候，形容常阴不晴的天气。[例]我看天气阴兹乎拉的，可能要下雨，你出门还是带把伞吧。

阴乎天 yīn·hutiān 略阴的天气。[例]别看是阴乎天，今天肯定不能下雨。

阴凉 yīn·liang 树等物体投在阳光下的阴影。[例]背阴凉；乘阴凉。

瘾头 yǐn·tou 上瘾的程度。[例]他抽烟瘾头可大了，一天能抽两包烟。

印 yìn 锅、缸等口径的计量单位。[例]用十八印大铁锅炖羊肉。

饮 yìn 指人在喝水时读yǐn音，当给牲畜喂水喝时读yìn音。[例]饮牲口；给牲口饮点儿水。

窨 yìn 在野外借山势挖的地下室。[例]以前东北土著居民，为了抵御寒冷冬天和野兽的袭击，就撅地为居，俗称地窨子。

应当 yīng·dang ①指仅仅挂某种虚名。[例]他整天就这么应铛，也不找个具体工作。②应付。[例]目前就这点事，大家用点心，把这次检查应铛过去。

应该应分 yīnggāiyīngfèn 也作"应当应分"。指理所当然、应该做的分内的事。[例]父母教育子女是应该应分的。

应名儿 yīngmíngr ①用某人的名义办某事；挂某种虚名。[例]我就是应名儿当个法人代表，这个公司具体怎么回事，我全不清楚。②仅仅在名义上是的意思。[例]他就是应个名，整天也不上班。

应验 yīngyàn 得到事后验证。[例]后来过了十年，算命先生的话得到应验，他家真就出来个大官儿。

应许 yīngxǔ 答应或允许。[例]得不到元帅的应许，谁也出不了抚顺城。（《罕王红参》）

迎面骨 yíngmiàngǔ 胫骨。[例]他一棒子扫到我迎面骨上，我疼得一下子抱腿坐地上了。

茔地 yíngdì　也作"坟茔地"。埋葬死人的场所及周边的土地。一般所属权归该后代所有的墓地及其周围的地方。[例] 老赵家的茔地在山后面,拐过山头就到了。

营生 yíng·sheng　也作"营当"。即指职业、工作。[例] 她又笑道:"什么员我也不当了,我就是个社员,拣粪编筐是我的正经营生……"(《吴氏春秋》)

营子 yíng·zi　原为军队驻扎之地。营为军队建制单位。台为军队基层单位,台上为营,营上为城,城就有将军官衔建制;关为元帅级别建制单位。现多用于地名,[例] 大营子,后营子等。

影乎 yǐng·hu　①一闪而过。[例] 她每天也不坚持上班,有时来了影乎一下就走。②(在眼前)晃动。[例] 你别在眼前影乎了,耽误我看电视。

影人 yǐngrén　也作"影得慌"。①光线刺眼。[例] 太阳反射在玻璃上的光太影人了。②高或嘈杂的声音影响人。[例] 邻居家一到晚上就大声放音乐,太影人了。

硬棒 yìng·bang　①结实。[例] 邻居王大爷虽然七十多岁了,但是身体挺硬棒。②能力强。[例] 你们这个队比政府机关篮球队硬棒,肯定能赢他们。

硬菜 yìngcài　过去指有肉带荤的菜肴,现在多指档次高、价钱贵的菜。[例] 儿媳妇啊,整俩硬菜,家来客儿啦!(赵本山、宋丹丹小品《策划》)[例] 徐会计说:"刘能家呢,搞庆典,马上就要开席了,刚才我看了,菜呢,不错,挺硬!"(《乡村爱情故事》第4集)

硬茬 yìngchá　厉害的、难以对付的对手。[例] 部队这回可碰到硬茬了,打了三天三夜才把山头攻下来。

硬撅撅 yìngjuējuē　①物体硬。[例] 这火腿肠硬撅撅的,可能过期了。②形容态度或语言生硬,含厌恶意。[例] 想跟你聊几句天,看你说话硬撅撅的,谁还想跟你聊啊。

硬气 yìng·qi　①刚强,有骨气。[例] 你是个大老爷们,说话要硬气点,否则传出去让人

儿媳妇啊,整俩硬菜,家来客儿啦!

家笑话。②底气足,有资格,于心无愧。[例]孩子考上大学后,她说话也硬气了。

硬掐硬 yìngqiāyìng　强硬地去做。[例]人家不同意,你不能硬掐硬地叫人家签合同。

硬实 yìng·shi　①食物不熟。[例]大米饭没熟,吃起来觉得挺硬实。②能力强。[例]他家后台挺硬实,难怪这么嚣张。③身体结实、体格好。[例]老蔫说:"拉倒吧,小芹她爹比我还硬实呢!"(赵本山小品《相亲》)

硬式呼啦 yìng·shihūlā　也作"生式呼啦"。指强硬的意思。[例]王秀美说:"你爹听说你回来啦,特意买的西瓜给你留着,那玉田要吃,你爹硬实呼啦没让他吃。"(《乡村爱情故事》第31集)

硬正 yìng·zheng　①食物等口感、手感略硬。[例]面条没煮熟,有点硬正。②(后台等)坚硬的意思。[例]茗烟在窗外道:"他是东胡同子里璜大奶奶的侄子。那是什么硬正仗腰子的,也来唬我们。"(《红楼梦》第九回)

Y

拥误 yōng·wu　"因为"的误读,①因为的意思。[例1]田老七说:"你说到时拥误这事儿,我怕耽误孩子前程。"(赵本山小品《就差钱》)[例2]老姑夫:"拥误啥呀?腐败啦?"(赵本山小品《拜年》)②引申为由谁引起,谁的责任。[例]他俩打仗,到底拥误谁,谁先动的手?

用项 yòng·xiang　用,在此发"yōng"音。费用。[例]你老子千辛万苦挣下这个家业……你们哥儿五个,一年得多少用项。(《义犬寻宝记》)

悠荡 yōu·dang　①在空中摆动。②比喻人在没安排正式工作之前所处的闲置状况。[例]他毕业后没找到工作,还在那悠荡着。

悠儿 yōur　①在空中摆动、颤动。[例]荡悠儿(荡秋千)。②形容动作极快。[例]他跑得真快,悠儿地一下就没影了。③量词,当次、回等讲。[例]我总共买了三次货物,第一悠儿我就把货钱付清了。

悠摇车 yōuyáochē　把摇车荡起来。[例]嫂子一边悠摇车一边唱道:"悠悠儿哎,悠悠儿哎,悠悠小孩睡觉来……"(《相邻之间》)

悠悠儿 yōuyōur　①荡秋千。[例]孩子们在楼下小区秋千上悠悠儿,老人们有的在打太极拳、有的散步。②形容动作极快。[例]在运动会上,他跑得悠儿悠儿的,谁也追不上。

油乎乎 yóuhū·hu　形容衣帽等物体被油弄得很脏的样子。[例]吃东西也不注意,看把棉袄袖造得,油乎乎的。

油叽嗝奈 yóujīgénāi　①对油性大的食物厌烦感觉。[例]这菜油叽嗝奈的怎么吃。②引申为对长期从事某项工作产生厌恶情绪。[例]他天天纠缠我，油叽喁奈的，真烦人！

油水 yóu·shui ①原指饭菜里所含的油质。[例]午饭时，做菜油水要大些。②现比喻可以得到的好处，多指不正当的额外收入。[例]刘能说："以前寻思当这村主任风光，没想到这玩意儿死拉累的，还一点油水没有。"（《乡村爱情故事》第36集）

油渍麻花 yóuzìmáhuā 积存在物体上难以去除的油渍等。[例]你看你，衣服穿得都油渍麻花的，还不洗。

有鼻子有眼儿 yǒubí·ziyǒuyǎnr 常放在"说""学""讲""传"等一类动词后面，比喻非常详细、真切的意思。[例]你说你没中大奖，但人家可说得有鼻子有眼儿的。

有的是 yǒu·deshì 形容非常多，到处都有，取之不尽，用之不竭的意思。[例]皮长山说："就你这小店，都是我们学校的地方，有的是人想干！"（《乡村爱情故事》第35集）

有号 yǒuhào （含贬义）有显赫的名号或知名度。[例]他在这村里可有号了，大家都不跟他一般见识。

有红似白的 yǒuhóngsìbái·de 形容白里透红的样子。[例]这家姑娘，端端正正，长得有红似白的，真招人稀罕。

有会儿了 yǒuhuìr·le 表示时间已经不短，有一段时间了。[例]问："他什么时候走的？"答："有会儿了。"

有嚼头儿 yǒujiáo·tour ①食物口感好，有韧性和可食用性。[例]我们村里杀年猪时，烀的猪大骨头棒，可有嚼头儿了！②也作"有品头儿"。指所说的话让人产生联想，意味深长的意思。[例]曹主任的话很有嚼头儿，我们两家不能再这么别扭下去了。（《乡邻之间》）

有靠儿 yǒukàor 非常有把握的意思。[例]拉关系这种事情他轻车熟路，找他最有靠。

有门儿 yǒuménr 找到窍门，有希望。[例]媒婆看到，在提到看电影时姑娘没反对，知道有门儿，就一个劲儿圈拢："对，你俩看完电影再说。"

有年头 yǒuniántóu 指事情发生已经或过去有许多年。[例]这间老房子可有年头了，那是伪满时期一个大财主盖的。

有尿 yǒuniào 也作"有那杆儿尿"。指有能耐、有志气的意思。[例]巩汉林："我明天还来……"赵本山："那算你小子有尿。"（赵本山小品《如此竞争》）

有人缘儿 yǒurényuánr 天生就具有与人相处的能力和技巧。[例] 他就是有人缘儿，到哪都受欢迎。

有日子 yǒurì·zi 指有好几天的时间。[例] 他这次上南方打工，走有日子了，现在还没给家回个电话。

有时有晌 yǒushíyǒushǎng 做事该做时做，该停时停，要有节制。[例] 打麻将要有时有晌，得分个时候，不能整天玩儿。

有一搭没一搭 yǒuyīdāméiyīdā 也作"有也打无也着"。指可有可无的意思。[例] 这次到海南，我主要是旅游，是否投资房地产那是有一搭无一搭的事儿。

有滋有味儿 yǒuzīyǒuwèir 津津有味，很有滋味。[例] 大家都在打麻将，就他一个人在那看书，看得有滋有味。

揄褶 yú·zhe ①揄褶，动词。披的意思。[例] 把孩子的被子揄褶一下。②舒服，好受。[例] 这个椅子我坐挺揄褶。③老实，稳当，不动。[例] 这孩子，乱跑什么，你就不能揄褶一会儿？"揄褶"的反义词"不揄褶"，除上述三种意思的反义外，东北话还指：①生病。[例] 他最近不揄褶，所以今天没来上班。②不规矩、不规整。[例] 看你把东西放得里出外进的，一点也不揄褶。

愉心 yúxīn 中意、称心的意思。反义词"不愉心"，即不称心的意思。[例] 娶这个儿媳妇他可愉心了！

榆树钱儿 yúshùqiánr 榆树叶，可食用。[例] 刚开春儿，榆树刚发嫩芽，妇女领着孩子到河套边大榆树那撸榆树钱儿，准备回家打汤。

愚道 yú·dao ①愚昧。[例] 他书念多了，有点愚道。②动词，絮烦。[例] 我都说不同意，你还在这愚道，说起来没完没了的。

愚弄 yúnòng ①蒙蔽，玩弄，哄骗。[例] 买卖不好，等我把库存的货愚弄出去再还你货款。②归拢。[例] 等我把家里东西愚弄愚弄，然后再陪你逛街。

预备 yù·bei 预先准备，它的近义词就是准备。在东北话里的"预备"一词中，"备"读轻声，意思就几乎全部改变了，变成完完全全的事先计划要招待的意思。如在农村，谁家有喜庆事情，邻居就问：你家房子上梁，不预备吗？[例] 王秀美说："我寻思他没吃饭，让他上我们家吃饭去。"谢广坤说："这预备着呢。"（《乡村爱情故事》第23集）

遇事巴伍 yùshìbāwǔ ①一旦遇到什么事。[例] 出门多带点钱，遇事巴伍的看见好东西给我捎点回来。②不确定什么东西。[例] 家里来客人了，上街买点遇事巴伍什么的。

圆鼓隆的 yuán·gulōng·di 指东西又圆又鼓的样子。[例] 山上有块大石头，圆鼓隆的坐在山顶尖儿，好像要随时滚下来。

圆乎 yuán·hu 同圆乎乎的。形容很圆的样子。[例]她长得大眼睛，圆乎脸，梳俩小辫儿。

圆桌酒 yuánzhuōjiǔ 结婚时，操办完婚事后，一家人全部坐下共同吃饭、喝酒，叫圆桌酒。

辕子 yuán·zi 辕，在此发"yán"音。大车前的两根木杆，用来驾牲口。[例]大黑牛窝在辕子里，不一会儿工夫就急出箍眼了。

远点儿扇 yuǎndiǎnrshān 不礼貌语言，也作"一边儿扇去""一边儿呆着""上一边儿去"。指让离开，滚远一些在那呆着的意思。[例]你都参加工作了还和我要钱，你给我远点儿扇去。

怨 yuàn 动词，责怪、归咎的意思。[例]永强妈说："你啥事都怨我，那你怎不看着呢？"(《乡村爱情故事》第5集)

约摸 yuē·mo 约，在此发"yāo"音。①估计。[例]这次竞赛，我约摸我能拿第一。②大概。[例]我约摸这次能轮到我去三亚休假。

哕 yuě ①象声词，呕吐时发出的声音。[例]她哕的一声，吐出好多东西来。②动词，呕吐。[例]吃完东西不舒服，干哕也哕不上来。

你啥事都怨我，那你怎不看着呢？

月黑头儿 yuèhēitóur　黑，在此发"hě"音。也作"夜黑儿头"。指夜晚的时候。[例]这月黑头儿，你让姑娘家一个人走路回家她能不怕吗？

月科儿 yuèkēr　（婴儿）未到满月。[例]低头一瞧，地上放着一只大筐，浮上放着一个月科儿孩子，下边全是鸡蛋。（《张寡妇烧香》）

月亮地儿 yuè·liangdìr　有月亮的晚上。[例]老爷子对大家说："趁今晚月亮地儿，赶快把庄稼抢收回来。"

云山雾罩 yúnshānwùzhào　也作"云山雾沼"。形容说话荒唐或毫无边际地乱侃。[例]他是喝多了，云山雾沼的，说的都是醉话！（《隐匿在哭声中的笑声》）

匀空 yúnkòng　倒出时间，抽出时间。[例]他家猪有病了，匀空我去看看打一针。

匀溜 yún·liu　非常均匀。[例]这布纹很匀溜。

知识链接

摇车 yáochē
即摇篮。也作"悠车"。其状如现在家用的浴盆，筐状，无梁。车帮以柳木薄片围成，底部铺数块横木板，车帮两边用四根绳子将摇车吊起来，一般固定在屋内房梁上。用时将小孩放入摇车平躺，再推动摇车在半空中前、后摆动。故称此"养活孩子吊起来"。婴儿睡在摇车里，母亲一边哼小曲悠孩子，一面还可以做些针线活计等。满族人孩子睡摇车的习俗，是满族先人过渔猎生活形成的，把孩子放在地上睡觉不安全，便挂到树上，逐渐演变成摇车。

秧歌舞 yāng·gewǔ
又称"鞑子秧歌"。多于上元夜表演。舞者十数人或数十人不等。表演者各持尺把长两圆木，边击边对舞。常由三四人扮妇女，三四人扮参军及扮持伞灯者，饰卖膏药者为前导。以锣鼓伴奏，"舞毕乃歌，歌毕乃舞"。是化妆的歌舞表演。有徒步、高跷之分。若两秧歌队于路相遇，即行抗肩礼互敬。

Z

咂人 zārén 指水让人感觉非常凉。[例]春天刚开化，河水冰凉特别咂人。

咂儿咂儿 zār·zar 也作"咂儿"。①乳房。[例]老初起来，披上一条麻布袋，裹住她的胸前一对大咂儿咂儿。(《暴风骤雨》)②乳汁，奶水。[例]孩儿他妈，孩儿他妈，快给孩子来吃咂儿咂儿呀！

砸巴 zá·ba ①打，揍。[例]他再不老实，就砸巴他一顿。②收拾、管理、提醒。[例]这孩子你得勤砸巴点儿，要不他不好好学习。

砸杠 zágàng 也作"砸杠子"。指以前土匪持木棒将行人打倒后，实施拦路抢劫叫砸杠子。现在比喻过分地、强行地去敲竹杠的行为。

砸锅 záguō 比喻因出现事故而使得事情失败。[例]你得保证完成任务，不能把事情办砸锅了。

砸锅卖铁 záguōmàitiě 比喻倾其所有去做某事。[例]钱大爷说："我就砸锅卖铁，我把房子押给你，行不？"(赵本山小品《捐助》)

砸死坑儿 zágsǐkēngr 固定的报酬或费用。[例]这个工程砸死坑儿承包。

咋 ză 也作"怎"，"怎么"。[例]以前不是都说好了吗？咋又变了呢？咋回事儿呀？

咋的 zǎdi 怎的，怎么的。

咋整 zǎzhěng 怎么办，也说"咋办"。[例1]小沈阳说："别说话了，一会儿万一要有咋整啊？"(小沈阳小品《不差钱》)[例2]刘大脑袋："结果现在真大拿来了，就乱了方寸。"王云："那咋整啊？"刘大脑袋："咋整？想办法呗。"(《乡村爱情故事》)

栽歪 zāi·wai 也作"栽棱"。①不平稳，向一边倾斜。[例1]墙上相框都

挂栽歪了，你去给正道一下。[例2] 栽棱眼；栽棱膀子；桌腿栽棱。②形容人或动物走路歪歪扭扭的样子。[例1] 她走路像栽歪鸡崽子似的。[例2] 王天来说："往后你尽量跟我大姑父你俩少跳舞，成吗？那一栽歪一栽歪的，给我都晃得唱歌都唱不好"。(《乡村爱情故事》第20集)

咱 zán 我，我们。[例] 听说新开个大酒店，饭菜味道不错，咱几个今晚去撮一顿。

暂 zàn 暂，在此发"zan"音。用在"这暂、那暂、多暂"里。是"早晚"，"什么时候"的意思。[例] 我多暂说过这样的话？

脏了巴唧 zāng·lebā·ji 不干净，脏兮兮的样子。[例] 你看你，小脸儿造的脏了巴唧的。

遭老罪了 zāolǎozuì·le 非常吃苦，受折磨。[例] 国民党审讯江姐，当时江姐遭老罪了。

糟贱 zāo·jian ①糟蹋。[例] 桑拿？行了，你别糟贱我了。(赵本山小品《儿子大了》) ②浪费。[例] 他就是坐驴车的命，那屁股坐汽车上，那不把汽车给糟贱了吗？(《乡村爱情故事》)

糟心 zāoxīn 因情况不好或事情弄坏而心烦。[例] 买卖没谈成，这几天我糟老心了。

早不离儿 zǎobùlír ①时间尚早。[例] 问："有对象没？"答："有了。"问："什么时候结婚？"答："这才认识几天，结婚还早不离儿的。" ②相差很远。如问："这个工作什么时候能干完？"答："早不离儿的，才干完一半儿。"

早年 zǎonián 很多年之前。[例] 早年间，东北那里是，棒打狍子瓢舀鱼，野鸡飞到饭锅里。

灶坑 zàokēng 灶膛。灶内燃火之处。如歇后语：老鳖钻灶坑，憋气又窝火。

造 zào ①不计后果，放开手脚去做的意思。[例] 今天我请客，大家想吃什么随便点，可劲儿造。②吃、喝的意思。[例] 我包的（饺子）就没人吃呀？到时候就给龙三儿和赵会计他俩造呗。(赵本山小品《过年了》) ③破坏、毁掉。[例] 大人不在家，几个孩子把家造得乱七八糟。

造个老满 zào·gelǎomǎn 取得、获得很多，满载而归。[例] 老张去北京争取资金，这次造个老满，带回几千万资金。

贼 zéi 东北话中，形容词很多，其中"贼"为程度副词，加重语气。表示很、非常的意思。[例] 贼大、贼好、贼快、贼坏、贼甜、贼漂亮等。

贼毙 zéibì 盖过一切，形容特别好。[例] 这台联欢晚会太好看了，那可真是小偷拉电闸，贼毙（闭）了。

贼拉 zéilā "贼拉"为程度副词，加重语气。表示很、非常的意思。比如贼拉快，贼拉好，贼拉漂亮等。[例]谢广坤说："俺家那永强贼拉犟，我是咋说都不行，就想整那果园。"（《乡村爱情故事》第20集）

怎的 zěn·di 反问词，即怎么、怎么的、怎么样。[例]赵祥把布衫使劲一甩，说："怎的，兴他去，就兴我去。"磨身就走了。(《新村》)

锃明瓦亮 zèngmíngwàliàng 在东北，锃亮是锃明瓦亮的缩写。形容物体反光发亮耀眼。[例1]看他家这屋子，收拾得锃明瓦亮。[例2]钱大爷说："大大呼呼，大雪无痕，大脑袋锃亮，行不？"（赵本山小品《捐助》）

扎 zhā 扎，在此发"zhà"音。农村为了防止人、畜进入院子、园子等，一般砍伐带有荆棘的树枝围在院子、园子四周。此行为称扎。[例]扎院子，扎菜地等。歇后语：老道砍荆棘——"诈庙"。扎（诈）庙的本义，原指老道为了防止牲畜等不意闯入庙内，砍伐带有荆棘的树枝围在庙的四周，称扎庙。

扎脖儿 zhābór 用绳子把脖子捆上，比喻不吃或不让吃东西，饿死的意思。[例]我们下岗了，还不给我们生活费，让我们扎脖儿呀！

扎咕 zhā·gu 也作"扎箍"。残留的满语词汇，由满语音转而成的方言。也可叠加为"扎咕扎咕"。①治病、治疗。[例1]这一天，鲁大爷见有些伤员伤势转重，不赶紧扎咕不行，他可着了急。（《老哥俩》）[例2]她常年头疼病，就是老中医用偏方给扎箍好的。②引申为找出毛病予以修理。[例]汽车坏了，听说你能扎咕好。

扎枪 zhāqiāng 红缨枪的俗称。[例]先把村委会给炸了……，修上四个炮楼，整几个民兵端着扎枪搁那站岗。（赵本山小品《有钱了》）

扎猛子 zhāměng·zi 游泳运动的一种动作。头先入水或潜入水底的动作。歇后语：洗脸盆儿扎猛子——你不知深浅。

扎嘴儿 zhāzuǐr 把袋子等的口拴紧。比喻不让人说说话的意思。[例]还不让人说话了，再怎么也不能把我们嘴扎上吧？

咋呼雀 zhā·huqiǎo 做出一些动作或弄出一些声响吓唬雀。引申为藐视、小看对方而采取一些低级的办法去吓唬对方的意思。[例]你咋呼雀儿呐，你来了我就怕你啦。

咋哕 zhā·yue 出现与原来预想的结果有出入（不好）的现象。[例]这事原来领导都同意了，现在让你给办咋哕了。

拃 zhǎ 量词，一种张开拇指和中指量长度的方式。即张开拇指和中指（或小指）后两指尖端之间的距离，叫拃。[例] 一拃长。

诈唬 zhà·hu ①虚张声势，不稳重的样子。[例] 赵本山说："诈唬的越欢，死的越快，老实人常在。"（《年前年后》）②恐吓；欺骗。[例] 我根本不知道丢东西这事，我没偷，你咋唬谁。

诈庙 zhàmiào 意指通过故意耍诈而诓人说出真实情况。[例] 你别诈庙了，想从我嘴里套话？没门儿。

奓刺儿 zhàcìr 奓，在此发"zhā"音。也作"炸刺儿"。原意指伸出刺儿，比喻嚣张。[例] 大家对承包集体林的提议都没有异议，就你奓刺儿不同意。

奓胆儿 zhàdǎnr 壮胆，勉强鼓起勇气。[例1] 领导正在火头上，我奓胆儿去问他会议是否继续开。[例2] 我一个人奓着胆子走夜道。

奓毛 zhàmáo 恼羞成怒，发火的样子。[例] 三句话不到就奓毛了。

奓撒 zhà·sa 也作"奓奓"，"奓巴"。①张开、伸开或竖起。[例] 你几天没梳头洗脸了？头发都奓撒起来了。②蹒跚刚学会走路的样子。[例1] 小孩儿俩手奓奓着奔我来了。也可叠加为"奓奓巴巴"。[例2] 大家都以为黑瞎子这回可死了，没想到它奓奓巴巴又起来了，大家吓得都跑了。

炸刺棵 zhàcìkē 将院子、庄稼地等用带刺的树棵等围起来，以防止牲口等进入。

炸赌 zhàdǔ 滚赌，即赌博时，由于输钱而举报或将赌局搅黄，从而达到赖掉赌账的目的。

炸锅 zhàguō 原指油等煎熬过热进入水后形成爆裂或锅等器物受热后遇冷水而形成爆裂。引申为由于强烈不满或受到惊吓而使人群惊慌四散或乱成一团。[例] 村长一宣布决定后，开会的人就炸锅了，纷纷表示不满。

炸叽叽 zhàjījī 一说话就发火，耍小皮脸子。

炸窝 zhàwō ①也作"炸群儿"。动物受惊吓各自离群逃散。[例] 牛一旦炸群了，就无法收拾。②比喻许多人在受惊之后乱成一团。

择 zhái 剔除、择除的意思。[例] 他们是同伙，是同案犯，你不能把他自己单独择出来，那样做对其他同案犯是不公平的。

择不开 zháibùkāi ①分不开；区分不开。[例] 到底是谁的责任，我一时半会儿还择不开。②无法脱身；摆脱不了。[例] 我最近忙，择不开身子办那件事。

择日子 zháirì·zi 择，在此发"zé"音。在结婚、开张、庆典等选择吉祥的日子。[例] 儿子要结婚，找人择个日子。

沾包儿 zhānbāor 招惹是非，把行为和结果勉强联系在一起，从而承担责任。[例]我就知道，你干的那个促销促销，早晚你得沾包。(赵本山小品《年前年后》)

沾边儿 zhānbiānr ①接触；与事实有关系。[例]刘大脑袋说："没想到这些年鞍前马后给你跑，出生入死给你干，好处没沾边儿，今天还落了难。"(《乡村爱情故事》第35集)②与原有事实或事物靠近、接近。[例]你说这些话，与案件的事实还有点沾边儿。

沾边儿就赖 zhānbiānrjiùlài 到处寻找借口和理由，把与他人或事实有点接触，有点关联，就牵强地以具有必然因果关系来论处。[例]我开车是碰到你脚了，但你不能沾边儿就赖，医治感冒、心脏病的费用也让我承担。

沾光 zhānguāng 因与别人或某种事物发生关系而得到好处。[例]这回出差可沾你光了，你同学对我们招待得太好了。

沾火就着 zhānhuǒjiùzháo 原指物体燃点低，极易燃烧。现比喻人脾气、性格急躁，遇事就发火的意思。[例]你那沾火就着的脾气得改一改。

沾亲带故 zhānqīndàigù 也作"沾亲挂拐"。沾：挨；亲：亲戚；故：老朋

你别诈唬了，想从我嘴里套话？没门儿。

友、故里。指带有亲戚朋友的关系。[例]咱们都是乡里乡亲，沾亲带故的，谁用不着谁呀！

展洋 zhǎn·yang 指感到自豪，沾沾自喜的样子。[例]孩子考上大学她非常展洋。在现代的东北人嘴里出现频率颇高。领导表扬了，那叫"展洋"，孩子考上北大了，那也叫"展洋"。因为挺露脸而有点骄傲、有点显摆、有点牛哄哄、美滋滋。希望全世界都知道却又显得矜持。因为"展洋"在词性上属于中性。"展洋"不同于骄傲优秀，也不同于显摆，看别人的脸色，更不同于露脸，因为展洋的不是脸面而是心情。

占窝儿 zhànwōr 也作"占位儿"。①动词，抢占位子。[例]你到图书馆去先给我占个窝儿。②指占领位子不离开。

张罗命 zhāng·luomìng 一辈子忙于操心、疲于奔命的人。[例]他是闲不住的人，这一辈子就是张罗命。

张罗人 zhāng·luorén 比喻被操心、受累的事情所累。[例]这个工作太张罗人了，得换个工作歇一歇。

张张罗罗 zhāng·zhangluō·luo 形容应酬、应付的事情很多，忙忙碌碌的样子。[例]我孩子结婚那天，能来好多客人，大家都张张罗罗来帮助。

张嘴 zhāngzuǐ 张开口；开口说话。比喻有求于他人。[例]我没有钱供孩子上学，和别人借又没法张嘴。

长记性 zhǎngjì·xing 吃一堑长一智的意思。[例]你就贪小便宜，都被骗多少回了，怎么一点也不长记性呢。

长脸 zhǎngliǎn 给自己或他人争脸、争光、争气的意思。[例]刘能说："玉田啊，今天是上刘英她姥姥家，完了会来点事儿，会说点话，给我长长脸。"（《乡村爱情故事》第22集）

长毛 zhǎngmáo 也作"长绿毛"，"长绿汛"。指食物等物品发霉时，其所生霉菌类似毛的形状。一般称某人钱多，放在家里时间久长毛了，得拿出去晒一晒。[例]谢广坤说："对啊，送礼，有钱嘛，花不了了，搁家容易长毛，这就得往外送。"（《乡村爱情故事》第18集）

长眼神儿 zhǎngyǎnshénr 指人观察事物细致，灵敏，伶俐，能看到别人看不到的东西或地方。东北人习惯在小孩带的兜兜上缝三个以上类似眼睛的装饰，称为"长眼神儿"。为的是希望孩子长大后懂事、灵敏、伶俐。

掌灯 zhǎngdēng ①动词，指点灯（过去亦指油灯）。[例]天黑了，快掌灯！②点灯的时候，就是指天黑以后。[例]那天已是掌灯的时候，贾芸吃了

饭收拾歇息。(《红楼梦》第二十四回)

仗依 zhàng·yi　依仗某种权势。[例]他这么胡闹，究竟仗依谁？

杖子 zhàng·zi　也作"障子"。用以防止牲畜等进入的栅栏。将木桩并排埋入地下，上部用绳子等将木桩捆绑固定好，叫夹杖子。

招儿 zhāor　办法；招数。[例]大国说："不行咱那么的吧，换个招儿。"(《乡村爱情故事》第24集)

招摸 zhāo·mo　动词，指约摸；估计。[例]他走半天了，我招摸这时候快要到了。

招人稀罕 zhāorénxī·han　招人喜欢。[例]这孩子长得虎头虎脑的，真招人稀罕。

招笑儿 zhāoxiàor　也作"召笑儿"。能引起他人笑声的话或动作。[例]我给你讲个笑话，这个笑话老招笑儿啦，我这半辈子就指它活着。(赵本山小品《钟点工》)

招养老女婿 zhāoyǎnglǎonǚ·xu　是指岳父家没有儿子的情况下，把女婿入赘，为其将来养老送终的意思。[例]谢广坤说："我跟你说，你完犊子玩意儿，早晚你得招养老女婿，我算指不上你。"(《乡村爱情故事》)

着急忙慌 zháojímánghuāng　非常着急的样子。[例]"刘能你干啥呢？着急忙慌的。"刘能说："哦，我找玉田去！"(《乡村爱情故事》第19集)

找病 zhǎobìng　自找麻烦或不愉快。[例]我俩吵架你插什么手，帮什么腔，你找病啊？

找不着北 zhǎobùzháoběi　①原指辨不出东南西北的意思。[例]瞎母触子去南极，根本找不着北。(《赵本山小品》)②比喻因高兴等原因乐得不知所措的样子，用东北话讲，就是乐蒙了。[例]娶个儿媳妇看把她美的，都找不着北啦。

找不自在 zhǎobùzì·zai　自找麻烦，自寻不快。[例]这件事和你没有关系，你少管闲事，别给自己找不自在。

找碴儿 zhǎochár　故意找别扭和麻烦，寻衅滋事。[例]你这不是找碴儿吗？我啥时候说你坏话了。

找后账 zhǎohòuzhàng　再重新翻找以前的、已经过去的事情予以评说。[例]咱们今天把话讲好，丑话说在前头，别将来再找后账。

找人家 zhǎorénjiā　"人家"即指未嫁前的夫家。[例]"嘱咐他见了姑娘，千万莫问他有人家没人家的这句话，是个入门问讳的意思。"(《儿女英雄传》

第二十三回）找人家，就是指寻找未婚夫的意思，用现代话来讲，就是指找对象的意思。［例］刘大脑袋说："我想问啥呢，就是说你是不是能再往前走一步，找个人家。"（《乡村爱情故事》第35集）

找事儿 zhǎoshìr ①找麻烦；故意挑起事端。［例］刘英说："其实我也不想找事儿，就是我知道我爹有点要面子吗不是……"（《乡村爱情故事》）②找事儿做，即找工作的意思。［例］毕业之后你就没找点什么事儿？

召唤 zhào·huan 东北话的魅力就在于此，如正常念 zhàohuàn，就是呼唤的意思，如祖国在召唤。而"唤"读轻声，或读成 zhāo·hu，就变成口语，成为喊人来的意思。［例］永强妈说："广坤呐，忘了一个大事，怎么没召唤刘能过来呢！"（《乡村爱情故事》第23集）

笊篱 zhào·li 一种用竹篾、柳条、金属丝等编织而成的能漏水的器具，主要实现烹饪过程中捞的动作，达到被捞的食品与油、汤分离的目的。

照量着 zhàoliàng·zhe 也作"照量办"。指根据、比照情况，去考虑或去选择做的意思。［例1］永强妈说："都给我气这份儿上了，我还得替你说话，你照量着琢磨吧！"（《乡村爱情故事》第22集）［例2］谢兰说："长山，……回不回来你照量办吧，没准是最后一面了。"（《乡村爱情故事》第23集）

照直 zhàozhí ①一直。［例］沿着这条路照直走，越过两个红灯就到了。②也作"照直崩""照直搂"。指说话、做事直率。［例］我说话就照直崩，从不绕弯子。

遮绺儿 zhēliǔr 也作"扯溜儿"。搪塞，掩盖；找借口，借故离开。［例］这起事故责任在老张身上，大家准备开会总结一下，结果他遮绺儿请病假说来不了。

辙扭 zhé·niu ①歪斜。［例］电视放辙扭了。②事情出现差头。［例］我让他今天来上班，你却让他明天来上班，这不弄辙扭了吗？

辙儿 zhér 办法，主意。［例］想做买卖没本钱，我真的是没辙儿呀。

针鼻儿 zhēnbír 与针尖相对的带有小孔用以引线的一头。一般形容心眼小的意思。［例］你这么大的人，怎么心眼像针鼻儿似的。

真格的 zhēngé·di 正经，千真万确。［例］不要总是嘻嘻哈哈的，咱说点真格的吧。

真嗑儿 zhēnkēr 也作"实在嗑儿"，即说实话的意思。［例］咱们别整那虚头巴脑的，唠点儿真嗑儿行不行。

真切 zhēnqiè 切，在此发"qi"音。指（看得）清楚的意思。［例］带上老

花镜，看东西就是真切。

真章 zhēnzhāng 实在的，真的。[例]咳，哪曾想，一动真章，两个都吹了!（《招亲记》）

真真儿 zhēnzhēnr 看得非常清楚，真实存在。[例]你家孩子跟人家打仗，让派出所带走了，我看真真儿的。

榛子 zhēn·zi 榛树。也指榛树的果实。

阵儿 zhènr 指某段时间。[例]刘父说："我一念到这，它就响。"刘百万："它这阵儿不没响吗?"（赵本山小品《儿子大了》）

挣口袋 zhēngkǒu·dai 原指向口袋里装东西时，把口袋嘴撑开的动作。比喻为他人撑腰或担责任。[例]这事我去办，但出事你得给我挣口袋。

整 zhěng 在东北话中有一些动词，可以说是万能动词，也可以叫代动词，就是可以代替很多动作，行为。最典型的就是"整"，几乎可以代替所有动词。比如：整车——修车，整饭——做饭，整人——害人，整房子——打扫房子、盖房子等。

整个儿浪 zhěnggèrlàng 包括所有的、全部的、彻底的意思。[例]这次比赛，我们单位运动员代表队整个儿浪全军覆没，一个名次也没拿到。

整景儿 zhěngjǐngr 整景儿，字面意思是做布置。这里指做虚伪的，很假的，人为制造的假象。[例]大家都饿完了，你可别再整景儿了，说两句祝酒词就得了。

整庄儿 zhěng·zhuangr 也作"整壮儿"。完整；整齐。[例]这些小伙子，衣服穿得都挺整庄儿。

正当央 zhèngdāngyāng 处于正中间的位子。[例]家具放在屋地正当央不方便。

正道 zhèng·dao "道"在此读轻声。①指东西摆放很规整、很正的意思。[例]相框摆得很正道。②动词，摆正的意思。[例]相框歪了，你给正道一下。

正经八北 zhèngjīngbāběi 也作"正经八百"。按照准确、正确、正规的程序去做的意思。[例]老头子，我今天呐，还真就得正经八百地跟你说一说这事，以后小蒙和永强的事你真就别管了。（《乡村爱情故事》第4集）

正式八经儿 zhèng·shibājǐngr 也作"正儿八经儿"。①按照准确、正确、正规的程序去做的意思。[例]等到结婚时，我正式八经儿地八抬大轿把你娶回来。②郑重其事的样子。[例]我以为是谁呢，正式八经儿地坐在主

席台上。

正相应 zhèngxiāngyīng　相应：指正好适合。正相应：指时间、数量、大小等处于正好适合、恰到好处的意思。[例] 你这时候来的正相应，快把这袋子大米帮我搭上肩。

正型 zhèngxíng　很规矩的样子。[例] 当老师得为人师表，不能一天没正型的。

挣达 zhèng·da　挣扎、挣脱的意思。东北地区流行一则故事：小时候，三婶儿的娘家大舅姓郑，说话口吃，因排行老大故称"郑大"。一日，其弟捉一只活老鳖拴住倒挂房檐下，时不时挣达一下。邻居问郑大："老鳖在那干什么？没死吗？"郑大手指着老鳖说："没死，它、它在那挣达、挣达……"邻居们拍手笑道："啊，郑大呀。"

挣命 zhèngmìng　为了生活或保全自己的性命而努力挣扎。[例] 听说去南方能挣到大钱，他今年地也不种了，挣命要去南方。

支黄瓜架 zhīhuángguājià　即双手搭在或扯住对方的肩部摔跤，此动作似支

听说去南方能挣到大钱，他今年地也不种了，挣命要去南方。

起的黄瓜架子。比喻双方动起手要打架的意思。[例]他俩没说上几句话就支起黄瓜架了，大伙一看要打起来，就马上跑过去给他们拉开。

支棱 zhī·leng ①张开；竖起。[例]刘大脑袋说："你说……这（头）后边，就支棱起一撮来……咋梳也梳不上去。"（《乡村爱情故事》第25集）②不服气的样子。[例]我批评你，你怎么还支棱起来，不服啊？③恢复常态，重新振作起来。[例]他都彻底服了，看见帮手来了，他又藁卖菜蘸凉水支棱起来，抡起锹把冲上去开打。

支棱八角 zhī·lengbājiǎ 也作"支棱八叉"。①指物品摆放的乱七八糟、高低不平。[例]这些山野菜支棱八角的，怎么也装不进麻袋里。②比喻人不服从管理，毛病多的意思。[例]他手下那些人，个个都是支棱八角的，可不好管啦！

支招儿 zhīzhāor 也作"支着儿"。帮助别人想办法，出主意。[例]不用怕，你跟他下棋，我给你支招儿。

支嘴儿 zhīzuǐr 也作"支腿儿"。指只命令、使唤他人做事，自己却不去做。[例]二娃子说："大爷，不用你干，你在那坐着抽烟支支嘴儿就行，出力的活我们年轻人干。"

吱声 zhīshēng ①做声；吭声的意思。[例1]老孙头看看四周，却不吱声。（《暴风骤雨》）[例2]哎呀妈呀，你吓死我了，你吱一声行不行，这像幽灵似的。（《乡村名流》第2集）②通知、打招呼的意思。[例]郭二说："以后你有啥小毛病，你就吱声。"谢广坤说："你放心，肯定我得找你。"（《乡村爱情故事》第23集）

直不隆通 zhí·bulóngtōng 直来直去，坦率、爽快的性格。[例]你说话别直不隆通的，一般人谁能接受得了啊！

直溜儿 zhí·liur ①形容笔直，不弯曲。[例]永强妈说："哎呀没有外人了，你可把那舌头捋直溜儿的吧！"（《乡村爱情故事》第12集）②动词，使其变直的意思。[例]小树长得弯弯曲曲，得绑上粗木棍给它直溜儿过来。③动词，引申为修理、教训、驯服、管束的意思。[例]听说他在单位谁都不敢管，我哪天有时间去直溜儿直溜儿他。

直门儿 zhí·menr 一直，不停地。[例]他直门儿要走，我怎么留也留不住他。

值个儿 zhígèr 合算，值得。[例]我这样死太不值个儿了，我不能用两条命换他一条命。（《浑河的风暴》）

纸儿包纸儿裹 zhǐrbāozhǐrguǒ 原意为里三层外三层地包或裹起来的意思。形容东西十分珍惜的样子。[例]小孙女买了二斤桃给姥姥，姥姥纸儿包纸儿裹地把桃子放起来了。

纸棚 zhǐpéng 东北人家的住房不同于南方，都是连脊的泥草房或瓦房，冬天为了取暖保温，请来木匠在空旷的屋子里吊个平平整整的泥棚。条件差一点的比照吊泥棚的方式糊纸棚。用的纸都是投亲靠友要的或从收破烂那低价买回来的旧报纸。糊这种棚一般都赶在快过春节的时候，每年一茬，花花绿绿的纸棚不仅营造了一种文化氛围，纸棚占据着东北儿童的童心，就如今天的孩子对电视里的"大风车"、"七巧板"那么有感情。

指肚轧亲 zhǐdùgáqīn 指腹为婚的意思。[例]他俩从小就是指肚轧亲，后来他考上大学，这门亲事就拉倒了。

指项 zhǐ·xiang "项"读轻声。意思为对将来的承诺和期盼。[例]庄稼受灾后，孩子上学的钱就没指项了。

指准 zhǐzhǔn 保证；肯定。[例]老毕问："这是什么？"田娃说："钱！指准是钱！"（赵本山小品《就差钱》）

治气 zhìqì 由于不服气等原因而故意做出某事，以使对方为难。[例]他是个小孩，你跟他治什么气？

滞扭 zhì·niu 可叠成"滞滞扭扭""吱吱扭扭"。欲罢欲止，扭扭捏捏的，不痛快，不情愿的样子。[例1]十里香这几年靠着城里的一门亲戚，一趟又一趟进城，带走一个又一个姑娘，可为啥赵玉兰这个西施女这么滞扭呢？（《草帽歌》）[例2]二嫂让他上炕吃点儿，小柱子还滞滞扭扭地说："我吃过了。"（《乡邻之间》）

中溜溜 zhōngliū·liu 不上不下，中等或接近中等的位子。[例]孩子学习成绩还行，在学校处于中溜溜水平。

周正 zhōu·zheng 端正。[例]小伙子长得挺周正，将来找对象应该没问题。

捌 zhōu ①从一侧或一端托起或掀起沉重的物体的动作。②推；向前推。[例]这条路，真难修，全是坎儿，净是沟，汽车到这就打误，全靠毛驴儿往出捌哇。（赵本山小品《三鞭子》）

捌尿 zhōuniào 也作"捌炕"。小孩子尿炕称捌尿。[例]朦朦胧胧听见姥姥在喊，发水了。我一摸褥子湿漉漉的，知道这孩子又捌炕了。

捌桌子 zhōuzhuō·zi 也作"掀桌子"。满族人忌讳的习俗。满族人结婚时，娘家客人享受最高待遇和特权，如招待不周或对娘家客人不敬，娘家客儿有权提出抗议，甚至掀翻桌子以示抗议。新郎即婆家不得有任何怨言。故东北常以娘家客人是否捅桌子来衡量结婚操办得是否圆满。

轴 zhóu ①转动阻力大；运动不畅。[例]自行车轮子发轴。②比喻人做事不痛快，不机敏，不灵活。[例]他这人就是轴，让他干点什么，光答应，老半天也不动弹。

轴溜 zhóu·liu 动词，指煽动、鼓动、戏弄。[例]他不好意思去，就轴溜老李出面去要债。

咒败 zhòu·bai 诅咒。[例]你成天咒败，这日子能过好吗?

猪秧儿 zhūyāngr 仔猪。[例]你家的猪秧儿不错，给我留两只儿。

猪尾巴 zhūwěi·ba 尾，在此发"yǐ"音。满族人在杀年猪时习俗，猪尾巴不给小孩子吃，说是小孩子吃了猪尾巴，以后害怕走夜路。

拄地 zhǔdì 接触到地面。[例]衣服太长了，都拄地了；巨人上拄天下拄地。

住露天地 zhùlùtiāndì 指在外野宿，也指没有可过夜休息的地方。东北人好客，来人去客都热情招待，生怕招待不好。客人如果不想在主人家住，主人往往会很不高兴。埋怨说：怎么你走到住露天地儿的地方了。

抓辫子 zhuābiàn·zi 满、汉合并词。即指抓住把柄的意思。[例1]开展批评与自我批评，是我党的传统，但不能搞抓辫子，闹不团结。[例2]这件事处理得不好，就会给人留着抓辫子的机会。

抓膘 zhuābiāo 采取措施以促进牲畜长得肥壮，也指人长胖。[例]快到年根儿，年猪得抓紧喂，快点抓膘。

抓唬 zhuā·hu 常用"抓唬人"。指欺骗，唬弄，耍戏对方。恃强欺弱就是抓唬人，自己净想着占便宜而让别人去吃亏也是抓唬人，老话说得好"人老实有人欺，马老实有人骑。"你要是太老实了常常会遇到不公正的待遇，这就是东北人说的被抓唬了。[例]每次义务劳动都是我们几个人去，这不是抓唬人吗?

抓阄儿 zhuājiūr 由每人各自抓取做好记号的纸团，以对事情做出选择或赌胜负。[例]我看还是抓阄儿决定今天中午谁请客。

抓挠 zhuā·nao 原为动词，指用指甲挠。后比喻妇女之间打架。[例]她俩吵了不几句嘴，就开始抓挠起来。引申为：①比喻可以依靠的人或可用的东西。[例]他巴结过的、对他好的领导都调走，这回他就没抓挠了。②比喻应付问题的办法。[例]煤矿出事后,他急得没抓挠。③发家致富的本领。[例]她挺能抓挠的,一年抓挠不少钱。

抓涩 zhuāsè 指(手感)不光滑,摩擦力大。[例]这双运动鞋非常好,可抓涩啦!走道一点也不滑。

抓手 zhuā·shou 比喻可以依靠的人或可用的东西。[例]徒弟调到别的车间,师傅这回可没抓手了,干什么都得自己亲自动手。

抓瞎 zhuāxiā 形容预先没做好准备,等到事情发生时因措手不及而无从下手的意思。[例]李秀莲说:"还是先预备好了吧,到时候省得抓瞎。"(《乡村爱情故事》第25集)

抓 zhuá 当"从"讲。[例]你上他家,就抓后山小道走,翻过岭就是他家。

拽子 zhuāi·zi 一只手的人或一只胳膊有残疾不好使的人。[例]你吃饭不能两只手啊?怎么像个拽子似的。

跩 zhuǎi 身体肥胖不灵活,走路像鸭子一样左右摇摆。如东北猜谜儿歌谣:南面来了个跩达跩,不脱裤子就下海。

拽 zhuǎi 也作"拽词儿"。指说话时为了显示有学问故意用一些生僻的词句,或说出一本正经的话句。[例]香秀说:"你这是在家吗?这不在工作嘛!让人看着多不好。"大国说:"跟我拽啥呀?"(《乡村爱情故事》第19集)

拽文嚼字 zhuǎiwénjiáozi 说话时引经据典的意思。[例]我们都是大老粗没文化,你可别跟我们拽文嚼字了。

转筋 zhuànjīn 肌肉痉挛,多指人体腿部腓肠肌拉伤。[例]谢广坤说:"我这脖子咋还不敢动了。"郭二说:"没事没事,你这是转筋儿了。"(《乡村爱情故事》第23集)

转劲儿 zhuànjìnr ①反应过来。[例]我才转过来劲儿,原来他是你弟弟,怪不得你们俩这么近乎。②动词,改变原来的主意或想法,反复无常的意思。[例]刚刚谈好的事情,怎么又转劲儿了,反悔不干了呢?

转圈丢人 zhuànquāndiūrén 形容四处丢人;脸面丢尽。如歇后语:光腚推磨——转圈丢人。

装 zhuāng ①在东北,即指不该表现的时候所做的表现的行为。赵本山小品里经常遇到和使用。[例]那就看呗,那还装啥呀!(赵本山小品《相亲》)②故意做出某种姿态或端出架子。[例]就你那点水平还给人家讲课,你就装吧。③掩藏、掩盖。[例]问:"这个娄子是不是你捅的?"答:"不是。"问:

"你就装吧,早晚我会查出来是谁干的。"

装大尾巴狼 zhuāngdàwěi·baláng 尾,在此发"yǐ"音。故意装出具有某种超强能力的样子。是对好显示或多管闲事的人的一种讥讽。[例]我迟到了由领导处理,你就能装大尾巴狼来管我。

装疯卖傻 zhuāngfēngmàishǎ ①故意装成疯疯傻傻的样子。[例]你装疯卖傻也不行,你违法就得处理你!②假装不知道、不知情,以回避对问题的回答。[例]你们都在那装疯卖傻,以为我不知道啊。到底是谁把电闸拉下来的?

装人 zhuāngrén 也作"装客儿","装娘家客儿"。东北地区,特别是满族,在女儿出嫁时,娘家亲属随同前往。娘家客必须做出很有素质的样子,这样一来婆家主人及有关人员才能对你尊重。平时一些坏毛病、坏习惯在那一天都要有所收敛,故戏称为装人。如,问:大哥你干什么?答:老张家姑娘结婚让我去装娘家客儿。问:哦,去装人啊!

装蒜 zhuāngsuàn 装腔作势;表现出有某种能力的样子。[例]你也不懂电脑,可别在这装蒜了。也作"装大瓣蒜"。[例]竟敢到老子的关口装大瓣蒜,你就告诉大当家的,我也不怕恶人先告状。(《北方曲艺》)

装相 zhuāngxiàng 贬义词。①装模作样。[例]猪鼻子插葱——装相(象)。又如歌词唱到:"正月里来迎春花儿开,白云黑土来到了电视台……,他说黑,我说白,她装相,我拆台"。(赵本山小品《说事儿》)②佯装不知。[例]你可别装相了,人家都和我说了,说你俩处对象呢。

装熊 zhuāngxióng 故意做出很无能的样子。[例]这次比赛谁也不许装熊,大家都要积极参加,争取赢得好名次。

装样子 zhuāngyàng·zi 即故意做出、摆出某种姿态。[例]领导来检查了,他才装装样子给人家看。

壮胆儿 zhuàngdǎnr 给予鼓励,使他(或自己)鼓起勇气。[例1]永强妈说:"兄弟你不留下壮壮胆儿了啊?"(《乡村爱情故事》第23集)[例2]歇后语:走夜路唱歌,给自己壮胆儿。

撞大运 zhuàngdàyùn 碰运气。[例]他把仅剩下的二元钱买了一张彩票,准备撞大运,看看奇迹能否出现。

准保 zhǔnbǎo 肯定,一定的意思。[例]不对,这账准保不对。(《乡村名流》第1集)

准成 zhǔn·cheng 准确无误,可靠、有把握。[例]我现在不借啦,这借钱的人这也太不准成了,差点给我忽悠走了。(赵本山小品《就差钱》)

滋滋 zīzī 形容副词。形容无法再拔高或超越的意思。[例] 白闹说:"平时吃一串羊肉串都得喝八瓶啤酒,后来把钎子撸得滋滋冒火星子。"(赵本山小品《捐助》)

仔细 zǐxì 节省;吝啬。[例] 他太能仔细了,一个咸鸭蛋就饭吃三天还没吃完。

紫豆 zǐdòu 皮肤由于外力作用,导致毛细血管充血而形成的呈豆状紫色痕迹。[例] 刮痧刮出紫豆子;掐出紫豆子。形成大面积紫色斑痕称紫痧。

自打 zìdǎ 自从。[例] 自打我嫁到你们家,日子就一天比一天好起来了。

自个儿 zìgěr 自己本人;单独一人。[例1] 赵四说:"是福是祸呀,我自个儿承担吧。"(《乡村爱情故事》第13集)[例2] 永强妈说:"你媳妇要去上海呀?自个儿去?"(《乡村爱情故事》第7集)

自己个儿 zìjǐgěr 独自一人。[例] 我们今天去接站,结果就小张自己个儿来报到。

自来 zìlái 一开始;从来。[例] 我借给你这一百元钱,当时考虑你家孩子有病着急上医院去,自来我就没想要。

自来熟 zìláishú 指善于与陌生人打交道的人。对初次见面的人就像很熟的

人，似乎没有不熟悉的人。[例]小张是自来熟，没几天就和同事混熟了。

自悠儿 zìyōur （自己不费力气）坐车很惬意、悠闲、自在的感觉。[例]我坐车，你拉我，真自悠儿；他蹬自行车，我坐在后面真自悠儿。

走道儿了 zǒudàor·le 再嫁或改嫁。[例]自从丈夫去世后，她就走道儿了，孩子也领走一起嫁过去了。

走了 zǒu·le 死了。[例]从现在算起，老人家已经走了整整三年了。

走脸 zǒuliǎn 指争取荣耀，争光。[例]这孩子真给我走脸，今年全乡就他自己考上大学了。

走嘴 zǒuzuǐ 泄露秘密，或说错话。[例]我这人干不了坏事，冷不丁干这一回坏事，你说这心噔噔直跳，我怕说走嘴了。（《乡村爱情故事》第10集）

族妹儿 zúmèir 也作"妯儿们"，是妯娌的误读。兄、弟的妻子之间的称谓，即妯娌。[例]自从嫁到他们家，我们族妹儿俩关系处得可好了，从来没有红过脸。

祖坟冒青烟 zǔfénmàoqīngyān 指祖上积德，惠及后代。[例]他们家祖坟冒青烟了，三个孩子先后都考上读研究生。

钻牛角尖儿 zuānniújiǎojiānr 比喻看问题和处理问题仅限于一个方面，不能自拔。[例]这事你不能钻牛角尖儿，应该因人、因事全面考虑。

钻钱眼儿 zuānqiányǎnr 旧时铜钱中间有孔，故也称"孔方兄"，钻到孔方兄的肚里，说明对孔方兄的无比喜爱。比喻视财如命的样子。[例]你钻钱眼儿里出不来了是吧？要节省你回家吃去，自己做，大葱炒鸡蛋，来个火烧，两块钱吃饱。（相声小品《齐天大剩》）

攥出水 zuànchūshuǐ 把钱握在手里不轻易花出去，形容把钱看得很重。[例]老杨在商店里转看了十几个来回，钱都攥出水了，也没定下来买那件衣服。

嘴巴长 zuǐbācháng ①到处传播是非的人。[例]就你嘴巴长，到处传瞎话。②指接他人的话茬插话、讲话的人。[例]就你嘴巴长，我俩说话有你什么事，你不说话能憋死？

嘴巴啷叽儿 zuǐ·balāngjīr 满口骂人的脏话。[例]女：刚才抓的那个人儿犯了啥罪儿？男：私卖菜不服管还嘴巴啷叽儿。（《黑龙江艺术》）

嘴笨 zuǐbèn 指不善于言表的人。[例]这孩子就是嘴笨，不爱说话，但干农家活，过日子，那可是把好手。

嘴打嘌 zuǐdǎbiào 也作"嘴瓢"。指由于紧张等原因，使讲话不利索，吞吞吐吐或发音不准确。[例1] 我是心里明白嘴打瓢，一着急没说出来。[例2] 老马头醉醺醺地说：我喝多了，嘴也瓢了，你们别见怪。

嘴黑 zuǐhēi 说话语言尖刻、犀利。[例] 于大爷嘴可黑啦，看见什么不顺眼的他就照直崩，也不给你留情面。

嘴快 zuǐkuài 指说话频率快或抢话说。也指到处散播是非的人。[例] 说啥玩意儿？这嘴咋这么快呢？谁还没点儿眼眶呀，这事要是传到小宋耳里你说，对我影响多不好。(赵本山小品《有钱了》)

嘴头 zuǐtóu 也作"嘴头子"。指嘴巴，口头。[例] 你光嘴头子讲不行，还得看你实际行动。引申为口才。[例] 这个人嘴头不错，挺能讲。

嘴头会齐儿 zuǐtóuhuìqír 也作"口头汇齐"。指人只动口说，不动真格、不办实事。[例] 开放搞活，就别嘴头会齐儿，实打实着，就得干点真事儿。(赵本山小品《相亲》)

嘴丫子 zuǐyā·zi 嘴角的俗称。[例] 他趴在桌子上，一会儿就睡着了，眼看口水从嘴丫子流出来。

左 zuǒ 也可叠加为"左左"。指错误，荒谬；与事实相背的打算。引申为失策。[例] 挺好的事让你给办左左了。

左溜儿 zuǒliùr 反正、已经这样的意思。[例1] 刘大脑袋说："你看这水果我已经拎进去了，拿是拿不出来了，是不是？左溜儿你也给人家了，你送空人情呗，不也是送嘛。"(《乡村爱情故事》第12集) [例2] 王天来说："也行，左溜儿看看当卖呆儿了呗，看热闹。"(《乡村爱情故事》第21集)

左撇溜儿子 zuǒpiěliùr·zi 左撇子。

作 zuò "作"有"zuò"、"zuō"、"zuó"三种读音，"作"在当动词用时，也应念"zuó"音。有些影视作品为了表达"作"字读"zuó"音，如作祸、作贱人等，经常发"zuō"音，仅以字典看到有限的两读音来读"zuō"音，这完全表达不了东北方言的本义。

作耗儿 zuóháor ①有意制造事端、胡作非为的意思。[例] 你不过是几两臭银子买来的毛丫头，这屋子你就作耗儿，如何使得！(《红楼梦》第二十回) ②也作"作耗耗儿"。[例1] 领导不在家，你们几个就作耗耗儿吧。也作"作妖儿"。[例2] 我不在家，你和孩子在家可不许作妖儿把屋子弄得乱七八糟的。

作祸 zuóhuò ①惹祸。[例] 孩子回来不吱声，肯定在学校作祸了。②指小孩子淘气。[例] 到别人家做客，可别作祸啊。

作贱 zuó·jian ①捉弄，戏弄；践踏，蹂躏。[例] 可别作贱孩子。②故意

浪费。[例] 何苦来！虚耗人力，作践绫罗，作这样的东西。(《红楼梦》第二十七回)

作人 zuórén 淘气或做出使人厌烦的事。[例] 别高兴太早，等孩子能跑的时候就开始作人了。

作死 zuósǐ 寻死，找死。[例] 不防廊上的鹦哥见黛玉来了，嘎的一声扑了下来，倒吓了一跳，因说道："作死的，又扇了我一头灰。"(《红楼梦》)

坐病 zuòbìng 也作"做下病"。指病痛未彻底根除。[例] 胖丫下地干活把脚崴了，我们龙三儿一气儿把她抱到向卫生所。最后，都做病了一个多月胳膊都回不来了。(赵本山小品《过年了》)

坐蹭车 zuòcèngchē 不花钱免费坐车。也指白吃白喝的意思。[例1] 谁请客，我今天是来坐蹭车的。[例2] 谢广坤说："你看这家伙，(坐)蹭个车你看。"(《乡村爱情故事》第16集)

坐地 zuòdì 也作"坐地根儿"。指从根上或原始上算起。[例] 徐老蔫说："就我这造型，穿套西服，扎个领带，这谁跟我结婚呐，那不坐地淘汰吗"？(小品《老蔫完婚》)

坐地户 zuòdìhù 指当地人。与之相对的是外来户，从其他地方迁移过来的人家。[例] 我们这个堡子，人可好啦，坐地户从来不欺负外来户，邻居间有个大事小情的，都热心帮助。

坐蜡 zuòlà 东北人将"蜡"与"腊"通用，反而更加生动。若真坐在热蜡上，不用引申就有"由于他人不践约而使自己受到连累和埋怨"的意思。[例] 我介绍你到我朋友那工作，你这样不辞而别，不是让我坐蜡吗？

坐醒 zuò·xing 经过长时间使混水慢慢地变清。[例] 刚从河里挑回来的水太浑，等浑水坐醒干净以后才可以喝。

坐夜 zuòyè 也作"守夜"。指在丧事期间，夜里守护灵位。

做 zuò 东北人把"做"当动词讲时多念"zòu"。[例] 做饭，做活等。

做伴儿 zuòbànr 陪伴。[例] 永强妈说："你的工作就那么忙啊？你就跟她去呗，做个伴儿……"(《乡村爱情故事》第7集)

做鬼儿 zuòguǐr 东北人把"做"当动词讲时，多念zòu。使诈；施诡计。[例] 以前我俩关系很好，原来是他在里做鬼儿，从中挑拨离间。

做扣儿 zuòkòur 指事先已设计好的计谋。[例] 你们这边散布说要高价收购家参，那边又安排人高价卖家参，然后做扣儿让我去买，你们这不是做扣儿熊我吗？

后 记

　　1984年春，我与同学肇恒玉先生在沈阳实习时，就对老百姓和当事人表述的方言、俗语产生了浓厚的兴趣。当初收集方言、俗语的目的，是为司法工作所用。毕业后，肇恒玉在《辽宁法制报》做编辑，后到《经济与法》杂志社任编辑部主任并主持工作期间，也一直没有忘记对东北方言、俗语的研究。我毕业后从事检察一线工作，一直在刑检、自侦等一线部门工作。学生时期所学的"尊重法律事实"一直为指导我从事司法的原则，每每当事人用方言或俗语表达、叙述案件事实时，是他（她）们真实的意思表达，作为办案人员，不能任意曲解，只能真实地记录下来，以便在法庭上再现案件事实。但方言所表达的意思由于存在地域限制，为外人特别是外省人所不懂，也易产生歧义。我们在此基础上研究东北方言的来源、出处，对它所表达的意思予以阐述和解释，并应用于司法实践。从1984年开始，每每下乡办案，都随身携带一个小本子，兜里揣个铅笔头，在与群众闲谈时，把听到的方言俗语记录下来，然后查找字、辞典等相关资料标明发音、给予注释。随着时间的推移，二十多年来收集、整理的材料越来越多，资料也越来越翔实。

　　近二十年来，由赵本山等东北艺术家表演的喜剧小品年年荣膺央视春节联欢晚会获奖榜首，再加上本山传媒出品的《刘老根》《乡村爱情》等影视作品，更是把东北方言俗语推向了全国，使全国上下对东北话产生了浓厚的兴趣，同时也产生了"东北话好听，就是有些词语的意思不完全明白"的现象。当本山先生得知恒玉和我收集了大量的东北话并将稿样细细审阅，当即建议把满族文化和二人转内容多加入一些，要做到词义准确，并要求我们将词条深入加工整理，出版一本以词典的形式解释东北话的图书，让更多的、尤其是生活在不同地域的人们能够欣赏以赵氏幽默为首的东北艺术家所带来的乐趣。

赵本山先生是把东北话推向全国乃至世界的带头人。有了本山先生的创意后，我们找同学、托朋友，紧锣密鼓地跑遍东北三省各地，收集各地地方史志（由于方言俗语以前没有成文书籍，仅在地方史志中略有记载或收集），参考、借鉴各地不同的方言、俗语；走访东北的满族老人，寻找它的出处和演变过程，在与本山先生一同探讨、研究和严格把关后，确定词条释义，最后加以整理。先后收集了东北地区涉猎生活习俗等内容的词条近7000条。由于篇幅所限，本书仅收录3000余条。现在这本书《魅力东北话》，以老百姓喜闻乐见、浅显易懂、可读性强的形式与广大读者见面。

东北话来源于两大方面，一是东北满族残留语言。比如东北话里的"秃噜、埋汰、喝咧"等。二是来源于普通话的音变。东北人把普通话中的一些字、词加以吸收的同时，增加了一些引申含义，放在不同的语境中又增加了其他意思，会产生意想不到的效果。如最典型的动词"整"和"弄"，在东北话里可以说是万能动词。东北话另一个特点是形容词多，如"贼""可""老""净"等，而且名词、形容词、动词随意转换使用。如"埋汰"，做形容词时是表示"脏"的意思，做动词时就是"污蔑、羞辱"他人的意思。

东北话的词汇产生原因有二：一是东北人发明创造力强，把普通话里的一字多义加以放大，扩大了该意思的使用范围，如"虎了巴唧""傻了巴唧""扯犊子"等。二是中原文化引入时，东北人注重第一个字的重读音，对后面的字多读成轻声，导致一些误读。比如"干哈"是"干啥"的误读，"稀罕"是"喜欢"的误读，"拥误"是"因为"的误读等等。

所谓方言，其形成是由于地域封闭阻隔、交流不畅以及语言发展不同步等诸多原因造成的。但东北方言与全国其他地区方言有所不同，它历经了历史的演变与文化的融合，是与东北这一广袤土地的自然陶冶而形成的独特文化现象。

其实，所谓的普通话，是"以北京语音为标准音，以北方话为基础方言，以典范的现代白话文著作为语法规范"的现代汉民族共同语，亦即方言的结晶和升华，这已是被历史所证实的不争事实。有数据表明，现今东北话的词汇占普通话的58.2%以上（不含以前白话文转化成的固定普通话词汇）。东北话与普通话非常接近，深受海内外华人欢迎，其传播与推广，对全国乃至世界了解东

北文化，振兴东北经济都大有裨益。

　　《魅力东北话》的编著，虽然历尽千辛万苦，但非我俩一己之力所能完成。在此感谢辽宁省政法干部学校、辽宁省农村实验中学的同学和东北各地的地方史志前辈，以及我的同事和政法同仁，是他们的鼎力相帮，才使得《魅力东北话》一书得以面世。本书中收集的东北话词汇，对其出处、来源，参考和借鉴了东北各地方志和网上资料，仅作粗浅解释，定有偏颇、疏漏和不当之处，敬请同仁及爱好东北话的朋友斧正。

黄殿礼
2010年7月15日